看盘功力决定炒股成败

看盘细节全解

江 河◎编著

北京联合出版公司
Beijing United Publishing Co.,Ltd.

图书在版编目（CIP）数据

看盘细节全解 / 江河编著 . — 北京：北京联合出版公司，2015.8（2024.10 重印）
ISBN 978-7-5502-5832-7

Ⅰ . ①看… Ⅱ . ①江… Ⅲ . ①股票投资 – 基本知识 Ⅳ . ① F830.91

中国版本图书馆 CIP 数据核字（2015）第 175192 号

看盘细节全解

编　　著：江　河
出 品 人：赵红仕
责任编辑：徐秀琴
封面设计：韩　立
内文排版：潘　松

北京联合出版公司出版
（北京市西城区德外大街 83 号楼 9 层　100088）
德富泰（唐山）印务有限公司印刷　新华书店经销
字数 650 千字　720 毫米 × 1020 毫米　1/16　28 印张
2015 年 8 月第 1 版　2024 年 10 月第 3 次印刷
ISBN 978-7-5502-5832-7
定价：68.00 元

前言 |

西方有这样一句股谚："一个细节可以决定一次重大的投资行为。"对于一名股票投资者而言，盘面的细节变化是十分重要的投资依据：如果你将主力的一次洗盘震仓误读为抛盘套现，那么你很可能会与即将到来的一整段主升浪失之交臂，悔之不及；如果你因为一段完美的K线而买进股票，那么你有可能被深度套牢，血本无归，那段K线有可能是主力刻意为之，请君入瓮的陷阱。细节决定成败，人生如是，股票投资亦如是。

看盘细节只是一种简单的称呼，它的本意是分析一些在看盘过程中发现的非自然交易细节。能找出关键性的细节是成功投资的第一步。比如，巨量开盘、封不住的涨停、间断性交易，那些细节到底透露了什么？背后隐藏着什么？掌握这些被市场忽略的细节有重要意义。因为这些往往就是主力与市场对话中的一部分，仔细分析这些细节，也就是观察和研究市场主力的意图。当然，得悉心判断其中的真假，从中挖掘出市场主力不想告诉大家的信息。

股票投资离不开看盘细节。有很多投资者会认为过于着重于盘面交易状态的变化，是一种短线投机行为，其实这种观点大错特错。分析盘面细节的主要用意在于观察和判断市场的交易状态，更主要的是跟踪主力的动向，这对于中线甚至长线投资仍然是十分重要的。也许对于基金等一些大资金来说由于种种原因不一定会做这些工作，但作为广大的普通投资朋友来说，既没有雄厚的研发力量，也没有取之不尽的资金，要想在市场上成为少数优胜者，必然会想到要了解盘中主力的情况。而通过看盘细节可以敏锐地发现主力的每一次异动，从而为自己的投资决策指明方向。

或许有人认为分析盘面细节容易忽视整体，只能获取一些蝇头小利，很难实现收益最大化，更不能避免风险。其实细节分析的基础仍然是基本面分析，如果个股基本面不好就很难吸引我们去进行细节分析，因此细节分析的背后是强有力的公司背景，所以也就不会忽视整体。而定调于基本面分析的投资行为其本身就不是超短线行为，就整个投资过程来说，在基本面分析完成以后就面临具体的操作，而盘面细节的分析则有助于我们了解市场的交易行为特别是主力的情况，这对于我们确定具体的切入点将起到决定性的作用，其目的正是为了实现收益最大化。

学会在看盘过程中寻找细节，是进入股票市场的必修功课。本书旨在帮助广大股民学会观察一定时间内股价及相关指数在盘面上的变化，学会收集大盘以及有关个股的数据资料，并加以整理和归纳，从而为下一步正确操作提供依据。本书大量运用沪深股市近期实战案例对一些经典形态进行阐释，不仅简单易学，而且易于模仿操作。同时，本书还结合中国股市的实际，对一些"变异的形态"和"主力骗线"的手法做了具体的分析和说明，并介绍了应对技巧。

看盘的最高境界是具备"盘感"，就是对盘面的细节变化有一种近似直觉和本能的反应，但在这之前，我们需要打好基础。本书首先从看盘必须掌握的基础知识和盘面的基本要素讲起，帮助读者学习或者重温看盘必须掌握的基础理论知识，为后面具体讲解专业看盘作铺垫；随后，详细讲解怎样通过大趋势、K线、技术指标、量价等方面来破解盘面隐含的玄机，提高读者把握个股走势的准确度；然后，为避免读者因股市中的假动作而遭受亏损，具体解析了如何跟踪主力、研判买卖点、选股等深度看盘技巧；最后，特别介绍了读者在看盘时容易进入的误区。本书内容全面、案例丰富、讲解透彻、实用性强，可使读者迅速提高看盘技巧，既是普通股民系统学习看盘技巧、培养"盘感"的入门向导，也是股民优化看盘技法、提高操盘水平的实用参考书。阅读本书，你将从新手到高手，逐渐学会破解盘面玄机，读懂盘面信息，准确预见股价走势，识别主力操盘的意图，选择好股票，精准把握最佳买卖点，增强实战投资能力，培养出良好的"盘感"，对盘面变化有近似直觉的本能反应，在炒股实战中拥有稳、准、快的高超技巧。

目录 |

第二章 看大盘：追寻大盘涨跌规律

第三章　看盘口：盘口可以告诉你一切

第四章　看K线：抓住K线背后的股市动向

第五章　看成交量：成交量是多空力量的直接表现

第六章　看技术指标：指标就是股海的指航灯

第七章　看主力：每一次盘口异动都是主力博弈的产物

第一章
股票基本知识

第一节　成功看盘并不难

什么是看盘

看盘关键要点：

看盘时要注意顺势操作，当股价处于上升通道中时，就继续持有；而当趋势发生改变，就要及时改变操作策略。

看盘俗称"盯盘"，是股票投资者主要的日常工作。股票市场每时每刻都在变化，股票投资者尤其是短线投资者要想掌握股票市场的动向，就要学会观察分析股市行情的变化，即要学会看盘。

学会如何看盘，掌握看盘的基本知识和技巧，对于每一位长期在股票市场上搏杀的投资者来说都是一门极其重要的必修课，它关系到投资的成功与失败，关系到财富的获得或损失。在通常情况下，投资者在看盘时需要注意以下三个要点，称之为盘面"三看"。

1. 看趋势，即密切关注大盘趋势的变化。

股市中非常重要的通道理论告诉我们，在大多数情况下，股价会沿着某一趋势运行，直到政策面或者宏观经济面、企业基本面发生重大变化，这一趋势才会逐步改变。通道理论认为，由于"惯性"作用的存在，趋势的改变不可能在一夜之间就完成，所以，投资者在看盘时，可按照大盘的趋势来进行操作，当股票处于上升通道中，就继续持有等待获利，而一旦趋势发生改变，就要及时改变操作策略。

2. 看成交量。

股谚云"量在价先""天量天价，地量地价"，说的就是"成交量比成交价更重要"这个道理，因为成交量可以决定成交价及其后的股价走势。一般来说，在股价或指数上升的过程中，成交量应该有所放大，因为只有这样才能维持其原有的走势。如果把股价或指数的上涨看作是列车行进速度的话，成交量就是列车的动力，股价或指数的上涨就好像是列车在走上坡路，没有动力是万万不能的。而下跌就好像是列车在走下坡路，不需太大的动力或根本不需动力，因为惯性起到了巨大的作用。此时成交量不再放大，增量资金不再入市，成交量也开始萎缩，就表明大部分资金开始逐渐出逃，股价或指数的下跌也在预料之中。

3. 看均线，即密切关注均线的走向。

一般说来，股价或指数在长时间上涨后，如果 5 日均线下穿 10 日均线就应该引起警惕。若 10 日均线下穿 30 日均线，就应该考虑卖出股票。而当 30 日均线调头下行时，则应果断离场，不管你此时是亏损还是盈利。

这里提醒投资者注意的是，如果你在第一次均线死叉（短期均线向下交叉长期均线）时没能出逃，股价很可能还有一次反抽的机会，这时大盘 K 线形态会形成一个双头或双顶，此时则是投资者最后的出逃机会。反之，若股价或指数在长时间下跌后，如出现 5 日均线上穿 10 日均线，则应视作是一个较佳的短线买点，而若 10 日均线上穿 30 日均线，则可视之为中长线买点。

什么是成功的看盘

看盘关键要点：

　　1. 投资者在整个看盘过程中要时刻保持一种稳定的心态，做到涨不喜，跌不悲。

　　2. 看不懂，没把握做对时不硬做，把自己当成低手，在容易赚钱时才出手，尽量在大盘状态适合时做，看得懂的时候才做，这将使你立于不败之地。

2009 年 1 月到 2009 年底，小吴在股市上的状况，真可以用冰火两重天来形容。

2009 年 1 月，小吴带着自己 10 万元进入投资市场，在经过一番研究之后，小吴买进了一只股票。他认为自己平时没有多少精力去同时照顾好几只股票，他相信，只要买一只，能够赚钱，也是不错的。据小吴的研究，这只股票一个月以来，走势良好，他认为还有上涨的空间，于是，毫不犹豫地全仓买进。

本以为自己买到了一只不错的股票，但事实是，第二天，这只股票突然来了个急转直下，一路下跌。连续一个月，一直都处于下跌状态。卖出，小吴又不甘心，但这一路的下跌，也让小吴失去了往日的信心，他甚至怀疑自己是不是不该在投资市场上"转悠"。

陷入这种矛盾的情绪中，小吴一直不能自拔。这时候，同事的一句话提醒了他，同事说："亏损是常有的事，能在亏损中反败为胜才是高手。"听了同事的话，小吴冷静地分析了手上的这只股票。从这家公司的简介，到这家公司的高层管理者，从财务报表，到这家公司在中国市场上的地位，小吴都一一作了分析。他认为，这家公司的股票还有回升的可能，只是时间早晚的问题，只要能够耐住性子等待，回升是迟早的事。了解这一情况后，小吴像吃了一颗定心丸，安稳了许多。

到 2009 年底，小吴的投资开始显现出优势，买进的那只下跌的股票，逐渐开始反弹，虽然上涨不温不火，但就是在这不温不火的走势中，小王之前的亏损也在被一点一点地弥补回来。

可以说，在刚开始，这次投资对小吴来说是不折不扣的失败，刚买进即被套，换作是任何一个人都会像小吴刚开始的心态一样，考虑卖出，怀疑自己，失去信心等等。但如果这样做了，也就意味着小吴此次的看盘就真正与失败画上了等号。

但小吴并没这样做，他总结经验，寻找突破点，对这家上市公司逐步进行解体式研究，最终，等到了股价的上涨。

这就是一次成功的看盘。何为成功看盘，即是在看盘过程中一直保持着良好、稳定的心态，涨不喜，跌不悲。面对股价的下跌，在精神和意志上不能惧怕，因为总有人在这个高风险的市场中成功，要争取成为其中的胜利者，就要勇敢地去解决问题。

另外，在看盘过程中失败不要太过于自责。市场品种繁多，需要耗费脑力去筛选，分析清楚主力意图的难度也大。很多盘面现象也并不符合逻辑，想破译主力诱空诱多的手法，光凭技术分析和各类消息来对付是不够的。主力反技术操作并利用假消息来诱多时时发生，使人防不胜防，市场上的波动首先是由主力配合决策导向来调控的，甚至是某一个集团同时在操控引导几个板块甚至是整个市场。难度如此之大，造成大众的投资失误当然是常事，所以不要太过自责，股市中多的是机会。

此外，看不懂，没把握做对时不硬做，把自己当成低手，在容易赚钱时才出手，尽量在大盘状态适合时做，看得懂的时候才做，这将使你立于不败之地。

最后，还要注意，成功的看盘不是停滞不前，股市每一分每一秒都处在变化中，这就需要投资者将学习挂在心上，时刻关注股市任何细微的变化。

盘面可以告诉你一切

看盘关键要点：

1.通过盘面，投资者可以及时发现主力进出的变化。当某只股票成交量放大后持续萎缩，股价不断下滑，此时有可能是主力在震仓，投资者应跟紧主力脚步。

2.通过盘面涨跌幅度的变化情况，投资者可以判断出此阶段的热点转化情况。

3.盘面可以清晰地展现出指数的异动情况，根据此情况，投资者可以作出更准确的操作决策。

要想在股市中炒股赚钱，除了消息准之外，还要"会看盘"。因为不管是任何引起股市变化的原因，以及股市变化的结构都会通过盘面表达出来，盘面可以告诉你有关股市的一切。

1.主力进出的变化。

主力是股市中不可忽略的一股强大的力量，由于主力的进进出出，拉升以及卖出，才有了股价的高低起伏。所以，才会有越来越多的投资者竖起耳朵，到处打听有关主力的消息，为的就是能跟随主力的脚步，获得更大的收益。

其实，到处打听主力，不如学会从盘面上观察主力的动向，别忘了，盘面是可以告诉你一切的。

成交量就是一个不错的判断主力进出的指标。具体来说，当成交量由少增多时，指数也同步走高，表明推高功能不断加强，是正匹配，可跟进；反之，指数上涨，成交量却在逐渐萎缩，是负匹配，无量空涨，短线还会回调。同样，当成交量由少逐步增多，指数不断下滑，表明有大户、机构活跃在其中，是危险信号，通常大盘短期很难再坚挺；成交量不断萎缩，指数却飞速下滑，是买盘无力的恐慌性下跌，此时果断介入，短线获利丰厚。

通过量价关系看盘的学问很大。由上述几种情况又可以衍生出：当成交量急剧放大，某一只股票既未上攻又未下滑，则可能是主力在倒仓，此时投资者可观望；当某只股票价格处在高位，成交量放大，股价逐步下滑，说明主力在减磅；反之，当某只股票成交量放大后持续萎缩，股价不断下滑，此时有可能是主力在震仓，此时投资者应"咬定股票不放松"。

2.热点转换情况。

股市中有三类永恒的题材是赚钱的捷径，一类是绩优成长股，一类是资产重组股，另一个就是热点股。

无论是在牛市还是熊市，热点永远都是永恒的亮点。在牛市中，热点板块可以连续涨停，在熊市中，热点板块可以逆势而动。那么，投资者应怎样寻找热点呢？

从盘面上的当日涨跌幅中来寻找。通过观察当日涨跌幅排行榜第一版个股，判断是长线资金在积极运作还是短线资金在游荡式冲击。通常价值型个股是长线资金关注的重点，可中长线跟随该类个股，此时大盘涨升态势往往也能维持一段时间；而涨幅第一版如果多为小盘壳资源股，则通常是短线热炒资金介入，该类个股的强势表现，往往无法扭转大盘的疲态，因此，跟随这些个股宜用短线速战速决战术，且入市之前先设好停损点。

3. 指数异动。

所谓的指数异动，指的是指数有时忽然会出现飙升或跳水走势，因事先没有征兆，所以称为异动走势。如果不查出原因所在，而是跟随分时图走势作投资决策，极易出昏招。

此时，投资者可将关注重点放在盘面中各版块的龙头股上。一般情况下，一只一般的股票忽然变化走势，但它却很难撼动大盘的整体趋势，大可不必理会。但如果某天指数的突然跳水是一批价值型的个股突然跳水引起的，则往往意味着即将变盘或将有利空消息出台。同样，某天指数的突然上涨是价值型的个股遭遇连续大批买单，则盘势将可能出现一段升势行情。

抓住每一次盘面细微的变化

看盘关键要点：

1. 因为交易一直在进行，所以挂单也是时刻在变化着的，某些大单的突然出现或消失，往往是投资者最需要关注的细节。

2. 走势图主要分为两个部分，上方是股价走势图，下方是成交量走势图，走势图中的一些细微的变化，比如股价的涨跌和成交量变化都值得投资者认真关注。

盘面细微的变化只是一种简单的称呼，它的本意是分析一些在看盘过程中发现的一些细微的交易细节。也就是说当我们在看盘的过程发现一些微小的变化时，然后我们就要对这些细节进行分析。通过分析我们会得出一些结论，会对我们的投资决策起到相当重要的作用，尤其是对于短线投资策略而言。

本节重点提到的细节是一种高度概括的说法，其实就是在股票交易中所发生的任何事情，它主要由以下两个部分组成。

1. 挂单。

在行情软件的右上方显示的就是挂单的数据。这些挂单都是在时刻变化着的。从性质上来说，挂单可以分为静态和动态两种。当我们看到盘面上的接抛盘时其实只是看到了一种静态的状态，但交易一直在进行，因此挂单会出现变化，特别是某些大单会突然出现或者消失，这往往是我们更需要关注的。

举个例子来说，假设某股时价为6.74元对6.75元，上方每一个价位都在万股以上，而底下的接盘都在万股以内，说明市场抛压沉重，特别是在大盘不好的情况下。但也有另一种可能：有主力在故意压盘。接着伴随大盘的下跌该股的股价也继续下跌，一直到6.70元才停止。这时上档的抛盘价位是从6.70元到6.74元，其中并没有超过万股以上的压盘。注意，原来6.75元以上有大抛盘的价位已经看不到了。随着大盘出现盘中回升，照理该股也应该有所回升，但正当6.70元的压盘被打掉之际却在该价位上又压出了2万余股。也许这是市场的散单，但也有可能是主力希望股价慢一些回升以便让自己有时间做一些其他的事情。终于这笔大单也全部成交了。随着买单的进场股价逐级回升，不久价位回升到原来的6.75元，这时一个奇怪的现象出现了：上档的5个价位居然没有一个价位的压盘超过万股！

如果我们没有注意到这个细节的话就会被主力所蒙骗过去。当然，有可能随着大盘的回升市场的抛单纷纷撤掉，但这取决于两种情况：一种是大盘飙升，一种是大抛单离开低位比较近。但这时大盘回升的力度并不大，可以排除第一种情况。股价的前一个低点在6.70元，在当天交易的范围内6.75元以上的价格已经远离该点。因此这种撤单的现象只能解释为非市场性的，也就是说前面的挂单应该是主力所为，而这时主力趁股价还没有回升之际已经将上面的大单撤了下来。这种利用股价下跌看不到挂在上面的大单然后秘密撤单的手法是一种比较好的方法，很容易欺骗市场从而掩盖自己的目的。

从整个压单到撤单的过程我们可以得到如下一些信息：有主力在运作，主力不愿意对倒，主力不愿意在此价位将筹码让给市场，主力有可能在增加仓位或者是让他人增加一些仓位。

显然，以上这些结论对于我们的具体操作是十分有益的。

2. 走势图。

走势图主要分为两个部分，上方是股价走势图，下方是成交量走势图，走势图中的一些变化，比如股价的涨跌和成交量变化都属于走势图中的细节。

当股价以高盘开出或者是平盘开出后，买单不断涌出，把股价逐步推高，有的甚至会出现大单向上调高几个价位把股价直线型拉起。盘面上出现这种股价走势，一般是有突发性利好消息，或者出现联动现象。对此，投资者要密切关注。

另外一种股价细微变化是，股价在一整天的大部分时间中，都维持着比较平稳的走势，但在尾市收盘前，忽然出现3个百分点的快速下跌，并且这个跌势是由大单抛压导致的。通常，这种走势会出现在主力控盘的个股上，主力在尾市趁投资者不注意的时候，一口气把股价大幅度地打下去。此时不要惊慌，主力的真正目的是想测试一下盘面的反映，看看是否有较多的浮动筹码。因此，投资者遇到这种走势的个股时一定要加以留意，以便寻找买入时机。

股价在2：00之前一直处于震荡之中，但震荡幅度一般都不是很大。在震荡过程中成交量出现萎缩的现象，盘中买卖并不是很积极。2:00之后，盘中出现一股力量，将股价大幅度拉高，并且是快速拉起，拉起过程中，成交量迅速放大。股价在涨停板上停留一段时间之后，盘中卖单不断涌现，成交量呈现放大迹象。随后，股价在大量卖盘的抛压下出现了快速回落，截至收盘，股价仍未被拉回到涨停板上。这种走势往往给投资者一种很强势的感觉，但股价拉高后迅速回落，出现这种走势，一般都预示着第二天股价将会下跌，所以，投资者千万不要上当。

股价在上午的运行中，一直处于震荡的走势，成交量出现时大时小的状态。当股价运行至下午2：00左右，出现了一波杀跌，股价跌破均线，截至收盘，依旧没有出现反弹。出现这种走势，标志着盘中出现了恐慌性抛盘。无论这种情况是什么原因引起的，都会影响股价后期的走势，因此，投资者一定要防范风险。

成交量方面的细微变化，我们为投资者总结了以下几个：

当股价在经过一轮下跌行情的低位，维持了长时间横盘震荡的走势，期间，成交量表现得很低迷，股价波动范围也不大。忽然某一天,该股拉出一根放量的大阳线，有的甚至还会进入排行榜的前列，从而引起市场对它的关注。

这种走势上的成交量主要来自两个方面：一方面是主力采用对倒手法吃进筹码，把股价拉上一个台阶而放出的成交量；一方面是股价拉高到一定幅度之后，引起场外资金的关注，一些投资者受到吸引入场操作而产生的量能。

整理之后的底部出现放量这种走势，往往是股价启动的前兆，因为这种走势意味着主力经过长期的收集筹码过程，已经达到了一定程度的控盘，此后，股价将会出现放量上涨。

个股经过很长一段时间的洗盘之后，股价呈现出横盘走势，或者是比较低迷的走势。这时，股价忽然向上发力，收出一根大阳线，第二天股价承接第一天的强势继续走高，并且出现缩量涨停，或者是股价一开盘就出现涨停，涨停后成交量稀少。这种走势现象一般出现在股价上涨的中途，或者是股价经过洗盘后再次重启的时候。出现这种走势，标志着股价后期将会迎来一波大行情，投资者应重点关注。

股价经过一波幅度比较大的上涨之后，运行到了市场的高位区域，这时场内持股者的信心开始动摇，同时场内资金也转以观望为主，使得股价在高位出现滞涨现象。某天，股价大幅高开，但开盘之后出现了大量的抛售筹码，股价出现回落，成交量出现巨量成交的现象。出现这种走势，标志着股价后期将会进入下跌通道，投资者遇到此类个股时，一定要注意防范风险。

当股价经过大幅度上涨之后，忽然出现加速上涨，在加速上涨时拉出长阳线。忽然某一天，股价大幅度高开，但股价开盘后就一路下跌。出现这种走势，预示着股价后市很可能会出现回落，特别是股价在经过长期上涨的高位区域时出现这种走势，往往预示着股价即将出现大幅度的回落。

对于盘面细微变化的分析并没有铁定的分析步骤，但对于初次接触这种方法的投资朋友来说还是可以根据下面提出的四个步骤进行分析，在经过一段时间的实践之后是完全可以跳出这四步曲的过程的，然后可以根据自己的喜好来进行分析。

1. 寻找疑似非自然交易细节。

我们已经知道，可以通过分析一些特殊的细节来找出主力活动的痕迹，而这些细节多少会有一些非自然交易的痕迹，因此要寻找主力首先就要找到那些有主力参与的非自然交易细节。不过有些细节是否一定属于非自然交易本身也需要经过分析，所以在确认非自然交易细节之前我们先把这些细节称为疑似非自然交易细节，然后再从中找出真正的非自然交易细节，这样细节分析的第一步就是要找出疑似非自然交易细节。

2. 确认非自然交易细节。

对于疑似非自然交易细节进行论证，需要根据其他交易细节进行核实，最后确认是否属于非自然交易细节。

3. 就非自然交易细节本身罗列各种可能性。

通常我们在一开始分析细节的时候往往会武断地作出某个单一的结论，其实这是最忌讳的。对于一个细节来说其本身会包括多种可能性，我们要做的就是把这些结论全部罗列出来而不是随随便便就把其中的很多可能性都想当然地排除掉。

罗列各种可能性并不是一件简单的事情。如果我们还只是刚刚开始进行细节分析的话，那么很有可能会遗漏一些可能性，所以要求我们尽量避免，因为遗漏了的可能性或许有可能是最重要的可能性，一旦遗漏就会导致出现完全不同的结论。

4. 对罗列出来的可能性进行诊断。

诊断的目的是将一些不可能发生的可能性排除掉，最后留下来的可能性就是结论。排除的过程中需要投资者用心看盘，仔细观察每笔交易过程，随着操作的增加，排除能力就会得到逐步提高。

细节分析是高级决策的基础，只有看懂盘面上细微的变化，才能在股市中有钱可赚。

盘口兵法六则

看盘关键要点：

1. 集合竞价决定了开盘价，开盘价在一定程度上决定了一天的交易涨跌幅度，所以，投资者有必要对集合竞价进行研究，分析如何利用"价格优先、时间优先"这个原则来获取胜利。

2. 除了对几个竞价的研究之外，投资者还应注意对开盘后 5 分钟股价走势、盘面中几个重要的时间点、价格与均量线的变化、一些重要的盘口语言等方面的分析。

1. 快速阅读消息。

消息一般分为三种：政策面、行业面和公司面。现在的报纸太多，每一份证券报都很厚，阅读太耗费时间，所以，投资者就可以在网上看一些重大消息摘要来替代。

2. 应战集合竞价。

集合竞价决定开盘价，而开盘价一定程度上决定了一天的交易涨跌幅度。所以，集合竞价就成了想吸筹或是想派发的机构的必争之地。由于机构的席位可以直接挂入交易所，而投资者需要通过证券公司的中介作用才能实行委托，也就是说，普通投资者就会慢机构一个节拍。因此，投资者就有必要好好研究一个如何来看集合竞价，如何利用"价格优先，时间优先"这个交易规则来获取胜利。具体来说，集合竞价中的盘面信息主要如下：

（1）高开：如果股价处于低位，高开意味着后市股价上涨的可能性很大；如果股价处于高位，高开则意味着主力出货的可能性很大。

（2）低开：如果股价处于低位，此时投资者要小心一波新的下跌；如果股价处于高位，低开则往往是跳水的象征。

（3）挂单踊跃：如果一只个股买卖盘挂单都特别大，则往往意味着该股将会出现异动，具体操作方法可参考"高开"的可能性。

（4）涨停价挂单：重大利好刺激或是机构发疯拉升，使得个股在集合竞价的时候就奔向涨停，这些个股如果要去追，就要看速度了。

（5）跌停价挂单：重大利空刺激或是机构发疯出货，使得个股在集合竞价的时候就奔向跌停，这些个股如果要想及时除掉，也是需要看速度的。尽量在早上9点15分之前就尝试着挂单，很多机构和部分券商提供的交易账号可以在9点15分之前挂单。

（6）有没有人打价格战：所谓价格优先，就是买的时候价格越高越好，卖的时候价格越低越好，我们在集合竞价的时候可以去观察，如果有人抢着买入，那么就看涨；如果有人抢着卖出，则看跌。

3. 看开盘后5分钟。

集合竞价决定了开盘价，而开盘后的5分钟决定了一天的主要基调。

（1）开盘5分钟内上涨的，整个一天可能都会比较强势，尤其是高开之后迅速高走，往往意味着该股要冲击涨停。

（2）开盘5分钟内下跌的，整个一天可能都会比较疲弱，尤其是低开之后迅速走低，往往意味着该股要打到跌停。

（3）股价处于低位：高开之后迅速下跌，有可能是机构在故意打压建仓；高开之后迅速上涨，则意味着将要大涨；低开之后迅速下跌，有可能会展开下一波下跌；低开之后迅速上涨，有可能是机构利用集合竞价在打压，该股值得介入。

（4）股价处于高位：高开之后迅速下跌，有可能是机构在出货；高开之后迅速上涨，则意味着可能会继续拉升；低开之后迅速下跌，需要小心了；低开之后迅速上涨，或许会来个梅开二度。

4. 几个重要的时间点。

（1）9点半到10点：由于开盘价和开盘后5分钟都在这个时间段，因此，这个时间段也是非常重要的，早盘半个小时的涨跌基本上预示着一天的涨跌。主力想要吸筹或者出货，第一个时间段是集合竞价时期，第二个时间段则是开盘后半个小时。因此，我们经常可以看到股票在开盘后的半个小时里交易十分踊跃，在这之后就开始走向平缓。

（2）下午1点到1点半：到了中午，该出来的消息都出来了，经过中午一个半小时的休息，机构也再一次确立了自己的主基调。

（3）下午2点到2点半：一天的最高价和最低价，往往在这个时候产生。

（4）下午2点50分到3点：这是买入强势股和卖出弱势股的最后的时机，也是机构表明自己吸筹还是出货的最后时机。如果一天时间里股价走势一般，甚至是下跌，但尾盘 10 分钟突然大涨，这种情形值得多头关注；如果一天时间里股价走势强劲，但尾盘 10 分钟突然大跌，这种情形需要空头注意。

（5）收盘集合竞价：深市股票在尾盘 3 分钟也有集合竞价，其分析的意义和开盘前的集合竞价相似。

5. 价格线与均价线。

分时走势图中，价格线和均价线的分析方法和 K 线联合均线的分析方法基本 1 是一样的。

（1）均价线在股价下方，则对股价形成支撑。

（2）均价线在股价上方，则对股价形成压力。

（3）涨停形态：股价线一直处于均价线上方震荡，并且少于三次之内跌破均价线，则该股有冲击涨停的希望。

（4）跌停形态：股价线一直处于均价线下方震荡，并且少于三次之内冲破均价线，则该股有跌停的可能性。

（5）由弱转强：股价线上穿均价线之后，如果能再次回抽，成功踩住均价线，则开始看好。

（6）由弱转强：股价线下穿均价线之后，如果反弹到均价线位置而未能收复，则开始考虑卖出。

6. 一些重要的盘口语言。

（1）量比：量比是衡量相对成交量的指标，它是指股市开市后平均每分钟的成交量与过去 5 个交易日平均每分钟成交量之比。

量比这个指标所反映出来的是当前盘口的成交力度与最近 5 天的成交力度的差别，这个差别的值越大表明盘口成交越趋活跃，从某种意义上讲，越能体现主力即时做盘，准备随时展开攻击前蠢蠢欲动的盘口特征。因此量比可以说是盘口语言的翻译器，它是超级短线临盘实战洞察主力短时间动向的秘密武器之一，更适用于短线操作。

量比反映出主力行为，量比的数值越大，表明了该股当日流入的资金越多，市场活跃度越高；反之，量比值越小，说明了资金的流入越少，市场活跃度越低。

一般来说，量比在 0.8 ~ 1.5 之间是比较正常的，0.8 以下为缩量，1.5 ~ 2.5 表示温和放量，2.5 ~ 5 表示明显放量，5 ~ 10 为剧烈放量。低位放量值得乐观，高位放量需要小心。

（2）换手率和 5 日换手：换手率是指今天的交易量与流通股之间的比率，换手率越大，表示成交量也就越大。和量比意义相似，低位放量比较乐观，高位放量需要小心。

（3）外盘和内盘：外盘是主动性买入盘，内盘是主动性卖出盘。一般而言，外盘大于内盘是比较好的，表示今天买盘比卖盘要强劲一些。

第二节　看盘常用术语

看盘关键要点：

在本节的看盘术语中，我们为投资者列举了 60 多个在看盘过程中会经常用到的术语，了解这些术语的含义，是看盘的基础。

1. 牛市。

也称多头市场，指较长一段时间里处于上涨趋势的股票市场。牛市中，求过于供，股价上涨，对多头有利。

2. 熊市。

也称空头市场，指股市行情不景气，交易量萎缩，指数不断下跌的态势。

3. 猴市。

形容股市行情出现反复的大幅振荡，大盘涨跌不明，市场分化严重，展开的波段较多，指数走势如同猴子一样，上蹿下跳。

4. 牛皮市。

股价走势波动较小，陷入盘整阶段，成交量极低。牛皮市显示出买卖双方力量持衡。

5. 热门股。

指那些在股票市场上交易量大，周转率高，流通性强，价格变动幅度大的股票。这种股票的收益和股息的纪录可能始终保持稳定增长。

6. 多头。

也叫多方，指那些对股市前景看好，预计股价上升的投资者。

7. 空头。

也叫空方，指那些认为股价已经上涨到最高点，很快便会下跌，或当股票已经开始下跌，认为还会继续下跌的投资者。

8. 实多。

指资金实力雄厚、持股时间长、着眼于长期利益的投资者。

9. 浮多。

与实多相对，指资金较弱、持股时间短、见涨就卖见跌就买、只图眼前利益的投资者。

10. 多翻空。

多头确信股价已涨到顶峰，因而大批卖出手中股票成为空头。

11. 空翻多。

空头确信股价已跌到尽头，于是大量买进股票而成为多头。

12. 短多。

对股市前途看涨，先买进股票，并在短时间内寻机卖出。

13. 利多。

对于多头有利，又叫利好。指能刺激股价上涨的各种因素和消息，如：银行利率降低、公司经营状况好转等。

14. 利空。

对空头有利，能促使股价下跌的因素和信息，如：上市公司经营业绩恶化、银行紧缩、利率上调、经济衰退、通货膨胀等。

15. 踏空。

投资者因看淡后市，卖出股票后，该股价却一路上扬，或未能及时买入，因而未能赚的利润。

16. 多杀多。

普遍认为股价要上涨，于是纷纷买进，然而股价未能如期上涨时，竞相卖出，而造成股价大幅下跌。

17. 反弹。

在空头市场上，股价呈不断下跌趋势，会因股价下跌速度过快而反转回升到某一价位的调整现象称为反弹。股票的反弹幅度一般小于下跌幅度。

18. 盘整。

指的是股价经过一段急速的上涨或下跌后，遇到阻力或支撑，因而开始小幅度上下变动。

19. 多头排列。

短期均线上穿中期均线，中期均线上穿长期均线，整个均线系统形成向上发散态势，显示多头的气势。

形态相反时，则构成空头排列。

20. 坐轿。

预期股价将会大涨，或者知道有主力在炒作而先期买进股票，让别人去抬股价，等股价大涨后卖出股票，自己可以不费多大力气就能赚大钱。

21. 抬轿。

认为后市上涨空间大，追高买进股票，结果没有盈利，却为在低位买入的人提供了出货良机，替别人抬了轿子。

22. 诱多。

主力有意制造股价上涨的假象，诱使投资者买入，结果股价不涨反跌，让跟进做多的投资者套牢的一种市场行为。

23. 诱空。

主力有意制造股价下跌的假象，诱使投资者卖出，结果股价不跌反涨，让卖出的投资者踏空的一种市场行为。

24. 骗线。

主力利用散户迷信技术分析数据、图表的心理，故意拉抬、打压股指，致使技术图表形成一定线型，引诱股民买进或卖出，从而达到他们大发其财的目的。这种带有欺骗性的技术图表线型称为骗线。

25. 洗盘。

指主力为了减轻拉升时上档的压力，故意打压股价，迫使低价买进者于股价拉升之前卖出股票的一种手段。

26. 对敲。

也称对倒，主力利用自己不同的账户自买自卖，以达到制造成交量、迷惑散户等目的。

27. 敲进。

指在股票交易中，直接按卖出价格买进股票的迅速行为。

28. 敲出。.

指在股票交易中，直接按买入价格卖出股票的迅速行为。

29. 均价。

指当前买卖股票的平均价格。若当前股价在均价之上，说明在此之前买的股票大都处于盈利状态。否则，即为亏损状态。

30. 除权除息。

上市公司以股票股利分配给股东,也就是公司的盈余转为增资时,或进行配股时,就要对股价进行除权。上市公司将盈余以现金分配给股东,股价就要除息。除权除息日购入该公司股票的股东则不可以享有本次分红派息或配股。

31. 填权。

股票除权后的除权价不一定等同于除权日的理论开盘价,当股票实际开盘价交易高于这一理论价格时,就是填权。

32. 贴权。

指在除权除息后的一段时间里,交易市价低于除权(除息)基准价,即股价比除权除息日的收盘价有所下降,则为贴权。

33. 高开。

指股票当天的开盘价高于昨日的收盘价,但未高于昨日最高价的现象。

34. 低开。

指股票当天的开盘价低于昨日的收盘价,但未低于昨日最低价的现象。

35. 平开。

指股票当天的开盘价与昨日收盘价持平的情况,也叫开平盘。

36. 阴跌。

指股价进一步退两步,缓慢下滑的情况,如阴雨连绵,长期不止。

37. 回档。

指在多头市场上,股价涨势强劲,但因上涨过快而出现回跌的现象。

38. 盘整。

一是当天股价变动幅度很小,最高与最低价间的幅度不会超过 2%,此乃多头与空头双方势均力敌或都采取观望态度所产生的现象;二是行情进入整理,上下变化幅度不大,而时间稍长,可持续达半个月以上。

39. 跳空高开。

指开盘价格超过昨日最高价格的现象。

40. 跳空低开。

指开盘价格低于昨日最低价格的现象。

41. 跳空缺口。

指开盘价格超过昨日最高价格或开盘价格低于昨日最低价格的空间价位。

42. 跳水。

指股价在短时间内快速深幅下跌。

43. 停板。

因股票价格波动达到一定限度而被停止交易。其中因股票价格上涨达到一定限度而停止交易叫涨停板，因股票价格下跌达到一定限度而停止交易叫跌停板。目前国内规定 A 股涨跌幅度为 10%；ST 股为 5%；新股上市首日或者特定情况下的个股复牌首日，没有涨跌停限制。

44. 崩盘。

指由于某种原因，造成股票被大量抛出，从而导致股价无限度下跌，何时停止难以预料的情况。

45. 筹码。

投资人手中持有的一定数量的股票。

46. 止损。

又叫斩仓（砍仓）或割肉，是指投资者买入股票后股价下跌，为避免损失扩大低于成本价卖出股票的行为。

47. 平仓（清仓）。

一般指买进股票后，股价上涨有盈利后卖出股票并有了成交结果的行为。

48. 建仓。

指买入股票并有了成交结果的行为。

49. 补仓。

在上涨时更加看好后市或在下跌时为了摊低成本，而再次买入原先已经持有的股票。

50. 半仓。

买股票仅用 50% 的资金建仓；平仓、斩仓卖出股票仅卖掉 50%，并顺利成交。

51. 全仓。

指买卖股票不分批分次，而是一次性建仓或一次性平仓、斩仓并有了成交结果的行为。

52. 套牢。

预计股价上涨而买入股票，结果股价却下跌，低于成本，又不甘心将股票卖出，被动等待。

53. 解套。

指买入股票后股价下跌暂时造成账面损失，但是以后股价又涨回来的现象。

如：15 元买入万科 A 股 100 股，结果该股后来跌到 10 元。以后又涨到 15 元，此时为解套。

54. 卖压。

在股市上大量抛出股票，使股价迅速下跌。

55. 买压。

买股票的人很多，而卖股票的人却很少。

56. 主力。

指非常有资金实力和深层背景的炒作集团。

57. 试盘。

指主力通过少量买卖来了解市场人气、买卖意愿、持仓成本等。

58. 掼压。

用非常手法，将股价大幅度压低的做法。通常主力在掼压之后便大量买进以牟取暴利。

59. 吃货。

泛指买进股票。在股市中，主力在低价位区域不动声色地买进股票，叫作吃货或吸货。

60. 出货。

指主力在股价到达高位时，不动声色地卖出股票，称为出货，与吃货相反。

61. 获利盘。

一般是指股票交易中，能够卖出赚钱的那部分股票。

62. 扫盘。

指主力不计代价和成本将盘面上的筹码全部吃掉。

63. 护盘。

指在股市行情低落时，为刺激股民购买股票促使价格上扬，各投资大户一起大量购进股票的行为。

64. 抢帽子。

指投资者先低价买进预计会上涨的股票，然后在股价上涨到某一价位时卖出；或者先卖出手中预计可能下跌的股票，然后在股价下跌至某一价位时，再补进相同股票，以获取差额利润的行为。这是一种股市中常见的短期投机行为。

65. 老鼠仓。

指操盘手在为公司操盘时，同时用自己个人的资金跟随炒作，从中获利。

66. 场内交易。

指在证券交易所内进行的证券买卖活动。

67. 场外交易。

在交易所以外市场进行的证券交易总称,也称为"柜台市场""第三市场"或"第四市场"。

68. 借壳上市。

指一家未上市公司通过把资产注入市值较低的已上市公司（所谓的壳），得到该公司一定程度的控股权，利用其上市公司地位，使母公司的资产得以上市。通常该壳公司会被改名。

第三节　看盘过程中的要素介绍

股价指数

看盘关键要点：

上市公司经常会有增资和拆股、派息等行为，使股票价格产生除权、除息效应，失去连续性，不能进行直接比较。因此在计算股价指数时也要考虑到这些因素的变化，及时对指数进行校正，以免股价指数失真。

股价指数又称股票价格指数，是股市中反映各种股票价格变动水平的一种指标。它是根据多家上市公司的股票价格综合编制而成。股价指数通常以某一段时间或某年某月某日的具体日期为基期，基期的股价指数为一常数，以后各期的股价指数的计算公式为：

各期的股价指数＝计算期股价平均值 ÷ 基期股价平均值 × 常数

通常，股票价格指数有以下四个编制步骤：

1. 选择样本股。

选择部分或全部具有代表性的上市公司股票作为股票价格指数的样本股，以较准确地反映市场股价总趋势。

2. 选定某基期。

通常选择某一有代表性或股价相对稳定的日期为基期，并以此计算平均股价。

3.计算计算期平均股价并作必要的修正。

常用的方法是，收集样本股在计算期的收盘平均价并按选定的方法计算平均价格。

4.指数化。

将基期平均股价定为某一常数，并据此计算计算期内股价的指数值。

计算股票价格指数，还要考虑三个因素：

1.抽样。

即在众多股票中抽取少数具有代表性的成份股。

2.加权。

按单价或总值加权平均，或不加权平均。

3.计算程序。

计算算术平均数、几何平均数，或兼顾价格与总值。

在目前的中国股市中，只有沪深两个指数系列，即上证指数系列和深证指数系列。投资者应该通过掌握指数的构成、意义，以便运用沪深指数作为我们判断行情走势的指导，在实战中灵活参考，提高投资的成功率。

上证指数和上证 180 指数

看盘关键要点：

1.上证指数是由上海证券交易所编制的指数系列，主要包括上证综合指数、上证 180 指数、上证 50 指数、A 股指数、B 股指数、分类指数、债券指数等。

2.上证综合指数是以上市的全部股票为计算范围，以发行量为权数的加权综合股价指数。

上证指数系列是国内外普遍采用的衡量中国证券市场表现的权威统计指标。该指标由上海证券交易所以 1990 年 12 月 19 日为基期，以现有所有上市的股票为样本，以股票发行量为权数编制并发布。

上证指数系列包括很多类别的指数。主要有：上证 180 指数、上证 50 指数、上证综合指数、A 股指数、B 股指数、分类指数、债券指数、基金指数等指数系列。下面简要介绍两个非常重要的指数：

1.上证综合指数。

上证综合指数是上交所最早编制的指数，即我们通常所说的上证指数。它是以上海证券交易所挂牌上市的全部股票为计算范围，以发行量为权数的加权综合股价指数。上证指数系列均以样本股报告期的股本数为权数计算总市值进行加权计算。即：报告期指数 =（报告期样本股总市值 ÷ 基期总市值）× 100，其中上证综合指数与分类指数的股本数取样本股的发行股数，总市值取市价总值。

2. 上证 180 指数。

为推动证券市场基础建设的长远发展和规范化进程，2002 年 6 月，上海证券交易所对原上证 30 指数进行了调整并更名为上证成份股指数，简称上证 180 指数。

上证 180 指数的编制方案，是结合中国证券市场的发展现状，借鉴国际经验，在原上证 30 指数编制方案的基础上作进一步完善后形成的，目的在于通过科学客观的方法挑选出最具代表性的样本股票，建立一个反映上海证券市场的概貌和运行状况、能够作为投资评价尺度及金融衍生产品基础的基准指数（上证指数系列简况如表 1-1 所示）。

表 1-1：上证指数系列简况

指数名称	基准日期	基准点数	备注
样本指数类			
上证 180 指数	2002-06-28	3299.06	上证 180 指数是上交所对原上证 30 指数进行了调整并更名而成，其样本股是在所有 A 股股票中抽取最具市场代表性的 180 种样本股票，自 2002 年 7 月 1 日起正式发布。作为上证指数系列核心的上证 180 指数的编制方案，目的在于建立一个反映上海证券市场的概貌和运行状况、具有可操作性和投资性、能够作为投资评价尺度及金融衍生产品基础的基准指数
上证 50 指数	2003-12-31	1000	上证 50 指数是根据科学客观的方法，挑选上海证券市场规模大、流动性好的最具代表性的 50 只股票组成样本股，以便综合反映最具市场影响力的一批龙头企业的整体状况。上证 50 指数自 2004 年 1 月 2 日起正式发布。其目标是建立一个成交活跃、规模较大、主要作为衍生金融工具基础的投资指数
上证红利指数	2004-12-31	1000	上证红利指数挑选在上证所上市的现金股息率高、分红比较稳定、具有一定规模及流动性的 50 只股票作为样本，以反映上海证券市场高红利股票的整体状况和走势。该指数 2005 年 1 月 4 日发布。上证红利指数是上证所成功推出上证 180、上证 50 等指数后的又一次指数创新，是满足市场需求、服务投资者的重要举措。上证红利指数是一个重要的特色指数，它不仅进一步完善了上证指数体系和指数结构，丰富指数品种，也为指数产品开发和金融工具创新创造了条件

续表

指数名称	基准日期	基准点数	备注
上证180全收益指数	2002-06-28	3299.06	上证180全收益指数（简称上证180全收益）是上证180指数的衍生指数，与上证180指数的区别在于指数的计算中将样本股分红计入指数收益，供投资者从不同角度考量指数走势
上证50全收益指数	2003-12-31	1000	上证50全收益指数（简称上证50全收益）是上证50指数的衍生指数，与上证50指数的区别在于指数的计算中将样本股分红计入指数收益，供投资者从不同角度考量指数走势
上证红利全收益指数	2004-12-31	1000	上证红利全收益指数（简称红利指数全收益）是上证红利指数的衍生指数，与上证红利指数的区别在于指数的计算中将样本股分红计入指数收益，供投资者从不同角度考量指数走势
综合指数类			
上证指数	1990-12-19	100	上证综合指数的样本股是全部上市股票，包括A股和B股。从总体上反映了上海证券交易所上市股票价格的变动情况，自1991年7月15日起正式发布
新上证综合指数	2005-12-30	1000	新上证综指当前由沪市所有已完成股权分置改革的股票组成；此后，实施股权分置改革的股票在方案实施后的第二个交易日纳入指数；指数以总股本加权计算；新上证综指于2006年1月4日发布
分类指数类			
上证A股指数	1990-12-19	100	上证A股指数的样本股是全部上市A股，反映了A股的股价整体变动状况，自1992年2月21日起正式发布
上证B股指数	1992-02-21	100	上证B股指数的样本股是全部上市B股，反映了B股的股价整体变动状况，自1992年2月21日起正式发布
工业指数	1993-04-30	1358.78	上海证券交易所对上市公司按其所属行业分成五大类别：工业类、商业类、房地产业类、公用事业类、综合业类，行业分类指数的样本股是该行业全部上市股票，包括A股和B股，反映了不同行业的景气状况及其股价整体变动状况，自1993年6月1日起正式发布
商业指数	1993-04-30	1358.78	
地产指数	1993-04-30	1358.78	
公用指数	1993-04-30	1358.78	
综合指数	1993-04-30	1358.78	
其他指数类			
基金指数	2000-05-08	1000	基金指数的成份股是所有在上海证券交易所上市的证券投资基金，反映了基金的价格整体变动状况，自2000年6月9日起正式发布

续表

指数名称	基准日期	基准点数	备注
国债指数	2002-12-31	100	上证国债指数是以上海证券交易所上市的所有固定利率国债为样本，按照国债发行量加权而成。自2003年1月2日起对外发布，基日为2002年12月31日，基点为100点，代码为000012 上证国债指数是上证指数系列的第一只债券指数，它的推出使中国证券市场股票、债券、基金三位一体的指数体系基本形成。上证国债指数的目的是反映中国债券市场整体变动状况，是中国债券市场价格变动的"指示器"。上证国债指数既为投资者提供了精确的投资尺度，也为金融产品创新夯实了基础
企债指数	2002-12-31	100	上证企业债指数是按照科学客观的方法，从国内交易所上市企业债券中挑选了满足一定条件的具有代表性的债券组成样本，按照债券发行量加权计算的指数。指数基日为2002年12月31日，基点为100点，指数代码为000013，指数简称企债指数

深证指数和深圳成份指数

看盘关键要点：

1. 深证指数是由深圳证券交易所编制的股价指数，该股票指数的计算样本为所有在深圳证券交易所挂牌上市的股票，是投资者研判深圳股市股票价格变化趋势必不可少的参考依据。

2. 深证成份股指数，是深圳证券交易所从上市的所有股票中抽取具有市场代表性的40家上市公司的股票作为计算对象，用以综合反映深交所上市A、B股的股价走势。

深证指数是由深圳证券交易所编制的股价指数，该股票指数的计算方法基本上与上证指数相同，其样本为所有在深圳证券交易所挂牌上市的股票，权数为股票的总股本。由于以所有挂牌的上市公司为样本，其代表性非常广泛，且它与深圳股市的行情同步发布，是投资者和证券从业人员研判深圳股市股票价格变化趋势必不可少的参考依据。

现深圳证券交易所并存着两套股票指数，分别是老指数深圳综合指数和现在的深圳成份股指数。老深证综合指数，即"深圳证券交易所股票价格综合指数"，于1991年4月4日开始编制和公布，后被修订的深圳成份股指数取代。1995年2月

20 日开始实施发布的深圳成份股指数的基准日定为 1994 年 7 月 20 日，基数为 1000 点。但由于样本股票发生了很大的变化，深圳成份股指数已不能完全反映股市的实际情况，所以有人仍然依据老深综指来分析深市行情。

1. 指数种类。

深圳证券交易所股价指数有：

（1）综合指数：深证综合指数、深证 A 股指数、深证 B 股指数。

（2）成份股指数：包括深证成份股指数、成份股 A 股指数、成份股 B 股指数、工业类指数、商业类指数、金融类指数、地产类指数、公用事业类指数、综合企业类指数。

（3）行业指数：深证农业指数、深证采掘业指数、深证制造业指数、深证交通运输指数等众多行业指数。

（4）深证基金指数。

2. 基日与基日指数。

（1）深证综合指数以 1991 年 4 月 3 日为基日，1991 年 4 月 4 日开始发布。基日指数定为 100。

（2）深证 A 股指数以 1991 年 4 月 3 日为基日，1992 年 10 月 4 日开始发布。基日指数定为 100。

（3）深证 B 股指数以 1992 年 2 月 28 日为基日，1992 年 10 月 6 日开始发布。基日指数定为 100。

（4）成份股指数类以 1994 年 7 月 20 日为基日，1995 年 1 月 23 日开始发布。基日指数定为 1000。

（5）深证基金指数以 2000 年 6 月 30 日为基日，2000 年 7 月 3 日开始发布。基日指数定为 1000。

3. 计算范围。

（1）综合指数类的指数股（即采样股）是深圳证券交易所上市的全部股票。全部股票均用于计算深证综合指数，其中的 A 股用于计算深证 A 股指数；B 股用于计算深证 B 股指数。

（2）成份股指数类的指数股（即成份股）是从上市公司中挑选出来的 40 家成份股。成份股中 A 股和 B 股全部用于计算深证成份股指数，其中的 A 股用于计算成份股 A 股指数，B 股用于计算成份股 B 股指数。成份股按其行业归类，其 A 股用于计算行业分类指数。

沪深 300 指数

看盘关键要点：

1. 沪深 300 指数的编制能够综合反映股票价格变动的概貌和运行状况，能够作为投资业绩的评价标准，有利于投资者全面把握我国股票市场的总体运行状况。

2. 沪深 300 指数的样本股集中了两市中大量优质股票，因此，可以成为反映沪深两个市场整体走势的"晴雨表"。

前面我们提到的市场中的股票指数，无论是上证指数还是深证指数，只是分别表征了两个市场各自的行情走势。为了能够全面地反映整个股票市场的走势，沪深证券交易所于 2005 年 4 月 8 日联合发布的反映 A 股市场整体走势的指数——沪深 300 指数。沪深 300 指数编制目标是反映中国证券市场股票价格变动的概貌和运行状况，并能够作为投资业绩的评价标准，为指数化投资和指数衍生产品创新提供基础条件。指数样本选自沪深两个证券市场，覆盖了大部分流通市值。其成份股是市场代表性好、流动性高，交易活跃的主流投资股票，能够反映市场主流投资的收益情况。

沪深 300 指数的编制方法主要有三大特点：

1. 与大家熟悉的上证综指以总股本为权重的做法不同，沪深 300 指数以自由流通量作为权重计算的依据，增强了指数的抗操纵性。

在编制沪深 300 指数时，先确定样本股的自由流通股本，然后对其实行分级靠档以获得调整股本，最后以调整股本作为计算指数的权重。以调整后的自由流通股本而非总股本为权重，沪深 300 指数更能真实反映市场中实际可供交易股份的股价变动情况，从而有效避免通过大盘股操纵指数的情况发生。

2. 采用分级靠档技术，确保样本公司用于指数计算的股本数相对稳定，以有效降低股本频繁变动带来的跟踪成本。

上市公司自由流通股木可能会随着时间的变化而频繁地变动，为了适度保持指数的稳定性，在计算沪深 300 指数时，采用了分级靠档的方法，即根据自由流通股本所占 A 股总股本的比例（即自由流通比例）赋予 A 股总股本一定的加权比例，以使用于计算指数的股本相对稳定。

3. 沪深 300 指数样本调整时设置缓冲区。

为有效降低指数样本股的周转率，沪深 300 指数样本股定期调整时采用了缓冲区规则，即排名在前 240 名的新样本优先进入指数，排名在 360 名之前的老样本优先保留。缓冲区技术使每次调整的幅度得到一定程度的控制，指数能够保持良好的连续性。样本股调整幅度的降低也可以减小投资者跟踪指数的成本。

沪深 300 指数样本覆盖了沪深市场 60% 左右的市值，具有良好的市场代表性和可投资性，有利于投资者全面把握我国股票市场总体运行状况。

沪深 300 指数的诞生，意味着中国证券市场创立多年来第一次有了反映整个 A 股市场全貌的指数。毋庸置疑，衡量沪深 300 指数成功与否的标志，是看其是否能够涵盖沪深两个 A 股市场，客观真实地反映 A 股市场的运行状况。在这一方面，不少业内人士对沪深 300 指数给予了积极评价和充分看好，他们认为，沪深 300 指数的市值覆盖率高、与上证 180 指数及深证 100 指数等现有市场指数相关性高、样本股集中了两市中大量优质股票，因此，可以成为反映沪深两个市场整体走势的"晴雨表"。

中国股市中的主力

看盘关键要点：

1. 股市中的主力指的是股市中的"大资金"，它们对股市的涨跌起着主导的作用，如果你能把握主力的动向，利润成倍增长将不再是难事。

2. 股市中的主力主要分为五大类，分别指的是基金、保险、私募、游资和社保五种。

股市升升跌跌，时而发高烧，一下子涨停，时而冒汗发冷，一跌至停，究竟是什么力量在主导呢？股市的涨跌在大多数情况下都是主力在指导着，主力会选择不同的个股去炒作，并不是大盘跌，所有的个股都会下跌。如果可以把握主力的动向，你可以很容易就获得成倍的利润。

股市中的主力指的是股市中的"大资金"，主要包括基金、保险、私募、游资和社保五大类。现在我们分别来了解一下这五类"大资金"。

1. 基金。

中国股市注入的资金中约有一大部分的资金来自基金，是中国股市主力之一。基金是指为了某种目的而设立的具有一定数量的资金。根据不同标准，可以将基金划分为不同的种类：

（1）根据基金单位是否可增加或赎回，可分为开放式基金和封闭式基金。

开放式基金不上市交易，一般通过银行申购和赎回，基金规模不固定；封闭式基金有固定的存续期，期间基金规模固定，一般在证券交易场所上市交易，投资者通过二级市场买卖基金单位。

（2）根据组织形态的不同，可分为公司型基金和契约型基金。

基金通过发行基金股份成立投资基金公司的形式设立，通常称为公司型基金；由基金管理人、基金托管人和投资人三方通过基金契约设立，通常称为契约型基金。目前我国的证券投资基金均为契约型基金。

（3）根据投资风险与收益的不同，可分为成长型、收入型和平衡型基金。

（4）根据投资对象的不同，可分为股票基金、债券基金、货币市场基金、期货基金等。

2. 保险。

所谓保险是指投保人根据合同约定，向保险人支付保险费的商业保险行为。作为 A 股市场上最重要的主力之一，保险资金一直被寄予成为长期投资资金，发挥市场稳定器的作用。而保险公司将保费用于商业投资以期增值，股市也恰逢其时地提供了一个更为便利的途径。

由于保险资金本身所固有的优点，在某种程度上对于股市的长期稳定能够起到一定的积极作用。保险资金作为股市的稳定因素具有如下几点优势：

（1）保险资金是一种长线资金。

保险资金同进入股市的其他资金都不同，它到股市里来，是为着做长线投资的，它的来源是投保人的钱，最重要的是怎么保证为投保人保值增值，而首要的是要保证资金的安全性，如何防范风险成为优先的选项，这一特性决定了它与证券公司、投资基金的"玩法"不同。在投资理念上是定位在谋求稳定长期的收益。因此，它不会轻易跟主力，而更加侧重于选股，选业绩稳健的大蓝筹、行业龙头股。长线投资的操作既可保护自己，又可带动大批中小投资人保持稳定，加上保险资金入市资金数额较大，对市场起到支撑作用。

（2）保险资金入市从制度、规章建设上，以及从心理准备上，都做得较为充分，比较好地解决了同国际接轨问题，防范风险的机制比较完善，例如在交易所拥有独立席位，排除了券商操作的风险。从制度设计上看，也拥有投资基金制度设计上全部的优势，入市时机也比较好。在股市经历了长期低迷，原本的水分被挤掉后入市，长期看实现稳定增值的机会很人。

3. 私募。

私募是与"公募"相对应的，公募基金即我们生活中常见到的开放式或封闭式基金，面对大众公开募集资金，国内的入门起点一般是 1000 元或 1 万元不等。而私募属于"富人"基金，入门的起点都比较高，国内的起点一般为 50 万、100 万甚至更高，基金持有人通常不超过 200 人，一般投资者很难加入其中。

精准、暴利、神秘是私募的代名词，其作为市场上嗅觉最灵敏的资金集团之一，私募在市场中拥有巨大的号召力。近年来，中国已成为私募股权投资基金最为看好的市场之一，发展潜力巨大。

私募基金具有以下五大优势：

（1）私募基金一般是封闭的合伙基金，不上市流通。

在基金封闭期间，合伙投资人不能随意抽资，封闭期间一般为 5 ~ 10 年，故运作期间稳定，无资金赎回压力。

（2）私募基金的投资目标更具有针对性。

投资目标更具有针对性，能够为客户量身定做投资服务产品，能满足客户特殊的投资需求。如索罗斯的量子基金除投资全球股市外，还大量投资外汇、期货等，创造了很高的特殊性收益。

（3）私募基金的投资具有隐蔽性、专业性，收益回报高。

和公募基金严格的信息披露要求相比，私募基金在这方面的要求低很多，加之政府监管比较宽松，故私募基金的投资更具有隐蔽性、专业性，收益回报通常较高。

（4）私募基金道德风险出现的几率很小。

私募基金运作的成功与否与基金管理人的自身利益密切相关，故基金经理人的敬业心极强，并可用其独特有效的操作理念吸引到特定的投资者，双方的合作基于一种信任和契约，故很少出现道德风险。

（5）私募基金的组织机构简单，经营机制灵活，日常管理和投资决策自由度高。

相对于组织机构复杂的官僚体制，在机会稍纵即逝的关键时刻，私募基金竞争优势明显。

4. 游资。

如果要评选股市最大的赢家，游资绝对是最有力的竞争者。游资，又称热钱，或叫投机性短期资本。在国际金融市场上，它流动迅速，目标便是以最低的风险换来最高的报酬。

一般来说，游资所青睐的国家和地区，有如下四个重要特征：

（1）该国经济持续多年增长。

以泰国为例，在 1990 年至 1995 年，其 GDP 平均增长率高达 9%，而且在 1997 年金融危机之前，泰国国民经济已经连续 15 年保持高速增长。

（2）该国股票、房地产等资产价格迅速上涨。

泰国在经济危机爆发之前，大量外资投入到房地产上，房地产贷款比例高达 25%，但是房屋空置现象却很严重。泰国股市、楼市都出现了过度繁荣的现象。

（3）该国货币普遍被高估。

墨西哥在危机前实施盯住美元的汇率政策，导致比索被高估。然而，一旦热钱危机爆发，货币"内需"隐患立即发作，汇率一泻千里。

（4）外部资金大量流入该国国内，造成普遍投资过热现象。

在 1995 年，韩国的投资总额占 GDP 的比例高达 34％，1996 年便超过了 40％，由此导致电子、汽车等一些关键工业及房地产出现生产能力过剩。

5. 社保。

社保即社会保险，就是我们通常所说的"五险一金"。随着我国人口老龄化程度的提高，社保基金的支出压力越来越大。为此，探寻提高社保基金运作效率的方法和途径，真正实现社保基金的保值增值，成了摆在社会保险面前的一个非常重要的问题。而资本市场就为社保这一问题的解决提供了一个便利的通道。而社保进入资本市场也会为资本市场和投资者带来更加积极的影响。

社保基金入市在资金量上更为积极的影响是为资本市场提供一个长期稳定的资金来源。国外社保基金数额巨大，可利用期长，养老基金占到整个资本市场资金的 25％～45％，成为国际基金市场的重要组成部分，是资本市场的主要资金源泉之一。我国目前社保基金数额不大，但随着它的多渠道筹集到位，数额将是巨大的。据世界银行预测，至 2030 年，中国社保基金总额将达 1.8 万亿美元，成为世界第三大养老基金。另据有关方面估计，5 年之内，我国社会保障基金的总规模将突破 3000 亿元，若以其 10％投资股票市场，将使股市机构投资者规模新增 300 亿，若以其 20％投资股票市场，将使股市投资者规模新增 600 亿，比目前所有证券投资基金的总规模还要大。

社保基金对上市公司的影响是深远的。比如，社保基金对绩优蓝筹股和高成长性股的追捧，有利于刺激上市公司质量的不断改善；社保基金收支的社会化，可使上市公司从相应的收支和管理压力中解脱出来，有利于解除包括上市公司在内国企战略调整和结构调整的后顾之忧；又比如，一部分上市公司的国有股比例过大且不可流通，社保基金引入将有助于股权比例适当分散和法人股逐步流通，有助于公司法人治理结构的完善。

社保基金入市后对资本市场的稳定、规范产生深远影响，进而为投资者提供一个安全而规范的投资场所。比如，社保基金入市为资本市场提供了稳定长期的资金来源，有利机构投资者队伍建设；社保基金从某种角度来说是一个纯粹的投资者，它不想"混水摸鱼"，更不愿"乱中取胜"，因此它特别强调市场环境的"健康性"，这一特性非常有利于推动资本市场的规范化、法制化。同时，社保基金以安全为重的投资风格，有利于资本市场理性投资理念的形成。

第四节　学会看证券营业部的大盘

看盘关键要点：

1. 大盘即证券公司在其大厅内挂着的彩色显示屏幕，是投资者获取股票信息的主要工具。

2. 不同的证券公司的显示屏也不尽相同，但都会包揽如下内容：前收盘价、开盘价、最高价、最低价、最新价、买入价、卖出价、买盘、卖盘、涨跌、现手、买手、成交量、总额。

大多数证券公司都在其营业大厅的墙上挂有大型彩色显示屏幕，即我们平常所说的大盘。不同证券营业部的显示屏幕不尽相同，有的营业部的显示屏幕较大，可以将所有的上市公司的股票代码和股票名称都固定在一个位置不动，而让其他内容变化；有的营业部的显示屏幕较小，只能各只股票的行情轮流出现。大部分营业部的显示屏，都用不同的颜色来表示。大盘显示的主要内容如下：

1. 前收盘价。

前收盘价是前一天最后一笔交易的成交价格。自 1996 年 12 月实行涨跌停板制度后，深交所对"收盘价"作了调整，其计算方法为：收盘价 = 最后 1 分钟成交额 ÷ 最后 1 分钟成交量。

2. 开盘价。

当天第一笔交易的成交价格。

3. 最高价、最低价。

最高价和最低价分别是今天开盘以来各笔成交价格中最高和最低的成交价格。

4. 最新价。

最新价是刚刚成交的一笔交易的成交价格。

5. 买入价。

买入价是指证券交易系统显示已申报但尚未成交的买进某种股票的价格，通常只显示最高买入价。对投资者来说，这是卖出股票的参考。

6. 卖出价。

卖出价是指证券交易系统显示的已申报但尚未成交的卖出某种股票的价格，通常只显示最低卖出价。对投资者来说，是买入股票的参考。

7. 买盘。

买盘是当前申请买股票的总数。

8. 卖盘。

卖盘是当前申请卖股票的总数。

9. 涨跌。

涨跌指现在的最新价和前一天的收盘价相比,是涨还是跌了。它有两种表示方法:一种是直接标出涨跌的钱数;一种是给出涨跌幅度的百分数。一般在一个屏幕上只有一种数字,有的证券公司的显示屏上给出的是绝对数,有的给出的是相对数,这样要知道另一个数字时就要通过计算了。

10. 现手。

现手指的是刚成交的一笔交易的交易量的大小。因为股票交易的最小单位是手,1 手等于 100 股,所以衡量交易量的大小时常用手数代替股数。

11. 买手。

买手指的是比最新价低 3 个价位以内的买入手数之和的数量。

12. 成交量。

成交量指的是今天开盘以来该股交易的所有手数之和,换成股数时就要乘上 100。

13. 总额。

总额指的是今天开盘以来该股交易的所有金额之和,它的单位通常是万元。

第五节　你为看盘准备了什么

不打无把握之仗

看盘关键要点:

1. 俗话说,不打无准备之仗,炒股也是如此,同样需要周密部署,精心准备,只有这样才能稳操胜券。

2. 投资一定要保持良好的心态,要能承受股市中猛涨和猛跌。

3. 在投资过程中,一定要注意,所投资的资金一定要是闲置的钱,借钱炒股万万不能,这样会增加自己的投资压力,影响投资结果。

俗话说，不打无准备之仗。运用到股市投资中，这就要求投资者事先制定明确的炒股计划，周密部署，精心准备，才能稳操胜券。那么，投资者都需要在哪些方面有所把握呢？

1. 保持良好的心态。

事实上，在生活中，无论做任何事情，都需要保持良好的心态，好心态往往可以吸引好的事情发生。

在股市中，"炒股就是炒心态"这句话不断地被证明是非常正确的。炒股的道路上苦乐相伴，在熊市里内心煎熬，在牛市里享受欢愉，这本是十分正常的体会。由于很多股民缺乏良好的投资心态，在股价上涨时激情高昂，股市受挫下跌时又表现得十分悲观，甚至寝食不安。这些都是不利于投资者做好投资的心态。

心态决定投资收益，那些在股市中获益匪浅的人往往有一个共性，就是具有良好的心态。投资者在入市前一定要对自己的心态有一个把握，要充分明白，股市中既可以淘金也会遭遇风沙大浪。这样，不以涨喜，不以跌悲，必然可以笑看股市风云，胜似闲庭信步。

2. 准备好闲散资金。

正如打仗需要子弹一样，炒股需要做好资金准备，这是投资的基础。对于资金方面的把握，我们有两点提醒：一是用于炒股的资金应当是自己闲置不用的钱，切勿挪用诸如生活费、学费、养老金等不可或缺的资金；二是最好不要借钱或贷款炒股，以免遇到风险时，自己要承受支付利息和本金受损的双重压力。用闲钱来炒股，即使股票暂时的表现差强人意，投资者也不会过于焦虑，更不会出现急于归还借款而赔钱出局的情况。

3. 确定适宜的投资目标。

目标是前进道路上的灯塔，为投资者照亮前路。股市投资中同样需要确定自己的目标。投资目标可以是短期的、中期的和长期的，有了这样的目标，才能制定切实可行的操作计划，也就等于找到了奋斗的方向。

投资者在把握投资目标的时候，需要注意结合自身家庭情况而定，包括养老计划、子女教育计划、旅游等消费计划等。短期计划制定后，需要短期的操作策略相配合，快的可能3～5天，慢的也就3～5个月或1年半载的。但这种投资目标只适合股市出现巨幅震荡时采用，否则很难实现既定的投资目标。

4. 不同年龄，投资选择不同。

众所周知，股市有风险，投资需谨慎。不同年龄阶段的人，对风险的承受能力是有区别的。通常，中老年投资者对资金盈亏的焦虑会较多一些，加之身体健康因素的影响，对于风险的承受能力就弱于青壮年阶段的投资者。

所以，炒股过程中，还需要依据自身年龄进行相应的投资。比如，在30岁的壮年时期，就可以选择一些风险比较大的股票来投资；如果年龄已经在50岁或者退休了，你的风险承受能力自然变弱，在投资中不防增加点风险小、收益稳定的股票，这样，对未来能够到手的收益就会更有把握一些。

综上所述，炒股一定要有把握，如果你已经充分把握好上述几个要素，那么就准备踏上行程，在股海中磨砺一番吧！

学会控制仓位

看盘关键要点：

1. 一般来说，如果市场比较危险，随时可能会下跌，此时就应该以半仓或者更低的仓位来操作。

2. 平时仓位都应该保持在半仓状态，留有后备军，但当市场非常好的时候，可以短时间地满仓。

仓位是指投资者实际购买股票占用的资金和其账户总资产的比值。比如说，某投资者的账户里有10万元用于炒股，购买股票后用掉了其中的6万元，那么，该投资者的仓位就是60%。如果该投资者将10万元全部购买了股票，这是满仓操作；全部卖掉股票后，就是空仓了。

一般来说，如果市场比较危险，随时可能会下跌，此时就应该半仓或者更低的仓位来操作。平时仓位都应该保持在半仓状态，留有后备军，以防不测。只有在市场非常好的时候，可以短时间地满仓。

股市中流传这样一道公式：仓位影响态度，态度影响分析，分析影响决策，决策影响收益。学会科学地控制仓位是盈利的关键，并且还可以在很大程度上避免风险。

仓位控制的好坏将会直接影响到股市投资者的几个重要方面：

（1）仓位控制将影响到投资者的风险控制能力。

（2）仓位控制的好坏是决定投资者在牛市中取得超越大盘收益的关键因素。

（3）仓位的深浅还会影响到投资者的心态，较重的仓位会使人忧虑焦躁。

（4）最为重要的是仓位会影响投资者对市场的态度，从而使分析判断容易出现偏差。

能根据市场的变化来控制自己的仓位，是炒股非常重要的一个能力。仓位控制技巧的熟练掌握是每一位投资者提高操盘水平的必修课。

不同的大盘趋势，需要准备不同的应对策略

看盘关键要点：

1.在牛市初期和中期的时候，投资者要将选择重点放在那些优质企业的股票上，重点考察上市公司未来的发展潜力。

2.在牛市末期时，就要调整自己的仓位结构，尽量以空仓为宜，因为此时也可看作是熊市初期，股市将会持续很长一段时间的跌势。

3.在熊市初期和中期时，炒股技术不高明的投资者最好选择休息，而在熊市的末期，就要调整心态，选择那些优质企业的股票，把握住最佳的吸纳机会。

4.当平衡市出现在高价区时勿存幻想，在低价区出现平衡市时要有信心，再需要一点耐性和警觉。

在股市投资过程中，我们常说顺势而为，顺应大盘的趋势是其中非常重要的一点。要顺应大盘的趋势就要首先明白大盘有几种基本的趋势。如果从大的方向来分的话，大盘的趋势无非是三种：牛市、熊市、平衡市。三种不同的运行趋势其操作方法也不相同，现在我们分别来看看在这三种趋势中应该如何操作才能减少损失，增加获利机会。

1.牛市。

所谓牛市，也称多头市场，是指证券市场行情普遍看涨，延续时间较长的大升势。牛市可以分为三个不同的时期：

（1）牛市第一期。

牛市第一期与熊市第三期的一部分重合，往往是在市场最悲观的情况下出现的。此时，股市虽然出现了回暖，但大部分投资者对市场仍心灰意冷，即使市场出现好消息也无动于衷，很多人开始不计成本地抛出所持有的股票。

一些有远见的投资者则通过对各类经济指标和形势的分析，预期市场情况即将发生变化，开始逐步选择优质股买入。市场成交逐渐出现微量回升，经过一段时间后，许多股票已从盲目抛售者手中流到理性投资者手中。市场在回升过程中偶有回落，但每一次回落的低点都比上一次高，于是吸引新的投资者入市，整个市场交投

开始活跃。这时候，上市公司的经营状况和公司业绩开始好转，盈利增加引起投资者的注意，进一步刺激人们入市的兴趣。

由牛市初期的特点可得出，此时是买进的最佳时期，但在股票选择上一定要注重那些优质企业的股票，将重点放在上市公司未来的发展潜力上。

（2）牛市第二期。

这时市况虽然明显好转，但熊市的惨跌使投资者心有余悸。市场出现一种非升非跌的僵持局面，但总的来说大市基调良好，股价力图上升。这段时间可维持数月甚至超过一年，主要视上次熊市造成的心理打击的严重程度而定。

牛市第二期，大势已基本企稳，在牛市第一期中买进的投资者可继续持股，没买进的投资者在选择股票时除了要注重优质股票以外，还要注意调整自己的情绪，不要盲目乐观，最好不要满仓操作，留有一定的自由资金，这样可以保证操作的稳定性。

（3）牛市第三期。

经过一段时间的徘徊后，股市成交量不断增加，越来越多的投资者进入市场。大市的每次回落不但不会使投资者退出市场，反而吸引更多的投资者加入。市场情绪高涨，充满乐观气氛。此外，公司利好的新闻也不断传出，例如盈利倍增、收购合并等。上市公司也趁机大举集资，或送红股或将股票拆细，以吸引中小投资者。在这一阶段的末期，市场投机气氛极浓，即使出现坏消息也会被作为投机热点炒作，变为利好消息。垃圾股、冷门股股价均大幅度上涨，而一些稳健的优质股则反而被漠视。同时，炒股热浪席卷社会各个角落，各行各业、男女老幼均加入了炒股大军。当这种情况达到某个极点时，市场就会出现转折。

所以，当股市进入牛市第三期时，也就是我们常说的熊市的初期，进入疯狂阶段的股市，就更要求投资者保持冷静的头脑，千万不要孤注一掷，此时更不要将自己的全部积蓄投入股市中，更不要因为股市的疯狂而借钱炒股。此时持股的投资者最好开始清仓，将手中的股票一一卖出，抵挡住诱惑，否则将会迎来更大的亏损。

2. 熊市。

熊市是指股市行情委靡不振，交易萎缩，指数一路下跌的态势，市场下跌趋势将延续比较长的一段时间。熊市也同样分为三个阶段，不同的阶段操作方式也不相同。

（1）熊市第一期。

熊市第一期也被称为顶部阶段，是牛市第三期的末端，往往出现在市场气氛最高涨的情况下，比如说2007年10月份的股市，疯狂的情绪将指数由2000多点一路推开至从未有过的高度 6000 多点，但随之而来的是股市的崩盘。在熊市第一期中，市场绝对乐观，投资者对后市变化完全没有戒心。市场上真真假假的各种利好消息到处都是，公司的业绩和盈利达到不正常的高峰。不少企业在这段时期内加速扩张，收购合并的消息频传。正当绝大多数投资者疯狂沉迷于股市升势时，少数明智的投资者和个别投资大户已开始将资金逐步撤离或处于观望。因此，市场的交投虽然十分炽热，但已有逐渐降温的迹象。这时如果股价再进一步攀升，成交量却不能同步跟上的话，大跌就可能出现。在这个时期，当股价下跌时，许多人仍然认为这种下跌只是上升过程中的回调。其实，这是股市大跌的开始。所以，投资者此时一定要保持冷静，提高警惕，此阶段可按照牛市第三期的操作策略来进行。

（2）熊市第二期。

熊市第二期又被称为恐慌阶段，这一段阶段，股市一有风吹草动就会触发恐慌性抛售。一方面市场上热点太多，想要买进的人反因难以选择而退缩不前，处于观望。另一方面更多的人开始急于抛出，加剧股价急速下跌。在允许进行信用交易的市场上，从事买空交易的投机者遭受的打击更大，他们往往因偿还融入资金的压力而被迫抛售，于是股价越跌越急，一发不可收拾。经过一轮疯狂的抛售和股价急跌以后，投资者会觉得跌势有点儿过分，因为上市公司以及经济环境的现状尚未达到如此悲观的地步，于是市场会出现一次较大的回升和反弹。这一段中期性反弹可能维持几个星期或者几个月，回升或反弹的幅度一般为整个市场总跌幅的 1/3 ~ 1/2。

经过一段时间的中期性反弹以后，经济形势和上市公司的前景趋于恶化，公司业绩下降，财务困难。各种真假难辨的利空消息又接踵而至，对投资者信心造成进一步打击。这时整个股票市场弥漫着悲观气氛，股价继反弹后较大幅度下挫。此时，如果炒股技术非常好的人，可以在股市反弹的时候抢反弹，而炒股技术不是那么高明的人最好安分地空仓休息，否则，盲目高估自己的实力抢反弹只能偷鸡不成蚀把米。

（3）熊市第三期。

熊市第三期又被称为底部阶段，此阶段中，股价持续下跌，但跌势没有加剧，由于那些质量较差的股票已经在第一、第二期跌得差不多了，再跌的可能性已经不大，而这时由于市场信心崩溃，下跌的股票集中在业绩一向良好的蓝筹股和优质股上。这一阶段正好与牛市第一阶段的初段吻合，有远见和理智的投资者会认为这是最佳的吸纳机会，这时购入低价优质股，待大市回升后可获得丰厚回报。

一般来说，熊市经历的时间要比牛市短，大约只占牛市的 1/3 ~ 1/2。不过每个熊市的具体时间都不尽相同，因市场和经济环境的差异会有较大的区别，需要投资者谨慎对待。

3. 平衡市。

平衡市，即通常所说的"牛皮偏软行情"，是一种股价在盘整中逐渐下沉的低迷市道，一般相伴的成交量都很小。对于投资者来说，出现这种市况即是招兵买马、整顿旗鼓的大好时机。

平衡市的特点一般可以归纳为以下三点：

（1）一般在平衡市中，上涨和下跌的幅度较小，并伴随着地量，市场观望气氛浓重。

（2）在平衡市中一般很难出现龙头板块领涨，只会有一些前期的主力控股的个股会出现反复拉涨的情况。

（3）大盘不会永远在平衡市中维持，早晚会出方向性选择，在选择的同时常常会伴随利好或者利空的消息出台。

遇到平衡市投资者的处理方法可以参照以下几点：

（1）平衡市出现在相对高位时。

一般来说，在相对高价位区，股价横向盘整是盘不住的，尤其是在人气逐日消散、成交渐渐疏落的情况下，走势非常危险，后市很可能在连续几天的阴跌之后出现向下的加速下跌。所以，这时的操作策略应当是坚决离场。

当然，这里需要排除一种例外情况：那就是大多头市场中的强势调整，在强势调整中也会出现股价的高位横盘和成交量的萎缩，调整之后股价却会继续上升，这期间显然不能采用"坚决离场"的策略。

强势调整很容易与高位的平衡市区分开来，区分的办法是观察三方面因素：

①观察成交量的萎缩程度。

平衡市中对应的成交量是极度萎缩的，而强势调整期间成交量虽大幅萎缩，但由于人气未散，会比较活跃，成交量不会太小。

②市场对利好消息的反应程度。

在强势调整过程中，市场对利好消息的反应仍然相当敏感，对于个股的利好消息，往往会相当强烈地体现在其股价的波动上，而在高位的平衡市期间，市场对于利好消息反应相当迟钝，有时甚至根本不理睬市场上的利好传闻，个别情况下还有可能把实际上是利好的因素当作利空来对待。

③盘整的时间长短。

强势调整的时间一般不会太长，而在高位的牛皮弱势则可能会维持比较长的时间，直到股价磨来磨去，把多头的信心磨掉之后就会跌下来。

（2）平衡市出现在中间价位时。

作为一般性的原则，在中间位的横盘向上突破与向下突破的可能性都有，因此，应当在看到明确的有效突破之后再顺势跟进。不过，这只是一般性的原则，在多数情况下，发生在中间价位牛皮弱势往往最终会向下突破，其原因一方面可归结为弱势的惯性；另一方面，由于人气已散，市场上看好后市的资金不多，如果没有一个较大的跌幅出现，持币者是不肯在此不伦不类的价位轻易追高入市的。所以，在上述一般性原则的基础上，还应当注意不要轻易追高进货，见反弹及时减磅。在此期间，区分反弹与向上有效突破不是很难；反弹行情中成交量的在低价位投机股上的分布较多，而向上的有效突破应当是一线优质股价升量增，并且这种价升量增的程度须是远远大过二、三线股。

（3）平衡市出现在低价区时。

平衡市出现在低价位时，是大额投资者可以趁机吸纳的大好时机。因此，在此期间斩仓操作是不明智的。推荐的做法是每次见低时分批次地少量吸纳，见高不追，也就是说可以当成短线来做，如短线因无出货机会而被暂时套住则可越跌越买。吸纳的对象宜以优质股为主，手中如还有长期被套的投机股也最好将其换成一线优质股。

总而言之，在高价区出现平衡市时勿存幻想，在低价区出现平衡市时要有信心，再需要一点耐性和警觉，就基本上能处理好这一类行情的操作了。

认清投资与投机的区别

看盘关键要点：

1. 市场中的投资和投机并不是单纯的短期和长期。

2. 投资是根据详尽的分析、本金安全和满意回报有保证的操作。不符合这一标准的操作就是投机。

价值投资名著《安全边际》的作者赛思·卡拉曼曾经讲述过一个这样的故事：当沙丁鱼从美国加州蒙特利海域中几近消失匿迹的时候，沙丁鱼交易市场近乎疯狂，沙丁鱼商品交易员互相竞标而使得每罐沙丁鱼的价格飙涨。一天，一个买家决定以一顿昂贵的晚餐好好犒赏一下自己，于是他真的打开了一罐沙丁鱼罐头并开始吃起来，可是不一会儿他就感到肚子不舒服，赶紧告诉卖家说沙丁鱼有问题。卖家如此回答："嗨，你没搞懂，这些沙丁鱼不是用来吃的，它们只是用来交易的。"

这是一则发人深省的故事，它对投机做了一个非常传神的描述。我们通常简单理解投机就是短线的，投资就是长期的，但实际上这并不是投资与投机的本质区别。

价值投资的鼻祖本杰明·格雷厄姆在其著作《证券分析》中这样定义投资和投机："投资是根据详尽的分析、本金安全和满意回报有保证的操作。不符合这一标准的操作是投机。"这里最关键的是"详尽的分析",说到底就是看你买的沙丁鱼是真的可以吃呢,还是只为了交易。譬如,你认为一个股票严重低估,于是买进,一个月后,这个股票果然暴涨翻番,又严重高估了,这个时候,按照格雷厄姆的说法,马上获利了结,投资期限虽短,却是正确的投资观;相反,如果你认为它涨了还会再涨,愿意相对长期持有,这实际是趋势投机而非投资了。

当股市人气旺盛、出人意料地涨了又涨,其中想必有不少是只用来交易的沙丁鱼罐头,在股市中正在左奔右突或者正想进场的投资者不妨检视一下自己手中的股票,看其只是交易用的沙丁鱼,还是真正可以吃的沙丁鱼?

严把选股关,控制投资风险

看盘关键要点:

不管买入时的理由是什么,投资者都要谨记,要时时观察此时的股价是否作出了过度反应,一定要谨慎操作,防范风险。

投资者看重并买入某只股票,通常是由于该股票具有如下几项特征:

(1)小盘股。

(2)热门股。

(3)蓝筹股。

(4)政策利好。

(5)上市公司业绩好。

(6)重组题材。

(7)有配股和送股的题材。

(8)股评的推荐。

(9)技术指标看多。

(10)上升通道完美。

(11)严重超跌。

(12)有实力强势主力入驻。

需要提醒投资者的是,虽然所持个股具有诸多优势,但是在持股的过程中,还是要谨慎操作,防范风险。

寻找最佳的卖出时机

看盘关键要点：

　　1. 当上市公司的负债、库存和应收账款开始上升的时候，就可基本判定公司的基本面出现了问题，此时就是投资者卖出的最佳时机。

　　2. 如果遇到上市公司进行关联交易、变更会计方法和竞争力下降的问题时，就要及时卖出。

　　3. 当你的投资组合中，盈利能力过于依赖某一只股票时，就应该考虑卖出一部分该股票以实施投资组合的再平衡。

选择有潜力的股票、把握最佳的股票买入价格固然重要，但是股票卖出的时机可能是投资盈利最为关键的一环，如果没有把握住卖出的最佳时机，你之前所做的一切都可能会成为"无用功"。所以，何时卖出股票对投资者来说是最大的挑战之一。

人性的弱点决定大部分投资者会卖出表现好的股票以锁定利润并避免账面利润蒸发。可经常发生的情况却是表现好的股票在我们卖出后继续表现良好。另一方面，大部分投资者会继续持有表现差的股票以避免承受损失和避免承认作了错误的投资决策。我们总结了一些股票卖出的原则以减少人性对我们作出卖出决策的影响。如果遵循了以下四条原则，就很有可能改善你的投资结果。

当以下几种情况发生时，卖出股票是一个很好的主意：

1. 公司基本面恶化。

一旦注意到公司的基本面开始恶化，你就应该尽快卖出股票。通过分析公司的资产负债表你可以得知公司基本面是否恶化。上升的负债水平、上升的库存和应收账款比收入上升是判断公司效率开始恶化的三个常用预警信号。

2. 股票达到卖出的目标价位。

有时股票市场对短期事件反应过度，这就给了你机会去获得好的投资时机，几乎每一家好公司都有被市场严重低估的时候。同理，几乎每一家好公司都有被市场严重高估的时候，股价远超出其实际价值，这种情况在挑战者对公司前景过于乐观时发生，如果你刚好持有这类被市场严重高估的股票，那么你就应该考虑减少你在那只股票上的仓位以实现部分利润。

3. 实施投资组合的再平衡。

当一只股票上涨到占你的组合很大比重的时候，你就应该考虑卖出一部分该股票以获得利润。如果一只股票在过往只占你投资组合的 20%，但它在过去一段时间内股价翻倍，而你组合内的其他股票价格变化不大，那这只股票现在占你组合的近40％的比例。这样的话，你目前组合的表现就太过于依赖一只股票了，在这种情况下你应该考虑卖出一部分该股票以实施投资组合的再平衡。

4. 错误买入的股票。

无论你在股票研究方面花多少精力，你都有可能会犯错。即使像巴菲特和彼得·林奇这样伟大的投资者都犯过投资错误。当买入一只股票后，你有可能碰到一些意想不到的状况，比如说有问题的关联交易、变更的会计方法和下降的竞争优势等等。如果在购买这只股票后发现了类似的问题，即使卖出意味着损失，你也应该考虑及时卖出。明智地止损，寻找更好的投资机会远优于继续持有一只注定会亏损的股票。

何时应该继续持有股票

看盘关键要点：

1. 当股价在上涨的过程中只出现了暂时性的回调，此时可不必急于卖出股票。

2. 在持股过程中，如果没有超过自己的止损预期，可继续持有。

3. 不管持股的理由是什么，继续持股也一定要根据具体行情的升跌，适当地控制持仓的比例，并注意最新资讯的变化，及时调整仓位。

一般来说，投资者之所以捂股不动，继续持有，是由于受到以下几种因素的影响：

（1）股价即将出现大的底部。

（2）股价还没有见顶。

（3）重大转折点还没有出现。

（4）还没有出现巨额的成交量。

（5）股价只出现了暂时性的回调。

（6）股价的涨幅不大。

（7）股价下探的空间不大。

（8）主力还没有出局。

（9）亏损没有超出自己的预期。

需要提醒投资者注意的是，不管持股的理由是什么，继续持股也一定要根据具体行情的升跌，适当地控制持仓的比例，同时要密切留意最新资讯的变化，随时检讨自己持仓的理由是否充分。

何时应该重仓操作

看盘关键要点：

1. 当上市公司业绩稳定、运营健康，但目前其股价低迷仅仅是受到大盘走熊的影响时，投资者可以选择重仓操作。

2. 当大盘仍处于历史性的底部时，投资者可以选择重仓操作。

3. 当行业或上市公司正处在景气周期高速成长阶段，但股价还没过分反应时，投资者可以选择重仓操作。

从前文的论述中，投资者已经了解到仓位控制的重要性了，一般情况下，建议投资者采取半仓操作，留有足够的回旋余地，以避免可能的市场风险。事实上，大多数股民都不太习惯轻仓，尤其是在市场行情看好的时候，更偏好于重仓操作，认为这样会有更多的收益；即便风险随之增加，也不过是两者并重而已。

其实不然，一般来说，重仓造成的亏损至少是其带来收益的 10 倍以上。比如用 1 元买到了价值 10 元的股票，如果买入后一直持有直到股价回归价值，亏钱的可能性极小，但这忽略了投资者的资金组合的变化。比如，市场极度低迷的时候，股价 1 元，投资者试探性地买入了 1000 股，当股价涨到 10 元的时候，股票市值 1 万元，投资者赚了 10 倍，信心膨胀后毫不犹豫又增加投入 9 万元，此时的资本总额 10 万元；如果此时市场出现回落，只要股票下跌 10%，就亏损了 1 万元，相当于吞噬了前面 10 倍的收益。实际上，当牛市火爆的时候，出现 10% 甚至 30% 的调整的概率是很大的。

由于重仓操作存在着巨大风险，所以一定要认真对待。通常，出现以下几种情况时，投资者可以谨慎选择重仓：

（1）牛市即将来临。

（2）大盘仍处于历史性的底部。

（3）个股依然处在安全期内。

（4）个股属于垄断性行业同时股价尚未被疯狂炒作。

（5）行业或公司正处在景气周期高速成长阶段，但股价还没过分反应。

（6）上市公司业绩稳定、运营健康，但目前其股价低迷仅仅是受到大盘走熊的影响。

投资者一定要注意，在具体应用的时候，要综合自己的操盘能力和承受能力谨慎选择。另外，选择适合的个股也至为重要，大盘向好，并不代表所有的个股都会向好；如果投资者选择了一只与大盘走势相反的个股重仓操作，那么，等待你的将是巨大的亏损。

何时应该空仓出逃

看盘关键要点：

1. 当你的账面获利喜人的时候，就要及时获利了结，空仓等待，不要贪心不足，一旦股价掉头向下，套牢就是最终结局。

2. 当股票出现下跌时也要果断空仓，在股市中坚持奉行宁愿错过也不犯错的道理能让你避免很多不必要的损失。

面对股市的涨落起伏，很少会有投资者愿意停下来潜心研究，总觉得炒股就要参与，或轻或重，否则就不是真正的投资，更没有利润可言。这种想法是常见的，也是可以理解的。实际上，在大势萧条的时候选择空仓是一种智慧，先贤老子说过："洼则盈，敝则新"，当我们学会放弃的时候，往往就是收获更多的时候。

当你的账面赢利时，就应及时获利了结，空仓等待。但一般投资者往往还抱有很大的期望，上涨一点，再上涨一点，但往往就是在这个时候，行情很快结束了，股价掉头向下，迎接投资者的只能是套牢。

当股票已经出现下跌的时候，投资者就应该果断空仓。但投资者往往还要期待股价能反弹一点，再反弹一点，结果股价不仅没有反弹，却越等越跌，越跌越等，投资者的情绪也从期望转为后悔，从后悔直至绝望。

空仓可能不会给投资者带来直接收益，但它却带给投资者更好的礼物。空仓时，投资者的内心平静安宁，笑由心生，灿烂阳光，家庭氛围和谐；空仓时，投资者能够潜心学习，总结过去交易失败的经验；空仓时，投资者更加清醒理智，会发现更多的投资机会，操作上也更加自由，成功概率增加；空仓时，风险离投资者远去，保存实力，等待更大的获利机会。

总之，空仓既是一种智慧，也是投资者不可不学的炒股技能。

何时应该轻仓操作

看盘关键要点：

1. 在实战操作中，当大盘的走势不明或者转弱的时候，一定要坚持轻仓操作。

2. 当对大盘达到整体走势没有把握或者大盘处于下跌中期的时候，一定要坚持轻仓操作。

轻仓指的是已买入股票所投入的资金份额，占拟投资总金额的比例在 1/3 以下。一般而言，投资者适宜选择轻仓操作的几种情形如下：

（1）大盘方向不明。

（2）大盘接近底部，但尚未确定。

（3）大盘处于下跌中期。

（4）大盘走势转弱。

（5）大盘极差，但个股质地很好，且离底部不远。

（6）对该股的走势没有把握。

什么情况下不能补仓

看盘关键要点：

1. 大盘处于下跌反弹时决不补仓，大盘处于下跌通道中时决不补仓。

2. 熊市初期决不补仓，股价跌得不深决不补仓。

3. 千万不能分段补仓、逐级补仓。

4. 采用补仓来摊低成本的方法必须制定严格的操作计划，并控制好资金的入市数量，不要拿维持基本生活的资金来补仓。

被套后补仓是一种被动的应变策略，它本身不是一个解套的好办法，但在某些特定情况下它是最合适的方法。只要运用得当，时机选择正确，它将是反败为胜的利器；如果运用不得法，时机选择错误，它也会让你深陷泥潭，无法自拔。那么在哪些情形下不适合运用补仓解套法呢？

1. 熊市初期。

这个道理人人都懂，如果在熊市初期补仓，随着大熊的嘴巴越张越大，你会发现用于补仓的资金越来越难以承受。但有些投资者无法区分牛熊转折点，怎么办？有一个很简单的办法：股价跌得不深坚决不补仓。如果股票现价比买入价低 5％ 就不用补仓，因为随便一次盘中震荡都可能解套。如现价比买入价低 20％ ~ 30％ 以上，甚至有的股价被腰斩，就可以考虑补仓，后市进一步下跌的空间已经相对有限。

2. 大盘处于下跌反弹时。

所谓"反弹不是底，是底不反弹"。反弹现象本身就说明了市场中仍有多头力量在负隅顽抗，间接地说明后市仍有进一步下跌的可能，在这种情况下使用战略性补仓是不合适的。

3. 大盘处于下跌通道中。

股指的进一步下跌往往会拖累绝大多数个股一起走下坡路，其中仅有极少数逆市走强的个股可以例外。因此，当大盘处于下降通道中时不宜补仓。补仓的最佳时机是在熊市末期，大盘处于相对低位时或大盘探底成功后刚刚向上反转时。这时往往上涨的潜力巨大，下跌的空间最小，补仓较为安全。

另外，投资者一定要记得：千万不能分段补仓、逐级补仓。原因很简单，首先，普通投资者的资金一般有限，无法经受多次摊平操作。其次，补仓是对前一次错误买入行为的弥补，它本身就不应该再成为第二次错误的交易，所谓逐级补仓只是在为不谨慎的买入行为做辩护。

采用补仓来摊低成本的方法必须制定严格的操作计划，并控制好资金的入市数量，不要拿维持基本生活的资金来补仓。另外，补仓的股票其基本面应无实质性变化，股价是跟随大盘正常跌落，千万别补业绩大幅下滑的股票，否则将可能会面临越套越多的尴尬处境。

严守纪律，设置合理的止损位

看盘关键要点：

1. 止损在看盘过程中起着非常重要的作用，它能帮投资者把好套牢关，使投资者在操作中减少被套的几率。

2. 止损的方法有很多种，但有一个基本原则是一定要遵守的，那就是对股价的运行趋势有一个基本的把握，如果对股票的运行心里一点底也没有，那买入本身就可能是一种错误，还何谈止损。

股票投资与赌博的一个重要区别就在于前者可通过止损把损失限制在一定的范围之内，同时又能够最大限度地获取成功的报酬，换言之，止损使得以较小代价博取较大利益成为可能。细数那些被套的投资者，大部分都是不懂得止损造成的。止损的目的就在于出现投资失误时把损失限定在较小的范围内。如果在实战过程中能够果断地止损，即便是受伤，也可能伤到的只是皮毛，不伤筋骨，翻身的机会很大；一旦执迷其中，深度套牢，再想翻身就势比登天了。由此可见，止损对于投资者的操作来说是非常重要的。

关于止损位的设置，有很多不同方法。比较简单的一种就是设为某一整数价，比如买入价是 12.75 元，则把 12 元作为最后防线；也可以按照一定比例，相对于买入价而言，股价下跌5%或10%时就立即止损，短线投机者可能在2%或3%；多数投资者都会把止损位设在某项技术指标的支撑位，如5日、10日或30日均线等。

投资者在选择的时候，一定要根据自身的情况来决定使用哪一种。股市中没有绝对的止损位置，没有恒一的标准，有的只是原则，就是某股下跌空间较大时应该止损，下跌空间很小时可不止损，主力虚晃一枪时（指主力未出货）不须止损，主力已走时坚决止损。需要提醒投资者注意的是，止损位的设置要基于你对该股的股价运行趋势有一个大体的把握，如果心里一点没底，买入本身就是一种错误，更不用说止损了。

摒弃贪念，选择恰当的止盈时机

看盘关键要点：

1. 当股票已经有盈利，但此时如果股价的上升形态良好或者题材未尽等促使股价继续上涨，投资者可继续持股，等股价出现回落时再卖出，这种方法叫动态止盈策略。

2. 静态止盈策略指的是在买入股票初期就设定好具体的盈利目标，一旦到达盈利的目标，就立即抛出获利。

止盈的宗旨就是见好就收，克服贪念，不求赢到最高，中心思想是"赢"，获利时要有坚决卖出的决心。通常，止盈的方法有两种：

1. 动态止盈。

动态止盈是相对于静态止盈而言的，指投资者根据对个股的走势判断，在股价的动态变化中，逐步确定某一盈利标准，采取获利卖出的操作。当个股上升形态完好或题材未尽等情形出现，后市看好时，往往诱使投资者继续持股，一直等到股价出现回落时才止盈出局。

2. 静态止盈。

静态止盈是指投资者在买入股票初期设立具体的盈利目标位，一旦到达盈利目标位时，要坚决止盈。这是一种克服贪心的重要手段。

静态止盈位就是所谓的心理目标位，设置的方法主要依赖于投资者对大势的理解和对个股的长期观察，所确定的止盈位基本上是静止不变的，当股价涨到该价位时，立即获利了结。

这种止盈方法适合于中长线投资者，即投资风格稳健的投资者。进入股市时间不长、对行情研判能力较弱的新手，通常要适当降低止盈位的标准，提高操作的安全性。

由于投资者对于后市行情的判断标准不同，所设定的静态止盈位也不尽相同。多数投资者会担心自己所制定的盈利位，可能无法做到收益最大化，这种情况是客观存在的。毕竟股市行情变幻莫测，在投资者冲击最高盈利的途中，也须承担出现更大损失的风险。相对于可能出现的较大风险而言，及时地获利了结无疑就是做到了盈利最大化。

综合说来，止盈中最重要的心理要求就是要有卖出的决心。当股价出现滞涨或回落时，处于盈利阶段的投资者不可能无动于衷，也不可能不了解止盈的重要性，所缺少的正是止盈的决心。如果说，止盈是保证资金市值稳定增长的基础，那么，决心就是有效实施的关键。

第二章

看大盘：追寻大盘涨跌规律

第一节　看盘赢利，趋势第一

看盘就是看"上升趋势"

看盘关键要点：

1. 一般来说，在牛市中持续走牛的股票很罕见，在熊市中持续走牛的股票就更罕见，所以，投资者要想在股市中有所收获，就应该选择在上升趋势中跟进操作。

2. 在上升趋势中操作，最基本的操作策略就是持股，只要确认市场没有脱离多头状态，就可以一直持筹待涨。

炒股首先要看清大势，股谚有云："顺大势者昌，逆大势者亡，顺大势者赚大钱，逆大势者赔大钱。"长期在股市中摸爬滚打的投资者会发现，在牛市持续走熊的股票很罕见，熊市中持续走牛的股票更罕见。所以，投资者要想在股市中有所收获，就应该选择在上升趋势中进入。

在上升趋势中，基本的投资策略就是持股，只要确认市势没有脱离多头状态，就不要抛出股票，等大盘见顶了再清仓，并且，每一次回落都是宝贵的买入机会。在上升趋势完好期间，不要因为股价已经升了很多就轻易抛掉股票。

在上升趋势运行的整个行情中，选股也是至关重要的操作环节，选择强势股就是重要的一环。投资者只要选择提早强于大盘或比大盘率先企稳的股票，在启动点买入，就可以在整个上升过程中享受该股带来的利润。

一般来说，在强势刚刚形成不久时不必太担心股价会跌下去，跌势经常是在市场上大部分人都处于获利状态的时候出现的，并且一旦出现跌势，最初的下跌是很猛的，但随之而来的，会有短线反弹的机会。反弹完成之后，就是真正的跌势。

在上升趋势中，投资者应该具有以下投资思维：

（1）大牛市一旦爆发，大资金蜂拥而入时，必须敢于重仓跟进，一旦重仓介入，就要坚定持股。

（2）上升趋势中，大部分个股都有机会，但不要见异思迁，频追热点，结果顾此失彼，只赚指数不赚钱。

（3）投资者要知道，股市中，人气是股价的翅膀，人气越旺，股价越高。

（4）上升趋势中，投资者要时刻注意大资金的动向。

不必太看重年底机构的预测

看盘关键要点：

1. 那些重量级的机构的研究成果无疑代表了中国资本市场高端的研究水平，集中了许多研究人员的智慧。但是如果仅仅以此来作为投资的标准，则有失偏颇。

2. 因为预测本身是不可测的，这就使得预测结果难以判别，因此投资者在阅读机构预测时，不必过于看重，一定要针对具体的事件再具体分析。

我们前面已经说过，证券机构都会有一些研究报告，同样，他们在年底也会推出一些预测报告、投资策略报告等等，作为投资者投资的参考。

针对这样的信息，投资者应该如何应对呢？

那些重量级的机构的研究成果无疑代表了中国资本市场高端的研究水平，集中了许多研究人员的智慧。但是如果以这些预测作为股市未来的风向标，那么投资者就失算了。为什么这么说呢？

1. **历史上，有很多机构对上证指数最高点位的预测失算，这使他们的预测没有了底气。**

比如，2005年年末各大券商机构对2006年的预测，1500点已是最高目标位的顶部了，当时有个别专家分析股改大势后提出，1300点将成为历史性底部时，不少分析人员还嗤之以鼻。但事实上，2006年却是以2675点最高点位收盘。到了2006年年末，绝大多数机构对2007年上证指数的预测都远远低于4000点，而实际上2007年以来，将近半年以上时间都是在4000点上方运行，10月份上证指数还一度突破 6100 点。人们对于失算已经习以为常，那么对机构的信任度也就会降低。

客观地说，机构研究人员所提供的市场、个股走势的预测，其内容都是经过反复推敲，编辑还需再度审稿，相对于小道消息，显得更加真实。而且，大部分股评人士不会为了一点小利益，牺牲自己的职业声誉。但由于中国证券市场发展太快，这类预测的准确程度往往难有保障。

2. 股市的发展已经不能用"变幻莫测"来形容了，上证指数严重失真已成无可争议的事实。

2007 年 8、9 月份以来，上证综指快速从 4000 点起步，仅仅两个月时间就上行到 6000 点，除了少数权重股、指数股之外，80% 的股票都阴跌不止，大多趴在 4000 点下方。

11 月 16 日，中国石油计入上证综指首日拖累上证综指 24.4 点，由于中国石油在上证指数中的权重占比达到 25.15%，整个能源行业的权重占比则将由原来的 17.14% 提高到 37.98%。因此，中国石油走低带动权重板块全线杀跌，沪指跌破 5300 点关口，但盘面上，90% 的股票却出现了不同程度的上涨，下跌个股仅不到 10%。指数与市场表现如此严重背离的现状令人大跌眼镜。

随着超级大盘蓝筹股登陆、香港 H 股回归速度加快，指数失真现象可能会更加突出。这使得机构的预测无以为凭，错误的几率大大提高。

但不可否认的是，机构预测仍然是很多投资者的必读栏目。特别是对于初入门的投资者，这些预测能帮助他们更好地认识股市。机构研究员对基本面、资金面、技术面的分析，往往对投资者决策起到参考作用。

预测虽然具有前瞻性、参考性，但同时因为他的不可测性，使得预测结果难以判别，因此投资者在阅读机构预测时，不必过于看重，一定要针对具体的事件再具体分析。对一些机构的猜测估计进行长期跟踪，优胜劣汰，让优质、诚信的机构成为投资者决策的好帮手。

大牛市里如何看盘

看盘关键要点：

1. 所谓的大牛市简单地说就是整体行情看涨，买盘较多且市场状况通常会持续很长一段时间，一年甚至几年。

2. 在大牛市中操作要注意以下几点：集中操作、不要频繁进出、要有一定的冒险精神、以平常心来炒股。

所谓大牛市，简单地讲，就是在宏观经济面较好的推动下，整体行情看涨，买盘较多的市场状况。这种行情通常会持续很长一段时间，比如说 2005 年 5 月 ~ 2007 年 10 月的市场，就可以被称为大牛市。在这种行情下，由于大盘走势一般较为乐观，各种对市场的利好消息较为明朗。投资者在大牛市中所应注意的操作要领大致有以下几点：

1. 集中操作。

由于大牛市总的行情是上涨趋势且持续时间长，市场利好，收益的概率相对较大。因此，要把资金相对集中起来进行操作，应遵循利益最大化原则，将资金主力投向成长性好的个股并集中投资。

在股票的选择上，投资者可以将侧重点放在盘子较小、股价不同的二线股中，因为这些股票一个很明显的特征就是牛市牛涨，熊市熊跌，在大牛市来临之前，不防低价购入这些股票建仓。

2. "聪明人"往往不及"老实人"。

2008 年下半年，股市在大幅下跌之后，始终在一个大的箱体内小幅波动。一些短线高手利用股市的这一特点做起了短线差价，虽没有暴利，倒也能在弱市里取得一定的收益。然而，这种短线操作的手法在大牛市行情中却会失去原有的功效，操作的结果往往会是"捡了芝麻，丢了西瓜"，往往是抛出的筹码很难在低位再接回来，最终，还有可能会花更多的本钱在更高的价位买回，要么干脆踏空，大盘和个股的疯涨与己无关。

经历过大牛市的人一定会有这样的总结：在一轮大的牛市里面，短线高手这样的"聪明人"往往不及静观其变的"老实人"，最好的操作往往不是高抛低吸，而是持股不动。最大的赢家正是那些看似规矩老实，实则头脑聪明的老实人。所以，在一轮大的牛市中要坚持的操作策略是：买入有潜力的股票之后坚定持有，直到趋势发生逆转时再抛出。

3. "最危险"恰恰就是"最安全"。

许多稳健的投资者在大牛市里面，特别是当股市涨到一定程度时，坚守的原则：首先是安全，其次是获利。但有些看似"安全"的操作其实存在着很大的风险，而一些看似十分"危险"的操作，其实则是"安全"的。比如说，有些投资者在股市经过几天的涨势之后，会担心调整的发生。事实上，有些主力也正是利用投资者的这种心态，时不时地来一次洗盘、震荡来清洗浮筹。此时就会有一些意志不坚定的投资者为了安全起见，将手中的筹码抛出，落袋为安或准备观战。

　　无论是洗盘还是低开，在大牛市中，这种最危险的行情甚至也是最安全的。所以，一旦确认股市后期的走势将会是持续时间很长的大牛市，就要有一定的冒险精神。

　　4."贪婪心"常常伴随"恐惧感"。

　　投资者在熊市里亏钱一点二都不丢人，但在大牛市里如果"只赚指数不赚钱"甚至别人赚钱自己亏，就有些说不过去了。在大牛市里踏空，最多只是不赚钱但也不会亏到那里去，但为何还会有那么多的投资者亏钱呢？其实，在大牛市中亏钱的人一定是那些心态不稳、追涨杀跌、乱了方寸的人。大盘刚开始涨时不想买，涨过几天后更不敢买，涨到一定程度后，反倒胆子大了，开始"贪婪"，于是，终于控制不住自己、心头一热、追杀进去，结果买在了高点；买入后，遇到主力打压，又提心吊胆，开始"恐惧"，担心"见顶"，急忙"杀出"。大牛市里的"亏损族"就是这样一批接着一批地"生产"出来。在大牛市中操作，说简单非常简单，只要逢低买入后一路持有、不操作即可。但无论是持仓的，还是持币的，假如一定要操作，就要注意控制节奏，切忌心血来潮、盲目蛮干。只有调整好心态、以平常心炒股，才能同步分享牛市带来的投资收益。

　　"有惊无险"是大牛市行情运行的重要特点，但即便是大牛市也不可能每次都"有惊无险"，大牛市中操作同样会有风险，所以也一定要有风险意识。以上关于大牛市操作的一些方法，也正是投资者在大牛市里应对风险、稳健操作、获取收益的致胜"武器"之一。

小牛市里如何看盘

看盘关键要点：

　　1. 小牛市是相对于大牛市来说的，小牛市的涨升时间持续比较短，常常在几个月左右，所以，在小牛市中操纵要时刻将风险放在首位。

　　2. 除了防范风险，还要注意以下几个操作要点：分期操作、果断操作、冷静操作。

　　小牛市是相对于大牛市来说的，小牛市的涨升期短，通常持续几个月左右，比如说 2008 年 10 月至 2009 年 8 月初的那段小牛市，持续的时间较大牛市要短，只有 10 个月左右，但其和大牛市也有异曲同工之处，他的涨势是连续上涨的，中间并没有大幅度的回调，涨势比较平滑。虽说大牛市和小牛市同样是牛市，但操作方法却并不相同。具体来说，在小牛市中投资者可借鉴以下看盘方式：

1. 注意防范风险。

热带雨林里有一种叫"笼草"的植物，长有一只只小圆笼子，笼子里还不时地散发出甜味儿，笼子上面有个小小的盖子，一旦昆虫被诱到笼子里，这个盖子就会盖上。很多昆虫往往只注意防止其它动物天敌的侵害，却没有注意到来自于植物的风险，结果被这种植物布下的陷阱所消灭。股市中的风险也是无处不在的，不仅仅是熊市有风险，即使是牛市也同样存在风险。因此，对于投资者来说，必须随时将投资安全放在首位。

2. 分期操作。

在小牛市操作，要采用分期操作策略。小牛市之初，行情看涨，此时尽量满仓。当牛市持续一段时间之后，如果没有利空消息出台，小牛市就会进入中期阶段，此时满仓的投资者应及时调整股种，将资金移向短期移动平均线向上移动且穿过长期移动平均线的个股，而且短期线的斜率越大越是应该选择的对象。一般来说，在小牛市中只要在所谓"黄金交叉点"处购入个股，其利也稳，其益也丰。待到小牛市发展一段时日后，行情一般会发生转变，投资者应在预期收益率和实际收益率之间进行比较，结合行情利空和利好的实际状况，适当分批分期减仓，首先要减那些利润率已很高，上冲余地不大的个股，同时选择一些业绩稳健的绩优股，以规避风险。

3. 果断操作。

由于小牛市持续的时间比较短，这就需要投资者在买卖的时候，购股要坚决，选中即购，不可犹豫不决，因为在此行情中，所谓的机会就是利润，不可轻易失去。在消息面较为明朗，理性分析已经明确了投资方向和投资品种时，应立即购买。因为，在实行涨停板制度的牛市情况下，稍微的犹豫不决将会错过涨升时机；而当再行购买时，利润率的余地就已所剩无几。

4. 冷静操作。

持股坚定，不唯小道和谣言，在小牛市中持股不要后悔。在股票市场中，不论是牛市还是熊市，都会有旋涡，投资者必须辨别什么是陷阱，什么是机会。一般投资者常被谣言所吓住，或见风即逃，或听谣即溜，错失了获利机会。在牛市里尤其是小牛市中，难免有主力操盘，一些主力为了使大盘能够顺利地上涨，在牛市发展到一段时期之后，往往会采取"震仓"手法，将一些持股意志不坚定的散户投资者恐吓出市。在这种时候，投资者首先要明确主力的意图，在确定了大盘的牛市走势时，应坚定信心，不为手段和谣言所动。跟定牛市的走势，决不轻易出仓减仓，这是小牛市获利的关键。

大熊市里如何看盘

看盘关键要点：

    1. 所谓的大熊市是指行情看跌，股指低靡，指数下挫，卖者较多的市场状况，这种行情通常会持续很长一段时间，一年甚至是几年。

    2. 在大熊市中操作，确立的第一条理念就是以减仓为主，另外，还要注意其他几个要领：适当地休息和准备、分期操作，调整筹码、严守操作纪律。

所谓的大熊市，是指行情看跌、股价低靡、指数下挫、卖者较多的市场状况，这种行情通常会持续很长一段时间，一年甚至几年。

熊市的操作经验应将平时的操作方式反过来。一旦大熊市局势已定，曾经再看好的股票也要重新考虑。因此，在大熊市中，确立的一条理念就是：减仓为主，伺机而进。在这样的理念下，还要注意以下的操作要领：

1. 适当地休息和准备。

大熊市持续的时间比较长，而且跌幅也会比较深，所以，此时大可不必在股市中进进出出寻找机会，可适当地休息准备下一次牛市的来临。

在大熊市中，尽量将关注的重点放在政策、行业、企业等推动市场发展的因素上，为下一轮行情做准备。哥伦比亚大学教授本杰明·格雷厄姆提倡：通过精心研究一家公司公布的资料，集中精力研究其收益、资产和发展前景，掌握不受该企业市场价格支配的企业股票内在价值；当股价大大低于这一价值的时候就应果断地进行投资，并且坚信市场的修正倾向。在大熊市时应增加这方面的研究工作。

2. 分期操作。

分期操作不仅在小牛市中适用，在大熊市中也同样适用。在熊市的初期，由于很多信息尚未明朗，一般应采取试探性调整的办法。即对一些持有量较大、价位尚在波动的股票逐步减磅出货。出货后如判断价格还会上升，不妨逢低适量吸纳。但对于一些价高利大的股种应坚决出仓，尤其是那些投机因素较多、抗风险能力较弱的个股。一旦熊市发展到一定时期，它们将会顺势狂跌，此时果断出仓可以避免暴跌的重创。熊市中期，一般的劣绩股都会原形毕露，这时，如果仓中还有这类股票，应果断地将其出清，调换那些下跌幅度较小、抗风险能力较强的股票。之所以这样操作，主要考虑到未来波浪的启动将是由这些股票来带动的。而在熊市谷底应考虑购进，一般果断地在熊市末期进仓的投资者往往是最大的赢家。

3. 调整筹码。

在大熊市中，根据市场热点的变化适时地调整股种，转移投资，增加选择绩优品种，剔除投机品种。总之，初期进行试探性地出仓；中期出仓坚决，不恋市不捂股；后期进仓果断，看准时机，立即建仓。

4. 严守操作纪律。

熊市里如果盲目操作，风险远远大于收益，因此必须坚决执行投资纪律，例如计算支撑位并且分批建仓、制定止损和保护性止盈点并且严格执行等等。在牛市里，哪怕满仓挨暴跌，只要有耐心就多半能等到解套涨回来。但熊市是完全不一样的，不明就里地死捂只会越套越深。

小熊市里如何看盘

看盘关键要点：

　　1. 在小熊市中需要采取更短线的操作方法。

　　2. 在小熊市中，要尽量避免高仓位操作，要时刻注意那些跌速大大高于涨速的个股。

小熊市是相对于大熊市来说的，小熊市持续的时间比较短，所以，要在小熊市中获利就必须采取更为精准的策略。

1. 小熊市当中需要采取更短线的操作方法。

作为趋势交易者，我们都愿意买进趋势可以持续数周甚至数月的股票。在牛市当中，我们可以在趋势明显的股票出现回调的时候买进，然后在它恢复上升趋势后一路跟踪止损就行了。小熊市就不同了，就算一只股票一直在下跌，但之后发生的温和回调或者逆势反弹可能会更强烈一些。因此，一旦买家终于入场，上升动能可能非常迅猛，轻易地就将卖空者震仓出局，即便这一仓位前一天可能收益率非常好。为了防止这一现象的发生，投资者只需同时做空和做多，同时将持仓时间缩短。这种做法在小熊市中是有必要的。

2. 在小熊市中要尽量避免高仓位操作。

尽管小熊市持续的时间可能会很短，但也没有必要高仓位介入，因为在熊市中高仓位、多仓位操作风险是很大的。只要建仓把握得当，仓位可以不必太多，也不必太高，耐心等待更高价位的出现，便可轻松摘取胜利果实。记住，现金通常都是有效的仓位，尤其是在熊市当中。

3. 注意那些跌速大大高于涨速的个股。

从来股市背后的推动力都是人类恐惧和贪婪的本性。在牛市当中，贪婪将市场不断推高。显然，熊市中导致市场分崩离析的便是人们的恐惧心理。在这两种本性中，恐惧通常要比贪婪更强大。这便是为什么股票跌的时候通常要比涨的时候快的原因。认识到这一点之后，投资者就必须时刻有这么一个意识，那就是跟踪止损。在牛市当中，可能几次小跌你还能应付，但是在熊市当中，如果不设止损，可能给你的账户造成无法补救的损失。在熊市当中，我们的首要目标一定是资本保值。如果缺乏资本保值的核心意识，你很有可能在下一轮牛市最终来临之前已经弹尽粮绝，有机会也无力参与了。

猴市里如何看盘

看盘关键要点：

1. 通常，猴市指的是股市不稳定，出现反复震荡行情，但此时也存在不少获利机会，投资者可以将选股重点放在以下几种个股上：走势与大盘相仿的股票、正在拉升的股票、超跌反弹股、主力控股。

2. 在猴市看盘最好做到顺势而为，不仅要顺应市场的整体趋势，还要顺应个股的趋势。

股市并非仅仅只有牛熊之分，还有上窜下跳、剧烈振荡的猴市。在猴市中，总是憧憬着大牛市的投资者，往往屡次被套在阶段性顶部；而念念不忘熊市的投资者，也常常错失一次次波段行情的机会。

猴市的形成情况比较复杂，就个股而言，当主力洗盘时会形成震仓猴市，主力高位清仓时会形成出货猴市。就大盘股指而言，当各种对股市影响重大的消息或政策密集出台时，会导致股指猴性大发，当指数经历过长时间、大幅度的上涨或下跌后，也容易形成猴市。参与猴市行情，需要把握以下几方面的投资技巧：

1. **顺势而为。**

猴市中投资者必须顺势而为，顺势而为包括两个方面：要顺应市场整体趋势，待股指回调企稳后，坚决入市做多；等股指上行受阻时，坚决获利了结；要顺应个股的趋势，准确把握猴市的热点切换，切不可在市场已经形成主流热点的情况下，逆势运作。

2. **不追涨杀跌。**

猴市中炒股一定要掌握猴市的市场特征，猴市中大盘如同是一只猴子，爬树爬得太高，自然会下来饮水；在树下待得过久，自然又会爬回树上。所以，在猴市中过度追涨和恐慌杀跌都是不合时宜的。因为，投资者追高之后，很难再有获利空间；而杀跌之后，也往往没有逢低补回的价差。

3. 精选个股。

猴市中，指数缺乏连续性的大幅度上涨，但是，个股之中却不乏获利机会。猴市中具有丰厚获利潜能的个股，往往集中于少数几个热点板块中，并表现出强者恒强的特点。投资者要加强对这类少数强势品种进行基本面的研究和股价运行规律的分析，赚取其在猴市中的价差。一般来说，投资者应该把投资重点放在以下几种股票上：

（1）超跌反弹股。

超跌反弹指上轮行情中有较大涨幅，经长期回调，调整幅度较为充分，一般回调幅度在50%左右，下跌风险释放得较彻底，反弹过程中量价配合良好。

参与这些个股宜把握两点：一是快进快出，反弹股行情来去匆匆，稍一犹豫即擦肩而过；二是及时落袋为安，由于反弹的动力来自市场超跌后的自我修正，上升空间通常有限，股价难以逾越前期高点。持短线心态参与的个股亦应短线持有，介入的理由已发生变化时不宜再持股。

（2）主力控股。

盘整阶段能选到主力控股的个股是许多投资者的希望所在。因为在盘整阶段来临之前，许多主力都已站稳脚跟，仓位基本已满，他们需要在这时进行拉升股价，从而达到高价出货的目的，投资者应该紧紧抓住这个机会。

选择主力控股的方向可以首先从形态入手，如从每天的涨跌榜前20名和后20名中以及成交量或成交金额的前30名中寻找那些有独特走势的个股，因为不甘寂寞的主力基本上在排行榜的这些位置出现，寻找有独特走势个股的实质是在寻找主力。

在找准个股后，还必须把握合适的介入时机，一般来说猴市里主要有两种时机可以进行短线操作，一是标准的突破形态，二是连创新高的强势形态。标准突破形态的介入点与牛市时基本相同；连创新高的强势股在介入点选择上应该是短期均线下探长期均线后又返身向上时。

（3）走势与大盘相仿的股票。

在猴市中，大盘一般在一个箱体中运行，上有顶，下有底，上下震荡，这时可以选择走势与大盘相仿的个股，进行一些短线操作。这类个股典型的形态是矩形，如果在矩形的早期，能够预计到股价将按矩形进行调整，那么就可以在矩形的下边线附近买入，在矩形的上界线附近抛出，来回作短线的进出。如果矩形的上下振幅较大，则这种短线收益也很可观。

（4）正处于拉升阶段的股票。

处于拉升阶段的个股一般都是先小阴小阳缓缓推高，然后用大阳线向上突破，进入急升段。其共同特征：一是在上轮行情中升幅平平，成为弱市中的主角；二是上升过程中新高不断，明显处于拉升阶段。有的投资者认为，这些个股不断创出新高，已有较大升幅，买入后风险太大。其实，一般来说，处于拉升期的个股其强劲的上升势头通常可持续一段时间，新高不断说明该股风头正劲，投资者信心充足，此时股价虽高，看似充满风险，但实际上属于个股的主升段，一旦抓住必可短线套利。

4. 稳定心态。

猴市中，往往行情稍有好转，投资者就容易欣喜若狂，可行情一旦低迷，投资者又容易陷入悲观，甚至绝望的心情中，从而导致投资行为缺乏完整的规划，投资水平起伏不定。在猴市中，投资者一定要认清"涨有度、跌有限"的市场本质，保持平和的心态，才更有利于对猴市波段机会的把握。

第二节　看清盘口大趋势

通货膨胀与大盘走势

看盘关键要点：

1. 一般情况下，经济增长和通货膨胀的总体形势是呈现同步运行的。

2. 在初始阶段，通货膨胀会使股市收益提高，但随后股价必然会大幅度回落。

3. 通货膨胀引起的企业利润的不稳定，会使新投资裹足不前。

4. 当通货膨胀的压力过大时，必然会引起政府的关注，投资者可以根据政府可能推出的政策，以及政策的力度大小把握这些政策对股市的影响。

通货膨胀的走势与股市的指数一样，也可以按月或年通过曲线表现总体的运行状况。这种运行状况可以反映出很多问题，对投资者也是一种重要的信息。

2011 年 5 月 11 日，中国国家统计局发布数据，4 月份 CPI 涨幅 5.3％。这一数据已经超过公认的 5％恶性通胀率。而关于中国现阶段物价的涨幅，北京市统计局、国家统计局北京调查总队发布 1 ~ 4 月北京经济主要数据显示，2010 年前 4 个月北京八大类商品中只有一类商品价格下降，即娱乐教育文化用品服务类下降 0.2％。其他商品价格均上涨，表明新涨价因素比 2010 年有所增加。其中食品类价格上涨 9％，烟酒类上涨 1.4%，衣着类上涨 0.8%，家庭设备用品及维修服务类上涨 3.1%，医疗保健和个人用品类上涨 3.3%，交通通信类上涨 0.4%，居住类上涨 10.8%。

由此可见，通货膨胀实质就是生产能力的不足。生产能力不足时，任何低效率的企业都可以分得一部分资源来补足供给，这就意味着整个经济体价值的下降，所以股市预期下降。

通货膨胀普遍存在于当代经济社会中，不论是发达国家还是发展中国家，都存在着通货膨胀，当然，其程度可能有显著差异。有的国家通货膨胀率较低，表现为温和的膨胀；有的国家膨胀率较高，表现为恶性的或剧烈的膨胀。同一个国家，不同的时期，通货膨胀的程度也是有区别的。关于通货膨胀的成因，不同的经济学家有不同的看法，在不同的国家有着不同的根源。但是，只要存在通货膨胀，对经济的影响就是相同的，物价上涨，居民实际收入下降，造成经济和政治的不安定等等。

当出现通货膨胀时，股票的价格会受到很大的影响。通货膨胀对股票价格既有刺激作用又有抑制作用，我们在分析时主要看是刺激作用大还是抑制作用大，而这在很大程度上取决于是处在通货膨胀的哪个阶段。一般来说，在通货膨胀的初期，整个社会货币供应量增加，货币流通速度加快，市场利率水平下降，股指上升，流入股市资金量上升，股市一片兴旺；在通货膨胀的持续时期，物价普遍上涨，生产成本上升，企业收益率下降。加之人们的实际货币收入下降，流入股市的资金量减少，股指必然回落。

由此可见，货币供应量的增减是影响股价升降的重要原因之一。当货币供应量增加时，多余部分的社会购买力就会投入到股市，从而把股价抬高；反之，如果货币供应量少，社会购买力降低，投资就会减少，股市陷入低迷状态，因而股价也必定会受到影响。

另外，当通货膨胀发生时，企业经理和投资者不能明确地知道眼前盈利究竟是多少，更难预料将来的盈利水平。他们无法判断与物价有关的设备、原材料、工资等各项成本的上涨情况。而且，企业利润也会因为通货膨胀下按名义收入征税的制度而极大减少甚至消失殆尽。因此，通货膨胀引起的企业利润的不稳定，会使新投资裹足不前。

一般认为通货膨胀率很低（5%以内）时，危害并不大，且对股票价格还有推动作用。因为通货膨胀，货币供应量增多，开始时一般能刺激生产，增加公司利润，导致股票价格上涨。当通货膨胀率较高且持续到一定阶段时，经济发展和物价的前景就不可捉摸，整个经济形势会变得很不稳定。这时，一方面，企业的发展会不快，企业利润前景不明，影响新投资注入；另一方面，政府会提高利率水平，从而使股价下降。在这两个方面因素的共同作用下，股价水平将显著下降。

在经济发展过程中，若通胀率上升过快，政府为保持经济的健康发展和维护社会稳定，一般会采取诸如控制和减少财政支出，实行紧缩货币政策，这就会提高市场利率水平，从而使股票价格下降。因为中国股市的升升跌跌很大程度上是机构的资金在起作用，这些机构大多是国营或集体企业，现在很多转变为股份制公司。不管是何种形式，国家资金是它们的主要依赖对象。一旦政府收紧资金流出的源头，限期还贷，就会造成抛股套现压力，并且这类资金在一定时间内一去不回头。随着资金的紧张，公开的拆借市场和民间借贷的利率上升，这种相对稳定且可观的利率收益，又造成股市中的部分资金流出。只出不进或出多进少的结果必然造成股市的下跌，若政府已经出台的调控措施仍未减缓通胀压力，政府还会加大力度实施调控，推出更为严厉的措施。

就股市的宏观趋势而言，通货膨胀的压力加大，必然要引起政府的关注，我们可以根据通胀的走势判断政府可能推出的措施，并从力度大小的角度把握这些措施对股市的影响。就中国而言，过去保持较高的经济增长速度和抑制通胀始终是一对矛盾。经济增长过快则通胀压力加重，要抑制通胀有时又不可避免地影响了经济发展的速度。

当通胀压力逐步加大并引起政府关注时，投资者首先应考虑到股市的上升空间已经有限，逐步减磅了结方为上策。同样，当通胀见顶回落并达到合理范围内时，政府为促进经济发展又会推出如放松银根、盘活企业的一系列措施。

对于普通投资者来说，通货膨胀时最好的保值手段就是投资黄金和白银，对应股市来说，就是投资和黄金、白银相关的股票。比如说，中金黄金（600489），它是中国黄金行业第一家通过 LBMA 认证的黄金公司，该股自 2010 年 7 月 19 日的最低价 25.35 元一路上涨至 2010 年 11 月 5 日的最高价 49.70 元，短短三个多月的时间，涨幅达 96.06%（如图 2-1 所示）。

再比如白银投资中的龙头企业 *ST 威达（000603），该上市公司持有银都矿业62.96% 的股权，银都矿业拥有的内蒙古赤峰市克什克腾旗拜仁达坝银多金属矿。银都矿业 2008 年、2009 年、2010 年 1 ~ 9 月分别实现净利润 5.05 亿元、3.86 亿元、3.15 亿元。该股自 2005 年 7 月份见底 2.09 元以后就一直处于直线上涨阶段，至 2011 年 4 月 22 日涨至最高价 39.60 元，涨幅接近 18 倍（如图 2-2 所示）。

如果投资者能够紧紧把握通胀的整个发展趋势，分析判断出通胀的顶部，那么必然会赢得较大的收益。

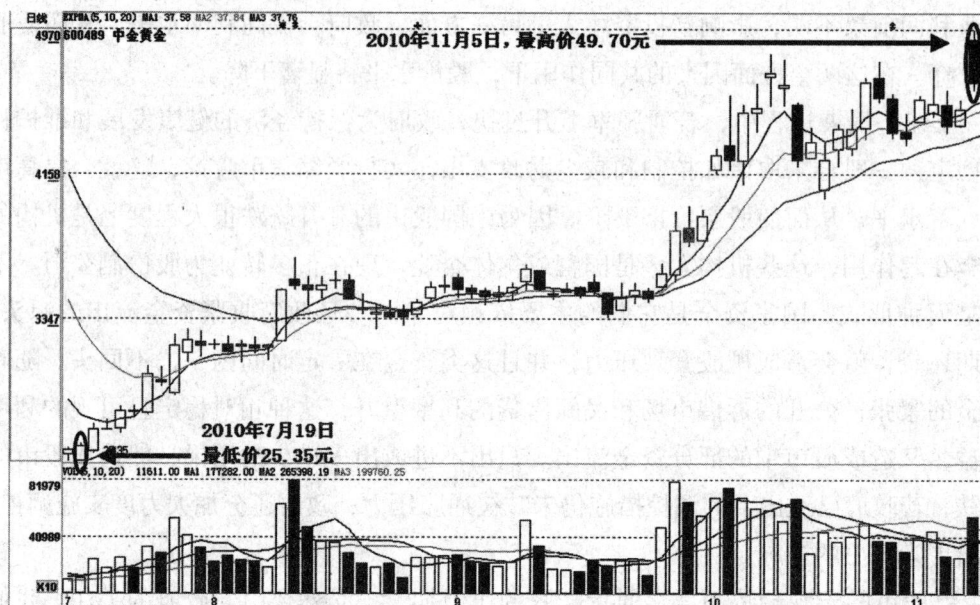

图 2-1

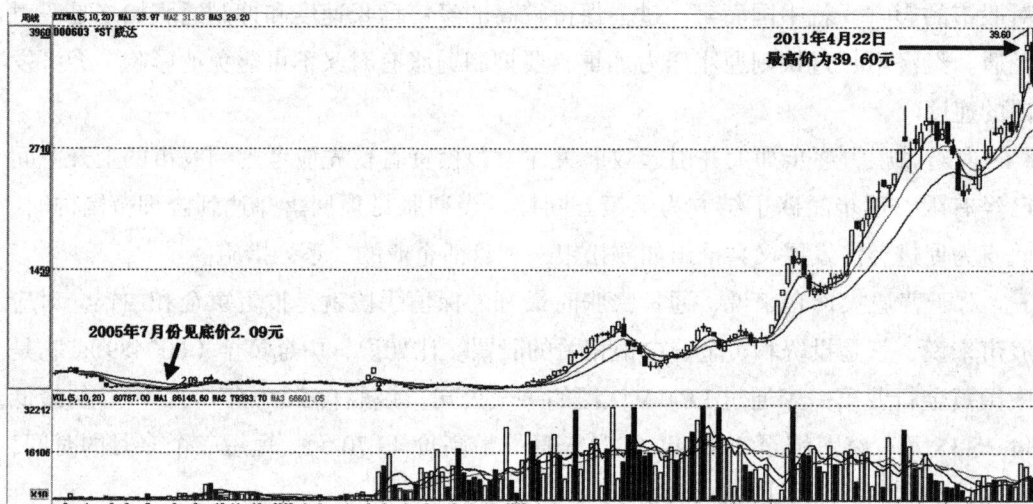

图 2-2

国企改革与大盘走势

看盘关键要点：

国有企业改革为资本市场注入新增优质资产，增加市场投资机会，对于资本市场来说，是个绝对的利好消息。

国有企业改革，从 1978 年 10 月国务院批准重庆钢铁公司等 6 家地方国营工业企业率先进行"扩大企业自主权"算起，至今已经走过了 30 多个年头。30 多年来，国有企业改革大致可分为三个阶段：

1. 从 1978 年到 1992 年。

针对高度集中的计划经济时期的国有企业制度，重点是放权让利，扩大企业自主权，转换企业经营机制，增强企业活力。这一阶段后期沪深两个证券市场才建立，尚处于发展的初始阶段，市场容量很小，国有企业改革与证券市场关系不紧密。

2. 从 1993 年到 2002 年。

从这个阶段开始，国有企业改革与证券市场密不可分了。国有企业改制上市的家数快速增多。由于国有企业整体效益低下，当时采用了分拆上市的办法。那一阶段，许多上市公司赢利能力不强，不规范的关联交易也时有发生，发行额度的计划性分配和股权分置也备受质疑。国有企业改革与证券市场都是几经风雨，方见彩虹。

3.2003 年国资委成立至今。

2003 年国资委成立，国有企业改革进入第三个阶段。此后，国有企业改革进行了三项工作：第一项工作是进行公司的股份制改造；第二项工作是剥离不良资产、非主营业务资产；第三项工作是引入董事会制度推动央企整体上市。

在此阶段中，按照国资委的部署，未来除了个别特殊的功能性央企如军工企业外，所有的央企特别是竞争型央企都要走整体上市之路。

纵观十多年来，随着我国资本化趋势不断强化，资本市场上有 400 多家上市公司通过并购重组改善了基本面，提高了盈利能力、持续发展能力和竞争力，一批上市公司通过并购重组实现了行业整合、整体上市等目的。如海尔集团曾经 13 年间兼并了亏损总额达 5.5 亿元的 14 家企业，盘活了 14.2 亿元的资产，为我国企业并购树立了典范。

而央企等并购重组上市，有利于盘活社会存量资源、优化资源配置、调整产业结构、提升资本市场整体投资价值、保持资本市场活力和整体市场的运作效率。

随着央企整体上市加速度，"央企重组"概念股，所带来的资源整合已经成为资本市场的投资机会。而相关上市公司在二级市场上的表现也并没有让大家失望，多次上演股价快速翻倍的好戏。

2010 年的央企重组股中，ST 昌河（600372）、中航精机（002013）无疑是其中成功的典范。ST 昌河 2009 年 4 月 9 日停牌重组，2010 年 9 月 20 日复牌，当日股价大涨 168.82%，之后又多个交易日封在涨停，至 2011 年 4 月 8 日，股价最高涨至47.40 元（如图 2-3 所示）。

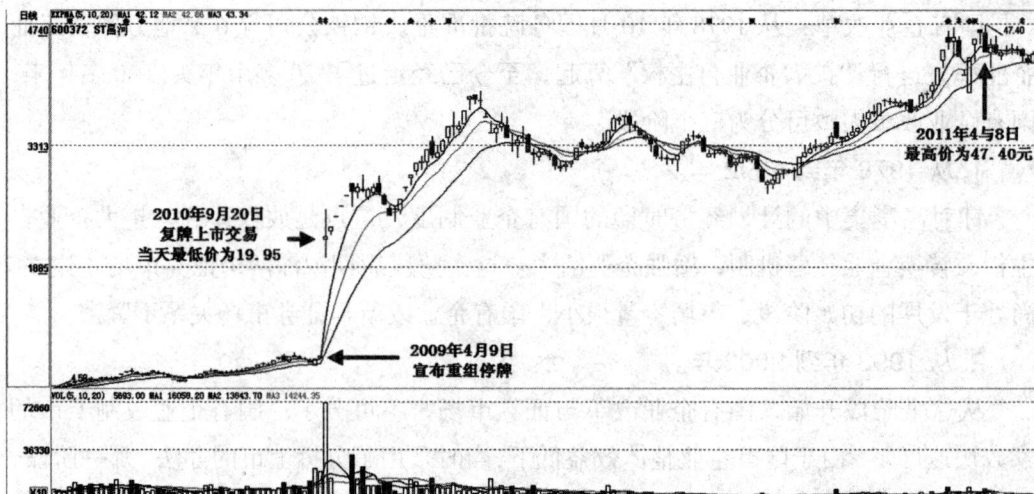

图 2-3 ST 昌河走势图

2010 年 10 月 20 日，中航精机重组复牌，连续以 9 个涨停收盘，股价最高也翻了两倍。此外，2010 年还有很多"麻雀变凤凰"的故事。航天动力（600343）最高涨幅 92%、中航重机（600765）涨 167.6%、光电股份（600184）涨 207%、航天长峰（600855）涨 124.8%。

央企重组上市是我国调整经济增长方式，促进经济结构转型升级的一项非常重要的工作。而央企重组上市，对于资本市场来说，是个利好消息。

车辆购置税与大盘走势

看盘关键要点：

车辆购置税的调整会对相关板块产生一定的影响，上调车辆购置税会促使个股股价下跌；反之，下调车辆购置税，会促使个股股价上涨。

在 2007 年国际金融危机的冲击下，全球汽车市场面临着严峻的形势，我国车市也同样受到了国际环境的影响。为振兴汽车产业，国务院决定，减征部分乘用车车辆购置税税率：自 2009 年 1 月 20 日～2009 年 12 月 31 日购置的 1.6 升及以下排量的乘用车，暂减按 5% 税率征收车辆购置税。减税政策的出台，对于培育汽车消费市场，有效拉动汽车消费，扩大国内需求，促进国内汽车产业的稳定较快发展具有重要意义。

受各项利好政策影响，自 2009 年 3 月份以来，我国汽车消费结束低迷势头，出现长达近两年的"井喷"。中国汽车工业协会统计显示，2009 年前 11 个月国产汽车产销双双超过 1600 万辆，全年汽车产销超过 1800 万辆。这意味着，中国汽车市场不但蝉联全球最大新车市场，还超过美国新车市场历史上最高的水平。

在汽车行业免税政策利好消息的刺激下，整个汽车板块也出现了明显的上涨行情，自 2009 年的低点 1060.32 点开始上涨，至 2009 年 12 月 15 日的最高点3493.88 点。

受汽车板块利好消息的带动，一些与汽车制造相关的产业，比如说，玻璃制造生产企业福耀玻璃（600660）等个股也出现了一波不小的涨幅（如图 2-4 所示）。

下调车辆购置税对大盘而言是绝对的利好的消息，一切与汽车有关的板块都会产生不同程度的上涨行情。然而，当国家调高车辆购置税，就大盘而言，就会产生一定的下跌行情。

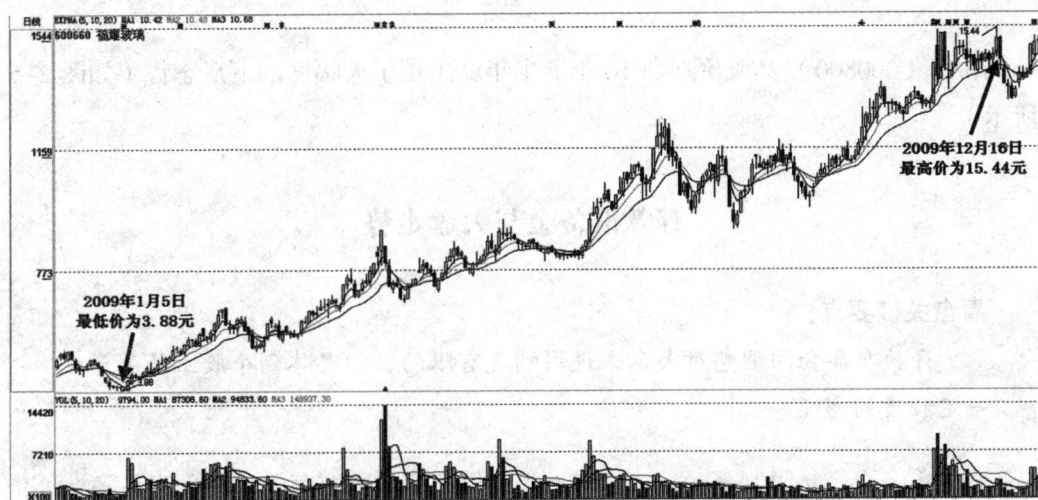

图 2-4

2011 年，国家财政部和国家税务总局发布公告，对 1.6 升及以下排量乘用车的税率征收车辆购置税的政策将于 2010 年 12 月 31 日到期后停止执行，自 2011 年 1 月 1 日起，对 1.6 升及以下排量乘用车统一按 10% 的税率征收车辆购置税。

此次优惠政策的取消，出发点之一是治堵，随着汽车的普及，不仅是在北京等一线城市，一些二线城市也出现了拥堵；出发点之二，是配合宏观形势，对汽车行业进行结构调整的考虑。由于小排量车购置税减免优惠结束，加上北京"限牌令"或将产生示范效应，2009 年开始的车市超常规增长恐将回落到 15% 以下的增速，而造车成本压力会进一步显现，挤压车企毛利率。整个汽车板块的走势也令人担忧，其中一些个股都出现了大幅度的下跌。比如说，国内最具规模的轿车整车生产企业

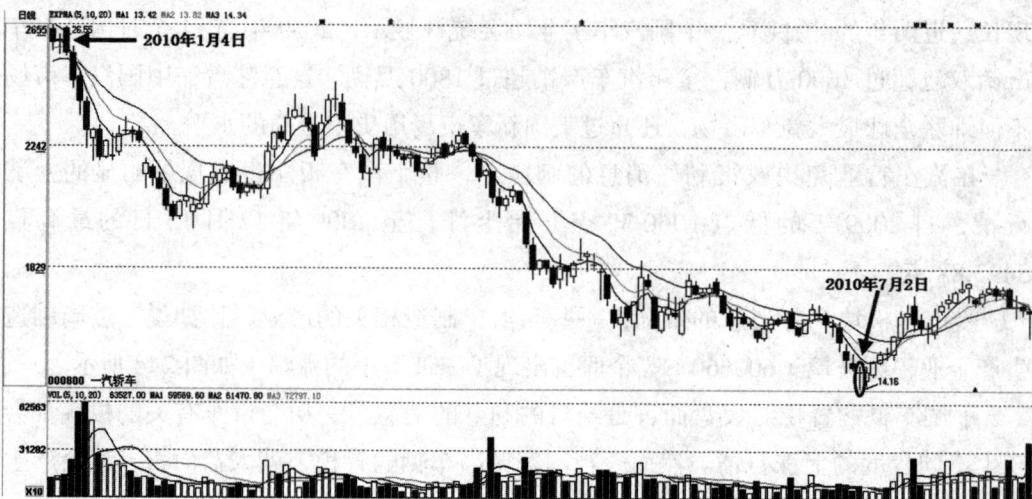

图 2-5

一汽轿车（000800），其股价在 2010 年上半年就出现了大幅度的下滑态势（如图 2-5 所示）。

存款准备金与大盘走势

看盘关键要点：

存款准备金的调整对大盘来说影响是有限的，但具体到个股上就会产生一定程度的影响。

存款准备金，是限制金融机构信贷扩张和保证客户提取存款和资金清算需要而准备的资金。法定存款准备金率，是金融机构按规定向中央银行缴纳的存款准备金占其存款总额的比率。这一部分是一个风险准备金，是不能够用于发放贷款的。这个比例越高，执行的紧缩政策力度越大。存款准备金率变动对商业银行的作用过程如下：

当中央银行提高法定准备金率时，商业银行可提供放款及创造信用的能力就下降。因为准备金率提高，货币乘数就变小，从而降低了整个商业银行体系创造信用、扩大信用规模的能力，其结果是社会的银根偏紧，货币供应量减少，利息率提高，投资及社会支出都相应缩减。反之，亦然。

举个例子来说，如果存款准备金率为 7%，就意味着金融机构每吸收 100 万元存款，要向央行缴存 7 万元的存款准备金，用于发放贷款的资金为 93 万元。倘若将存款准备金率提高到 7.5%，那么金融机构的可贷资金将减少到 92.5 万元。

在存款准备金制度下，金融机构不能将吸收的存款全部用于发放贷款，必须保留一定的资金即存款准备金，以备客户提款的需要，因此存款准备金制度有利于保证金融机构对客户的正常支付。随着金融制度的发展，存款准备金逐步演变为重要的货币政策工具。当中央银行降低存款准备金率时，金融机构可用于贷款的资金增加，社会的贷款总量和货币供应量也相应增加；反之，社会的贷款总量和货币供应量将相应减少。

中央银行通过调整存款准备金率，可以影响金融机构的信贷扩张能力，从而间接调控货币供应量。超额存款准备金率是指商业银行超过法定存款准备金而保留的准备金占全部活期存款的比率。从形态上看，超额准备金可以是现金，也可以是具有高流动性的金融资产，如在中央银行账户上的准备存款等。

2006 年以来，中国经济快速增长，但经济运行中的矛盾也进一步凸显，投资增长过快的势头不减。而投资增长过快的主要原因之一就是货币信贷增长过快。提高存款准备金率可以相应地减缓货币信贷增长，保持国民经济健康、协调发展。

进入 2008 年，为了应对经济危机，国家适当地下调了存款准备金率，降低存款准备率，可使银行增加贷款投放量，使更多的货币投放市场，扩大社会投资和消费，对经济危机具有有效的缓解作用。

而进入 2010 年以来，国家先后 14 次上调存款准备金率。因为流动性过剩造成的通货膨胀，上调准备金率可以有效降低流动性。因为受美国信贷危机的影响，上调准备金率可以保证金融系统的支付能力，增加银行的抗风险能力，防止金融风险的产生。

上调或者下调存款准备金是国家基于社会现实作出的决策，作为"国民经济晴雨表"的股市，自然会对这一政策作出反应。究竟能给股市带来什么影响，我们首先来看看历年来存款准备金的调整对股市的影响（如表 2-1 所示）。

表 2 - 1 央行历年来调整存款准备金对股市的影响

调整时间	调整内容	对股市影响
2011 年 6 月 14 日	自 2011 年 6 月 20 日起，上调存款类金融机构人民币存款准备金率 0.5 个百分点	2011 年 6 月 15 日，沪深两市双双低开，沪指开盘报 2717.68 点，跌 12.36 点，跌幅 0.45%，深成指开盘报 11703.19 点，跌 28.85 点，跌幅 0.25%
2011 年 5 月 12 日	自 2011 年 5 月 18 日起，上调存款类金融机构人民币存款准备金率 0.5 个百分点	沪深两市早盘小幅高开，沪指开盘报 2846.31 点，涨 2.23 点，涨幅 0.08%，深成指开盘报 12092.16 点，涨 19.96 点，涨幅 0.17%

续表

调整时间	调整内容	对股市影响
2011 年 4 月 17 日	自 4 月 21 日起，上调存款类金融机构人民币存款准备金率 0.5 个百分点	尽管存准率调升对股指整体影响不大，但对银行股板块而言，一些存贷比较高的股份制银行受到的影响比较大，而对于那些仍在市场上融出资金的大行而言，影响较为有限
2011 年 3 月 18 日	自 2011 年 3 月 25 日起，上调存款类金融机构人民币存款准备金率 0.5 个百分点	央行上调准备金率使得新增信贷相对有限，存量流动性的结构也可能随之发生变化，持续高压政策下囤积在房地产市场的资金会寻找新的投资防线，股市是最受益的一个洼地
2011 年 2 月 18 日	自 2011 年 2 月 24 日起，上调存款类金融机构人民币存款准备金率 0.5 个百分点	宏观经济环境的稳定性对于股市长期来看是利好的，但短期看货币的流动性受到影响，会出现利空的现象
2011 年 1 月 20 日	自 2011 年 1 月 20 日起，上调存款类金融机构人民币存款准备金率 0.5 个百分点	沪深两市出现大幅杀跌行情，金融地产等各大主流板块全线下跌，特别是地产板块，整体下跌超过 6%，招保万金等权重股跌幅都达到 7%，金融板块中小市值银行股领跌，建行等权重股跌幅也达到 4%。除此之外，军工、农业、物联网、机械等板块也跌幅居前
2010 年 12 月 20 日	自 2010 年 12 月 20 日起，上调存款类金融机构人民币存款准备金率 0.5 个百分点	沪深两市各板块全线无一下跌。其中，铁路基建板块盘中再度飙升，晋西车轴急冲涨停；受利好刺激，青海板块个股集体上涨；中央首次提出环保产业概念，环保板块大涨；水泥板块飙升，个股全线大涨；有色板块强势做多，稀缺资源股领涨；国务院设立山西国家资源型经济转型试验区，山西个股纷纷上扬
2010 年 11 月 29 日	自 11 月 29 日起，上调存款类金融机构人民币存款准备金率 0.5 个百分点	11 月 29 日两市双双低开，随后股指震荡爬升，保持窄幅震荡上涨格局。午后股指在日均线附近震荡，之后期指小幅跳水，带动大盘小幅走低，股指在低位震荡盘整。板块方面，地产股盘中快速反弹，科技、医药、智能电网、多晶硅、酿酒、环保、家电板块涨幅居前，金融、煤碳、迪士尼板块跌幅居前
2010 年 11 月 16 日	自 2010 年 11 月 16 日起，上调存款类金融机构人民币存款准备金率 0.5 个百分点	11 月 16 日两市双双低开，金融煤炭开盘领涨，午后股指继续震荡攀升，临近尾盘石化双雄双双大涨，盘中中石油、中石化几近涨停，沪指最高探 3186.72 点，随后回落。石化双雄盘中逼近涨停，个股行情却出现分化，其余板块快速翻绿，截止收盘仅石油、煤炭、金融、电力等板块红盘，其余皆绿

调整时间	调整内容	对股市影响
2010 年 5 月 2 日	自 2010 年 5 月 10 日起，上调存款类金融机构人民币存款准备金率 0.5 个百分点	沪指大幅低开 49 点，盘中一度逼近 2800 点，两市下跌个股近 7 成，盘面上，医药板块逆势上扬，黄金、智能电网和通信类股逆势小幅走高。地产板块重挫近 4.6%，其中万科大跌 4.49%。银行中板块跌幅近 2%，期货类股抛压沉重，西藏、IT 等板块弱于大势
2010 年 2 月 12 日	自 2010 年 2 月 25 日起，上调存款类金融机构人民币存款准备金率 0.5 个百分点	A 股市场小幅增高，开盘后股指快速上攻。银行、地产股集体飙涨。午后开盘，两市一直维持窄幅震荡格局。大盘波澜不惊，但是个股却暗潮汹涌。区域板块全线爆发，新疆、西藏、海南、天津板块强者恒强，板块平均涨幅均超过了 2%。两市个股普涨，仅百余只个股下跌
2010 年 1 月 18 日	自 2010 年 1 月 18 日起，上调存款类金融机构人民币存款准备金率 0.5 个百分点	两市早盘低开，银行、券商等金融板块全线走低。午后市场继续维持早盘的震荡蓄势态势，地产股有所活跃；受消息面刺激，世博概念、迪斯尼板块等题材股也因利好刺激纷纷走强。临近尾盘两市双双翻红，然后展开窄幅震荡盘整态势，沪指再度站上 10 日线
2008 年 12 月 22 日	自 2008 年 12 月 23 日起，下调一年期人民币存贷款基准利率各 0.27 个百分点 自 2008 年 12 月 25 日起，下调金融机构人民币存款准备金率 0.5 个百分点	12 月 23 日早盘两市呈现平稳开盘后单边走低格局，个股普遍下跌，上证指数下破所有均线系统，特别是跌破 1950 点多空分水岭，午后大盘跌势有所减缓，维持低位弱势整理态势，但个股活跃度依然未见提升，临近收盘，沪指再次跌破 1900 关口
2008 年 10 月 8 日	自 2008 年 10 月 9 日起下调一年期人民币存贷款基准利率各 0.27 个百分点 自 2008 年 10 月 15 日起下调存款类金融机构人民币存款准备金率 0.5 个百分点	10 月 9 日，早盘沪深股市双双高开，但指数并未高走，反而继续出现小幅下跌的局面，此后多空围绕平盘位置展开争夺，沪指表现略强，午后随着金融股的震荡回落，大盘重新出现翻绿走势，下跌家数逐渐增多，但普遍跌幅不大，临近收盘沪深两市股指突然跳水，沪指失守 2100 点

续表

调整时间	调整内容	对股市影响
2008 年 9 月 15 日	自 2008 年 9 月 16 日起，下调一年期人民币贷款基准利率 0.27 个百分点	9 月 16 日，大盘上午有所企稳后，下午跌势蔓延，银行股大面积跌停，拖累上证综指再度跌穿 2000 点，沪指在一轮跳水中再创盘中新低，最低跌至 1974.39 点。盘中个股受压明显，仅部分地产股、军工股、通信股等有所拉抬。而金融股、煤炭股、食品股等居跌幅前列。权重股表现偏弱，部分制约了指数
	自 2008 年 9 月 25 日起，存款类金融机构人民币存款准备金率下调 1 个百分点	

从上表可以看出，存款准备金的调整对整个大盘的影响是有限的，幅度也比预期的低。但对于相关板块来说会产生一定程度的影响。而且就目前大部分银行的资金来说，都还是比较充裕的，这个比例对贷款能力相当有限，另一方面，市场很早就预期到人民银行的紧缩政策，所以股市在前期已经有所消化，只是在消息出台时反应一下而已。

利率与股市之间有着明显的杠杆效应

看盘关键要点：

1. 利率与股市之间有着明显的杠杆效应。

2. 研判利率走势的顶和底，对寻找股市走势的底或顶具有极为重要的参考价值。

3. 利率上升时，股市压力加重，每次出现上涨，可能仅仅是反弹，对上升的空间不应期望过高。

4. 利率下降时，股市本应向上，若股价回落下调，这种回档会成为吸纳的良机。

在所有影响股票价格的宏观经济因素中，利率是最为敏感的因素，哪怕是极微小的变化，都会引起股市的价格变动。美国股票操作大师保罗·麦肯有一句名言：做股票，要看利率的眼色行事。这句话就形象地描述了利率与股市波动的关系。

从历史上看，利率与股市之间有着明显的杠杆效应。总的来说，利率上升，股市将下跌；利率下调，股市将上涨。因此，利率的高低以及利率同股票市场的关系，也成为股票投资者据以买进和卖出股票的重要依据。

利率是货币政策的一个具体表现形式，货币政策是用以调节整个社会的货币供应量的。当利率上升时，企业的经营成本增加，利润减少，可供股票投资者分配的股息、红利当然也会减少。这样由于股票的投资吸引力下降，银行储蓄回报率提高，投资者会把资金从股市撤出，转存银行。股市由于资金减少，就有可能出现股票供过于求的局面，最终引起股票价格下跌。反之，降低利率，会刺激投资和需求的增加，导致资金从银行流回股市，股价便会上升。

自 2010 年 12 月 26 日起，金融机构一年期存款利率上调 0.25 个百分点，其他各档次存款基准率也相应作出调整。这是央行年内第二次加息，也是自中央宣布要实施稳健的货币政策以来的首次加息。

受加息影响，2010 年 12 月 27 日沪深两市大幅低开，各板块全线飘绿。27 日，上证指数报 2781.40 点，跌 61.41 点，跌幅 1.90 %（如图 2-6 所示）；深证成指报

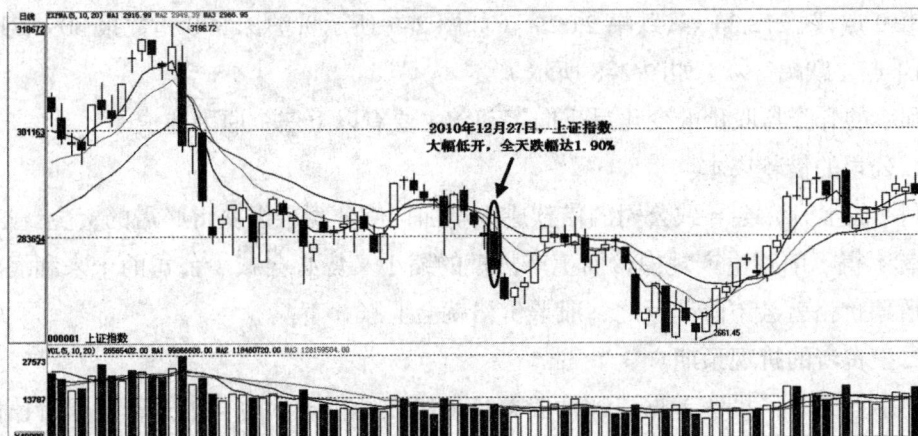

图 2-6

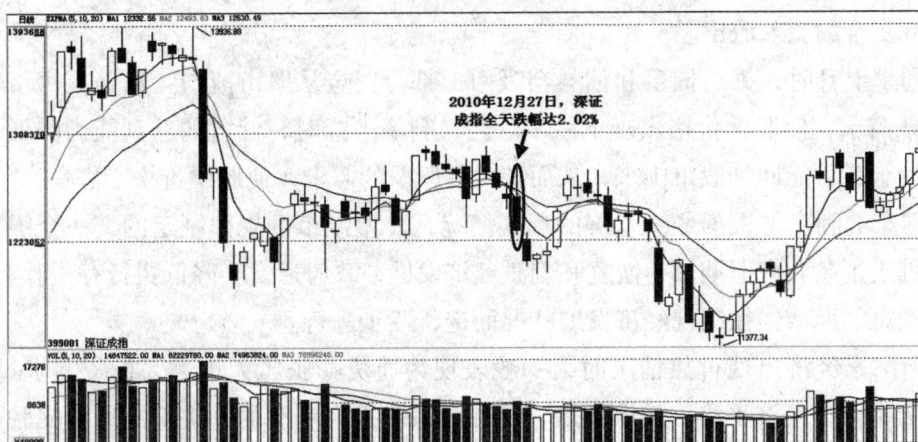

图 2-7

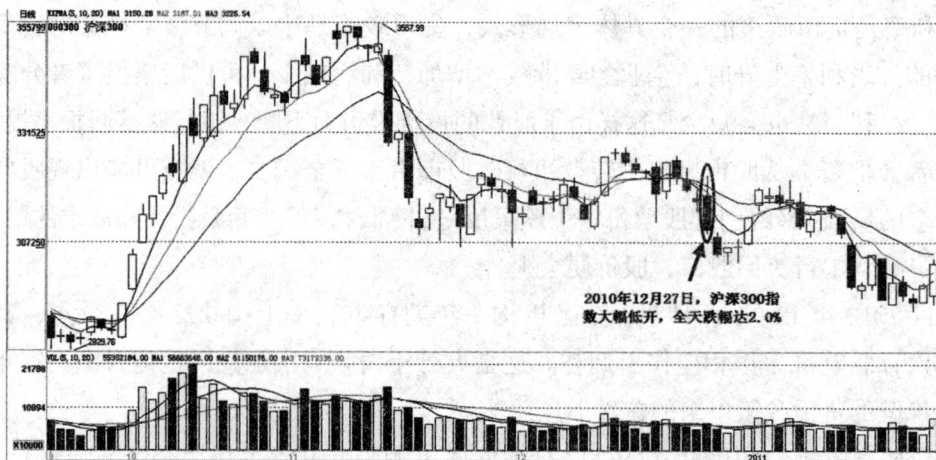

图 2-8

12303.19 点，跌 272.24 点，跌幅 2.02%（如图 2-7 所示）；沪深 300 指数报 3099.71 点，跌 76.4 点，跌幅 2%（如图 2-8 所示）。

利率的升降与股价的变化呈反向运动，主要有以下三个原因造成：

1. 公司的借款成本。

利率的上升，会导致公司的借款成本增加，使公司难以获得必需的资金。这样，公司就不得不削减生产规模，而生产规模的缩小又势必会减少公司的未来利润。因此，股票价格就会下降。反之，股票价格就会上涨。

2. 投资者的折现预期。

利率上升时，投资者据以评估股票价值所在的折现率也会上升，股票价值因此会下降，股票价格会随价值的下降而相应下降；反之，利率下降时，股票价格就会上升。

3. 资金的流入流出。

利率上升时，银行储蓄和债券会吸引一部分资金从股市流出，从而减少市场上的股票需求，使股票价格出现下跌；反之，利率下降时，储蓄的获利能力降低，一部分资金就可能回到股市中来，从而扩大对股票的需求，使股票价格上涨。

国家的利率是根据经济发展的现实情况，并遵循市场规律制定的。一个国家在经济处于萧条和衰退期，为恢复和刺激经济发展，政府通常会降低银行存贷款利率，降税减息。而减幅往往视经济发展状况而定，逐步进行。

当国家经济出现过热情况时，一般表现为通货膨胀压力增大，投资需求过猛，政府为了保证经济平稳、健康发展，往往会采取提高利率的办法抑制通货膨胀。而这时股市也往往会表现为牛市行情冲顶过程，风险已十分巨大。一旦利率提高或有可能提高时，股市暴跌就有可能随时发生。

鉴于利率与股价运行呈反向变化的一般情形，投资者就应该密切关注利率的升降，并对利率的走向进行必要的预测，以便抢在利率变动之前，就进行股票买卖。具体来说，研判利率走势的顶和底，对寻找股市走势的底或顶具有极为重要的参考价值，这实际上也是一种从宏观角度捕捉股市大机会的手法。

在我国对利率的升降走向进行预测，应侧重以下几个因素的变化情况。

1. 贷款利率的变化情况。

由于贷款的资金是由银行存款来供应的，因此，根据贷款利率的下调可以推测出存款利率从必将出现下降。

2. 市场的景气动向。

如果市场过旺，物价上涨，国家就有可能采取措施来提高利率水准，以吸引居民存款的方式来减轻市场的压力。相反，如果市场疲软，国家就有可能以降低利率水准的方法来推动市场。

3. 国际金融市场的利润水准。

国内利率水准的升降和股市行情的涨跌也会受国际金融市场的利率水准的影响。在一个开放的市场体系中是没有国界的。海外利率水准的升高或降低，一方面对国内的利率水准产生影响，另一方面，也会引致海外资金退出或进入国内股市，拉动股票价格下跌或上扬。

不过，股市相对于利率的反向走势具有提前或滞后的特性，两者并不一定是同步运行或同时发生，当利率见底之前，股市有可能先行见顶，或利率见顶之前，股市已提前完成探底过程甚至出现缓慢回升。如 2007 年 3 月 18 日，央行上调了金融机构人民币存贷款基准利率，但并没有因此改变牛市格局，股指不跌反涨。

这要求我们不可过于机械地根据利率走势选择股市的买卖点。有时候，股市的稳健，股民的信心，抵消了提高利率给股市造成的负面影响，进而违反利率与股市走势反向这一定律。那么投资者在看利率的同时，也应综合通胀走势、政府实施的其他有关经济发展的措施进行分析研究，同时还要观望以后一段时间股市的发展状况与政策的进一步动作来作出判断。这样得出的结论更具有客观性。

具体到中国股市，利率的调高使得部分游资承受不了息口的负担，而撤离股市，造成股市的抛压加重，买盘减少，股市下跌。利率上调在某种意义上又意味着银根收紧，加上政府其他政策的实施，有些机构由于投入股市的资金经不起检查，即使处于被套状态，也斩仓还贷。此外，利息负担加重，资金偏紧，又会影响上市公司的经济效益，对股价产生一定的冲击。形成这些现象的原因是中国是以公有制经济为主体的社会主义国家，在股市中流动的个人投资者的资金毕竟有限，很大一部分是属于国营、集体与股份制企业的。

所以，投资者必须认真研究中国的利率走势。当然，利率走势并不能对一些中级行情的买卖时机提高可靠的依据，如在利率处于上升阶段时，股市压力加重，每当出现上涨，应该想到这可能仅仅是反弹，对上升的空间不应期望过高，结合其他分析工具，随时留意出货机会。反之，如果利率呈下降趋势，股市本应向上，若此时股价回落下调，则可考虑这种回档为吸纳的良机，至于在什么点位建仓，应综合各种因素加以判断。

利率的变化是反映股市变化的一个风向标，投资者应该学会从利率的变化中嗅出股市的行情变化，并决定自己的买卖行为。

股价随物价而动

看盘关键要点：

1. 物价指数上涨时，货币贬值，而股票则是一种保值手段。

2. 对于普通商品来说，一般物价上涨，股价上涨；物价下跌，股价也下跌。

物价变动是指发生通货膨胀或通货紧缩的可能性，这将使股票价格随之变动。物价变动可以分为三种情形：

1. 物价指数的变动。

一般来说，指数上涨时，货币贬值，人们会觉得购买债券、存款于银行就有些不值，因为指数的上涨必然要使债券价格下降，同时银行里的资金贬值；而股票则不同，它是一种保值手段，因为股票是拥有企业资产的象征，物价上涨时企业资产也会随之增值，因此物价上涨也常常引起股价上涨。

2. 普通商品价格变动对股票市场有着重要影响。

物价上涨，股价上涨；物价下跌，股价也下跌。其具体表现为四个方面：

（1）当商品涨价幅度过大时，股价不会相应上升，反而会下降。这是因为物价上涨引起公司生产成本上升，而上升的成本又无法通过商品销售而完全转嫁出去，从而使公司的利润降低，股价也随之降低。

（2）商品价格出现缓慢上涨，且幅度不是很大，但物价上涨率大于借贷利率的上涨率时，公司库存商品的价值上升，由于产品价格上涨的幅度高于借贷成本的上涨幅度，于是公司利润上升，股票价格也会因此而上升。

（3）物价持续上涨，引起股票投资者的保障意识增强，因此从股市中抽身，转投动产或不动产，如房地产、贵重金属等保值性强的物品上，带来股票需求量降低，因而股价下跌。

（4）物价上涨，商品市场的交易呈现繁荣兴旺时，有时股市正陷于低迷的时候，人们热衷于及时消费，使股价下跌；商品市场开始下跌时，反而成了投资股票的最好时机，从而引起股价上涨。

3. 一些重要物品（如石油）价格的变动。

一些重要物品价格的上涨，特别是石油等能源价格的上涨，将影响大部分产品的成本，使企业生产成本增加，给股票投资带来一定风险。因此，投资者在炒股时，一定要关注物价的变动，对不同的情况进行细致分析，才能掌控大局。

资金供求格局是影响股市涨跌的直接因素

看盘关键要点：

1. 涉及股票市场资金供求格局的政策对于股市具有一定的转折意义。

2. 资金的本质是逐利的，如果利润摆在眼前，资金自然会不请自来。

3. 在中国股票市场，资金供求的变化往往包含着大量违规资金的铤而走险。

涉及股票市场资金供求格局的政策对于股市具有一定的转折意义。

在影响股票市场涨跌的众多因素之中，资金供求格局仍然是最直接的因素。股票作为一种有价证券，就像很多其他商品一样，其价格受到市场需求的影响，即资金供给量大小的影响。依据一般经济学理论，当资金供给远远大于股票供给时，即出现供不应求的状况时，股票价格的上涨在所难免；而当资金供给远远小于股票供给时，即出现供过于求的状况时，股票价格的上涨就变得步履维艰。

当然，资金的本质是逐利的，如果利润摆在眼前，资金自然会不请自来，这是由于股票本身具有一定的保值性和增值性，当面对资金回报的诱惑时，恐怕很少有人可以气定神闲。这也是股票不同于其他商品的魅力所在。马克思对资本的经典描述是："如果有10%的利润，它就保证到处被使用；有20%的利润，它就活跃起来；有50%的利润，它就铤而走险；为了100%的利润，它就敢践踏人间一切法律；有300%的利润，它就敢犯任何罪行，甚至冒绞首的危险。"

在股票市场上，投机的成分要高于投资。当市场本身具有很高的投资价值时，散户们尤其是那些注重基本面的投资者，他们的资金投入会明显增强；而另一方面，如果股市具有诱惑力的收益预期，比如，2007年开始的"大牛市"，大多数人都赚得盆满钵满，各种财富聚集的传奇就会吸引了更多的散户把资金投入股市。

正因为如此，当股市的整体股价与实际价值出现严重的偏离时，政策就会进行宏观调控，以便通过吸引或改变资金供求格局，使股票市场得以平稳地发展。

在中国股票市场，资金供求的变化往往包含着大量违规资金的铤而走险，可以说每一次股票市场上涨的驱动力几乎都有违规资金的一份功劳。也就是由于这个原因，在一定时期，必然会有针对违规资金买卖股票的相关政策出台。

比如1997年牛市的结束，之前一系列政策都成效不大，但"禁止银行违规资金进入股市"和"禁止三类企业买卖股票"的政策出台彻底终结了那一轮的牛市；又如，2001年牛市结束的标志是国有股减持政策的出台，彻底改变了资金供给和股票供给的关系，规模巨大的国有股流通成为股票市场不可承受之重，牛市再次在资金供求相关政策的影响下结束了。

2007年12月10日，继央行上调存款准备金率1个百分点后，外汇局正式宣布，将QFII投资额度扩大到300亿美元。连续公布的两大政策，也为这一个时期稍有转暖的A股市场增添了很多的不确定性。

2008年6月12日，国资委发布《中央企业资产损失责任追究暂行办法（征求意见稿）》，8月18日，国资委公布《中央企业资产损失责任追究暂行办法》，规定央企违规买卖股票将受严惩。结果整个大盘大阴。

到2008年9月，国资委、汇金公司分别发布了支持中央企业增持或回购上市公司股份、汇金公司增持上市银行股票等措施。中国证监会新闻发言人表示，上述措施对于资本市场稳定健康运行具有重要作用，表示积极支持。行情才有所回转。

这些政策自然会影响当时的股票市场格局，甚至还可能引发更加广泛的资金供求政策变化，而这又难免在遏制违规资金的同时，也吓退或驱逐走很多正常的资金。因此，对于中国股票市场而言，能够改变资金供求格局的政策对股票市场的影响通常是具有决定性意义的。投资者在关注政策面时，一定要充分认识到这一因素的重要性，以便进行合理的投资操作。

辩证地看待人民币升值对股市的影响

看盘关键要点：

　　1. 从长期来说，随着本币的升值，股价会持续上升；而本币的大幅升值对股市的影响较小，本币的小幅稳定升值将对股价有一个较为合理的促进作用。

2. 人民币的升值对于不同的行业，不同的企业类型，影响也不同，表现在个股上，就会有差异。

人民币升值的趋势被市场普遍认同，汇率的显著变化对上市公司经营业绩和整个股市的走向将产生越来越大的影响。

汇率指的是本国货币兑换成外币的比率。汇率变动对一国经济的影响是多方面的。一般说，本国货币升值不利于出口却有利于进口，而贬值却正好相反。如果汇率调整对未来经济发展和外贸收支平衡利多弊少，人们对前景看好，股价就会上升，反之，股价就会下跌。另外，本币升值有利于以进口原材料为主从事生产经营的企业，不利于产品主要面向出口的企业，这会使投资者看好进口原料的企业，引起其股票价格上涨，不看好面向出口的企业，导致其股票价格下跌。而本币贬值对股市的影响正好相反。对于货币可自由兑换的国家来说，汇率变动还可能影响到资本的输入和输出，从而影响国内货币资金供给，影响股票市场的供给状况，使股票市场出现一定规模的波动。

在当代国际贸易迅速发展的潮流中，汇率对一国经济的影响越来越大。任何一国的经济都在不同程度上受汇率变动的影响，而且，汇率变动对一国经济的影响程度取决于该国的对外开放程度。

通过对比中国和日本的本币升值和股价之间的关系，我们发现，从长期来说，随着本币的升值，股价会持续上升；而本币的大幅升值对股市的影响会较小，本币的小幅稳定升值将对股价有一个较为合理的促进作用。

关注人民币升值对行业和上市公司经营状况，对于投资者把握市场走向、捕捉市场热点的意义显而易见。

从上证指数和人民币汇率的关系中我们可以观察以下三个方面：

（1）随着人民币的持续上涨，上证指数在上涨过程中虽然有过几次调整，但其趋势还是保持上升势头。

（2）大多数情况下，人民币汇率在突破重要的整数关口时，上证指数都会站上一个新的台阶。

（3）观察一些历史数据可以看出，中国股市指数每次站上一个标志性的台阶时，人民币汇率都会突破一个重要关口；而且随着人民币的加速升值，股票指数的上涨也随之加快。

国外热钱对本币升值的预期，必然吸引投机资金的快速流入，从而推动股票和房地产市场资产价格的快速上涨，日本、泰国和我国台湾地区都经历了这样的过程。但同时，当本币大幅升值的时候，人们会担心出口产业会受到影响，而影响实体经济的发展；但当本币大幅贬值时，虽然有利于出口产业，但资金特别是外国资金以及热钱又会抽逃。所以当货币汇率大幅波动的时候，我们无法预测其对股票市场到底有多大的影响。只有一个是确定的，那就是本币升值表明国民经济的不断走强，这给投资者以巨大的信心，同时也能通过投资股市获得利润。也就是说，人民币的升值对于股市总会有一个利好刺激。

人民币的升值对于不同的行业，不同的企业类型，影响也不同，表现在个股上，就会有差异。

人民币升值受益者，是那些国内销售或产品国内定价，但成本受国际价格水平影响的公司，如贷款以美元结算、占用外汇量高的企业将受益。人民币升值将使得原材料显得更便宜，一些企业也将从原材料成本下降中获益。这些行业包括航空、房地产、造纸、商业零售、旅游、电力等。

比如旅游业，人民币升值将提高居民出境旅游消费能力，有出境游资格的旅行社将从中受益。人民币汇率升值对入境旅游市场需求会产生价格效应，由于我国旅游产品和服务价格在全球范围内都是非常便宜的，入境旅游者数量不会因价格效应而明显减少。

丽江旅游（002033）是丽江地区最早从事旅游业开发和经营的企业，也是区内旅游行业的龙头企业。其拥有较高品位的旅游资源优势和优良的经营业绩，是滇西北地区实力最强的综合性旅游集团。业务范围涉及旅游索道、房地产、酒店、交通和餐饮等行业的投资建设和相关的配套服务。

丽江旅游具有玉龙雪山旅游区区位优势，在丽江玉龙雪山省级旅游开发区管理委员会的统一工作安排下，云南丽江玉龙雪山省级旅游区成功申请成为国家 5A 级景区，成为国家第一批 5A 级景区。景区面积 300 多平方公里，具有雪山、现代冰川、高山原始森林、河谷、牧场等自然景观，是富有吸引力的旅游目的地。依托玉龙雪山的旅游资源，丽江旅游已经开发其中的冰川公园、下属控股子公司所在的云杉坪和牦牛坪也随着丽江旅游的快速发展成为丽江最有代表性的景点。

另外，丽江旅游在玉龙雪山景区的索道业务中具有绝对的垄断优势，该景区共建有玉龙雪山索道、云杉坪索道和牦牛坪索道三条索道，分别代表了冰川、森林、草甸三种不同类型的自然景观，索道均由公司及下属子公司经营，其中玉龙雪山索道最大年接待量 100 万人，云杉坪索道最大年接待量 380 万人，牦牛坪索道最大年接待量 96 万人。

伴随着人民币升值的大趋势配以良好的基本面支撑，丽江旅游的股价也呈现出一路上涨态势，从 2008 年的 11 月份至 2010 年的 12 月份，股价从 7.65 元上涨至 37.95 元，涨幅达 396.08%（如图 2-9 所示）。

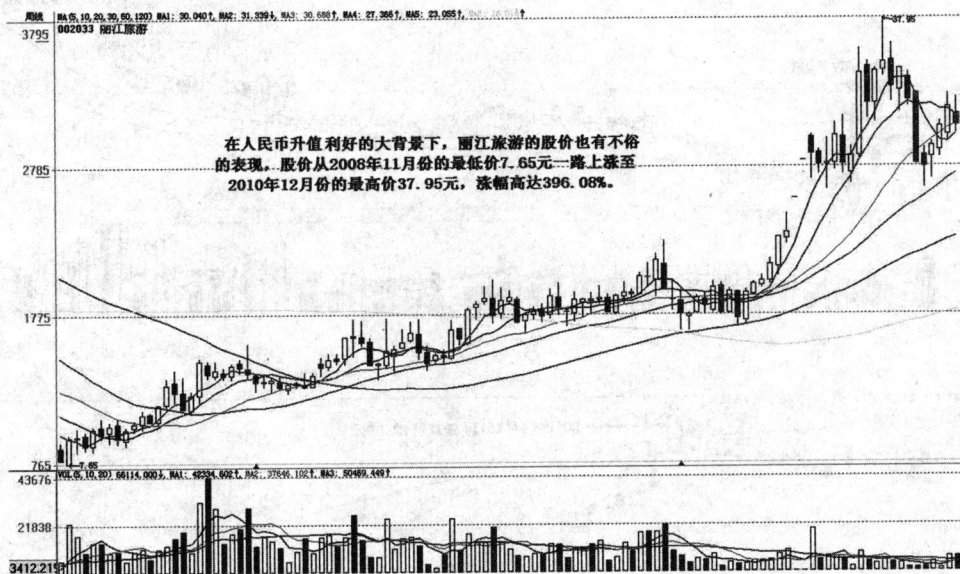

图 2-9

又如航空业，由于这个行业普遍拥有巨额的外币债务，主要是美元或日元，人民币升值将带来比较大的汇兑收益。另外，人民币升值会导致航油、航材的成本相应下降。比如：南方航空（600029）外债数额最多，南航的外债以美元为主，折合人民币 320 亿元。人民币升值 2%，公司由于汇兑收益，每股收益增加 0.06 至 0.08 元，受益于人民币升值利好消息，该股涨势十分明显，从 2010 年 7 月 2 日的最低价 5.63 元涨至 2010 年 10 月 27 日的最高价 13.00 元，涨幅达 130.91%（如图 2-10 所示）。

人民币升值也会有受损者，这主要是一些出口企业。国际销售或产品国际定价，但成本主要由国内价格水平决定的公司，如大宗商品、OEM 生产商等是升值的主要受损者。这些行业包括纺织、家电、OEM、航运、煤炭。比如，世界第二大综合性航运企业中国远洋（601919），中国远洋在人民币升值消息的刺激下，股价一路走低，从 2010 年 4 月 15 日的最高价 13.58 元一路跌至 2010 年 7 月 5 日的最低价 8.19 元，跌幅达 39.60%（如图 2-11 所示）。

比如对于家电、OEM：人民币升值将降低产品出口竞争力，而受到的外币相对贬值相当于变相增加了企业成本。但人民币升值对各子行业的影响程度不同，从轻到重依次是空调、照明、手机和彩电业。

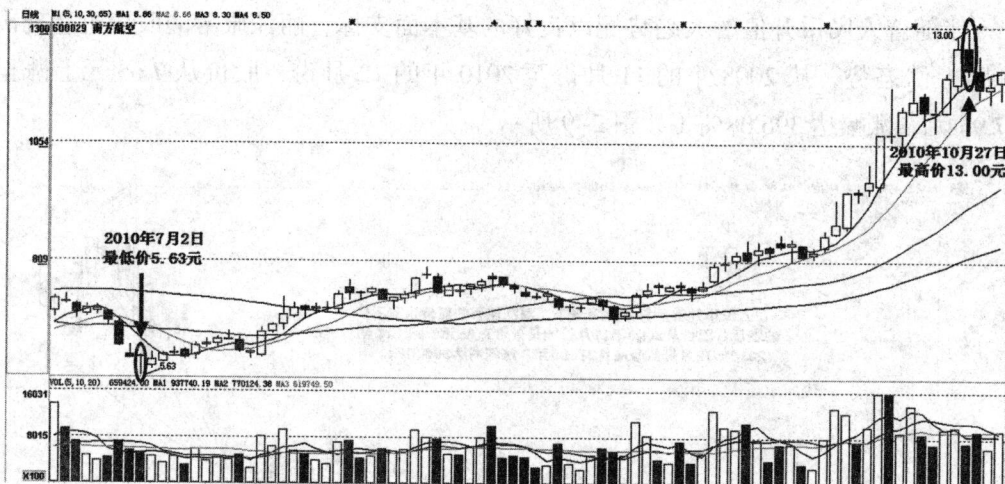

图 2-10

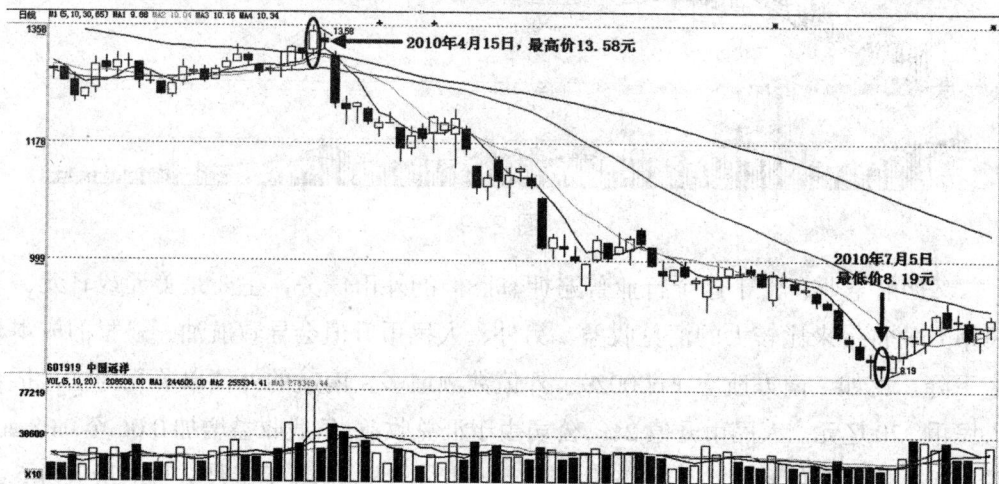

图 2-11

还有一些既有利又有弊行业，包括钢铁、石化、汽车、银行、机械等。比如，对于银行业来说：升值2%带来的外币折算差异对上市银行的负面影响并不显著，但人民币小幅升值对出口制造型企业和贸易型企业的盈利能力在短期内有或多或少的负面影响，这使银行的资产质量面临压力。而升值预期加大，外汇持续进入，导致资产价格上升，银行资产升值，或者本币投放增多，银行扩张速度提高，效益增加。

总之，投资者在投资的过程中，要注意人民币升值这一个宏观要素的变化，根据幅度变化大小和行业受影响程度来判断选股并进行交易。

根据进出口税率变化调整投资方向

看盘关键要点：

1. 加征出口关税的直接结果是大大增加了出口成本，这必然使出口企业减少利润。

2. 调整关税对股市有积极的作用，但对具体行业的影响是不同的，投资者应该根据不同的征税情况，确定自己的投资计划。

进出口税，顾名思义就是国家对进口和出口所征收的一种税。通常，国家对企业征税的税种、税率对上市公司来说至关重要，当税率发生变化时，股价必然也要起相应的变化。进出口税的调整自然也会引起股市的波动，这主要表现在股市结构的变化上。

根据财政部公布的《2008年关税实施方案》，自2008年1月1日起，钢坯出口税率由现行的15%提高到25%，部分钢材的出口税率由现行的5%提高到15%。受此影响，2008年我国钢铁产品出口量减少2000万吨，钢铁企业生产成本大幅度提升。

处在中游的钢铁企业不仅受到上游资源成本的压力，还面临着下游需求市场的考验，而最明显的就是房地产市场，由于受到各方面因素的影响，房地产市场出现一定程度的降温，这就使得建房的速度和规模较2007年有所减缓，而相应的建材用钢的需求也受到较大的压缩。同时，受美国房市低迷影响，钢铁行业的出口市场也遭遇寒流。表现在股市上，整个钢铁板块呈现出集体下滑态势，作为钢铁板块龙头企业的包钢股份（600010）受此消息的影响以及整个大盘的拖累，股价一路下跌（如图2-12所示）。

关税的调整会给整个行业带来一个不小的挑战。出口受限意味着国内市场供应量将大幅增加，成本一路上升，表现在股市上，即出现相关板块的低迷走势。但是，

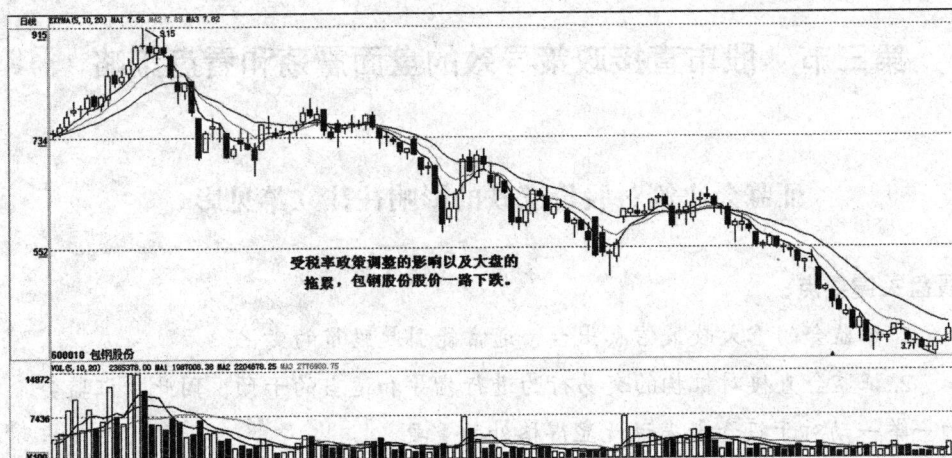

图 2-12

并不是每次税率的调整都会使个股股价下跌。比如说 2011 年 1 月 1 日对稀土出口税率的调整，就促使整个稀土板块强势上涨，有的个股甚至出现了涨停。

2011 年 1 月 1 日，中国又对关税作出了进一步的调整。2010 年 12 月 15 日，为规范稀土出口和缓解化肥价格上涨趋势，自 2011 年 1 月 1 日起，稀土金属矿出口暂定税率为 15%，稀土金属钕的出口暂定税率从 15% 提高至 25%。

此次关税的调整，表现在股市上，稀土等资源股在 12 月 31 日均收出大阳线，有些个股甚至涨停，比如说，太原刚玉（000795）在 2010 年 12 月 31 日强势涨停（如图 2-13 所示）。

调整关税对各个行业的影响不尽相同，投资者应该根据国家不同的税率变化情况，调整自己的投资方向。

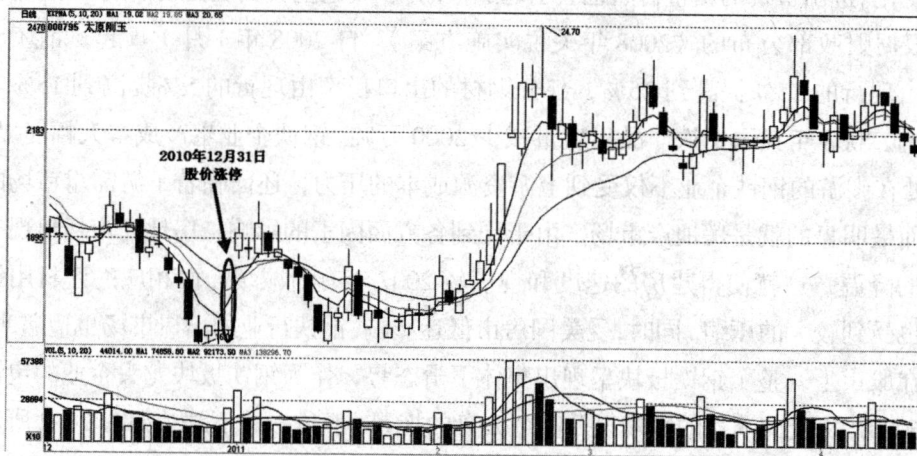

图 2-13

第三节　股市直接政策导致的盘面震荡和看盘策略

证监会决策对股价涨跌的影响往往立竿见影

看盘关键要点：

1. 证监会的重大政策信息出台，通常能引起股市的变化。

2. 证监会直接对机构的交易行为进行指导和适当的干预，因此，证监会的一举一动对于投资者来说就显得格外的重要。

中国证券监督委员会，简称证监会，是依法对全国证券期货市场进行集中统一监管的机构。因为证监会的基本职能就是按规定对证券期货监管机构实行垂直管理，所以证监会的重大政策信息出台，通常能引起股市的变化，投资者要把握住这个股市的导火索。

2009 年 5 月，堪称重大政策、规章频发的一个月。5 月 14 日，证监会正式发布修订后的《中国证券监督管理委员会发行审核委员会办法》和《证券发行上市保荐业务管理办法》，两《办法》因积极稳妥推出创业板的需要进行了必要修订，经广泛征求意见，在取得社会广泛共识的基础上正式发布，标志着创业板制度建设近半；5 月 22 日，证监会就《关于进一步改革和完善新股发行体制的指导意见》公开征求意见，标志着广为社会关注的发行体制进一步改革破题。

与此同时，5 月 9 日，深圳证券交易所就《创业板股票上市规则》公开征求意见，对创业板市场信息披露、股份限售、保荐机构责任、退市制度等提出了有针对性的制度安排。5 月 12 日，证监会公布了一系列违法违规行为的查处结果。5 月 13 日，证监会发布《关于基金管理公司开展特定多个客户资产管理业务有关问题的规定》，基金"一对多"专户理财即将开闸。

上述重大政策规章，尤其是创业板和发行体制改革相关政策规章得到了市场的积极回应。5 月上证指数月度涨幅 6.27%，从月初的 2486.69，上涨到月末的 2632.93，从月线上看，实现了 2009 年以来的五连阳。

证监会直接对机构的交易行为进行指导和适当的干预，所以，证监会的一举一动对于投资者来说就显得格外的重要。即使中国股市"政策市"的特征逐渐弱化，投资者也不能漠视政策的导向作用，更不能无视证监会的举止动向。

定向增发是股价变化的积极因素

看盘关键要点：

1. 定向增发极有可能给上市公司的业绩增长带来立竿见影的效果。

2. 对于市场本身而言，定向增发将提供诸多题材，有利于引进战略投资者，进一步活跃人气。

所谓定向增发股是指非公开发行即向特定投资者发行，也叫定向增发，实际上就是海外常见的私募。定向增发股板块经常会成为强势股，易产生投资机会。因此，定向增发股是投资者追捧的对象。

一般说来，定向增发是一个积极的基本面信息。因为定向增发极有可能给上市公司的业绩增长带来立竿见影的效果。

一般而言，定向增发可以为目标上市公司带来两种变化：一是通过定向增发实现目标公司整体上市目的。集团公司拥有多项优质资产，这些集团优质资产通过定向增发募集资金收购后，就会与目标上市公司进行整合或注入。这样，一方面上市公司在行业地位、生产经营流程、业绩持续增长和净资产数量等多方面都会发生巨大变化，另一方面可以解决与集团所属单位的关联交易。

这种由于集团资产整合或注入带来上市公司盈利增长与价值重估，相对于目标上市公司单一增长或者外延扩张更为直接。同时，通过定向增发实现整体上市，有利于增厚上市公司每股收益，提升上市公司二级市场股价。

第二个变化是通过定向增发有望实现上市公司长远发展目标。当定向增发对象是相关产业或行业的战略投资者时，因其一般具有行业垄断和竞争优势，有利于上市公司拓展市场和产业合作。当定向增发对象是境外产业或风险基金投资者时，因为其一般具有新的技术和新的管理理念，便于上市公司产品升级换代、提升上市公司管理效率和管理水平。

一般来说，定向增发目标公司属于业绩较好、盈利较强的二线蓝筹公司。通过对100家具有定向增发意向的目标公司统计分析发现，其所属行业大多集中在制造业（大类）、房地产和金融业。实际上，这些行业在我国目前经济发展过程中，都处于景气状态，与国民经济保持同步增长。由此可见，定向增发对于优质上市公司而言，将是投资者较好的投资机会。

但是即使如此，在再融资门槛降低条件下，具备定向增发的上市公司，如果没有较好的业绩增长和良好的投资回报，那么定向增发的可行性将大大降低。由此也可以得出下面的结论：定向增发个股，在业绩预期向好情形下，其价值性和成长性将在市场中得到充分展现。也就是说，良好的基本面是定向增发股的支撑点，同时定向增发股又带动基本面向好的方向发展。

对于市场本身而言，定向增发将提供诸多题材，有利于引进战略投资者，进一步活跃人气。现在的定向增发的主要特征就是10个左右的战略投资者成为发行对象，然后承诺锁定一定期限。战略投资者在没有充足的"尽职调查"的前提下是不会轻易成为战略投资者的，也就是说，对于二级市场资金来说，定向增发过程其实也相当于比行业分析师还要尽职还要熟悉的调研过程，所以，定向增发的个股也就成为二级市场资金竞相追捧的对象。

另外，定向增发也改变了以往增发或配股所带来的股价压力格局，这是因为定向增发有点类似于"私募"，不会增加对二级市场资金需求，更不会改变二级市场存量资金格局。也有利于增加二级市场投资者的持股信心。

因此，短期来看，投资者无需担心扩容压力，而且定向增发也容易成为外资并购、整体上市的重要手段和助推器，不仅不会对股价有负面影响，反而会提供更多可供挖掘的热点。

客观看待大小非解禁对股市的影响

看盘关键要点：

  1.所谓的大小非解禁指的是部分限售股票解除禁止，允许流通上市。

  2.大非和小非相比较，在股价过高或市场行情不好的情况下，小非的减持意愿更强烈，往往成为减持的主力，从而成为股市下跌的主要动力。

2005年启动的股权分置改革，成为推动A股股市上涨的直接动力之一。直至2007年10月以前，股权分置改革可以看作是"大小非"股东平均以10送3股对价给中小投资者的行情。随着股权分置改革的逐渐结束，股市开始进入后股改阶段，大小非股东获得其全流通的权利。而大小非高位不断套现也成为2007年10月份以后股市直线下跌的原因之一。

小，即小部分。非，即限售或者叫限售A股。小非，即小部分禁止上市流通的股票，占总股本5%以内。反之叫大非，即大规模的限售流通股，占总股本5%以上。这些股票需要在股权分置改革两年后才能上市流通。由于这些股票的持有者通常是公司大股东或战略投资者，所以一般不会上市抛售，因为这样可能失去大股东的地位。解禁，即解除禁止，是非流通股票已获得上市流通的权力。大小非解禁，就是部分限售股票解除禁止，允许上市流通。

相关信息显示，2009年和2011年，是大小非解禁的高峰。大小非解禁给市场带来了什么影响？是不断增加资本市场的压力，还是机会与风险并存，在此，有必要为投资者细细分析一番。

要研究大小非解禁对股市的影响，就必须了解大小非解禁之后其操作方向有哪几种可能性。一般来讲，有以下三种：

1. 解禁后减持。

究其减持的原因，一是资本会追求与金融资本收益的平衡，当上市公司股票的市场价格与重置成本之比大于1时，股票价格越高，大小非就越有动机要卖出股票，将获得的资金再进行实业投资，将实业资本注入资本市场获得金融资本收益，直至金融资本与产业资本的收益率实现均衡。二是在外部资金压力较大的情况下，如受信贷过紧的压力所致，上市公司会通过出售股票来获取资金。

2. 不减持或承诺高价减持，以维护股价稳定和投资者信心，同时保护自己的控股权。

3. 解禁后增持。

特别是在股价处于较低位但又长期被看好时，大小股东减持的动力将会减小，甚至会出现增持的可能性，以期获得股权投资收益和分配收益。

从上述分析显示的大小非三种操作方向对股价可能产生的不同影响来看，增持和承诺高价减持有利于股价向好。为什么这么说呢？一是这两种操作方向会促使大股东的行为由"往外掏"变为"往里装"，而资产的持续注入将有助于推动股价上升；二是由于这两种行为反映了大股东看好公司发展前景，这也是有利于提升和吸引其他投资者，从而有助于提升股价。在大小非不操作的情况下，公司股价仅仅会受经济环境、基本面和金融政策等影响，不会出现异常波动的情况。

但也要注意，大非解禁和小非解禁对市场的影响是不一样的。大非的持有者往往是公司的主要股东，其持有股票的目的主要是为了获得公司的控制权，获得公司的长期经营收益。小非的持有者是作为财务投资者进入公司的，其持有股票的主要目的，是获得因股票增值而带来的投资收益。大非和小非相比较，在股价过高或市场行情不好的情况下，小非的减持意愿更强烈，往往成为减持的主力，从而成为股市下跌的主要动力。

但在实际操作中，大小非解禁后股价不下跌反而上升也是有可能的，主要原因有两种：一种是市场资金充裕，有多少吃多少，这样反而会引起场外资金的关注，形成"众人拾柴火焰高"的态势。这方面典型的例子有氯碱化工（600618），该股票 2009 年 1 月 12 日有限售条件的流通股解禁后一连几天都在放量上攻。二是解禁后的股票没有立即抛售，或者抛售的数量太少。

大小非解禁后，尤其是"大非"的股东因为是控股大股东，他们对本公司的经营状况最了解，所以他们的一举一动最具有参考作用。大小非解禁前，这些大股东虽然最了解公司底细，可是由于手中的股票不能买卖，所以对股价的变动并不是那么关心，当然也没有多心思去经营好本公司，由于股权分置改革，越来越多的大非和小非，开始慢慢解禁流通，这时候公司红股股东究竟是增持股票还是减持股票的态度，就可以作为其他投资者研判该股票是否具有投资价值的参考依据了。因此，投资者对大小非解禁应持客观的态度。

创业板对主板的影响

看盘关键要点：

1. 由于创业板的规模较小，即使有几十家企业同时登陆创业板，其分流的资金对主板市场资金不会造成实质性的影响。

2. 创业板和主板两个市场的定位各有所侧重，创业板推出后，主板市场走势不会改变，但不同板块可能出现分化，主板市场上类似行业的估值将得到提升。

如果用"十年磨一剑"来形容中国的创业板市场，一点儿都不夸张。早在1999年，当美国纳斯达克市场在新经济浪潮中锋芒毕露的时候，深圳证券交易所就已经开始筹备创业板，然而，直到2009年3月31日，证监会才正式发布《首次公开发行股票并在创业板上市管理暂行办法》。

创业板，顾名思义，就是给那些正在创业路上的小企业专门开辟的一个顺畅的股市融资渠道。随着"办法"自5月1日起实施，中国的创业板市场正式建立，并于2009年10月23日鸣锣开市。

如果没有纳斯达克，可能就不会出现谷歌那样的公司，更不会出现一个又一个的科技神话。科技是第一生产力，任何一个国家经济的持续高速发展都离不开对科技创业的支持。在千呼万唤之后推出的创业板既代表了管理层对于科技创业的厚望，也代表了中国资本市场走向成熟完善的一个趋势。创业板的推出不仅是一个资本故事，更是一种鼓励创业的理念。对于很多优秀的中小企业来说，创业板让他们突破了资金的"瓶颈"，得到了进步一发展壮大的机会。

从我国经济和产业发展的格局来看，创业板对我国经济发展的意义在于其对经济增长结构、产业变迁的促进作用。当前我国的大企业主要集中于第一产业和第二产业，而且在短期内结构转型难度较大。创业板市场的建设，将为一些中小企业和高科技企业解决融资难的问题，积极辅助这些中小企业和高科技企业的发展，并积极优化产业结构。因而，从这个意义上来看，符合创业板市场上市特征的企业可能集中在通信、计算机技术、医药生物等为主的高科技企业和其他一些中小企业。考虑到进出口仍是我国目前经济的主要驱动力，预计创业板中也将有一批进出口加工型企业。

创业板的推出，不仅将服务国民经济发展、促进经济结构转型、完善我国多层次资本市场体系，也将为投资者提供更为丰富的投资产品。

对于创业板的"出炉"，很多投资者担心其将会给主板带来负面的影响。对于此问题，绝大多数市场人士认为，创业板推出并不会改变主板市场的运行趋势：

（1）创业板的推出不会对主板市场资金造成实质性影响，由于创业板规模较小，公司的平均融资在 1 亿～2 亿之间，即使几十家企业同时登陆创业板，其分流的资金对主板市场而言也几乎可以忽略不计。

（2）创业板的推出将带动主板市场信息技术、生物医药等行业以及含高科技概念的公司股价上涨，他们在创业板的带动下会有所表现。

（3）创业板市场的发展将对主板市场具有"创投概念"的个股产生明显影响，值得投资者认真关注与思考。

（4）创业板的高科技和成长性企业的题材较主板成熟性大企业题材更为丰富，因而很可能成为资本市场资金炒作的对象。

（5）创业板和主板两个市场的定位各有所侧重，并不是此消彼长的关系，创业板推出后，主板市场走势不会改变，但不同板块可能出现分化，主板市场上类似行业的估值将得到提升。

（6）创业板的推出对 A 股市场具有积极作用，由于创业板的估值水平高于主板市场，中国在海外创业板上市的企业，也都被赋予了较高估值，因而主板市场上类似的企业，比如从事网络、科技、IT 或者医药生物类的企业，有可能受到创业板的影响，提升其估值水平。

（7）结合目前 A 股市场的氛围，推出创业板对主板市场影响微弱，经济基本面仍然是决定市场中长期走势的最根本因素。但创业板推出后，主板市场结构可能因创业板推出而出现分化，绩差股、创投概念股会受到负面影响。

突发事件：无法回避的股市炸弹

看盘关键要点：

　　1. 政治、经济、外交突发事件、自然灾害、战争等都可能对股市形成一定程度的冲击。

　　2. 在股市低迷的状况下，出现突发性的利多事件，股指都能很快上扬。

　　3. 股市低迷时期，突发利空事件对股市影响甚小，股指只是借势振落而后又回复原有格局。股市火爆的背景下，突发利空事件能迅速使股市出现不同程度的降温。

俗话说： 天有不测风云，人有旦夕祸福。社会也是如此，随时都有可能发生一些突发性事件。有些突发性事件影响巨大，关系到整个国家的利益对股市直接构成利好或利空，导致股市暴涨暴跌。

　　证券市场由于存在着一定的投机因素，对于突发的重大事件往往会作出及时反应。

　　2011 年 3 月 11 日，日本当地时间 14 时 46 分，日本东北部海域发生里氏 9.0 级地震并引发海啸，造成重大人员伤亡和财产损失。随着日本突如其来的地震，市场对日本地震与海啸所带来的影响感到担忧。日本这一全球第三大经济体的一举一动，成为全球市场关注的焦点。自日本大地震发生以来，全球主要股市几乎都未能逃脱下跌的命运。在 3 月 11 日 ~ 16 日期间，日经 225 指数累计下跌 12.85%。3 月 14 日，该指数暴跌 6.18%。15 日，再度大跌 10.55%，创下 2008 年 10 月以来的最大百分比跌幅；其他主要市场的股指也有较大的跌幅，欧洲市场三大主要股指的反应最为激烈。德国 DAX 指数累计跌去近 8%。巴黎 CAC40 指数跌去近 7%。伦敦金融时报 100 指数跌幅则超过 4%。此外，香港恒生指数、新加坡海峡指数、道琼斯指数以及澳大利亚标普 200 指数跌幅也均超过 3%。

　　我国 A 股市场也未能幸免，3 月 11 日沪深股指尾盘上演跳水，3 月 14 日上证指数盘中一度暴跌近 90 点，最终跌破 2900 点，跌幅达 1.41%。

　　重要领导人的更替或变化，也会对股市产生强烈影响。在美国，曾因艾森豪威尔总统心脏病复发、肯尼迪遇刺，而使股市暴跌。

　　一些突发的经济事件也会对股市造成影响。2009 年 2 月 22 日，山西省西山煤电集团屯兰煤矿发生瓦斯爆炸事故，此事件直接导致次日西山煤电停牌。

　　突发战争会对股价造成一定的影响。2011 年 3 月 20 日，西方"多国联军"对利比亚实施突然的军事打击，触发了利比亚战争。在利比亚局势进一步恶化的情况下，中东紧张局势的蔓延导致市场避险需求上升，短期内地缘政治因素推动黄金等价格快速上涨。此次空袭利比亚事件还将引起全球石油市场的大幅波动，预计油价将居高不下。反映到中国 A 股市场上，导致股指冲击 3000 点无功而返。专家人士分析，目前市场主要对资金面有所担忧，无论是紧缩货币政策，还是拆借利率走高态势，都直接令投资者对后市抱悲观情绪。A 股不会出现趋势性上涨行情，而以弱势震荡为主。

　　突发消息引发的概念对股市的冲击同样不可小视。突发消息有多种情况，有上市公司的个股利好，也有类似禽流感疫情等消息的刺激。对于这类概念一般只能中短线操作，因为相关股票的涨势在很大程度上取决于消息的变化。有时因为消息的作用会使得股市瞬间冲高，但往往是昙花一现。

　　2005 年 10 月，东亚、东南亚、欧洲等地相继出现 H5N1 禽流感感染报告。12 月 12 日，上海医药集团被瑞士罗氏制药公司授权进行抗流感药物达菲的全程生产，用于防治人禽流感疫情。受此影响，上海医药（601607）在次日开盘后出现一波强势上攻行情，但持续时间并不长，随后出现回落走势（如图 2-16）。

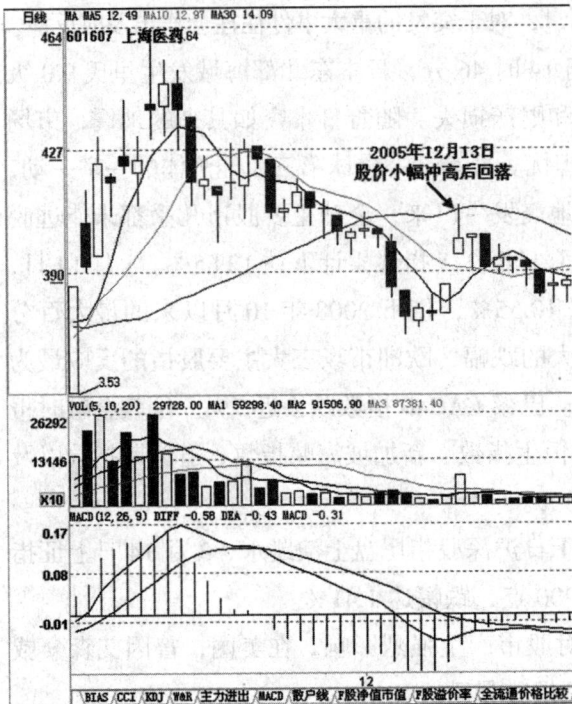

图 2-16

突发性自然灾害对股市究竟是构成利空还是利好，无法给出一个肯定的结论。就世界范围而言，自然灾害导致股市上涨的例子很多，而对中国股市，由于其对利空反应过敏，所以自然灾害往往会直接导致大盘暴跌。最明显的一个例子就是 2008 年年初的雪灾，总计造成 1516 亿元人民币的直接经济损失，占 2007 年 GDP 的比例略高于 0.6%。雪灾后 A 股市场经历了的一段时间的下滑。

由此可见，各种突发事件大都会对股市造成不同程度的影响。一般来讲，在股市低迷的状况下，出现突发性的利多事件，股指都能很快上扬，爆发井喷行情；但是如果突发事件属于利空性质，则影响甚小，股指只是借势振落而后又回复到原有格局，因为股指已经处于低位，行情必然会发生逆转，后市必然要修正反弹。而在股市火爆的背景下，利空性突发事件则能迅速使股市降温，大势甚至还会出现自由落体式的直线连续下跌。因此，要判断突发事件本身对大势的影响，关键还要看大势当时所处的位置，即市场的内在规律会起主导作用。

第四节　学会获取大盘走势信息的方法

政策参考要选择权威新闻媒体

看盘关键要点：

1. 新闻媒体是投资者获取信息的主要渠道，而媒体报道的各种信息则是投资者作出投资决策的主要依据。

2. 新闻媒体是股票价格发现的载体，有效解读媒体信息，就能掌握股票价格波动情况。

通过新闻媒体平台，投资者可以获取到自己需要的最基本的信息，对此，投资者需要善加利用与掌握。俗话说，弱水三千，只取一瓢饮。纵然有大量的信息摆在眼前，也需要投资者像择菜一样，把对自己有用的信息提取出来。投资者需要提取的自然是关于股市的信息，即有益于自己获利的那部分信息。目前，新闻媒体纷繁复杂，参差不齐，所发布的信息也是好坏不一，这一点是对投资者判断能力的极大考验。一般而言，投资者可以选择参考诸如中央电视台等一些权威媒体发布的政策信息，大有裨益。

电台与电视台是消息传播速度最快的媒体，投资者只要打开收音机或电视机就可以收听收看。电台与电视台中又属中央人民广播电台和中央电视台最权威。

2011年12月19日，中央电视台的新闻联播栏目对华西村进行了一段专题报道。报道中介绍：江苏华西村是全国首屈一指的富裕村，不过近年来在发展过程中也面临着土地、能源、环境等因素的制约。除了土地的制约，村民们更不愿意因为一些高耗能企业，把美丽的环境给污染了。有了这样的想法，华西人开始调整自己的发展思路。而取代这些旧厂房的，将是新成立的华西远洋公司。

据介绍，华西远洋船队今年的运量已经达到60万吨。而公司定制的8条新船明年也将下线，届时，运量将达到105万吨。这也意味着，华西村将拥有江苏数一数二的远洋运输船队。

目前，物流、旅游等第三产业已经占据了华西村收入的半壁江山。2010年，华西村年接待海内外游客超200万人次，收入达2个亿。产业有了新布局，华西村又开始了另一项更重要的改革，那就是让转岗的村民学习新的技能。报道中展示了国外的船舶专家正在给华西远洋公司的职工上培训课的情景。而类似这样的培训课在华西村，几乎每个周末都可以见到。

简短的一则报道，可以说是对华西村改革发展的一番盛赞。华西村大好的发展形势和发展规划，让持有华西村（000936）的股民们看到了希望。市场的巨大信心为股市注入了充足的动力，12月20日，该股一路高开高走，最后涨停收盘。而有些不知道消息的投资者则不知就里，眼看大好的投资机会白白溜走，后悔莫及。

相比于主力机构，无论在时间、资金、专业知识、技术设备等方面，普通投资者都是处于劣势的；他们获取信息的能力和渠道都极为有限，往往只是依赖于新闻媒体，方式较为单一；加之，普通投资者对信息加工、消化和判断能力也比较差，对新闻媒体的评析奉若神灵。因此，新闻媒体发布的信息对散户的操作具有极大的导向作用。一旦媒体公布"利好"消息，他们就大量跟进，造成股价攀升；反之，一旦媒体出现"利空"消息，他们就盲目撤资，造成股价下降。但是看媒体信息也要有选择，有针对性，因为这其中不乏炒作和霸权的成分，比如说，2007年的热点杭萧钢构（600477），然而这一热点的形成，除了杭萧钢构签订了安哥拉一大项目合同之外，很大程度得益于各类媒体不厌其烦的炒作与媒体霸权的狂轰滥炸。

因为对客观性要求较高，《新闻联播》受到越来越多的投资者的青睐。无论是中国最早出名的股民"杨百万"，还是控制市场走向的众多基金经理，无一例外，他们都认为：《新闻联播》的价值甚至比上市公司的公告更值得研究，需要字斟句酌，深刻体会，其晴雨表作用彰显无遗。

2007年，给无数投资者带来巨大损失的"5·30"大跌前，《新闻联播》用了长达一分钟的时间报道广发证券的违规内幕交易，结果是题材股全面下跌，至今都很少有个股能回到当时的股价。

2007年10月，股指已经超过6000点，10月中下旬，《新闻联播》加上《新闻30分》《经济信息联播》用了空前的力度提示股市风险。在这之后紧接着就是大盘蓝筹飙高后回落，将大盘死死拖住。

大多数投资者把《新闻联播》发布的消息当作政策和文件来解读的，它和《经济信息联播》《证券时间》是投资者公认为专业投资者必看的三档节目。

2007年，中国船舶股价已经在200元下方徘徊多日，8月20日，《新闻联播》播出了《自主创新，打造国际造船一流企业》的头条报道，新闻中除了强调企业自主创新取得成绩，更是直接指出高价股中国船舶的产品订单都已经排到2010年之后。捕捉到这个消息的投资者立刻嗅到了利好的"气息"，股市行情立刻看涨，到10月12日中国船舶直接冲过了300元。

不过，《新闻联播》并不是一道熟食，可以直接入口，它需要投资者运用理性思维加以分析，以便预判股价的未来走势。因此，解读《新闻联播》就显得格外重要，投资者必须要做到文本细读才有意义。那些炒股高手们在细读的过程中，不仅关注具体的新闻内容，还看其新闻时长和在其他新闻栏目中重播的力度，特别是出现上市公司名称时，更是要字斟句酌，看政策面变化趋势和板块孕育机会，力图挖掘更深层的股市行情。对于《新闻联播》的解读，就需要这样的于细腻处见真知。

举个例子来说，新闻媒体对于人民币升值这一相关新闻的报道，几年内在报道方式上有着明显的变化，从过去的人民币定价不由外国人决定变成可以有一定的弹性，这就是人民币升值的信号释放，在此影响下，2006年入市的资金量明显放大。

让一些稍有经验的投资者解读这样的信息，都是不成为难题的。但是对板块发掘，就要费点力气。例如滨海新区、成渝配套改革试验区这样的概念，都已经在播报之前充分发酵，需要挖掘的是隐含的机会。例如从西气东输、北煤南运、南水北调等国家重点工程报道中，发现哪些板块已经孕育了结构性机会，比如2007年机构对煤炭板块的发掘就是一个非常好的例子。

总的来说，新闻媒体就像一个个大染缸，只有权威的媒体报道才具有参考价值，投资者要认真关注重要的媒体报道，并理性筛选、认真分析，继而辅助投资决策。

选择权威证券报刊，辨别网络虚假信息

看盘关键要点：

1. 证券类报刊传递信息及时、准确、全面、专业；提供有关经济、金融、证券、保险等相关投资领域的方针政策；传递重要的财经信息；提供及时、有效、实用的市场分析；普及金融、证券知识；引导投资者树立正确的投资理念。

2. 证监会指定的上市公司信息披露的报纸以及一些国内影响较大的证券类刊物比较权威。

3. 财经类报中包含着基本面方面的消息，诸如国家的宏观经济政策、经济周期转换及变动方向等，也是投资者需要关注的对象。

4. 权威人士开设的理财网站一般不可信；论坛纯属个人观点，提供的信息多数没有多少参考价值，投资者要谨慎对待；炒股博客不可信。

投资者应多关注权威的证券类报刊网站公布的信息，它是所有投资者不可或缺的信息来源。权威报刊网站公布的信息有以下优势和作用：

（1）传递信息及时、准确、全面、专业。

（2）提供有关经济、金融、证券、保险等相关投资领域的方针、政策。

（3）传递重要的财经信息。

（4）提供及时、有效、实用的市场分析。

（5）普及金融、证券知识。

（6）引导投资者树立正确的投资理念。

什么样的才算权威的报纸和刊物呢？证监会指定的上市公司信息披露的报纸以及一些国内影响较大的证券类刊物就比较权威。这些报刊主要包括《中国证券报》《上海证券报》《证券时报》《信息早报》《证券市场》周刊等几类报刊。

同时，投资者也可以在网上阅览这类报刊。以上几类报刊的网址如下：

《中国证券报》<http：//www.chinasecurities.com.cn>

《上海证券报》<http：//www.cnstock.com/>

《证券日报》<http：//www.zqrb.com.cn/>

《证券时报》<http：//www.p5w.net/index.htm >

《信息时报》<http：//informationtimes.dayoo.com/>

需要特别说明的是，管理层出台的一些调控股市的法律法规以及一些办法措施都要在《中国证券报》上刊登。《中国证券报》在坚持以证券报道为主的同时，还系统报道货币、保险、基金、期货、房地产、外汇、邮币卡等市场。让投资者能更全面地了解整个经济市场的变动情况，及时发现那些影响股市变动的因素。

除了证券类报刊而外，投资者还可以阅读一些国家级财经类报纸。财经类报中包含着基本面方面的消息，诸如国家的宏观经济政策、经济周期转换及变动方向等。此类报纸可首选《经济日报》，另外，还可以抽空看看《中国金融报》《中国经营报》《中国信息报》等报纸。

众所周知，网络作为一种新媒体，具有传播新闻速度快、信息量大等优势，投资者也可以直接从网上收集财经类信息，上网查询既方面又快捷。权威的财经网站有以下几个：

金融证券投资信息网 <http：//www.homeway.cn.net>

中国财经信息网 <http：//cfi,net.cn>

新华财经 <http：//www.finance.xinhua.org>

现如今，网络炒股已经是大势所趋，因为其具有"交易方便快捷、信息量大，紧跟行情、辅助分析系统强大"等特点。但是,很多投资者缺乏防护意识和鉴别能力,使网上炒股面临极大的风险,因此，投资者在使用网络信息时,一定要仔细辨别其真伪,以免误入歧途。这里要注意几点：

1.权威人士开设的理财网站,特别是那些被很多散户宣扬为"预测准确率很高"的网站,不可信。

这类网站因名人效应会有一定数量的追捧者。在牛市中，在股市行情向好、多数股票上涨的局面下，它对大趋势预测准确率高是理所当然的事。一旦这些前提条件没有了，其准确性就很难把握，因此它提供的信息也就不可信。

2. 论坛纯属个人观点，你可以参与聊天，但是网民提供的信息多数没有参考价值，一定要谨慎对待。

白天在公司上班的张小姐2007年5月1日前刚开户，但她对究竟买哪只股票一片茫然。对她而言，互联网上的消息和朋友的推荐就是她购买股票的依据。现在，打开她的电脑，收藏夹里有各类财经网站、荐股博客和谈股论坛，她有时经常在新浪财经论坛上查查大家在说些什么。可是，这些信息众说纷纭，她越听越糊涂，往往不知道哪个信息更有价值。

像张小姐这样的投资者很多，上网可以炒股，也可以搜索一些操作技巧，但是不要听信论坛里的信息，即使很准确，往往也是过时的信息，对你未来投资决策没有一点儿益处。

3. 炒股博客不可信。

随着大牛市的火爆行情发展，炒股博客如雨后春笋般涌现，这些博主们在自己的地盘上振振有词，发表对股市的看法。由于博主知识参差不齐，技术良莠不齐，经验丰富程度不一，因此，他们言论的可信度就更低。比如，某博主对一条信息进行分析，结果预测与实际行情相差甚远。还有一些博客，打着为投资者服务的旗号，私下里却做着不可告人的勾当。

比如，"史上最牛散户"刘芳曾位列2007第一妖股 *ST 金泰第一大无限售流通股股东。"最牛散户"刘芳因其对股价的精确把握，俨然已成为部分散户的风向标。不少散户认为刘芳肯定掌握着特殊信息渠道，不妨将她介入的股票当作一个参考。一份所谓的"刘芳系股票"列表也被广泛转载。结果刘芳的光环暗淡以后，很多追随的散户投资者的获利梦想也随之破灭。

很多投资者选择的信息不是政策、行业、上市公司的信息，而是荐股信息，因此鱼龙混杂的网络信息也就大显身手，迷惑投资者。

网络信息通常都具有一定的滞后性。对于同一条信息可能有不同的说法，也使得网络信息是"犹抱琵琶半遮面"，很难看清其真面目。

信息的公开性具有潜在的风险。股价本身是受多重因素影响的，公开信息往往对股价的刺激作用不大，甚至产生相反的效应，让跟风入市的投资者成为主力出货的牺牲品。换句话说，这些网络信息对投资者而言就相当于虚假信息。

因此，那些聪明的投资者总是通过权威的新闻媒体和报刊来获取大量信息，掌握大方向，然后再根据这些，对网络信息进行判断，确定真伪，同时辨别滞后程度。

知名机构和券商的研究报告是重要的参照物

看盘关键要点：

1. 网络搜索和从报纸上获得研究报告，往往具有一定的滞后性，所以投资者在阅读报告时一定要注意时间。

2. 阅读研究资料时，一定要睁大眼睛，不要人云亦云，过于依赖研究报告，要有自己的评断，比如个股在什么时候能涨到什么价格，那是不能太当真的。

随着中国股票市场发展的日趋规范和完善，价值投资理念也开始深入人心，投资者越来越关注公司的基本面。迎合这样一种趋势，主要反映企业基本面的研究报告开始流行。研究报告反映很多信息，是投资者进行理智选股的重要依据。

大多数证券投资公司都非常侧重信息研究，研究部门俨然成为这些公司的核心部门，不惜重金网罗人才，致使各类研究报告争奇斗艳，精益求精，含金量越来越高。过去只有机构能看到的很多研究资料，现在连普通投资者也能看到。

但是，对于很多中小投资者而言，看到研究报告具有一定的滞后性，而且由于研究报告具有一定的主观性，再加上很多信息都带有很强的专业性，所以阅读研究报告就显得很困难。因此，寻找、阅读和使用研究报告也要讲究一定的技巧。

研究报告通常都是各证券公司直接提供给自己客户的，特别是为资金规模较大的机构投资者和个人投资者提供的。对于很多普通投资者而言，获得这样的研究报告的渠道相对有限。当然如果选择了正规的大型证券公司，就可以从其股票交易的营业部索取，这样还可以保证时效性。那么，还有哪些渠道可以获得研究报告呢？

1. 从定期出版的报纸、杂志上获得。

专门的证券类报纸和杂志越来越多地刊登专业研究人员撰写的研究报告或精华。例如，《中国证券报》每天都会有最新的一些股票评级，《今日投资》杂志每周也会刊登研究机构对重点股票的评级。

2. 网络搜索。

网上炒股已经不是时尚之谈了，在网上搜索信息早就成为投资者的主要搜索方法。很多研究报告，特别是深度研究报告都可以通过百度、Google 等找到。另外，现在网络上有很多专门的股票投资论坛，论坛上也经常有一些时效性比较强的研究报告。

投资者在利用以上渠道获取研究报告时，需要注意以下几点：

1. 时效性。

通过网络搜索和从报纸上获得研究报告，往往具有一定的滞后性，所以投资者在阅读报告时一定要注意时间。

2. 及时阅读研究报告。

找到研究报告后，就要尽可能在第一时间进行阅读研究，以避免错过投资时机。

阅读研究报告，首先要知道专业的研究报告的分类方法。大致有两种分类方法：

（1）按照研究内容不同分为宏观经济研究报告、行业研究报告、上市公司研究报告、投资策略研究报告、基金研究报告和金融衍生品研究报告等。

（2）按照研究报告的详细程度或信息来源分为针对即时性信息发布的简评报告或动态研究报告，经过实地调研撰写的调研报告和长期积累、深入研究推出的深度研究报告。

对于这种方法，阅读使用结合得非常密切：简评或动态报告主要对特殊事件作出判断，追求时效性，对当前投资决策具有强烈的指导意义；调研报告都是来自于第一手的信息，因此追求的是真实性和准确性，对进一步了解一只股票具有极强的指导意义；深度报告则主要是对企业或行业进行全面、深入分析和价值判断，投资者如果想对购买的股票有一个深刻的认识和理解，就需要阅读一份这样的报告。

股票买卖最简单和最根本的原则是：选择一家好的公司，以合适的价格买入。因此，研究报告的基本结论就是两个：第一，公司好不好，主要表现为业绩预测；第二，值不值得买，主要表现为估值判断。这也是投资者应该重点关注的部分。

阅读这些研究资料时，一定要睁大眼睛。不要人云亦云，过于依赖研究报告，要有自己的评断。比如个股在什么时候能涨到什么价格，那是不能太当真的。投资者要学会使用这些报告，关键是要发现研究报告所反映出的行业发展规律和最新的变化。研究人员都比较了解行业动态、预测可能出现的政策以及主要上市公司的经营情况，他们提前提醒投资机会与风险就比较有意义。

研究报告在股票买卖中的重要性日益提高，有人甚至将 2006 至 2007 年的那波牛市定义为"研究报告引导的牛市"，因此，投资者要注意挖掘研究报告的含金量，找到自己需要的信息。

多种渠道获得地区龙头企业的相关信息

看盘关键要点：

1. 查看上市公司的官方网站。很多炒股软件都有这个项目，散户投资者可以从此获得信息。

2. 对于与地区密切相关的企业，可以通过当地政府的官方网站来获得，具体到省和市。

　　3.新闻是政治经济发展变化的窗口，关注地方新闻，除了了解某个上市公司的信息，还可以知道同地区其他大型企业的营业情况。

　　地区龙头企业因为有着较久的发展历史、充足的实力和良好的口碑，已经与当地政治经济人文等充分融合，甚至形成垄断的势头，其一举一动就会颇受瞩目，往往也是新闻媒体追逐的焦点。因此，如果投资者在跟踪这类公司的股票，那么通过新闻媒体、官方网站等多种渠道，均可随时挖掘出有用的信息。

　　青岛海尔（600690）是世界白色家电第一品牌，也是山东大地上土生土长的民族企业。海尔的品牌不仅在业内享有很高的知名度，在国际上也有较为强大的影响力。作为海岸城市青岛的龙头企业，它与地区的政治经济密切相关。我们以此为例对获取龙头企业相关信息的各种渠道进行说明：

　　1.基本情况。

　　投资者在操作某只股票时，首先要了解这只股票的一些基本情况。青岛海尔是大盘股，是沪深300个股之一，也是数字电视和太阳能概念股，还是山东板块股。这就是青岛海尔的基本情况。这些基本情况是全部信息的基础。许多炒股软件都会有企业基本情况公告栏目，投资者不妨上去看看，也许会有一些自己尚不知情的信息。

　　2.上市公司的官方网站。

　　官方网站是透视行业信息的重要渠道。家用电器行业算是一个很大的产业，需要互相沟通和监管等，所以就会出现另外一个地方，那就是中国家用电器协会。在该协会的网站上，我们能看到众多家电企业的最新消息、家电行业的进出口及经济运行形势，等等。关于海尔的产能、新产品等很多的重要消息都会在第一时间发布出来，不过，最全面而权威的信息发布还要说是海尔集团的官方网站。需要注意一点，这里的消息发布通常都先于财经类网站。

　　3.当地的新闻，包括报纸、电视等。

　　新闻是政治经济发展变化的窗口。关注地方新闻，除了了解某个上市公司的信息，还可以知道同地区其他大型企业的营业情况。有位投资者在关注海尔消息的同时，还得知了青岛啤酒在2007年的营业收入，这对于同样关注青岛啤酒的投资者来说无疑是锦上添花。

　　4.各种经贸杂志、消费指南以及政府公告。

　　如果你对某个与地区密切相关的行业特别感兴趣，不妨仔细找找该行业发行的月刊、会讯，可得到许多内幕消息。几乎各行各业都有相关的出版物定期出炉。

总之，对于那些与地区经济密切相关的企业，只要投资者用心摸索，获取消息就会变得简单易行。

第五节　辨明大盘信息的真伪，需要掌握相关技巧

真信息并不代表对投资最有价值

看盘关键要点：

　　1. 选择那些与大势走势一致的信息，不会改变大势的消息可以忽略不计。

　　2. 对于所有的消息都要判定其实质，不要以赌博的心态或者侥幸的心理来面对真消息，同时还要注意，已经明朗的消息不要炒。

真信息并不代表着对投资最有价值，投资者绝不能单纯地把消息面的东西作为操作的唯一凭据。希望自己能够找到最真实的信息是每一位投资者的切实想法，但是需要注意，在对待真消息时，仍然需要一个遴选过程。那么，究竟应该怎样遴选真信息呢？

1. 选择那些与大势走势一致的信息。

股市是一个对信息反应非常敏感的地方，政策面或基本面稍有变动，都会引起市场的起落，影响大势走势。所谓"炒消息"就是炒那些和市场走势相同的消息，它们对股价的走势起着推波助澜的作用。牛市中的利好消息，如火上浇油；熊市中的利空消息，如雪上加霜。

2. 不会改变大势的消息可以忽略不计。

并不是所有的真消息都有用，有一些细枝末节的小消息，对于股市的行情变化没有多大影响。市场的总体走势是由国家整体政治、经济等诸多因素所决定，并不是个别的、单一的消息所能改变的。

在多头市场上，对于利好消息的反应特别敏感，而对利空消息的反应比较迟钝，最多只能造成短暂的小幅回落。在空头市场中利空消息会使股价遭受更大的打击，利好消息则往往成为反弹出货的机会。因此，对于小消息，散户投资者可以一笔带过，当然这里说的带过不是不分析，有很多重要消息带着"小消息"的帽子，如果不经

过分析，那么很可能错过重要的信息。

3. **对于所有的消息都要判定其实质，不要以赌博的心态或者侥幸的心理来面对真消息。**

有的消息在确定之前有可能是利好，也有可能是利空，此时千万不要盲目出市或入市。对于这类消息，提前出入市就属于赌消息，其赢面最多只有50%，若加上市场可能会逆消息而行的因素，赌消息的赢面就只剩下25%了，赢面概率这样低的消息何必去赌呢。

4. **已经明朗的消息不要炒。**

股票市场对消息的反应是异常神速的，消息在朦朦胧胧的时候，正是被炒作的时候。消息一旦明朗化，对市场的影响力也就消化，再不是炒作的题材了，股价已经走到了其合理的价位。因此，"于传闻时建仓，于消息明朗时平仓"是炒消息的一条基本戒律。

炒股的人都在找新消息，当辨别真伪不成问题时，那么真消息的遴选就成为投资者操作的重头戏，因此，不可因为消息真实确凿就停止操作的脚步，应立刻作出抉择。

名牌产品折射出上市公司的经营信息

看盘关键要点：

1. 名牌产品的上市公司通常都有良好的基本面，是行业的龙头。

2. 名牌产品具有很高的市场关注度，公司产品一旦有某方面的缺陷，立刻就被媒体曝光，消费者可以据此很快对公司的经营情况做到心中有数。

3. 同类名牌产品通常都有一个行业名次对比，投资者通过它可以很容易地发现行业的龙头。

名牌产品对消费者购买消费具有先锋导向作用，所受的关注度往往高于其他同类产品，也是消费者群体观察最敏锐的部分。品牌无疑是公司内在品质的外部表现，对投资者而言自然也是非常重要的信息。

品牌企业几乎大多是上市公司，而且通常都是蓝筹股、大牛股。只要投资者做个生活中的有心人，把从品牌产品中看到的、听到的以及感受到的很多东西建立一个股票投资的逻辑，那么牛股就算是收入囊中了。

其实买白马股票就像生活中买名牌产品一样：因为是名牌产品，所以在产品质量、售后服务等方面觉得比较放心。名牌产品在一定程度上能够折射出上市公司的经营信息。

1. 基本面信息。

名牌产品的上市公司通常都有良好的基本面，是行业的龙头。比如万科地产和保利地产都是名牌产品，与之相对应的股票万科 A（000002）和保利地产（600048）也都是地产行业最典型的牛股代表。

如果投资者对于品牌中所隐含的基本面的暗示有所怀疑，还可以到公司的实际销售地调查。名牌产品获取信息比较容易。如果当地有上市公司的产品销售门店，投资者可以通过询问门店销售人员以下几个问题，以获得有价值的信息。

（1）这种商品最多能买多少？（注意，不要问他销量怎么样）如果他们告诉你"你要多少有多少"，那么这个销量可能不会太好。

（2）这样商品是否有促销的活动？除非新产品上市，其余的促销我们认为是因为销量不够好。

（3）这样的商品主要销往哪些地方？

（4）是否有专卖店，在哪里？你要观察专卖店的设计风格，有的专卖店外面一看相当华丽，这样的公司我们至少可以认为它很注重外表。有些专卖店门面一般，但是里面整洁干净，而且开了很多年，这样的公司我们至少认为它也很注重内在，而且确实有效。

2. 经营情况好坏。

名牌产品具有很高的市场关注度，公司产品一旦有某方面的缺陷，立刻就被媒体曝光。消费者可以据此很快对公司的经营情况好坏做到心中有数。

3. 经营效益状况。

名牌产品通常都有一个行业名次对比。投资者通过它可以很容易地发现行业的龙头。汽车和手机两种消费品的竞争都异常激烈，名牌产品之间的争斗也剑拔弩张。汽车作为耐用消费品的消费和更新换代周期比较长，而电子消费品更新换代的速度非常之快。总体来看，汽车和手机两类消费品表现出典型的"双刃剑"特征：一个是行业景气来得特别快、特别猛烈，厂家只要有一个顺应潮流的产品就可能实现爆发性增长；另一个是行业景气的变化幅度非常大，整个行业在竞争与整合的过程中，各个企业的经营效益也可能出现很大差异。因此，对这两类产品，根据名牌产品的名次就很容易辨别公司的经营效益。

除非你选择一个"牛气十足"的行业板块，比如，2006 和 2007 年的地产股、银行股，否则你最好还是选择行业的龙头——也就是行业中具有品牌影响力的公司股票来投资，这样风险小、获益大。

股评家的荐股不可不信，不可全信

看盘关键要点：

1. 对于确定无疑的上涨趋势，有着较强专业能力的股评家当然能够立刻获知，因此，他们推荐出来的股票往往会上涨。

2. 股评家推荐了股票后，由于媒体等的巨大广告效应，吸引了大量的散户跟进。这也是为什么股评家们推荐的股票第二天开盘后能够大涨的重要原因。

3. 一旦有股评家、媒体推荐这只股票，第二天逢它拉高的时候及时抛出，这样操作的正确率高达70%以上。

股评家们是股市上最活跃的一类人群，他们要么在电视中摇唇鼓舌，要么在网络上指点江山，他们所推荐的股票，一般都是当天上涨的股票，因此股评家被誉为"神算"。为什么会出现这样的情况呢？

首先，在牛市，这些被推荐的股票在推荐前都有良好的上涨记录，走势较好，技术形态也不错。对于确定无疑的上涨趋势，有着较强专业能力的股评家当然能够立刻获知，因此，他们推荐出来的股票往往会上涨。

但是，这些股评家们并不是真正一门心思地对成长行业及优质股票进行长期地坚定地跟踪研究（专指经常出现在电视股评节目中给人荐股的人），他们只是天天关注股市行情，并对当天上涨幅榜的股票进行分析研究，对其中确实还有潜力的股票进行推荐，因为他们手头上的资料齐全，能够对某只股票进行全面详细的讲解，所以投资者以为他们是做过长期研究的，事实不然。

另外，股评家推荐了股票后，由于媒体等的巨大广告效应，吸引了大量的散户跟进。这也是为什么股评家们推荐的股票第二天开盘后能够大涨的重要原因。而且，股评家错评误评的现象不在少数，因此，投资者要对股评家的"荐股"要认真分析，不可盲目听信。要注意以下几种情况。

（1）股评家推荐的股票大多数只是一天行情，在现行"T+0"交易制度下，虽然你买时涨得好，但是你买入的当天这只股票是不能抛的，要到第二天才能抛，而股评家们推荐的这些股票往往在你买的当天下午收市前就会跌下来。你追高买进，往往容易被套在高位。

（2）股评家推荐的股票往往都已出现末世之态，即使现在还表现很好，你也不能过分轻信，你买进去，很可能就接了最后一棒。所以在股市中需要逆向思维，越是技术形态好的股票，越要提高警惕、小心谨慎。

（3）有些股票是股评家为了配合主力出货而故意放出来的烟幕。

天下没有免费的午餐，股评家们荐股都是有一定的目的。尤其是前一段时间荐股比较准的股评家，他们会利用投资者的崇拜心理，推荐主力准备出货的股票，让你防不胜防。

股价如同一个顽皮的孩子，它以连续上涨的形式吸引人们来追涨。你不买，它就涨不停，你一买，它就开始跌了。而大部分的股评家有时候就扮演了这个"孩子"的信使，它完成的却是孩子的"恶作剧"，而投资者则成为"追涨杀跌"的牺牲品。

那么，对于股评家们推荐的股票，应该如何进行操作呢？

一个正确的操作方法是，一旦有股评家、媒体推荐这只股票，第二天逢它拉高的时候及时抛出，这样操作的正确率高达70%以上。这也算是逆向思维的一个较好的范例吧。

股评家的荐股，顶多给你一个心理安慰而已。所以对于股评家们的荐股，不可不信，不可全信。真正正确的投资，还是要靠自己独立思考，靠正确的投资理念、投资纪律和正确的操作方式。

内幕信息不可靠，正式消息才有效

看盘关键要点：

1. 如果此时的股价已经高高在上，传来所谓的内幕消息，对投资者而言，最稳妥的方法就是不要参与。

2. 内幕消息套人的最常见方法就是：先给跟风追涨的投资者尝点甜头，然后在投资者麻痹大意、并打算大捞一票时，再突然将人套住。

3. 国家的重大决定在股市一时还不能起作用，但从根本上说，这些决定因为是宏观调控的一种方式，在将来必然要对股市发生作用。

4. 宏观政策面和公司基本面都可能对股市的大势或者对某个个股产生影响。要谨记，只有正规渠道出台的消息，才是所有消息的大方向。

"知者不言，言者不知"这是华尔街上古老的、人人信奉的对待小道消息的套语，在那种无关的口号和说法大量充斥的行业里，这句话表达一个重要公理。人们往往大量依靠那些不可靠的小道消息、谣言、故事和闲聊的话题作出商品和股票交易分析，结果事与愿违，甚至落得遍体鳞伤。

这里所说的小道消息，也就是所谓的内幕消息。按照常理，正规渠道的消息，才应该是投资者最注重的消息，可是事实并不是如此，很多人宁愿削尖了脑袋要去打听所谓的内幕消息，而对于正规途径出来的信息，则冷漠淡然。

为什么会如此呢？有两方面原因：

1. 正规消息方面。

投资者往往会这样思考：既然是正规消息，必然通过正规的渠道，进一步说，就是每一个人都能够立刻知道；而股市炒作需要逆向思维，当大多数人想要进时，正是该出之时。所以，这些正规消息反而受了冷落。很显然，这是一种错误思维方式。

2. 内幕消息方面。

因为有部分小道消息在正面渠道受阻后，可以在不正规的渠道被透露出来，有意思的是，这些事件往往最先以小道消息方式传播，而不久大多又得到了证实。俗话说无风不起浪，小道消息如果能一再出现并且流传不止，必定有它的根据。抢先一步获得小道消息，可能会使投资者赢得市场先机。因此，小道消息才如此受人们的青睐。殊不知，很多主力就是打着内幕消息的旗号来引诱投资者走入陷阱。

在应对不公开的内幕消息时，投资者绝不能盲目听信。就像沃伦·巴菲特所说的一样，"听内幕消息可能让你赚一点钱，但也可能让你倾家荡产"。原因很简单，股市是金钱游戏场，也是谎言垃圾场。在这个各种谎言垃圾堆积如山的地方，随时都会有大量的谎言涌出。你所听得的所谓内幕消息，大多数情况下都可能是假消息。

信息的严重不对称，是投资者听消息炒股的大忌。如果我们处于这样一种境地，还不能细心分辨，一味盲从消息，那就永远是主力砧板上的一块肉。因此，理性投资绝不是一句空泛的口号，而是规避风险、保护自己，获取稳健回报的重要手段。

（1）内幕消息最初会透露给那些有利害关系的特定群体，这时主力刚刚建仓，股价往往处于起步阶段，这时泄密的目的是顺应主力坐庄的特定需要。

（2）在完成整个建仓之后，主力还需要借助其他资金的力量，轻松地拉抬股价，这时候，内幕消息会被逐渐散布到大户或其他有实力的主力那里。

（3）当股价处于高位时，主力会将内幕消息大范围地透露给散户投资者，吸引大量的投资者追涨，从而完成顺利出货的最终目的。

总之，内幕消息的泄露与主力资金的运作过程有密切关系，它是为了完成自己的资本积累，而不是为了散户投资者创造利润。那么，投资者该如何应对内幕消息呢？

1. 观察消息发布时的股指位置。

当收到内幕消息时股价仍然偏低，投资者可以认真研究消息的真实性和个股的运行规律。如果，股价已经高高在上时，传来所谓的内幕消息，那么，对投资者而言，最稳妥的方法就是不要参与。

2. 戒贪，正如那句话，世界上没有免费的午餐。

投资本身是有代价、有成本的，不付出一定的代价就很难获得第一手的消息。而内幕消息套人的最常见方法就是：先给跟风追涨的投资者尝点甜头，然后在投资者麻痹大意地确信消息来源、并打算大捞一票时，再突然将人套住。因此，在利用内幕消息炒股时要切记：适可而止、见好就收。

试想，当内幕消息传得人尽皆知时，还有多少可信度，实在值得投资者反思。相反，对正规消息，投资者更该认真对待。比如宏观政策面、公司基本面，这些消息都可能对股市的大势或者对某个个股产生影响。

当然，有时国家的重大决定在股市一时还不能起作用，但从根本上说，这些决定因为是宏观调控的一种方式，在将来必然要对股市发生作用，所以，散户应该密切关注，对各种情况的变化都要有敏锐的洞察力。

另外一种情况，可能是机构尚未准备好的缘故。一旦机构准备好了，国家重大决策对股市的影响就显现出来。机构还有什么要准备的？这就简单得多了：不是隐蔽建仓未到位，就是派发尚未结束。

正规渠道出台的消息，应该是所有消息的大方向，就拿报纸上公布的配股、增发信息来说吧，主承销商"吃进"的情况并不少见，这就不排除他们后市拉抬价格然后出货的可能。有心人就可以从类似的正规消息中发现赚钱的机会。这种从正式信息中把握跟随主力步伐的机会，对投资者来说是一种十分有效的手段。

这类正规消息包括：收集上市公司的招股说明书、上市公告书、各种年报、中报、季报等。当然，某一年上市公司的有关资料只能说明该公司当时的情况，只能分析这一年的财务状况变化，并不能对公司发展潜力作出清晰的判断。只有将上市公司各期的有关资料收集齐全，才能正确比较分析上市公司的历史和现在，并据以推断其未来的发展趋势。

获取正规消息还有一个可靠又切实可行的方法，就是和上市公司的高层员工进行沟通互动，并争取能够建立良好的关系，这样，从他们那里获得的信息，往往都是公司最真实最正规的消息，这些消息都是要公布在季报、中报或年报里的，而你能更早一步获得。

投资决策是一件大事，投资者一定要有足够的耐心和细心，多加比较分析，绝不能仅仅依据小道消息、内幕消息就轻率作出决定。只有真正了解公司在经营层面、决策层面的各类信息，才更有利于把握上市公司的脉搏以及相关的投资机会，以便于更好地作出行动决策。

辨别股市传闻真伪需耐心求证

看盘关键要点：

1. 不实传闻，往往会露出一些破绽，投资者需要寻找各种蛛丝马迹。

2. 真实消息的影响力往往是综合性的，在某一方面是利多，在另一方面却有可能成为利空，而虚假的消息则更侧重某一个方面。

市场会流传各种传闻，这是股市消息的一种表现形式。

比如，2005 年 6 月 24 日（星期五），开盘的走势不太好，跌得很凶，给人一种山雨欲来风满楼的感觉，但它只不过跌了 6 个点，中午一过开盘就向上反攻。为什么会出现这样的情况呢？原来一些网上言传 27 日（星期一）中国证监会主席尚福林下午要有新闻发布会，说《人民日报》还要发表社论，说明 5000 亿平准基金入市的情况。结果到了 27 日下午 3 点多，尚福林并没有发布任何救市政策，结果大盘再次下跌，很多散户迷茫中只好斩仓割肉。

所以，面对传闻消息，透过现象认真分析消息的根本性质，不能人云亦云，一定要有甄别能力。

不实传闻，往往会露出一些破绽，投资者需要寻找各种蛛丝马迹。但是这需要投资者有专业知识和宏观分析的能力，对于大多数不具备这种能力的投资者而言要注意以下几点：

（1）投资者在应对市场中的传闻消息时，要与公开消息相对照，如果与公开消息风马牛不相及，那么很有可能是一种假消息。

（2）运用最直观的推断法判断消息是利好或利空。真实消息的影响力往往是综合性的，在某一方面是利多，在另一方面却有可能成为利空，而虚假的消息因为背后有主力操作，所以，更侧重某一个方面。

对于有些一时难以辨别的利空传闻，投资者可以耐心等待、密切关注事态的进一步发展，再做定夺。不要被还没有证实的传闻消息吓得惊慌失措或高兴得欣喜若狂，更不要因为传闻消息的影响而采取不理智的操作，以免造成严重损失。

（3）原则上，我们建议投资者不要相信未经证实的传闻消息，更不要依据传闻来实施投资决策，以免被误导。但是，"无风不起浪"，有些传闻消息很可能就是真实的消息，即使不是真实消息，在某个时间段，这个传闻消息也可能会对股市产生一定的影响，比如，利好的传闻消息可能给投资者看多的信心，在短时间内带动股价上升，因此对于传闻消息，投资者特别是短线投资者不可不闻不问。

（4）投资者听到传闻消息后，要仔细核实消息。听到消息后，要把这个消息的来源、日期、价位、当时大盘的情况和热点以及其他有用的信息记录在案，然后看看K线图，判断一下主力的成本，考察一下主力在此能否出货，问一问自己为什么会得到这个消息。在距离主力成本不远的地方，判断主力有无出货的可能性。如果有较大的出货可能性，那么放掉一匹黑马，千万不能因为轻信消息而遭受严重的损失。

在实际操作中，当市场处于复杂多变时期，投资者需要合理控制仓位比例和结构，不宜满仓操作，这样才能从容应变。

判断利好还是利空，要看清市场的预期

看盘关键要点：

1. 利多或利空因素并非可借某种"衡器"予以准确衡量，更多的则要受大众心理的影响。

2. 一项消息出台，要看它与市场大众的预期有多大落差，再好的消息，如果已经预期到了，也就不成为好消息。

3. 坏消息会形成股价的大幅回档，而这对于来入场的投资者来说，便成了入市良机。

4. 利好不涨，后市必看淡。

投资者在得到一个消息之后，第一件事是判断真假，第二件事就是分析利好还是利空。分析消息的目的就是为了利用消息，因此对消息的一切判断都要根据自己的操作思路、理念和市场的行情来进行。这就要求投资者从对股市长远发展的角度分析。有些利好消息虽然不会对股市眼前的涨跌发挥作用，但却是有利于市场长远发展的真正利好。

一般而言，利好还是利空要看市场的预期，即投资者的主观倾向。不论对整个大盘或个股而言，某个消息总是"利好""利空"并存，这些利好或利空因素并非可借某种"衡器"予以准确衡量，况且，有些消息具有潜在性质，未必一定就会发生，就算到时候果真发生，也未必真的会有那么大的威力，可以左右股价的涨跌。

　　因此，"利好"或"利空"就要看投资者的主观倾向。投资者彼此看法不同，所采用方式互异，对股价造成的影响绝不亚于实质性的利好和利空，甚至常有出人意料的结果。比如，原先认为应属"利空"的消息，可以促使股价下挫，到头来，不但不见下挫，反而上扬，这就是看空的人比较少，而看多的人比较多。同样道理，原先以为将使股价上扬的"利好"，结果不但股价不涨，反而下挫。

　　对于股市中的消息，人们都希望听到好消息，而腻烦坏消息。殊不知，再好的消息，如果已经预期到了，也就不成为好消息。比如，某公司中报业绩，本来公告过了，大增500%。那么，报表公布后，如果只增加了450%，就会形成利空，股价会因此下跌。股价本来包含了500%增幅的利好预期的，现在低于预期，尽管依然业绩大增，还是利空。

　　但是，也不能因此把坏消息等同于利空消息。诚然，巨大的利空传闻对一部分人来说，是给他们带来灾难的"罪魁"，然而，对另一部分人来说，则是给他们带来发财机会的"福音"。因此，股市里有一句谚语说道："没有坏消息，就等不来好机会。"

　　比如，2007年8月1日，国资委下达通知，严控155家国有企业违规炒股炒楼。结果当天A股暴跌，有500亿资金出逃，但是很多人却看中了这个机会，在这一天大幅建仓，结果到第二天尾市，大盘指数止跌上扬，个股出现大面积反弹，涨停股层出不穷。有一个投资者在7月底买入天药股份（600488），经过1日的急跌之后，竟然在8月2日有了4%的收益。

　　在牛市中，投资者由于种种原因未看准行情的发展方向，或者因手脚太慢错过了入市时机，被轧空的情况是比较常见的。这时候如果等来了坏消息，股价大幅回档，便成了他们的入市良机。因此说，坏消息会催生出好机会。

　　当然，坏消息并不是没有任何破坏性。比如，突如其来的坏消息对机构而言，确有不利的一面：散户船小好掉头，抢在前面出货，会将主力套牢。但聪明的机构操盘手懂得如何处置，他们的操作手法是"趁坏消息出尽入货"。在坏消息刚出时，他们会抢先一步，借势反手做空，进行一次计划外的洗盘。这样，因为机构和散户一起争相抛售，股价往往打压得很厉害，坏消息的"恶劣性"尽现，胆小的投资者被大阴线吓坏了，笼罩在一种悲观失望的情绪中，纷纷下单卖股，这便正中主力的下怀，他们趁机大举吃货。

　　因此，投资者遇坏消息时过分看空有害无益，而遇上好消息过分看好也不是明智之举，也就是说，利空未必看跌，利好未必看涨。关于利空未必看跌，前文已经介绍过了。那么，为什么会出现利好不涨的情况呢？这往往是由三方面的因素造成的：

1. **大势环境恶劣。**

一般来说，利好出台时大势环境特别恶劣，投资者信心极度缺乏，这样，市场必然反应冷淡。利好对股指的影响力度比不上利空因素的影响，在没有入市时，人们"风险意识比赚钱意识要强"，投资者不看好后市，就很少有人积极买入。

2. **潜在利空影响。**

出现这种情况也可能是"利好"消息后面尚有未浮出台面的重大"潜在利空"，投资者因害怕"潜在利空"，不但不买，甚至往外抛售造成股价不涨反跌。

3. **利好消息本身不可靠。**

此项"利好"因素的可靠性不高，甚至投资者已看出其系主力所捏造或刻意渲染，担心"利好"出现时，主力趁机出货，造成股价下跌。因此，投资者特别警惕，很少有人见"利好"买入。

利多出现，股指不涨，不管属于以上哪一种情况，都表明该股上升阻力较大，因此后市必然看淡，散户投资者应考虑及时卖出股票，跟随大势的变化。

总而言之，对市场的预期主导着人们的心理活动，而人们的心理活动又会直接反映在其实际操作中，进而成为左右股价变化的关键因素。因此，投资者在操作的过程中，对于利好与利空的判断并不一定按常规进行，一定要看清楚市场的预期，然后再作出判断。

第三章

看盘口：盘口可以告诉你一切

第一节　看盘关键在于看懂各种走势图

怎样看懂大盘分时走势图

看盘关键要点：

1. 大盘分时走势图即大盘当日走势，是把股票市场的交易信息实时的用曲线在坐标图上加以显示的技术图形，它是股市现场交易的即时资料。

2. 通过大盘分时走势图，投资者可以把握股价一天内的波动，给短线交易提供依据。

大盘分时走势，即大盘当日走势（如图3-1所示）。

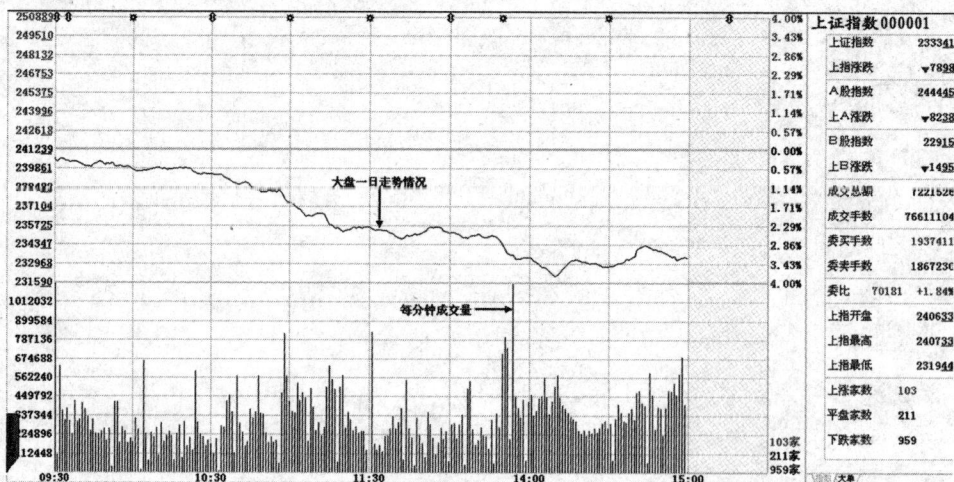

图 3-1

下面对该图做详细说明，由于我们所选用图片都是经过技术处理的，颜色与一般炒股软件显示图片相比有所偏差，因此分别注明：

1. 黑色曲线。

黑色（软件中的白色）曲线表示上证指数，即上海证券交易所综合指数的当日走势情况。

2. 柱状线。

柱状线表示每分钟的成交量，单位为手。最左边一根特长的线是集合竞价时的交易量，后面是每分钟出现一根。

3. 成交总额。

当日交易成功的总金额，以万元为单位。

4. 成交手数。

当日交易成功的股票总数，以手为单位。

5. 委买手数。

当前所有个股委托买入前五档的手数总和。

6. 委卖手数。

当前所有个股委托卖出前五档的手数总和。

7. 委比。

委比是买、卖手数之差与委买、卖手数之和的比值，它是衡量一段时间内场内买、卖力量强弱的一种技术指标，其计算公式是：

委比 =（委买手数—委卖手数）÷（委买手数 + 委卖手数）×100%

委比值的变化范围在 −100% ~ +100%之间。一般而言，当委比数值正值很大的时候，表示买方的力量比卖方强，股指上涨概率较大；当委比为负值的时候，表示卖方的力量比买方强，股指下跌概率较大。

8. 涨跌。

涨跌指的是现在的最新价和前一天的收盘价相比，是涨还是跌。它有两种表示方法，一种是直接标出涨跌的钱数；一种是给出涨跌幅度的百分数。

怎样看懂个股分时走势图

看盘关键要点：

1. 个股分时走势图是把股票市场的交易信息以个股实时地用曲线在坐标图上加以显示的技术图形，是股市现场交易的即时资料。

2. 个股分时走势图是短线交易者的参考依据，它包含以下几方面的内容：分时价位线、分时均价线、卖盘等候显示栏、买盘等候显示栏、成交价和成交量显示栏、内外盘显示栏。

个股分时走势图（如图 3-2 所示）。

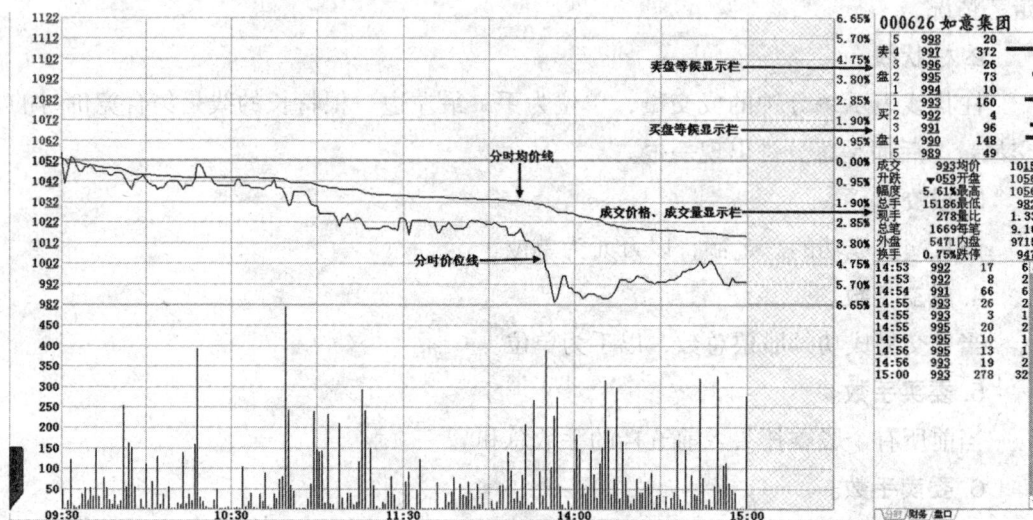

图 3-2

下面对该图做详细说明（前面已讲过的图形与概念，此处不再重复介绍）。

1. 分时价位线。

分时价位线（软件中的白色曲线）表示该股票的分时成交价格。

2. 分时均价线。

分时均价线（软件中的黄色曲线）表示该股票的当日已交易的平均价格。它是从当日开盘到现在平均交易价格画成的曲线，所起作用类似移动平均线。

3. 卖盘等候显示栏。

该栏中卖 1、2、3、4、5 表示依次等候卖出。按照"价格优先，时间优先"的原则，谁卖出的报价低谁就优先排在前面，如果卖出的报价相同，谁先报价谁就排在前面，而这个过程都由电脑自动计算，绝对保证公平和客观。

1、2、3、4、5 后面的数字为价格，再后面的数字为在该价格上等候卖出的股票总手数。比如图 3-2 中该栏显示："1 9.94 10"表示第一排等候卖出的报价是 9.94元，共有 10 手股票，即有 1000 股在这个价位等候卖出。

4. 买盘等候显示栏。

该栏中买 1、2、3、4、5 表示依次等候买进，规则是谁买进的报价高谁就优先排在前面，如买进的报价相同，谁先报价谁就排在前面。比如图 3-2 中该栏显示："1 9.93 160"，表示在第一排等候买入的报价为 9.93 元，共有 160 手股票，即有 16000 股在这个价位等候买进。

5. 成交价格、成交量显示栏。

（1）均价。

开盘到现在买卖双方成交的平均价格。

计算公式为：均价＝成交总额 ÷ 总成交量。收盘时的均价为当日交易均价。比如图 3-2 中显示的就是当日该股均价为 10.15 元。

（2）开盘。

即当日的开盘价。

开盘价是第一笔成交价。如开市后某只股票半小时内无成交，则按上交所规定以该股上一个交易日的收盘价为当日开盘价。

（3）最高。

即开盘到现在买卖双方成交的最高价格。收盘时"最高"后面显示的价格为当日成交的最高价格。

（4）最低。

即开盘到现在买卖双方成交的最低价格。收盘时"最低"后面显示的价格为当日成交的最低价格。

（5）量比。

衡量相对成交量的指标。代表每分钟平均成交量与过去 5 个交易日每分钟平均成交量之比。

量比是投资者分析行情短期趋势的重要依据之一。量比数值大于 1 表明当前成交量较 5 日均量有所放大；若量比数值小于 1，则表明当前成交量与 5 日均量相比在缩小。值得注意的是，并非量比大于 1，且越来越大就一定对买方有利。通常，若股价上涨，价升量增，这当然是好事，投资者可积极看多、做多；但此时如果股价在往下走，价跌量增，这就不一定是好事了。总之，投资者在实战中一定要运用好量比，最好的办法是把量价结合分析，以提高投资准确率。

（6）成交。

指的是买卖双方的最新一笔成交价。当日收盘时的最后一笔成交价，为当日收盘价。如图 3-2 中显示成交价为 9.93 元，它也是当日的最后一笔交易价格，因此，9.93 元就是该股当日的收盘价。

（7）升跌。

当日该股上涨和下跌的绝对值，以元为单位。图中的小三角形表示涨跌，小三角形尖头朝上表示上涨，小三角形尖头朝下表示下跌。例如图 3-2 中升跌栏显示"升跌▼ 0.59"，表示当日该股下跌了 0.59 元。

（8）幅度。

从开盘到现在的上涨或下跌的幅度。若幅度为正值，数字显示为红色，表示上涨；若幅度为负值，数字显示为绿色，表示下跌。幅度的大小用百分比表示。收盘时涨跌幅度即为当日的涨跌幅度。如图 3-2 中幅度栏显示："幅度 5.61%（绿色字体）"，表示该股当日跌幅为 5.61%。

（9）总手。

从开盘到当前的总成交手数。收盘时"总手"表示当日成交的总手数。如显示："总手 15186"表明当日该股一共成交了 15186 手，即 1518600 股。

（10）现手。

最新一笔成交的手数。在盘面的右下方为即时的每笔成交明细，红色向上的箭头表示以卖出价成交的每笔手数，绿色箭头表示以买入价成交的每笔手数。

6. 内、外盘显示栏。

（1）外盘。

主动性买盘，就是按市价直接买进后成交（在现手栏显示为向上红箭头代表的成交量）的总手数，成交价为卖出价。

（2）内盘。

主动性卖盘，就是按市价直接卖出后成交（在现手栏显示为向下绿箭头表示的成交量）的筹码，成交价为买入价。

如果外盘比内盘大且股价上涨，说明很多人在抢盘买股票；如果内盘比外盘大，而股价下跌，则说明很多人在抛售股票。

外盘比内盘大出很多，而股价还在跌时，如果股价处于低位，并且"买一"中大单很多时，表明主力正在逢低吸货，股价随时可能暴涨；当股价处于高位，就要区别对待，如果"卖一"中大单不多，表明该股人气旺盛，仍有冲高的可能；如果"卖一"中大单较多，则极有可能是主力在对倒出货，投资者最好避而远之。

当内盘比外盘大得多时，而股价还在涨，则表明主力在利用大盘跳水之际打压股价，震仓洗盘。

如图 3-2 中显示的外盘数为 5471，内盘数为 9715，显然内盘累积数量大大高于外盘累计数量。这说明当日该股主动性抛盘远大于主动性买盘，形势对空方有利。

怎样看懂大盘K线走势图

看盘关键要点：

　　1.K线走势图能够全面透彻地观察到市场的真正变化，从K线走势图上，投资者既可以看到大市的趋势，同时也可以了解到每日市况的波动情形。

　　2.大盘K线走势图主要包含以下几方面的内容：技术指标采样显示栏、均价线采样显示栏、移动平均线走势图、均量线采样显示栏、均量线、成交量柱状图、常用技术指标显示栏。

当你进入"大盘分时走势"界面以后，双击分时走势界面就可以进入大盘的K线图形。按上下键可以放大缩小图形，按左右键可以移动查看历史K线。按ESC键就可以退回大盘分时走势。如果在大盘的分时图形和K线之间进行切换，可以按F5键转换。

　　一般的股票分析软件所显示的大盘K线走势图都是由三部分画面组成，其中上面的画面是日K线走势图，中间的画面是成交量显示图，下面的画面是某个技术指标图形（技术指标可根据需要切换）（如图3-3所示）。

　　下面我们对图形作详细地介绍：

1.技术指标采样显示栏。

技术指标采样显示栏中的时间周期和技术指标，可以根据需要更改参数。如本栏中显示的是"日线"，则表示整幅图的变动是以日为单位的，图中所看到的K线走势图就是日K线走势图，成交量就是一日成交量，技术指标走势图也就是日走势图。

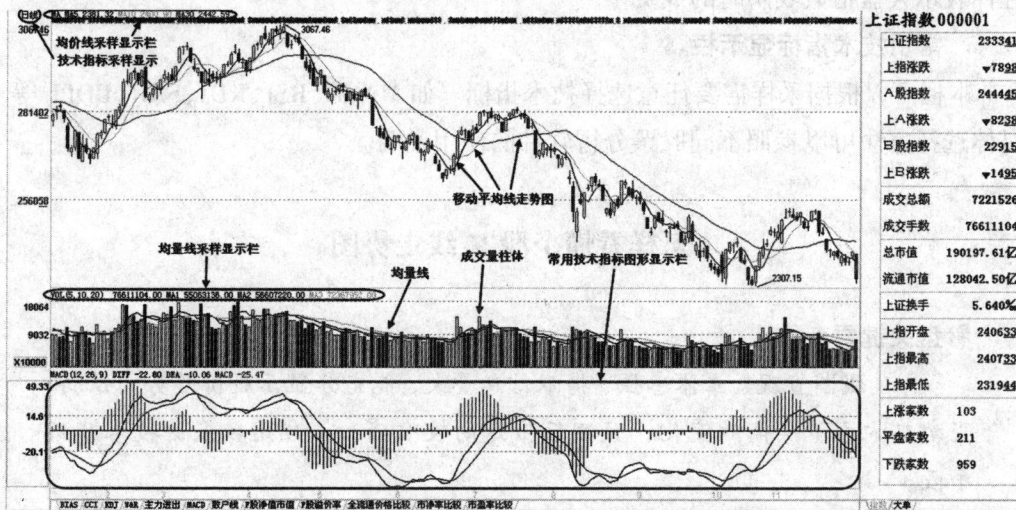

图 3-3

其他情况可以依此类推。一般我们常见和使用最多的是日 K 线图。

2. 均价线采样显示栏。

均价线采样显示栏可以显示三个不同的时间周期的移动平均线在某一交易日的数值。例如，本栏中最前面的"MA5 2381.32"，它所表示的含义是，最后一个交易日的上证指数 5 日均线收于 2381.32 点。其他均线表示方法与此相同。

3. 移动平均线走势图。

一般设 3 条移动平均线，分别采用不同颜色表示。什么颜色表示是什么均线，在"移动平均线采样显示栏"有明确提示。例如：MA5 2381.32（字体显示为黄色）、MA10 2400.90（字体显示为紫色）、MA20 2453.50（字体显示为绿色）。则 5 日均线为黄色，10 日和 20 日均线分别为紫色和绿色。

4. 均量线采样显示栏。

均量线采样显示栏显示几种不同时间周期的均量线在某日内的数值。如该栏中显示"VOL（5，10，20）"，表示图中所取时间周期分别为 5 日、10 日、20 日，后面的 MA1 55063136.00 表示最后一个交易日的 5 日平均量为 55063136 手，其他如 MA2、MA3，可以类推。

5. 均量线。

均量线是一定时期成交量的算术平均值连成的曲线，它是参照移动平均线的原理以成交量平均数来研判行情趋势的一种技术指标，又称为成交量均线指标。

6. 成交量柱体。

绿色（软件中的红色）柱体表示大盘指数收阳时的成交量,红色（软件中的绿色）柱体表示大盘指数收阴时的成交量。

7. 常用技术指标显示栏。

本栏可以根据采样需要任意选择技术指标。如 MACD、RSI、KDJ、SAR、BOLL 等。具体选择方法可以参照不同股票分析软件的使用说明。

怎样看懂个股 K 线走势图

看盘关键要点：

　　1. K 线图直观、立体感强、携带信息量大，能充分显示股价趋势的强弱、买卖双方力量平衡的变化，预测后市走向较准确，是应用较多的技术分析手段。

　　2. 为了满足不同的需要，K 线图又可以细分为：5 分钟 K 线图、15 分钟

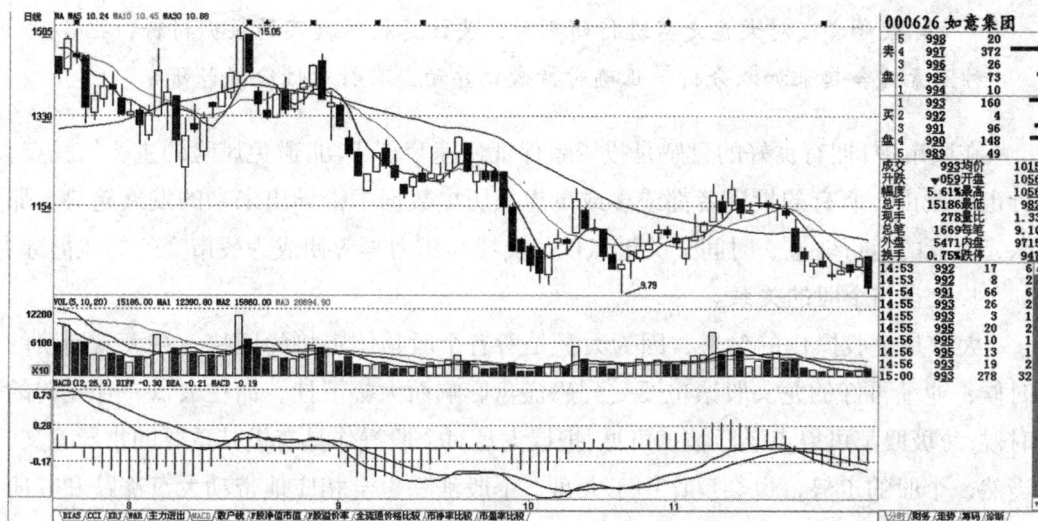

图 3-4

K 线图、30 分钟 K 线图、60 分钟 K 线图、日 K 线图、周 K 线图、月 K 线图。

个股 K 线走势图从周期上可以分为 5 分钟 K 线图、15 分钟 K 线图、30 分钟 K 线图、60 分钟 K 线图、日 K 线图、周 K 线图、月 K 线图。图 3-4 是如意集团（000626）日 K 线走势图，其看法可以参阅"大盘 K 线走势图"和"个股分时走势图"。

第二节　看盘时你无法逾越的关键内容

大盘走势

看盘关键要点：

1. 大盘是个股操作的参考，因为大盘是所有个股整体走势的反映。事实上，绝大多数个股都会紧随着大盘的脉搏律动，只有少数个股能够走出与大盘背离的行情。

2. 大盘即是大势，而熟知大势、顺势而为是炒股的根本，因此，了解和掌握股市的大势，是股市投资的第一要务。投资者要逐步掌握各种因素对大盘走势的影响。

3. 在看盘过程中，涨跌幅榜是很重要的一环，投资者应当善加运用。

4. 投资者在对大盘走势进行研判时，要注意收集真实的数据材料，把各种因素综合起来加以分析，正确对待盘口异动，有针对性地进行研究。

在股市中，拥有良好的盘感是投资者保证快速套利成功、避免风险的主要依托点。行走于股市，所有的投资者都或多或少想从历史数据中推导出未来的发展趋势。那么，大盘的运行轨迹、时间、关键点位、支撑与压力等等便成为股市变幻的风向标。

1. 大盘与个股的关系。

大盘是个股操作的参考，因为大盘是所有个股整体走势的反映。在大盘崩溃的时候，业绩再好的龙头股票也要受到恐慌盘影响而大幅下挫。而在大盘一片光明的时候，垃圾股都可以点燃激情。可见，把握大盘对个股操作具有极其重要的指导意义。当然，个股的走势，也会反作用于大盘，个股涨跌也会相应地带动大盘涨跌和其所在的分类指数的涨跌。

事实上，绝大多数个股都会紧随着大盘的脉搏律动，只有少数个股能够走出与大盘背离的行情，一般情况下，这种股票要么是有自己的行业特点和运行规律，要么是庄股。在分析中，要综合分析个股所在的综合指数和分类指数，最后作出大势判断。

投资者要判断大盘的总体走势，那么就需要看上证综合指数和深证综合指数，也就是平时所说的上证指数和深证指数。但只看大盘综合指数是绝对不够的。投资者必须明确一点，看盘是在为实际操作提供大环境的参考，这才是看大盘的实质意义。

2. 研判大盘走势。

大盘即是大势，而熟知大势、顺势而为是炒股的根本，对长线投资是这样，对短线投资更是这样。大势可顺不可逆，这是铁一般的炒股法则。因此，了解和掌握股市的大势，是股市投资的第一要务。

所谓大盘走势，正如"通道理论"所说，在一般情况下股指会顺着某一趋势运行，直到政策面、宏观经济面发生重大变化，这一趋势才会逐步改变。特别要指出的是，趋势的改变不可能在一夜之间发生，它还会沿原趋势继续运行一段时间，这就是"惯性"的作用。

很多新股民，甚至是一些富有经验的投资者都会认为大盘走势很难预测，或者根本不可捉摸，这是因为在影响市场的因素中，有很多是难以用数据来表示和运算的。其实从经济学的角度看，股市的行情变化并不神秘，它也是由供需关系的变化而决定的，而供需关系又受到其他许多因素的影响，如国家的宏观经济形势、通货膨胀或紧缩状况、金融、行业政策、利率税率调整、突发事件等方面的因素，这些因素影响了股票的供求关系，进而对股市的行情也产生了重要的影响。投资者只要用心地观察并思考，就会发现，虽然我们很难对大盘的未来动向作出精确预测，但是通过分析一些相关影响因素，还是可以预判其大体趋势的。

影响大盘走势的因素有很多，有盘内的也有盘外的，有长期的也有短期的，有技术的也有心理的，等等。但从实战和实用的角度出发，以下几个方面是较为主要的：

（1）大盘权重股。

众所周知，大盘的走势是由个股联合促动的，尤其是大盘权重股，在很大程度上左右着大盘的走势。投资者可以通过大盘权重股的走势惯性来分析大盘的短期走势。

比如工商银行、长江电力、中国石化、中国联通、中国人寿、保利地产等大盘权重股票，绝大多数走势都处在上升趋势，那么大盘上涨的动力就很足；反之，则意味着下跌趋势的出现。这些个股开盘前的集合竞价如果都普遍高开，则今日大盘高开；反之，则低开。如果20只大盘股中，有10只高开，另外10只低开，则大盘平开的可能性较大。

在盘中走势也是一样。盘中，绝大多数大盘权重股的走势都会影响大盘。当你看到很多大盘股领涨，则大盘今日的走势会比较强劲；反之，则为疲软。

（2）板块轮动。

大盘的涨跌是有层次和秩序的，最直观的便是板块轮动。个股板块包括地域板块、概念板块和行业板块。其中，行业板块的轮动作用对大盘走势的研判意义最大。

地域板块对大盘的影响作用，只有当国家政策明确表示支持时，才会显现出来。比如，2010年世博会在上海举办，上海本地股票便形成"上海世博板块"；国家出台《皖江城市带承接产业转移示范区规划》，"皖江板块"正式登上历史舞台；台湾海峡西岸经济开发区发展规划得到政府大力支持，"海西板块"也开始红火起来，板块整体改观；还有"图们江板块""海南国际旅游岛板块"，等等，诸如此类，不胜枚举。

概念板块都是炒作出来的，只在短期会有一点儿刺激效应，长期来看，作用不大，而且个股的走势也没有趋同性。例如奥巴马访华后，低碳概念、新能源概念等板块涨势汹涌，而在甲流横行的2009年冬天，甲流概念股也受到市场的大力追捧。

大盘的涨跌，往往是由一两个板块在领涨或者领跌，其他板块无论上涨或者下跌，都不过是配合这一两个板块的表演。反之，在大盘下跌中，同样会有一两个板块大幅下跌，在很大程度上压制着指数的上升，造成大盘的下挫。这就是股市里流传很广的"二牛抬杠"现象。

根据板块轮动的规律，投资者可以作出如下推测：

①大盘只有几个板块的个股大涨，还有很多板块的整体市盈率较低（一般在30

以下），而这些板块大多都调整完毕，并处于将要发动行情的走势状态，那么，大盘的持续上涨将有保障。

②所有的板块都经过了大幅拉升，并都处于滞涨或者调整状态，有的权重板块甚至破位下跌，那么，大盘处于一个不利的反转状态。

③所有的板块都经过了大幅下挫，很多板块又呈现强烈的上涨态势，那么，新一轮上涨又会开始。

（3）市场人气。

市场人气很难用数字来表示和衡量。只能凭借几个现象来大体推测。比如，证券营业部大、中户室的人流量，所有人对股票市场前景的乐观程度，营业部的股民开户数量，与股票无关人士对股票的议论程度等。

（4）新开户数。

新开户数反映了市场投资者信息以及新增资金的入市情况，新开户数的变动往往意味着股市的未来发展趋势，投资者可以通过新开户数变化来研判大盘趋势。

当投资者新开户数成倍地急剧增长时，表示牛市行情正如火如荼地展开，有时即使股指已经有巨大涨幅，但新开户数的急剧增长预示着后市大盘仍有更大的上涨空间。投资者入市热情的不断提升，刺激股指急速升高。而股指的大幅上涨，又吸引场外投资者源源不断的进入。当投资者新开户数急剧增长时，说明外围资金的入市意愿强烈并且实力雄厚。在这种巨大新增资金力量推动下，任何有密集成交所形成的强阻力区都将会被轻易突破，这就是股指会跟随新开户数一起保持同步增长的原因。

掌握新开户数对股市的影响，除了能够判断后市是否继续上升之外，对于研判股市是否处于顶部、是否处于底部是十分有用的。股市形成顶部的过程中，投资者新开户数会呈现非常明显的顶背离走势。这时，大盘虽然仍能勉强上涨或维持强势整理，但投资者新开户数则呈现下降趋势，这时，上升缺乏动力，预示着股市即将构筑顶部。

根据历史数据判断，每当新开户数下降到地量附近时，股市就面临着见底。而当新开户数开始由降转升时，便是投资者最好的抄底良机，因为这代表着股市即将反弹。

（5）短期市场动向。

比如新股的发行上市，特别是大盘权重股的加入，会对大盘指数造成很大的影响。

（6）即时政策条款。

股票市场有个特点，就是对信息的消化能力特别强。重大的利好和利空会对整个市场造成强烈的影响，甚至误传的消息也会给股市带来巨大震荡。例如，2010年1月20日，市场上开始流传关于国家紧缩信贷的消息，直接导致市场应声而下，很多股票的跌幅超过5%，大盘指数也是直接跳水，拉出长达百点的大阴线。

股票市场对信息的消化也有另一个方面的作用。比如，国家要对银行利率进行调整，打算提高几个基点，但市场很早就得知这个消息了，那么，当真正公布这个消息的时候，股市反而没有多少反应。这正是股市对信息消化能力强的标志。

（7）分红政策及额度。

这其实是从股票的本质入手来考虑问题。股票的价值决定价格，所有股票的价格就构成了大盘指数。分红对股东来说是最为感兴趣的事情。如果分红消息公布出来一个月后实行，那么这一个月将有很多图分红的人挤进去争取分红，这就会导致股价上涨。有分红政策的股票数量越多，盘子越大，则对大盘的影响作用就越大；反之，影响越小。这些公司的分红额度越大，则对大盘影响越大，反之越小。

（8）现实生活的变化。

股市是经济发展的晴雨表，经济发展情况会直接反映在股市上。要想把握股市的大势，最简单的做法莫过于通过身边的变化分析判断，因为经济的发展必然要落实在现实生活中。

3. 透过涨跌幅榜看大盘。

很多投资者喜欢通过各种炒股软件提供的涨跌幅榜来寻找适合操作的股票，但是如何看待涨跌幅榜中的个股，每个投资者的做法都不尽相同。有些人喜欢追涨，涨幅越大越留意；而另一些人喜欢抄底，跌幅越大越关注。以下介绍几种看涨跌幅榜的实战技法。

（1）看涨幅在前10名的个股，看它们之间有哪些个股存在板块、行业等联系，了解资金流进哪些行业和板块，看跌幅后10名，看那些个股资金在流出，是否具有板块和行业的联系，了解主力做空的板块。

（2）了解当日K线在日K线图中的位置、含义。再看周K线和月K线，在时间上、空间上了解主力参与程度、用意和状态。

（3）看涨跌幅榜时，要对照大盘走势，与大盘比较强弱；了解主力参与的程度，包括其攻击、护盘、打压、不参与等可能发生的情况；了解个股量价关系是否正常，主力拉抬或打压时动作、真实性以及目的和用意；了解一般投资者的参与程度和热情。

（4）对涨幅前10名和跌幅后10名的个股要看得特别仔细。了解哪些个股已是强弩之末，哪些个股在悄悄走强，哪些个股正在突破启动，哪些个股在不计成本地出逃。既要了解大盘的整体趋势，又要像人口普查一样，了解各部分的状态。

4.研判大盘趋势时的注意事项。

（1）研判的依据是建立在对股指历史"全真"数据和图表的统计、分析基础之上的，是以一定的概率为保证的，而不是以理论推导和主观推测为主要依据，这是实战派人士与一般股评家的重要区别。

（2）由于决定股指走势的因素比较复杂，所以研判是涉及各主要因素的综合分析。各要素共振性越大则准确率越高；当各要素出现矛盾时，次要因素一般服从主要因素，或者再使用其他因素加以辅正。

（3）任何规律都是相对的，不可机械地运用，要关注盘中的"异动"，把握其本质和动因，这样才能在变化中看准形势发展的方向。对于出现例外要加以研究，从而进一步提高预测的准确性。

（4）从实战角度出发，投资者关注的重点是对自己买卖有较大影响的情况。就短线而言，大阳线、大阴线及拐点是需要重点研究的。通常没有必要花同样的精力对所有大盘的走势进行预测和研究。

综上所述，投资者只有揭开市场底牌，解读大盘上的点滴异动，分析它的内涵到底是海水还是火焰，然后随之而动，才能把握先机，笑对股市的风云变幻。

股价变动

看盘关键要点：

1.集合竞价是每个交易日第一个买卖股票的时机，机构大户借集合竞价跳空高开拉高出货，或跳空低开打压吸货。集合竞价直接关系到开盘走势，投资者应引起重视。

2.开盘后半小时，股价会自动修正走势。开得过高，则回调；过低则往往出现反弹。投资者应拭目以待股价走势明朗化以后再行操作。

3.投资者发现盘口异动，应当尽快查明原因，以便作出相应的决策。

4.掌握量价关系匹配与背离的形成原因对投资者的分析决策有指导作用。

5.了解阴阳线与股价涨跌的关系，弄清股价连续收阴上扬、连续收阳下挫的形成原因。

盘面反映的信息很多，我们不可能面面俱到，再说，各种信息的重要性也不一样，其中有些信息对我们研判盘面变化不是太重要，因此，看盘时就要关注那些比较重要的信息。首当其冲的便是股价变动。以下从五个方面进行分析：

1. 集合竞价。

集合竞价是每个交易日第一个买卖股票的时机，机构大户借集合竞价跳空高开拉高出货，或跳空低开打压吸货。所谓高开是指当天开盘价高于昨天的收盘价，而低开则是指当天的开盘价低于昨天的收盘价。开盘价表示出市场的意愿，期待今天的股价是上涨还是下跌。不同的开盘价表示买卖双方不同的力量。

开盘价一般受昨日收盘价影响，按照惯性定律继续运行，除非遇到阻力。因此上一日股价以最高报收，次日开盘往往跳空高开；反之，若昨日股价以最低报收，次日开盘价往往低开。若高开，说明人气旺盛，抢筹码的心理较多，市场趋势有向好的一面。但如果高开过多，使前日买入者获利丰厚，则容易造成过重的获利回吐压力。如果高开不多或仅一个点左右，则表明人气平静，多空双方暂无恋战情绪。如果低开，则表明获利回吐心切或亏损割肉者迫不及待，故市场趋势有转坏的可能。

如果底部突然高开，且幅度较大，常是多空双方力量发生根本性逆转的时候，因此回档时反而构成进货建仓良机。反之，若在大势已上涨较多时发生大幅跳空，常是多方力量最后喷发的象征，表明牛市已走到了尽头，反而构成出货机会。同样，在底部的大幅低开常是空头歇斯底里的一击，反而构成见底机会，而在顶部的低开则证明人气涣散，皆欲争先逃出，也是市势看弱的表现，其后虽有反弹，但基本上一路下泻。在大市上升中途或下降中途的高开或低开，一般有继续原有趋势的意味，即上升时高开看好，下跌时低开看淡。

投资者还要关注开盘时集合竞价的成交量。成交量的大小则表示参与买卖的人的多少，它往往对一天之内成交的活跃程度有很大影响。

2. 要关注开盘后半小时内股价变动的方向。

一般来说，如果大盘指数或个股股价开得太高，在半小时内就可能会回落，如果大盘指数或个股股价开得太低，在半小时内就可能会回升。这时要看成交量的大小，如果高开又不回落而且成交量放大，那么这个股票就很可能要上涨。当然，有时候大盘指数或个股股价高开后就一直高走，低开后就一直低走，但这种情况出现不多。因此，有经验的投资者，在一般情况下，真正操作时间都在 10:00 之后进行。即使要买进股票，他们也会在大盘或个股高开后回落时买进，不会贸然追高；反之，要卖出股票时，也会在大盘或个股低开回升时卖出，不会贸然杀跌。

3. 盘口异动。

如果盘口分时图，事先没有征兆，突然出现飙升或跳水走势，称为异动走势。如果不查出原因所在，而是跟随分时图走势作投资决策，极易落入陷阱。这时候，应该快速搜寻各大交易所的价格走势，浏览各类新闻，尽快查明原因。比如节假日就会对交易行为和心理预期产生影响，进而影响盘中走势。由于中国市场的假期与国外并不相同，在中国市场放假期间国外市场仍处于交易状态。而这段真空期的外盘价格走势，对国内市场的影响会使得节假日附近的走势充满了更多的不确定性。出于风险规避的角度考虑，谨慎的投资者会选择空仓，这是节假日来临前市场普遍的心态。出于预期考虑，小资金会在假日前对境外市场作出判断，而主力考虑的则是重大战略的部署问题，即在某种情况下采取何种方式更有利于自己，并且在节后影响因素明朗的情况下，掌握更大的主动。

4. 量价匹配。

从成交量柱状线的变化与对应价格的变化可以判断量价匹配是正匹配还是负匹配。具体是成交量柱状线由短逐步趋长，价格也同步走高，则表明推高动能不断加强，是正匹配，可跟进；反之，价格上涨，成交量柱状线却在萎缩，是负匹配。无量空涨，短线还会回调。同样，当成交量柱状线由短逐步趋长，价格不断下滑，表明有大户、机构在沽压，是危险信号，通常大势短期很难再坚挺；成交量柱状线不断萎缩，指数却飞速下滑，是买盘虚脱的恐慌性下跌，在弄清原因的情况下，短线介入，获利丰厚。另外，当成交量柱状线急剧放大，股价即未上攻又未下滑，则可能是主力在洗仓，此时投资者可观望；当股价处在高位，成交量柱状线放大，股价逐步下滑，说明主力在减磅；反之，当成交量柱状线放大后持续萎缩，股价却不断下滑，有可能是主力在震仓，此时投资者应抱紧自己的仓位，不要轻易抛出股票。

5.K 线与股价涨跌的关系。

一般来讲，股价涨了，K 线为红色的阳线，而跌了则为绿色的阴线，但这不是绝对的。阴阳线的形成原因是当日收盘价与当日开盘价的对比结果。阳线是收盘价比开盘价高，阴线是收盘价比开盘价低。而股价涨跌则是今日收盘与昨日收盘的比较结果。投资者常常看到，股价明明是涨了，而却收了个大阴线，其原因是股价当日高开低走，而最终收盘虽然比开盘低（即阴线），却远比昨日收盘价格高（即上涨）。而当日收了阳线股价却下跌的情况正好与之相反。所以红绿色不一定对应着涨跌。

这种特殊情况的出现很少是自然成交的结果，说明有主力在运作。比如，股价在上升途中，虽然连续几天都收了阴线，但是股价却每天都在上涨。说明主力是为了利用投资者的心理误区，造成其恐绿的阴影，以此达到自己的目的，此时一般为诱空。与之相反，如果股价每天都收阳线却都下跌，则多为主力诱多。

由于股价变动比较频繁，往往一个交易日之内就会有几次升降波动。投资者应该学会观察目标股是否和大盘的走向一致，如果走向一致，那么盯住大盘就是盯住这只股票的最好选择。在大盘上升到相对高点时卖出股票，在大盘下降到相对低点时买入股票。这样做虽然不能保证买卖的利润最大化，但至少可以保证卖出的是相对高价，买入的是相对低价，而非卖出在相对低价，买入在相对高价。

阻力位和支撑位

看盘关键要点：

1. 阻力位和支撑位是技术分析中比较常用的判定股价未来走势的指标。常见的技术关口有当日开盘价、前日收盘价、前次高点或低点、均线位置、整数关口、趋势线以及交易密集区的价位等。

2. 阻力位和支撑位是可以相互转换的。如果重大的阻力位被有效突破，阻力位反过来就变成了重要支撑位；反之，支撑位被有效击穿，该价位就变成今后上涨的阻力位了。

阻力位是在股价上升时可能遇到的压力，从而反转下跌的价位，也叫压力位。支撑位是指股价在下跌时可能遇到的支撑，从而止跌回稳的价位。阻力越大，股价上行越困难；而支撑越强，股价越跌不下去。

对支撑与阻力的把握，有助对大势和个股的研判，如当指数或股价冲过阻力区时，则表示市道或股价走势甚强，可买进或卖出；当指数或股价跌破支撑区时，表示市道或股价走势很弱，可以卖出或不买进。

阻力位和支撑位是技术分析中比较常用的判定股价未来走势的方法。实践中，因大众预期的一致性，下列区域常会成为明显的阻力位与支撑位：

1. 当日开盘价。

若当日开盘后走低，因竞价时积累在开盘价处大量卖盘，因而将来在反弹回此处开盘价时，会遇到明显阻力；若开盘后走高，则在回落至开盘价处时，因买盘沉淀较多，支撑便较强。

2. 前日收盘价。

当日开盘常会有大量股民以前收盘价参与竞价交易，若指数低开，表明卖意甚浓。在指数反弹过程中，一方面会遭到新抛盘的打击，另一方面在接近前收盘时，前面积累的卖盘会发生作用，使得多头轻易越不过此道关口。若指数（或股价）从高处回落，在前收盘处的支撑也较强。

3. 前次高点或低点。

股市中的人们对其他的都可以忘记，但对历史的高点和低点，记忆比较牢固，因为那是人们经历过重大盈利或沉痛损失的地方。所以，遇到前期高点心理上有一种恐惧，而遇到前期低点，心理上有一种抄底心态。90%的股民是控制不了自己的心态的，所以心理作用会直接落实到操作上。从而使前期高位成为一种阻力，前期低位成为一种支撑。

4. 均线位置。

移动平均线就是MA指标，简单说是：5、10、20、30、60、120、250日均线都是可以作为阻力线和支撑线的，股价处在移动平均线之上，移动平均线是支撑；当股价处在移动平均线之下，移动平均线是阻力。一般我们分析的时候，大多数用的是5日、10日和30日均线。

云天化（600096）在2010年7月26日之前，股价一直在30日均线的压制下运行，此时30日均线即为阻力线。7月26日，股价拉出一根小阳线向上击穿30日均线，在此后几天的走势中，股价一直在30日均线上方运行，此时的30日均线即为支撑线。经过4个月左右的上涨，股价拉出一根大阴线，向下击穿30日均线，此时的均线又从支撑线转为了阻力线，股价在30日均线的压制下，一路低走（如图3-5所示）。

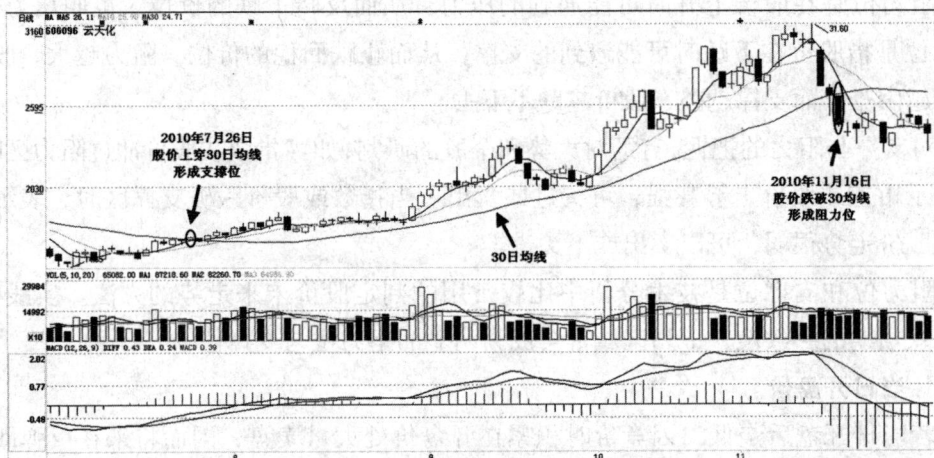

图 3-5

5. 整数关口。

由于人们的心理作用，一些整数位置常会成为上升时的重要阻力，如2400、2700、3000点等，一旦越过3000点，则可以看到股民的胆子是多么惊人的大；在个股价位上，像10元、20元大关等。特别是一些个股的整数关口常会积累大量卖单。如果指数从2700点跌至2200点时，自然引起人们惜售，破2200点也不易，股价从高处跌到10元处也会得到支撑。

6. 趋势线。

趋势线形成的支撑或压力与MA平均线的原理基本一致，判断的方法也基本相同。当股价运行在趋势线之上，趋势线是支撑；当股价运行在趋势线之下，趋势线是压力。

趋势线分为上涨趋势线和下降趋势线。在一个价格运动当中，如果其包含的波峰和波谷都相应的高于前一个波峰和波谷，那么，就称为上涨趋势；相反地，如果其包含的波峰和波谷都低于前一个波峰和波谷，那么，就称为下降趋势。

兴发集团（600141）在2010年5月28日和6月22日形成了两个波峰，波峰的高度呈下降趋势，一次比一次低，我们将两个波峰用直线连起来可以形成一条下降的曲线，这条曲线即为上涨阻力线。2010年7月28日，股价拉出一根阳线，向上突破了阻力线，随后股价一直在下降趋势线上运行。在股价上涨的过程中，连接波谷的低点，形成了一条上升趋势线，在股价上涨过程中起到支撑作用，即为支撑线。当股价跌破支撑线时，支撑线又会形成阻力线（如图3-6所示）。

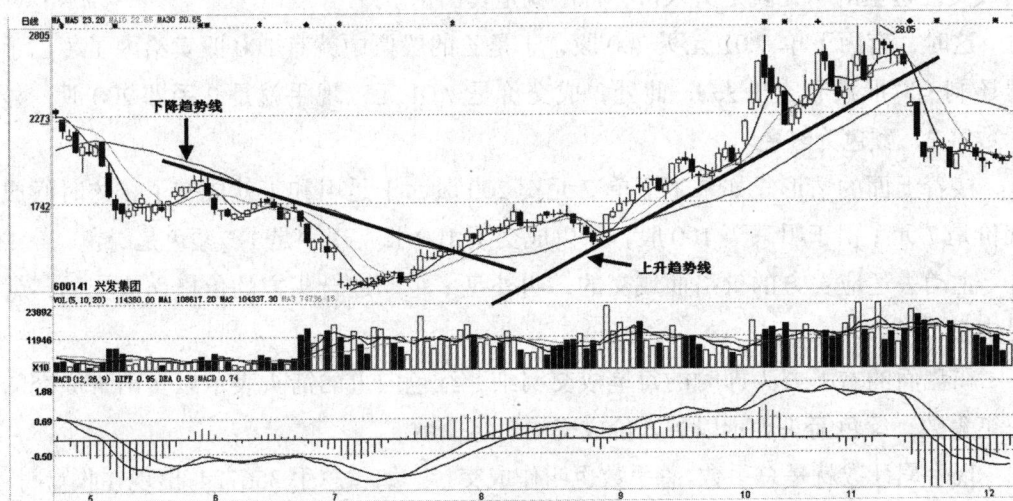

图 3-6

7. 交易密集区的价位。

交易密集区的价位，如果在股价上方，将是阻力位，股价反弹时会受到抛压影响；反之，在股价下方，则是支撑位。

一般来说，阻力位和支撑位在股价运行的时候，是可以互换的。具体来说，如果重大的阻力位被有效突破，那么，该阻力位反过来变成未来重要的支撑位；反之，如果重要的支撑位被有效击穿，则该价位就变成今后股价上涨的阻力位了。

在实际操作中，投资者应该把握好阻力位与支撑位，这有助于对大势的研判和买卖时机的选择。

现手数与总手数

看盘关键要点：

现手是指计算机中刚刚成交的一次成交量的大小。现手累计数就是总手数，总手数也叫作成交量。

股谚云"量在价先"，意思是说成交量决定成交价及其后的股价走势。成交量有多种表现形式，其中比较重要也是最为常见的就是现手数和总手数。

现手是指计算机中刚刚成交的一次成交量的大小。如果连续出现大量，说明有很多人买卖该股，成交活跃，值得注意。而如果半天也没人买，则不大可能成为好股。

举个简单的例子。如果甲下单 7 元买 100 股，乙下单 7.01 元卖 300 股，当然不会成交。这里的 7 元就是买入价，7.01 就是卖出价。

这时，有丙下单 7.01 元买 200 股，于是乙的股票中就有 200 股卖给丙了（乙手里还剩 100 股没有卖出去），此处，成交价是 7.01 元，现手就是 2 手即 200 股，显示数字 2，颜色为红色。

接着上面的情形。如果丁下单 7 元卖 200 股，于是甲和丁就成交了，这时候成交价是 7 元；由于甲只买 100 股，所以成交了 100 股，现手是 1，颜色是绿色。

主动去适应卖方的价格而成交的，叫外盘；主动迎合买方的价格而成交的，就是内盘。

在盘面的右下方为即时的每笔成交明细，红色向上的箭头表示以卖出价成交的每笔手数，绿色箭头表示以买入价成交的每笔手数。

现手累计数就是总手数，总手数也叫作成交量。如："总手 356724"出现在收盘时，这就说明当日该股一共成交了 356724 手，即 35672400 股。

有时总手数是比股价更为重要的指标。总手数与流通股数的比值称为换手率，它说明持股人中有多少人是在当天买入的。换手率高，说明该股买卖的人多，容易上涨。但是如果不是刚上市的新股，却出现特大换手率（超过 50%），则常常在第二天就会下跌，所以最好不要买入。

换手率的市场意义

看盘关键要点：

1. 换手率又叫周转率，表现为成交量与流通股的比值，也是反映股票流通性强弱的指标之一。

2. 依据换手率的取值范围不同，可将其分为观望换手率、加速换手率、逆转换手率三类。

3. 换手率越大，表明交易越活跃，人气越旺盛；反之，表示交投越清淡，观望者越多。某只股票的换手率忽然上升，成交量放大，可能意味着有投资者在大量买进，股价可能会随之上扬。股票持续上涨一段时间之后，如果换手率迅速上升，则意味着股价可能即将下跌。

换手率也叫周转率，其市场意义是个股的可流通股有多少参与了一个时间段内的买卖交易，表现为成交量与流通股的比值。例如，某只股票在一个月内成交了2000万股，而该股票的总股本为1亿股，则该股票在这个月的换手率为20%。换手率是反映股票流通性强弱的指标之一。

1. 换手率的取值。

换手率的计算公式为：

换手率 = 某一段时期内的成交量 ÷ 流通总股数 ×100%

一般情况，大多数股票每日换手率在1%～2.5%，70%的股票的换手率在3%以下。3%是一个分水岭。当一支股票的换手率在3%～7%之间时，表明该股进入相对活跃状态；换手率在7%～10%之间时，则为强势股的出现，股价处于高度活跃当中；换手率在10%～15%之间，说明有大庄密切操作；换手率超过15%，且持续多日的话，此股也许将成为最大黑马。

2. 换手率的分类。

依据换手率的取值范围不同，可将其分为以下三类：

（1）观望换手率。

如果日换手率低于1%，表明某只股票的市场交易情况非常低迷，未来的涨跌情况很不明朗，投资者最好不要轻易介入，出场观望是较好的选择。

（2）加速换手率。

如果日换手率在1%～10%之间，往往表明该股的交易市场比较活跃、买卖盘积极，原来的趋势将得以加速发展。当一只股票的日换手率超过1%时，投资者就应当引起注意了，一旦日换手率超过2%，达到3%左右时，就可以买入了，3%左右的日换手率往往是短线拉升的必备条件，达不到这一换手率的上涨属于无量反弹，行情难以持续，宜卖不宜买；达到或超过这一换手率的上涨属于行情刚刚启动，短线将继续强势上涨，宜买不宜卖。

（3）逆转换手率。

如果一只股票的日换手率超过了10%，市场成交异常火爆，人气极度狂热或悲观，表明行情即将逆转。

3. 换手率的市场意义。

（1）股票的换手率越高，意味着该股的交投越活跃，人们购买该股的意愿越高，属于热门股；反之，股票的换手率越低，则表明该股很少有人关注，属于冷门股。

（2）换手率高一般意味着股票流通性好，进出市场比较容易，不会出现想买买不到、想卖卖不出的现象，具有较强的变现能力。然而值得注意的是，换手率较高的股票，往往也是短线资金追逐的对象，投机性较强，股价起伏较大，风险也相对较大。

（3）将换手率与股价走势相结合，可以对未来的股价作出一定的预测和判断。某只股票的换手率突然上升，成交量放大，可能意味着有投资者在大量买进，股价可能会随之上扬。如果某只股票持续上涨了一个时期后，换手率又迅速上升，则可能意味着一些获利者要套现，股价可能会下跌。

（4）相对高位成交量突然放大，主力派发的意愿是很明显的，然而，在高位放出量来也不是容易的事儿，一般伴随有一些利好出台时，才会放出成交量，主力才能顺利完成派发。

（5）新股上市之初换手率高是很自然的事儿，一度也曾上演过新股不败的神话。然而，随着市场的变化，新股上市后高开低走成为现实。显然已得不出换手率高一定能上涨的结论，但是换手率高也是支持股价上涨的一个重要因素。

（6）底部放量的股票，其换手率高，表明新资金介入的迹象较为明显，未来的上涨空间相对较大，越是底部换手充分，上行中的抛压越轻。

4. 换手率研判时的注意事项。

（1）观察换手率能否维持较长时间，因为较长时间的高换手率说明资金进出量大，持续性强，增量资金充足，这样的个股才具可操作性。而仅仅是一两天换手率突然放大，其后便恢复平静，这样的个股操作难度相当大，并容易遭遇骗线。

（2）高换手率既可说明资金流入，也可能代表资金流出。对于高换手率的出现，首先应该区分的是高换手率出现的相对位置。如果此前个股是在成交量长时间低迷后出现放量的，且较高的换手率能够维持几个交易日，则一般可以看作是新增资金介入较为明显的一种迹象，此时高换手率的可信度比较好。此类个股未来的上涨空间应相对较大，同时成为强势股的可能性也很大。

如果个股是在相对高位突然出现高换手率而成交量突然放大，一般成为下跌前兆的可能性较大。这种情况多伴随有个股或大盘的利好出台，此时，已经获利颇丰的主力筹码会借机出局，顺利完成派发，"利好出尽是利空"的情况就是在这种情形下出现的，对于这种高换手率，投资者应该谨慎对待。

（3）投资者操作时可关注近期一直保持较高换手，而股价却涨幅有限（均线如能多头排列则更佳）的个股。根据量比价先行的规律，在成交量先行放大，股价通常很快跟上量的步伐，即短期换手率高，表明短期上行能量充足。形态上选择圆弧底，双底或者多重底，横盘打底时间比较长，主力有足够的建仓时间，如配合各项技术指标支撑则应该引起我们的密切关注！

（4）过低或过高的换手率在多数情况下都可能是股价变盘的先行指标。一般而言，在股价出现长时间调整后，如果连续一周多的时间内换手率都保持在极低的水平（如周换手率在2%以下），则往往预示着多空双方都处于观望之中。由于空方的力量已经基本释放完毕，此时的股价基本已进入了底部区域。此后即使是一般的利好消息都可能引发个股较强的反弹行情。

（5）投资者还要关注高换手率的持续时间，是刚刚放量的个股，还是放量时间较长的个股。多数情况下，部分持仓较大的机构都会因无法出局而采取对倒自救的办法来吸引跟风盘。对于那些换手充分但涨幅有限的品种反而应该引起警惕。但对于刚刚上市的新股而言，如果开盘价与发行价差距不大，且又能在较长时间内维持较好的换手，则可考虑适时介入。

总之，换手率主要还是反映市场交投的表象，要据此来判断机构的动向和股票后市走向，则还需要借助其他指标和基本面因素来综合评判。

盘口对倒

看盘关键要点：

1.股价在低位横盘，成交呈现温和放量，随后股价连续阴跌，成交量明显大于股价上涨或者横盘时的成交量，这是主力在建仓时的一种对倒，目的是买到更便宜的股票。

2.从盘口看在盘中震荡时，高点和低点的成交量明显放大，这是主力为了控制股价涨跌幅度而用相当大的对倒手笔控制股票价格造成的。

主力在炒作的过程中需要将跟风散户的思路打乱，使跟风者形成错误的思路，此时主力就会祭出"对倒"这个骗人的法宝，对倒骗线是主力成本最低的障眼法。

所谓对倒指的是主力在不同的证券经纪商处开设多个户头，然后利用对应账户同时买卖某个相同的证券品种，以达到人为地拉抬价格以便抛压或打压后再低价吸筹。

　　既然出现对倒的动作，主力必然想通过对倒来达到一定的目的。对于任何主力的行为，基本上就是下面四个：建仓、拉升、洗盘和出货。

　　1. 建仓阶段。

　　在建仓阶段，主力对倒的主要目的是买到更多更便宜的筹码。在个股的 K 线图上表现为股票处于低位时，往往以小阴小阳沿 10 日线持续上扬，这说明有主力在拉高建仓，然后股价出现连续阴线下跌，成交量明显放大，此时股价的下跌就是主力利用大笔对倒来打压股价。

　　这期间 K 线图的主要特征是：股票价格基本处于低位横盘，但成交呈现出温和放量。股价出现连续阴线下跌时，每笔成交量明显大于股价上涨或者横盘时成交量。这时的每笔成交会维持在相对较高的水平。主力这样做的目的就是让投资者觉得该股抛压沉重上涨乏力，从而抛出手中的持股。

　　2. 拉升阶段。

　　主力利用较大的手笔大量对倒，制造该股票被市场看好的假象，提升投资者的期望值，减少日后该股票在高位盘整时的抛盘压力。这个时期散户投资者往往有买不到的感觉，需要高报许多价位才能成交，从盘口看小手笔的买单往往不容易成交，而每笔成交量明显有节奏放大。强势股的买卖盘均有 3 位数以上，股价上涨很轻快，不会有向下掉的感觉，下边的买盘跟进很快，这时的每笔成交会有所减少（因为对敲拉抬股价，不可能象吸筹时再投入更多资金，加上散户跟风者众多，所以虽出现"价量齐升"，但"每笔成交"会有所减少）。

　　3. 洗盘阶段。

　　震仓洗盘是因为跟风盘获利比较丰厚，所以，主力一般都会采用大幅度对倒震仓的手法使一些不够坚定的投资者出局。从盘口看在盘中震荡时，高点和低点的成交量明显放大，这是主力为了控制股价涨跌幅度而用相当大的对倒手笔控制股票价格造成的。

　　4. 出货阶段。

　　当经过高位的对倒震仓洗盘之后，股价再次以巨量上攻。这时主力开始出货，从盘口看，往往是盘面上出现较大手笔的成交在卖二、卖三上，但却并不能看到卖二、卖三上有非常大的卖单，而成交之后，原来买一或者是买二甚至是买三上的买单已经不见了，或者减小了。这种情况即是主力运用比较微妙的时间差报单的方法对一些经验不足的投资者布下的陷阱，散户投资者吃进的往往是主力事先挂好的卖单，而跟着主力卖出的往往是跟风的散户投资者。

　　祁连山（600720）是甘青藏地区最大的水泥生产企业，该股曾经是汶川地震灾

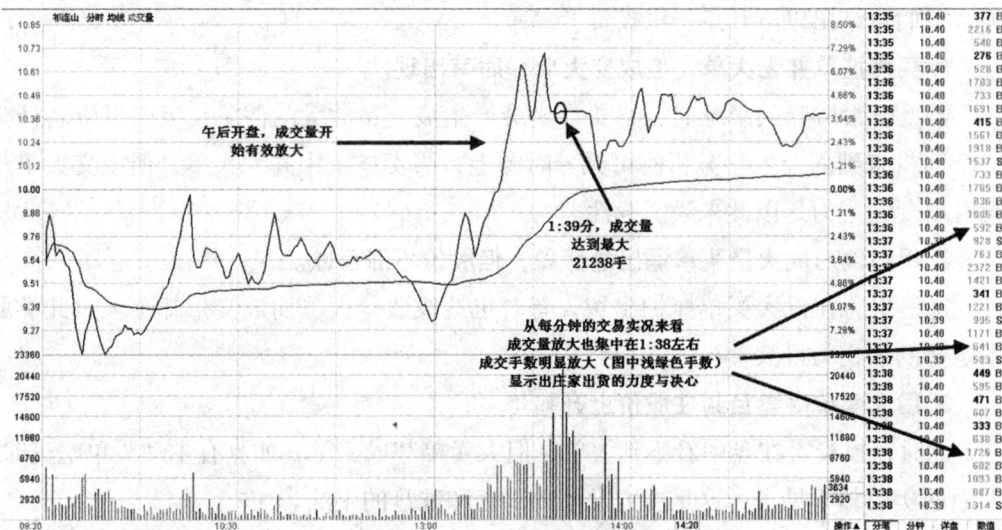

图 3-7

后重建的热门股。2008 年 5 月 21 日，该股午后开盘从下跌 7% 急拉至上涨 7%，短时振幅高达 14%，随后主力直接打压至 10.04 元开始对倒出货。实时盘口显示主力在该价位出货超过 2000 万股（如图 3-7 所示）。第二个交易日该股大幅低开，将前一天在该价位买入的投资者全部套死，随后一路下跌不回头，第一波下跌幅度便超过 50%，直到股价从 10 元跌至 4 元附近才止跌，自主力 5 月 21 日采取对倒出货后，盘中累计跌幅达 167%，远超同期大盘跌幅（如图 3-8 所示）。5 月 21 日在该价位接货的投资者亏损异常严重。

熟悉了主力在各个阶段对倒的特征之后，散户投资者应该如何识别主力的对倒

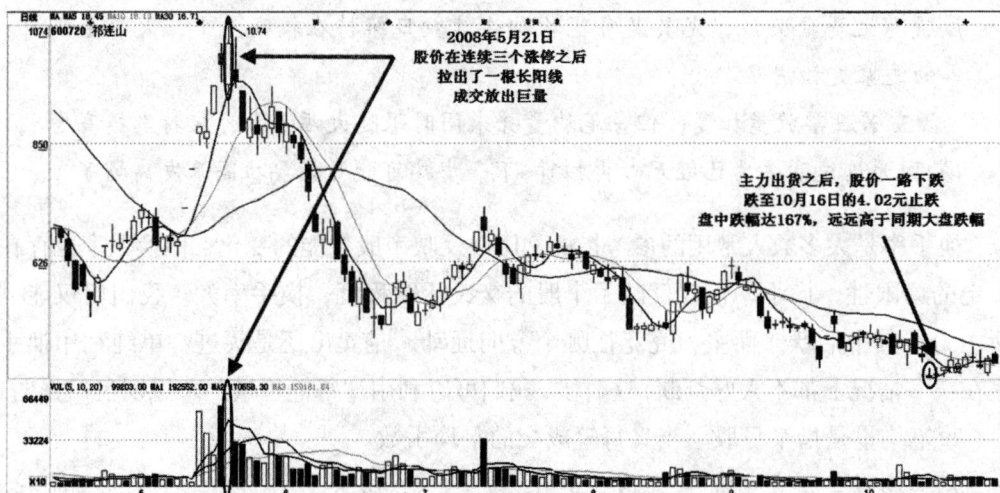

图 3-8

呢？我们总结出以下几点，供投资者参考。

1. 买卖挂单并无大单，但成交大单却时有出现。

要吸引跟风盘的眼球时，自买自卖会产生成交量放大的假象，吸引投资者认为行情即将来到而介入。分析时可见分时图上，买卖挂单中并无大单，但成交大单却时有出现，主力是以此来激活股性。

2. 用对倒形成大量买单涌出的假象，但股价不涨反跌。

这是主力在以大买单掩护出货，有时也造成股价大涨而成交量却不大，此类股票走势的杀伤力最大。

3. 用大卖单砸盘且封住股价上升趋势。

此时，投资者在盘中看不到大单，但大卖单却成交了，如真有主动买单吃进时，上面的卖单却不见了，这是主力常用的试盘和洗盘的手法。

4. 买卖单大笔成交，股价却不动。

在某一时段，尤其是开盘或收盘时会出现买卖单大笔成交，股价却不动。这往往是主力在对倒。

另外有一种情况要注意，主力先挂一笔上千手的卖单，然后再分几笔将其买进，此后股价会短暂冲高。遇到这种情况一定要先出局再说，此后股价往往会有一波下跌。

如何看盘口的强弱

看盘关键要点：

1. 当股价在阶段性底部时，若每笔均量忽然比平时大幅跳升，往往表明该股有大资金关注，尤其是每笔均量连续数日维持在较高水平，大资金吸筹的迹象更加明显。

2. 若股票放量拉高，但每笔均量并未同时跟随大幅上升，应特别提高警惕，因为这说明主力已经无心再扫货，下一步就可能开始要拉高派发离场了。

换手率是大多数人常用的参考指标，用以反映个股量能的变化，但换手率也存在一定的局限性，换手率仅仅反映了个股的交投活跃程度，换手率大，我们仅仅能判断主力在其中活跃，而主力究竟往哪个方向运动，是卖出还是买进？单纯利用换手率在很多情况下都不太好判断，这时候，我们可以利用"每笔均量"来识别盘口强弱。

每笔均量是指某只股票当日每笔成交的平均手数。

每笔均量 = 总成交量 ÷ 总成交笔数

每笔均量的大小，可以显示出一只股票中的大资金的活跃程度和力度大小。与换手率仅反映交投活跃情况相比，每笔均量还可有效地反映大资金的买卖增减。譬如，某只股票在同一股价区间换手率相同，但每笔均量却发生明显的变化，这意味着主力行为已经发生了变化。

如图 3-9 所示，这是 2009 年 11 月 27 日博瑞传播（600880）的分时走势图，注意图中不同时间点上的每笔均量，从图中可以看出，博瑞传播在周五的上涨过程中，每笔均量和分时成交量循序放大，大资金的持续买入是造成股价上涨的原因，这种大资金的持续买入造成的股价上涨，持续性往往较强。

此外，在判断主力资金进出时，每笔均量的变化也有重要参考意义：

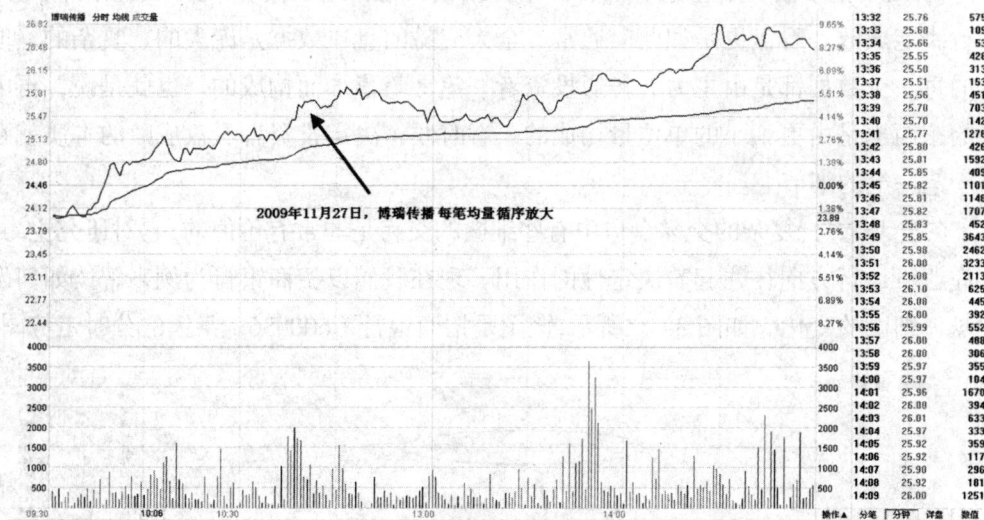

图 3-9

1. 股价处于阶段性底部时。

当股价在阶段性底部时，若每笔均量忽然比平时大幅跳升，往往表明该股有大资金关注，尤其是每笔均量连续数日维持在较高水平，大资金吸筹的迹象更加明显。在这段时间里成交量倒未必出现大幅度增加的现象，而且主力常常会压制股价，以拿到更多廉价的筹码。这种股价在底部区域，每笔均量和股价及成交量出现背驰的个股，我们应予以重点关注。

2. 股票放量拉高时。

若股票放量拉高，但每笔均量并未同时跟随大幅上升，应特别提高警惕，因为这说明主力已经无心再扫货，下一步就可能开始要拉高派发离场了。若股价及成交量创下新高，但每笔均量反而出现明显萎缩，也就是出现背驰时，投资者切不可恋战，哪怕股价再开一程。

微观看盘

看盘关键要点：

1. 细节决定成败，看盘更是如此，盘口任何一个细微的变化都能引起股价的大变动，这就需要投资者在看盘过程中不忽略任何一个细节。

2. 在全天庞大、复杂的交易盘口中有些细微的交易是非常有价值的，它对研究主力，研究股价运行方向往往起着决定性的作用。

"泰山不拒细壤，故能成其高；江海不择细流，故能成其深"，所以，大礼不辞小让，细节决定成败。看盘更是如此。通常，全天交易的盘口数据是庞大的、复杂的，但它的每一个数据都是由主力、普通投资者一笔一笔累加而构成的。也就是说，再庞大的东西也是由更细小的单位量构成的，有时候，决定投资者看盘成败的本质就在这一笔一笔的细节上。

在全天庞大、复杂的交易盘口中有些细微的交易是非常有价值的，它对研究主力，研究股价运行方向往往起着决定性的作用。现在我们以招商银行为例来解读如何发现盘口细微的变化。如图 3-10 所示，该图是招商银行（600036）某天的分时走势图。

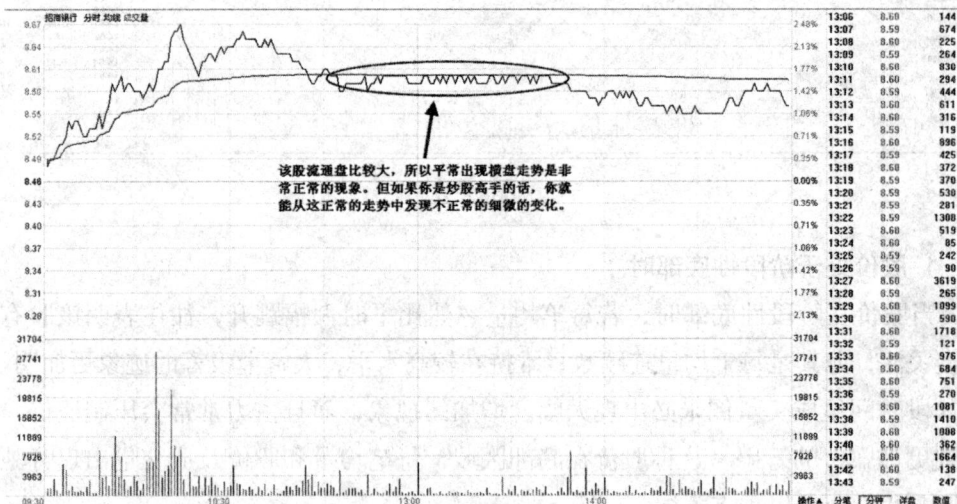

图 3-10

如图 3-10 所示，该股在当天的 10：50 至 13：42 出现横盘走势，这对于招行这只流通盘比较大的个股来说实属正常。但是在这正常的走势图中正包含着不正常的细微的变化。

如图 3-11 所示，在 13：30 左右，该股挂单：卖一 8.60 元、买二 8.58 元。这两个价位在平常人看来并没有什么特殊的意义。事实上，如果细微分析，就可知这两个挂单非比寻常。从挂单时间来看，这两个挂单持续了一段时间。也许你会感觉到这没什么了不起的，没有什么用。可以这样说，高手并不比普通者高明多少，就是高明这么一点点。在关键时刻，高手可以看见别人看不到的契机。

在持续一段时间之后，卖一 8.60 元和买二 8.58 元两个价位的挂单数量明显变化了一点，卖一由 18107 手变化到了 21164 手，买二的挂单手数还在 12181 手。虽然挂单数量只是稍微变化了一点，但久经沙场的实战者还是能从中嗅出点味道来。该股票从 11：00 至 13：30 左右的波动明显是被一只无形的手控制着。这只无形的手在盘口中有形地表现在卖一 8.60 元和买二 8.58 元两个价位的挂单上，是这两个价位的挂单控制了 11：00 至 13：30 这段时间段内的波动。

发现卖一 8.60 元和买二 8.58 元两个价位的挂单有异常之后，就要看这两个价位的挂单是谁挂的。也许很多投资者都有这样的疑问，仅从挂单上可以准确地看出是谁在挂单吗？十分准确的确认是没有的，但是通过侧面的观察之后是可以做到的。

继续观察盘面上的一举一动，你就会发现 8.60 元和 8.58 元两个价位的挂单在数量上是持续变动的。这就是看盘过程中一个非常重要的细节。挂单数量的变动非常重要。

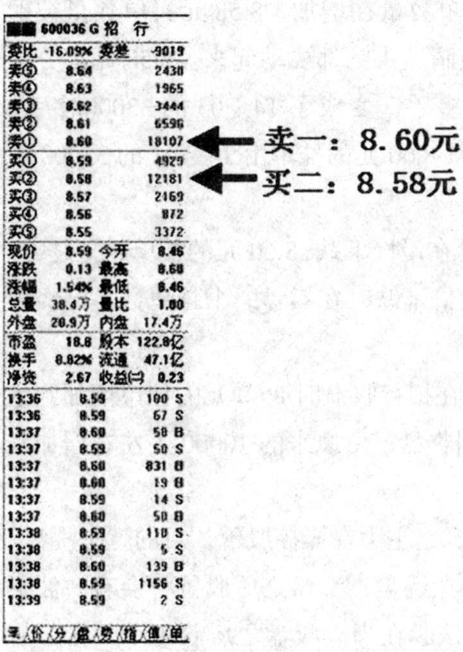

卖一：8.60元

买二：8.58元

8.60元价位的挂单数量一直在增加

8.58元价位的挂单数量被砸下

13：48分的成交忽然成倍增加，仅一分钟后，13：49的两笔成交也出现了成倍增加。主力操控非常明显。

图 3-11

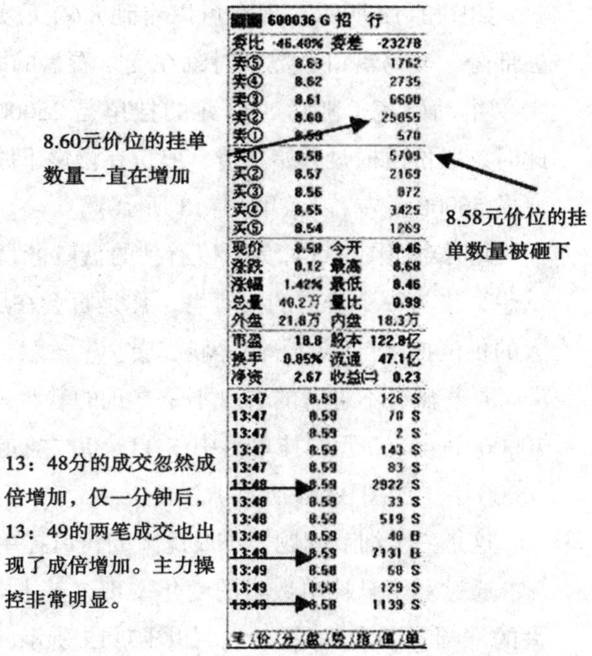

图 3-12

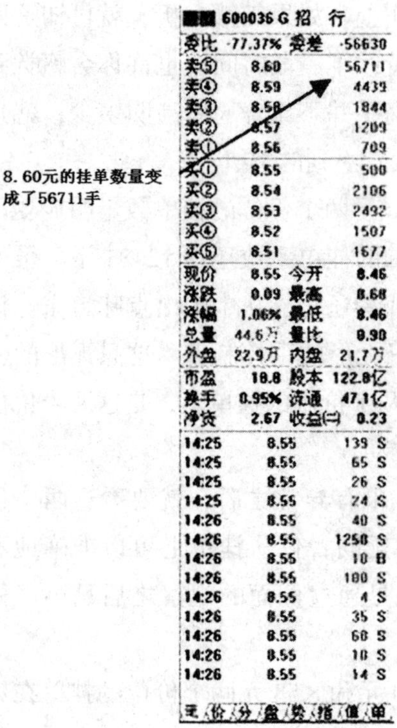

600036 G 招 行		
委比 -77.37%	委差	-56630
卖⑤	8.60	56711
卖④	8.59	4439
卖③	8.58	1844
卖②	8.57	1209
卖①	8.56	789
买①	8.55	500
买②	8.54	2106
买③	8.53	2492
买④	8.52	1507
买⑤	8.51	1677
现价	8.55	今开 8.46
涨跌	0.09	最高 8.68
涨幅	1.06%	最低 8.46
总量	44.6万	量比 0.90
外盘	22.9万	内盘 21.7万
市盈	18.8	股本 122.0亿
换手	0.95%	流通 47.1亿
净资	2.67	收益(一) 0.23
14:25	8.55	139 S
14:25	8.55	65 S
14:25	8.55	26 S
14:25	8.55	24 S
14:26	8.55	20 S
14:26	8.55	1250 B
14:26	8.55	10 B
14:26	8.55	100 B
14:26	8.55	4 S
14:26	8.55	35 S
14:26	8.55	60 S
14:26	8.55	10 S
14:26	8.55	14 S

8.60元的挂单数量变成了56711手

图 3-13

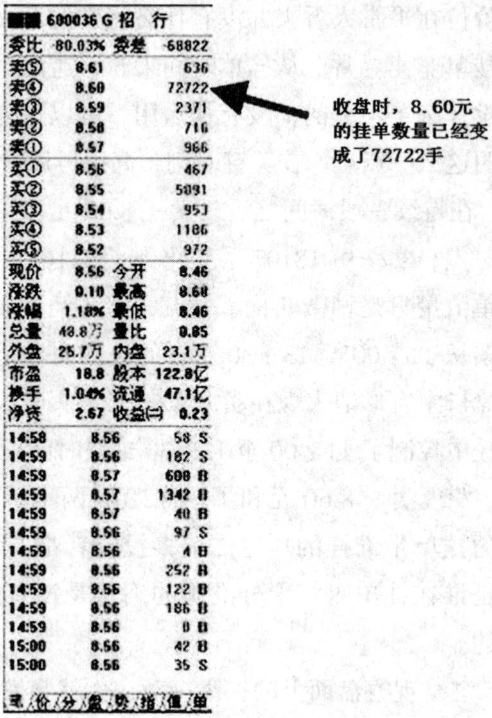

600036 G 招 行		
委比 -80.03%	委差	-68822
卖⑤	8.61	636
卖④	8.60	72722
卖③	8.59	2371
卖②	8.58	716
卖①	8.57	966
买①	8.56	467
买②	8.55	5891
买③	8.54	953
买④	8.53	1186
买⑤	8.52	972
现价	8.56	今开 8.46
涨跌	0.10	最高 8.68
涨幅	1.18%	最低 8.46
总量	40.8万	量比 0.85
外盘	25.7万	内盘 23.1万
市盈	18.8	股本 122.0亿
换手	1.04%	流通 47.1亿
净资	2.67	收益(一) 0.23
14:58	8.56	58 S
14:59	8.56	182 S
14:59	8.57	608 B
14:59	8.57	1342 B
14:59	8.57	40 B
14:59	8.56	97 B
14:59	8.56	4 B
14:59	8.56	252 B
14:59	8.56	122 B
14:59	8.56	186 B
14:59	8.56	0 B
15:00	8.56	42 B
15:00	8.56	35 S

收盘时，8.60元的挂单数量已经变成了72722手

图 3-14

如图 3-12 所示，现在可以看到 8.60 元卖单数量在增加，8.58 元买单数量被砸去部分。交易盘口，数据时刻在变，看盘的眼睛、头脑都要动起来。8.58 元部分被卖单主动砸完，随后 8.60 元的挂单是 25000 多手，变成了 14：03 的 33000 多手。此时，股价由横盘开始下滑，股价在慢慢下跌，8.60 元的挂单由 14：03 的 33000 手变成 56000 手左右（如图 3-13 所示）。

此时对照图 3-14，你可以看到的盘口，股价在慢慢下跌，8.60 元的挂单越挂越大。试想，作为一个普通的投资者，你是否会在股价下跌时在卖盘一个挂单数量已经很大的价位挂出自己的筹码等候成交？

盯着盘口不思考的看盘不是真正的看盘。在招行收盘时 8.60 元的挂单增加到了 70000 手。8.60 元的挂单由中午 11：00 左右到收盘，由原来的 10000 手左右增加到 70000 手（如图 3-14 所示）。

这是一个细节问题，该股此天的盘口挂单，是主力在操控股价，目的就是洗盘。

通过对当日挂单数量的变化发现这是主力在洗盘，洗盘之后股价将会有一波更大的涨幅。事实正是如此。如图 3-15 所示，该股在当天收盘之后收出了一根带有上影线的小阳线，次日拉出一根阴线。随后股价便开始一路走高。

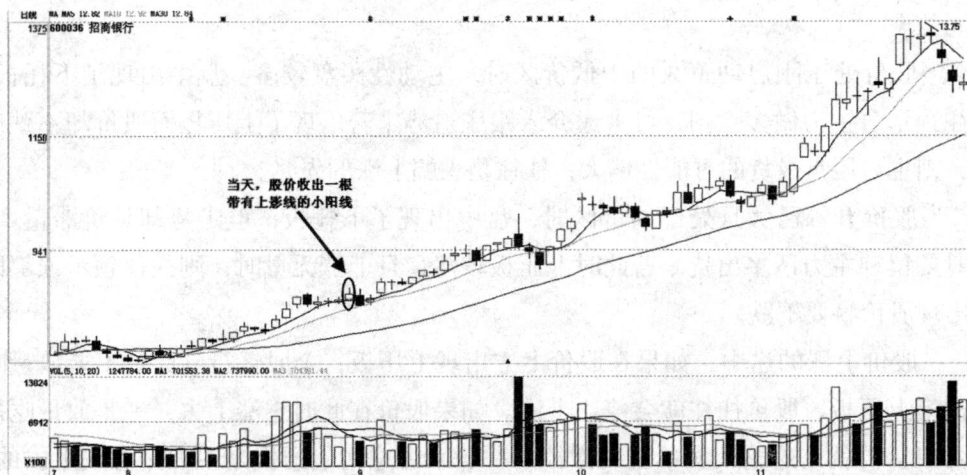

图 3-15

一个细节往往体现主力的目的，一个细节可以发现股价的运行方向，这就需要投资者在看盘过程中不要忽略盘面上任何一点细微的变化，于细微之处见"真章"。

第三节　盘口概念究竟为我们讲述什么

主力的两只手——上压板和下托板

看盘关键要点：

1. 在股价上涨途中，如果在股价上方出现上压板，很快上压板撤掉，或有较大的买盘将它吃掉，这表明股价上涨的可能性非常大，投资者可以开始准备建仓。

2. 如果股价近期下跌幅度较大，而当天股价也有较大的跌幅，这时在低位出现下托板，可以考虑逢低介入。

上压板与下托板是两个非常重要的盘口概念，它们就像主力的两只手，控制着股价的运行方向，投资者从中可以看出主力的意图。上压板指的是大量的委托卖盘挂单，而下托板则是大量的委托买盘。很明显，这两种情况都不是散户可以造就的，必须有主力的参与。无论是上压还是下托，其最终目的都是为了让主力更好地操纵股价，诱惑投资者去跟风。股票处于不同的价格区间时，上压板和下托板的作用是不同的。

当股价处于刚启动不久的中低价区时，主动性买盘较多，盘中出现了下托板，往往预示着主力做多意图，可考虑介入跟庄追势；若出现了上压板而股价却不跌反涨，则主力压盘吸货的可能性偏大，往往是大幅上涨的先兆。

当股价升幅已大且处于高价区时，盘中出现了下托板，但走势却是价滞量增，此时要留神主力诱多出货；若此时上压板较多，且上涨无量时，则往往预示顶部即将出现股价将要下跌。

在股价上涨的途中，如果在股价上方出现上压板，个股运行到此处不能放量吃掉这笔上压板，股价往往就会停止上涨。如果股价在此时想涨上去，一是放量吃掉大卖单，再就是这笔大卖单主动撤掉。一般来讲这些上压板是主力刻意放上去的，主力不想让股价上涨过快，从而人为地控制股价涨幅。

如果在股价下跌的过程中，出现下托板，这同样是主力的把戏。主力为了稳住股价，往往会在下面放上数量较大的买盘，买盘的出现顶住了盘中连续出现的抛盘，因此股价往往会停止下跌。只要下托板没有消失，就会对股价的下跌起到抑制作用。

在实际操作中，如果在股价上涨的途中遇到上压板，一定要仔细观察，如果上压板撤掉，或有较大的买盘将它吃掉，这表明股价上涨的可能性非常大，投资者可以开始准备建仓。如果股价近期下跌幅度较大，而当天股价也有较大的跌幅，这时在低位出现下托板，可以考虑逢低介入。

总而言之，上压板与下托板其实都是主力为了控制股价而采取的操盘方法。通过大单优势把股价控制在自己预定范围内进行波动，只要大单不消失，股价便会按主力的控制进行波动。

关注挂单交易系统

看盘关键要点：

1. 动态挂单进入系统就会立刻出现部分或者全部成交。

2. 静态挂单进入报价系统之后无法立即成交甚至长时间不能成交。

3. 在行情显示软件上，投资者需要重点关注的是上下各五组数据的变化，其中每组包括报价和挂单数量，另外还有每次传输过来的成交结果。

挂单交易是指由客户指定交易币种、金额以及交易目标价格后，一旦报价达到或优于客户指定的价格，即执行客户的指令，完成交易。挂单可以分为静态和动态两种。当我们看到盘面上的接抛盘时，其实只是看到了一种静态的状态，但交易一直在进行。因此挂单会出现变化，特别是某些大单会突然出现或者消失，这往往是我们更需要关注的。

动态挂单是指那些进入系统就会立刻出现部分或全部成交的买卖单，盘口表现为明显地增加或者减少，给人一种"吃单"的直观感受。动态挂单也叫主动性买卖单。

静态挂单与动态挂单情况相反，它是指那些进入报价系统之后无法立即成交甚至长时间不能成交的买卖单。静态挂单就好比是动态挂单的陪衬，又如追随大军征战的小兵，任凭前方血雨腥风地厮杀，只跟随其后摇旗呐喊，或者做逃兵、看热闹。

整个挂单系统就是由上述动态和静态两部分挂单组成的。对于投资者来说，需要关注的是整个挂单系统的变化。

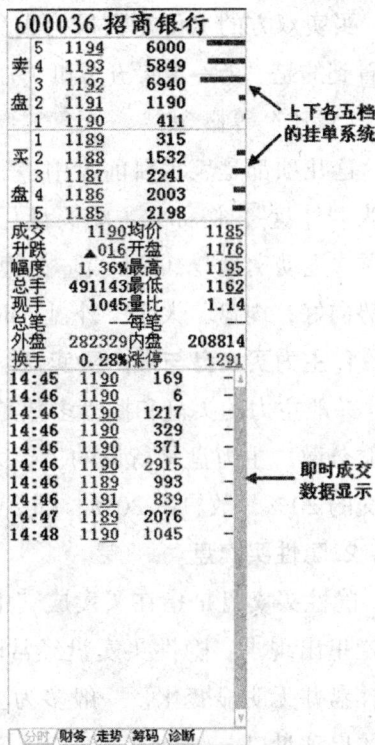

图 3-16

在行情显示软件上我们会看到上下各五档的挂单系统，所以关注的重点是上下各五组数据的变化，其中每组包括报价和挂单数量，另外还有每次传输过来的成交结果，这是动态挂单数据的来源，也包括价格和成交数量两个数据，这样一共有 12 组数据在不断地变化，它带给我们最基本的交易信息并有助于我们研判市场交易各方的动态变化（如图 3-16 所示）。

关注委托买卖盘

看盘关键要点：

1. 盘中出现主动性买盘时，投资者可顺势买进做多；反之，盘中出现主动性卖盘时，投资者可以顺势卖出做空。

2. 主力盘是行情的主导力量，按照"二八定律"即市场中主力盘占市场总成交的20%，散户占80%，但是这20%的主力盘却能够起到决定性的作用。

3. 在涨势初起之际，若发现有大单一下子连续地横扫了多笔卖盘时，则预示主力正大举进场建仓，是投资者跟进的绝好时机。

买卖双方的出价与数量构成盘口表现中的委托买盘和委托卖盘，投资者能够直接看到的是"买一至买五"和"卖一至卖五"的买卖委托以及"内盘""外盘"和"委比""量比"等概念。

这几项都是表示目前盘中多、空力量对比的指标。以"委卖价"实现的成交量称为"外盘"，俗称"主动买盘"。反之，以"委买价"实现的成交量称为"内盘"，也称"主动卖盘"。可见，当"外盘"大于"内盘"时，反映了场中买盘承接力量强劲，走势向好；"内盘"大于"外盘"时，则反映场内卖盘汹涌，买盘难以抵挡，走势偏弱。

1. 主力买卖盘与散户买卖盘。

一般主力的买盘和抛盘多数是数量较大、价位集中；散户的盘口表现数量较少、价位分散。主力盘是行情的主导力量，按照"二八定律"即市场中主力盘占市场总成交的20%，散户占80%，那么这20%的主力盘能够起到决定性的作用。

2. 隐性买卖盘。

隐性买卖盘是指在买卖成交中，有的价位并未在委买卖挂单中出现，却在成交一栏里出现了。隐性买卖盘经常隐含主力的踪迹。单向整数连续隐性买单的出现，而挂盘并无明显变化，一般多为主力拉升初期的试盘动作或派发初期激活追涨跟风盘的启动盘口。

一般来说，上有压板，而出现大量隐性主动性买盘（特别是大手笔），股价不跌，则是大幅上涨的先兆。下有托板，而出现大量隐性主动性卖盘，则往往是主力出货的迹象。

3. 主动性买盘和卖盘。

主动性买盘和主动性卖盘都是主力出击的结果，能够左右股价的走势。在主力股行情中，总有对倒的成交量出现，如果仅在收盘以后看成交量，往往容易被迷惑。投资者可以通过主动性买盘和主动性卖盘来研判主力的真正动向。主动性买盘就是对着卖盘一路买，每次成交时箭头为红色，委卖单不断减少，股价不断往上走。在股价上扬的过程中，抛盘开始增加，如果始终有抛盘对应着买盘，每次成交箭头为绿色，委买单不断减少，使得其股价逐渐往下走，这就是主动性的卖盘。一般而言，盘中出现主动性买盘时，投资者可顺势买进做多；反之，盘中出现主动性卖盘时，投资者可以顺势卖出做空。在这种情况下投资者要注意不要逆市操作，否则很容易吃亏。

4. 扫盘。

在涨势中常有大单从天而降，将卖盘挂单连续悉数吞噬，即称扫盘。在股价刚刚形成多头排列且涨势初起之际，若发现有大单一下子连续地横扫了多笔卖盘时，则预示主力正大举进场建仓，是投资者跟进的绝好时机。

委托买卖盘对判定当日人气及主力动向至为重要，投资者要仔细把握盘中细节。

股价在不同位置的内外盘

看盘关键要点：

1. 所谓的内盘就是股票在买入价成交，成交价为申买价，也被称为主动性抛盘，反映了投资者卖出股票的决心。

2. 外盘就是股票在卖出价成交，成交价为申卖价，说明投资者看好后市，吸盘比较踊跃，反映了投资者买入股票的决心，股价上涨的可能性很大。

3. 内盘和外盘的大小对判断股票的走势有一定的帮助，但也要结合股价所处的位置和成交量的大小，而且更要注意股票走势的大形态，千万不能过分注重细节而忽略了大局。

所谓内盘就是股票在买入价成交，成交价为申买价，即主动卖盘，说明抛盘比较踊跃。通常在国内股票软件中，绿色数字表示内盘。而外盘就是股票在卖出价成交，成交价为申卖价，即主动买盘，说明吸盘比较踊跃。在国内股票软件中，红色表示外盘。

从理论上讲，内盘和外盘的数值可以反映主动卖出和主动买入量的大小，并在很多时候可以从中发现主力动向，因此，不少投资者以此作为买卖操作的参考。实际上，内盘或外盘的数值并不一定是真实的。有时，主力为了迷惑散户会故意制造出虚假的内盘或外盘，投资者如果没有一定的研判能力，很容易上当。以下是主力的两种惯用伎俩，需要投资者注意：

1. 压低吸货，制造虚假卖盘。

个股在低位横盘，主力处于吸筹阶段时，往往是内盘大于外盘的。具体的情形就是主力用较大的单子托住股价，而在若干个价位上面用更大的单子压住股价，许多人被上面的大卖单所迷惑，同时也经不起长期的横盘，就一点点地卖出，市道特别低迷的时候还会见到特别小的卖单。此时主力并不急于抬高价位买入，只是耐心地一点点承接，散户里只有少数人看到股价已无深跌可能，偶尔比主力打高一点少量买入，才形成一点点外盘。这样一来，就造成主动性卖盘远大于主动性买盘，也即内盘比较大，这样的股票看起来可能比较弱，但日后是极有可能走出大行情的。

2. 拔高出货，制造虚假买盘。

当某只股票经过充分炒作之后已经高高在上了，情形就和横盘时的状况完全相反了。此时，盘中的买单要较卖单大，主力用大买单赶着散户投资者向上冲，他一点点地出，出掉一些后把价位再抬上去，其实是将原来的大买单撤掉，重新挂在更高的位置上，从表面上看，给人的感觉是股价在奋勇向前，事实上是散户投资者已经被当成过河小卒了。

因此，投资者在利用内盘和外盘的大小判断股票的走势时，一定要同时结合股价所处的位置和成交量的大小，更要关注股票走势的大形态。具体需要注意以下几点：

1. 股价长时间上涨的过程中的内外盘。

在股价上涨过程中，时常会发现内盘大、外盘小，此种情况并不表示股价一定会下跌。因为有些时候主力用几笔买单将股价拉至一个相对的高位，然后在股价小跌后，在买1、买2挂买单，一些投资者认为股价会下跌，纷纷以叫买价卖出股票，但主力分步挂单，将抛单通通接走。这种先拉高后低位挂买单的手法，常会显示内盘大、外盘小，达到欺骗投资者的目的，待接足筹码后迅速继续推高股价。

2. 股价长时间阴跌的过程中的内外盘。

在股价阴跌过程中，时常会发现外盘大、内盘小，此种情况并不表明股价一定会上涨。因为有些时候主力用几笔抛单将股价打至较低位置，然后在卖1、卖2挂卖单，并自己买自己的卖单，造成股价暂时横盘或小幅上升。此时的外盘将明显大于内盘，使投资者认为主力在吃货，而纷纷买入，结果次日股价继续下跌。

3. 股价上升至较高位置的内外盘。

而在股价上升至较高位置，委买栏挂有不同价位的巨量买单，使投资者认为行情还要继续发展，纷纷以"卖一"的价格买入股票。实际上，主力正在悄悄出货，待筹码出得差不多时，突然撤掉巨量买单，并开始全线抛空，股价迅速下跌。

4. 股价被打压至较低价位时的内外盘。

在股价已被打压到较低价位，委卖栏挂有不同价位的巨量抛单，使投资者认为抛压很大，因此在"买一"的价位提前卖出股票。实际上，主力在暗中吸货，待筹码接足后，突然撤掉巨量抛单，股价大幅上涨。

5. 股价涨跌停时的内外盘。

当股价涨停时，所有成交都是内盘，但上涨的决心相当坚决，并不能因内盘远大于外盘就判断走势欠佳；而跌停时所有成交都是外盘，但下跌动力十足，因此也不能因外盘远大于内盘而说走势强劲。

6. 其他情况下的内外盘。

当然很多时候股价既非高高在上也不是躺在地板上不动，而是在上窜下跳走上升通道、或走下降通道、或做箱形振荡、或窄幅横盘，这些时候又如何来判断内外盘的意义呢？

（1）股价走上升通道时的内外盘。

当股票沿着一定斜率波浪上升时，在每一波的高点之前，多是外盘强于内盘，盘中常见大买单层层推进或不停地有主动买盘介入，股价在冲刺过程中，价量齐升，此时应注意逐步逢高减磅；而当股价见顶回落时，内盘就强于外盘了，此时更应及时离场，因为即使以后还有高点，必要的回档也很有可能随之而来，投资者大可等低点再买回来，更何况新的高点来未必会出现。随后股价回落，有了一定的跌幅，虽然内盘仍强于外盘，但股价已不再下跌，盘中常见大买单横在那，虽然不往上抬，但有多少接多少，这就是所谓逢低吸纳了，此时，投资者可以少量参与。

（2）股价走下降通道时的内外盘。

股价运行在下降通道中的情况恰恰相反，只有在较短的反弹过程中才会出现外盘大于内盘的情况，大多数情况下都是内盘大于外盘，对于这种股票，投资者可以不必参与。

（3）箱型震荡的个股。

对于箱型震荡股，由于成交量往往呈有规律地放大和缩小，因此介入和退出的时机较好把握，借助内外盘做判断的特征大致和走上升通道的股票差不多。

（4）窄幅盘整的个股。

窄幅盘整的个股，则往往伴随成交量的大幅萎缩，内外盘的参考意义就更小了。因为看待内外盘的大小必须结合成交量的大小来看，当成交量极小或极大的时候往往是纯粹的散户投资者行情或主力大量对倒，内外盘已经失了本身的意义，虚假成分很多。

总而言之，内盘和外盘的大小对判断股票的走势有一定帮助，但也要结合其他因素来进行判断，而且更要注意股票走势的大形态，千万不能过分注重细节而忽略了大局。

大手笔的买卖单

看盘关键要点：

1. 一只运行平稳的个股，如果某天忽然被快速拉起，或者忽然跌停，这种情况往往是主力在试盘。

2. 某只股票长期低迷，某日股价启动，卖盘上挂出巨大抛单，买单比较少，此时有资金将压单吃掉，则可视为主力建仓动作。

3. 股票经过连续下跌之后，主力可能会有护盘动作，投资者可留意该股，一旦市场转强，这种股票往往一鸣惊人。

1. 盘整时的大单。

当某只一直处于平稳运行中的个股，在某天其股价突然被盘中出现的大抛单砸至跌停板附近，随后又被快速拉起；或者股价被突然出现的上千手大买单拉升然后又快速归位，表明有主力在其中试盘。主力向下砸盘，是在试探基础的牢固程度，然后再决定是否拉升。该股如果一段时期总收下影线，则向上拉升的可能性大，反之出逃的可能性大。

2. 低迷期的大单。

当某只股票长期低迷，某日股价启动，卖盘上挂出巨大抛单（每笔经常上百、上千手），买单则比较少，此时如果有资金进场，将挂在上档的压单大口吃掉，可视为是主力建仓动作。注意，此时的压单并不一定是有人在抛空，有可能是主力自己的筹码，主力在造量吸引注意。

3. 下跌后的大手笔买单。

如果某只股票在经历了连续的下跌以后，在下档挂出了大手笔的接单，这绝对意味着主力的护盘动作。但要注意，虽然主力在护盘，但这并不意味着该股后市要止跌了。因为在某些情况下，股价护是护不住的，主力的护盘往往表明其真正实力的欠缺。此时，该股股价有极大的可能会下降，但投资者可留意该股，因为一旦市场转强，这种股票往往一鸣惊人。

准确判断资金流向

看盘关键要点：

人们通常说的热点其实就是资金集中流向的个股和板块。准确判断资金流向，对于投资者分析大盘走势和进行个股操作都具有非常重要的意义。

在证券新闻播报中，常会听到关于资金净流入和净流出的相关信息，投资者可以注意收集。人们通常说的热点其实就是资金集中流向的个股和板块。判断资金流向是一个比较复杂的过程，不易掌握。但如果判断准确，对于投资者分析大盘走势和进行个股操作都具有非常重要的意义。

资金流向的热点是指每天成交额排行榜前20～30名的个股，观察的重点是这些个股是否具备相似的特征或集中于某些板块，占据成交榜的时间是否够长。需要注意的是，当大盘成交量较小时，部分大盘股会占据成交榜的前列，这些个股的量比没有明显放大，表明资金并无集中的流向。

选股时要注意资金流向的波动性，可从涨跌幅榜观察资金流向的波动性，大资金的进场与闲散小资金的进场有所不同，大资金更善于发觉有上升空间的投资品种，而游资是否集中进场，更多取决于当时大盘行情是否好。因此从盘面上看，大资金进出场的时间早于小资金进出场的平均时间。如何发现主力已动手了呢？可看涨跌幅榜，可以买与龙头股相似的但还没大涨的个股，因为资金具有轮动性。此外就要看跌幅榜居前的一些个股前两天是否出现过上涨，这两天成交量是否较大。如果是，说明人气已被聚集起来了，跟风的资金会比较坚决，当然大幅上涨后放量下挫的则不在此列。

以上所说的亮点都是在行情向上时的判断，不妨试一下将此判断方法运用到对下跌行情的判断上。资金流向对行情拐点的判断十分重要，相对低点时大资金是否进场，行情是否会转折？相对高点时大资金是否进场，行情是否会转折？个股的选择上究竟是选热点短炒，还是打埋伏等大资金来抬轿，这些都与资金流向的判断分不开，所以投资人分析股票市场一定要把资金分析摆在第一位。

第四节　怎样看待盘中的三个重要时段

开盘三板斧

看盘关键要点：

1. 一般而言，开盘委买单大于委卖单 2 倍以上，显示买气旺盛，利多；反之，卖单大于买单 2 倍以上，代表空方强大，利空。

2. 开盘三板斧：多空激烈博弈，争持主动权；修正开盘，是买卖时机；人气聚集，趋势明朗。

3. 开盘价是多空双方都认可的结果，也是多空双方的均衡。把开盘时间作为原始起点，以 9 点 40 分、9 点 50 分、10 点的股价或股指与开盘原点相比，可以分析出股价此后的大体走势。

开盘是一个交易日的开始，也是大盘一天走势的基调，除非特大利多或利空消息刺激，否则当日内一般不会发生高强度的震动和大比例的逆反走向。看开盘时，投资者需要密切关注两个数据：

1. 委托买卖笔数。

一般而言，如果一开盘委买单大于委卖单达2倍以上，则显示买气十分旺盛，做多胜算较大，短线进出者可立即买进，待股价拉高后立即于高价抛出获利；反之，若卖单大于买单2倍以上，则代表空方卖盘十分强大，当日做空比较有利，开盘立即卖出手中持股，逢低再回补。

2. 涨跌停板家数。

开盘后涨跌停板的情况会对大盘产生直接的影响。在实行涨跌停板制度后，可以发现涨跌停板的股票会对其他股票起向上或者向下拉动的影响作用。比如说大盘开盘后即有5支以上的股票进入涨停板，在其做多效应示范影响下，大盘将会有走强的趋势，反之，当天即有众多股票进入跌停，开盘后则易受到空方的打压。

开盘后的半个小时可以说是一个交易日里的关键时段，这半个小时可以均分为三个10分钟，也有股民形象地将其称为"开盘三板斧"。

1. 第一个10分钟：多空博弈。

一般来说，多空双方都十分重视开盘后的第一个10分钟，这是因为此时股民人数不多，盘中买卖量都不是很大，因此用不大的交易量就可以达到预期的目的，俗称"花钱少，收获大"。

在这个时间段内，多头为了能顺利地吸到货，开盘后常会迫不及待地抢进，而空头为了能顺利地完成派发，也故意拉高股价，就会造成开盘后的急速冲高，这是在大牛市中经常可以看到的；多头为了吸到便宜货，在开盘伊始就将股价砸低，而空头或散户被吓得胆战心惊、人人自危，不顾一切地将手中股票抛售一空，便会造成开盘后的股价急速下跌。

2. 第二个10分钟：修正开盘。

在第二个10分钟内，多空双方在经过前一轮的搏杀之后，进入休整阶段。在这个阶段大盘一般会对原有趋势进行修正。如果空方逼得太急，多方会组织反击，抄底盘会大举介入；如果多方攻得太猛，则空方会予以反击，积极回吐手中存盘。因此，这段时间是短线投资者买入或卖出的一个转折点。

3. 第三个10分钟：趋势明朗。

第三个10分钟内，参与交易的人逐渐聚集，买卖盘变得较为实在，因此这个阶段所反映出来的信息可信度相对较大。在走势上，这一阶段基本上成为全天大盘走向的基础。

开盘价是多空双方都认可的结果，也是多空双方的均衡。为了能正确的把握大盘走势特点与规律，可以将开盘时间作为原始起点，然后以开盘后的第10分钟、20分钟、30分钟指数或价位移动点连成三条线段，其中第二条是当天股价的走势线，而第三条则是当天股价在分时走势图上的日平均线。

具体说来，情况可以分为如下几点：

1. 开盘三线一路走低。

即9点40分、9点50分钟、10点三个移动点比原始起点（9点30分）都低，则是典型的空头特征，表明空头力量过于强大，当天收阴线几率大于80%。

东方雨虹（002271）9：40、9：50和10：00的股价都低于其开盘价（如图3-17所示），当天股价收出阴线（如图3-18所示）。

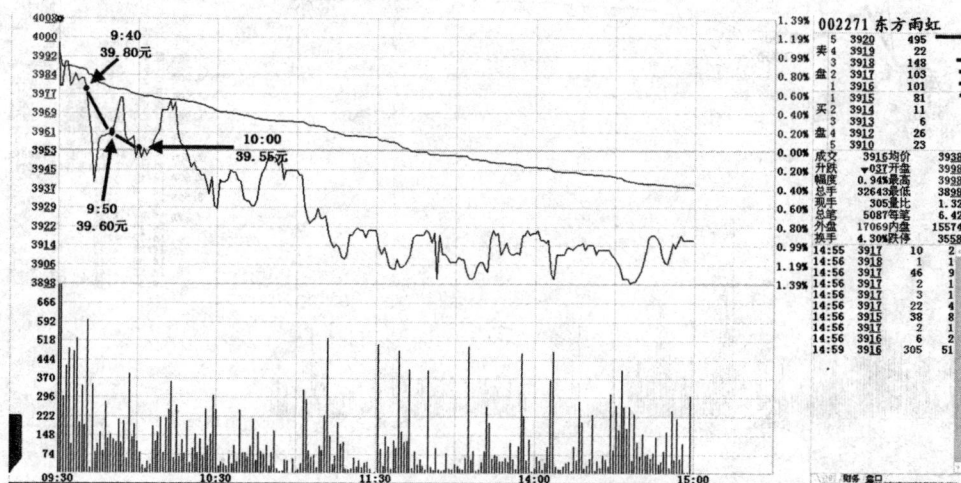

图 3-17

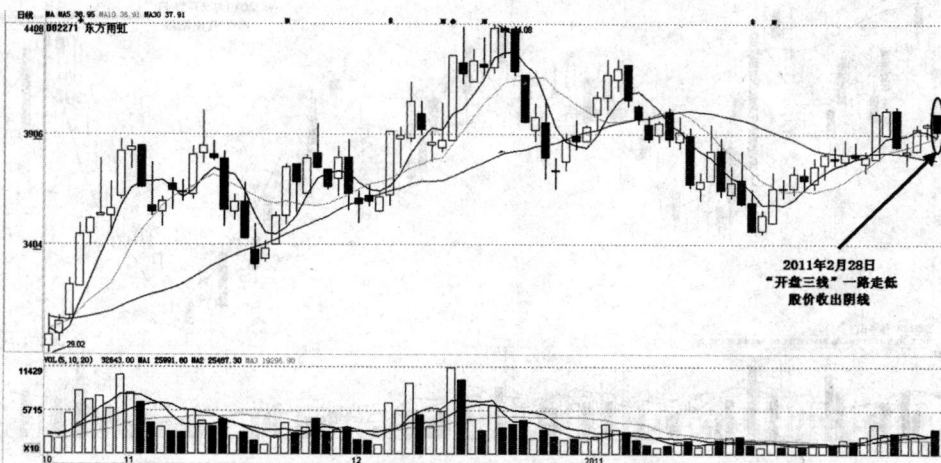

图 3-18

2. 开盘三线一路走高。

开盘三线走高就是在 9 点 40 分、9 点 50 分、10 点与原始起点（9 点 30 分）相比，三个移动指数皆比开盘点高，则表明多头势力强劲，当天的行情趋好的可能性较大，一般日 K 线会收阳线，概率大过 90%，但如果 10 点 30 分以前成交量放天量则有主力或机构故意拉高出货之嫌，如出现此情况应以减持为主，投资者要格外注意。

祁连山（600720）2011 年 2 月 28 日开盘价为 18.20 元，在随后的三个 10 分钟之内，股价皆比开盘价高，如图 3-19 所示。这表明当天多头势力强劲，行情趋好，日 K 线多会收出阳线（如图 3-20 所示）。

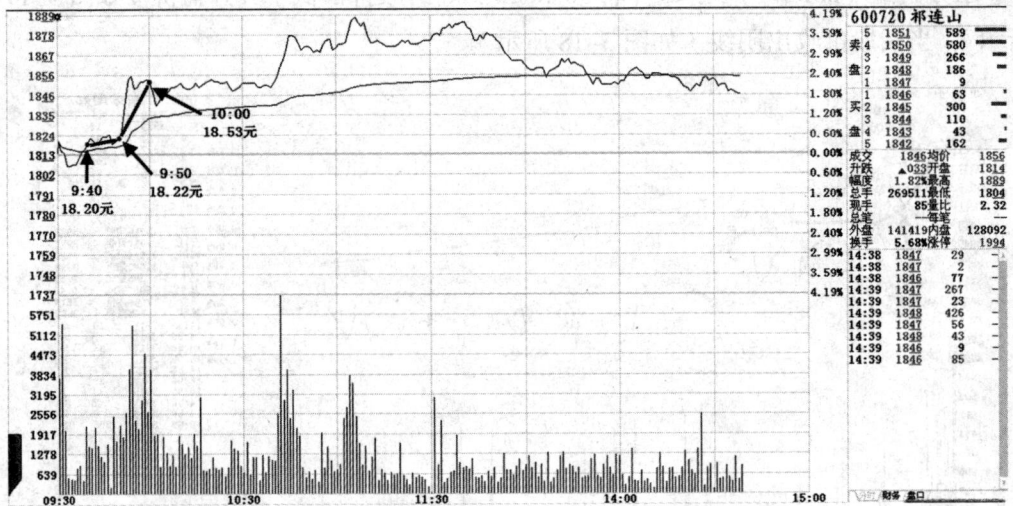

图 3-19

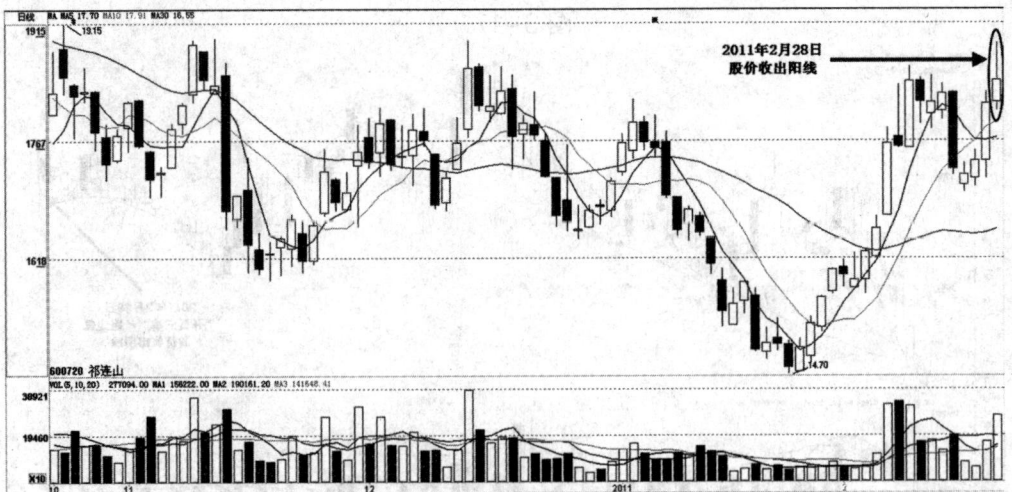

图 3-20

3. 开盘三线一下二上。

即9点40分、9点50分、10点三个动点与原始起点（9点30分）相比，其中9点40分这个移动点比原始起点低，而另外两个移动点比原始点高，则表示今日空方的线被多方击破，反弹成功并且将是逐步震荡向上的趋势（如图3-21所示）。

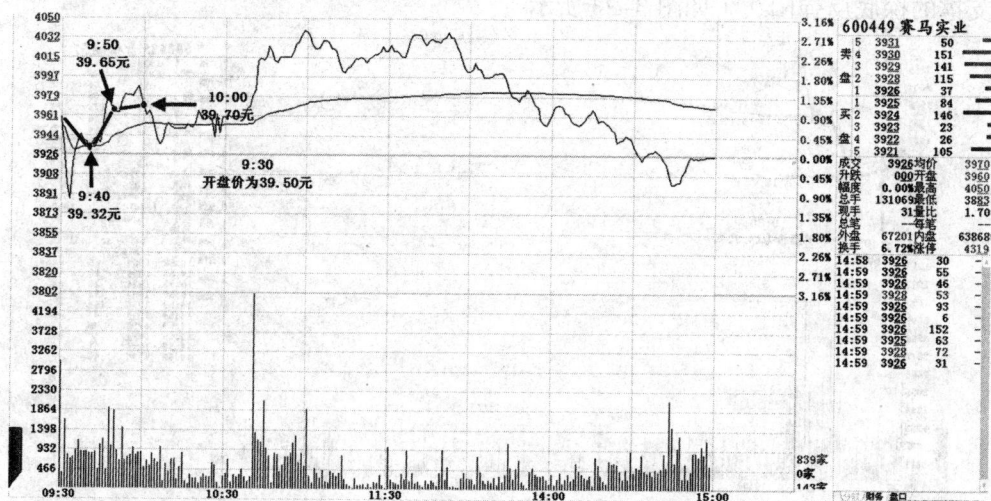

图 3-21

4. 开盘三线一上二下。

即9点40分、9点50分、10点三个移动点与原始起点（9点30点）相比，9点40分的移动点比原始起点高，而9点50分和10点两个移动点比原始起点低，这表明当天行情买卖方比较均衡，但空方比多方有力，大盘是震荡拉高出货的趋势（如图3-22所示）。

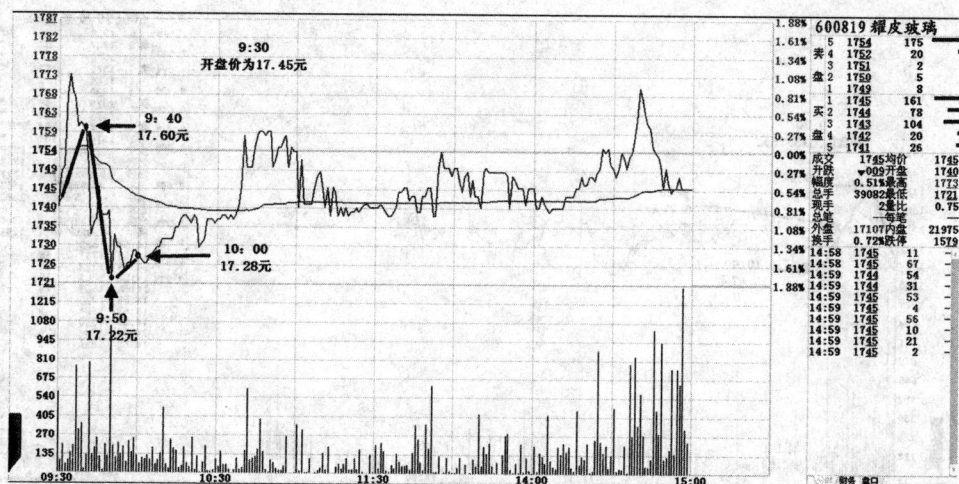

图 3-22

5. 开盘三线二下一上。

即9点40分、9点50分、10点三个移动点与原始起点（9点30点）相比，9点40分、9分50分两个移动点比原始起点低，而另一个移动点比原始起点高，则表示空方力量大于多方，而多方也积极反击，出现底部支撑较为有力，一般收盘为有支撑的探底反弹阳线（如图3-23所示）。

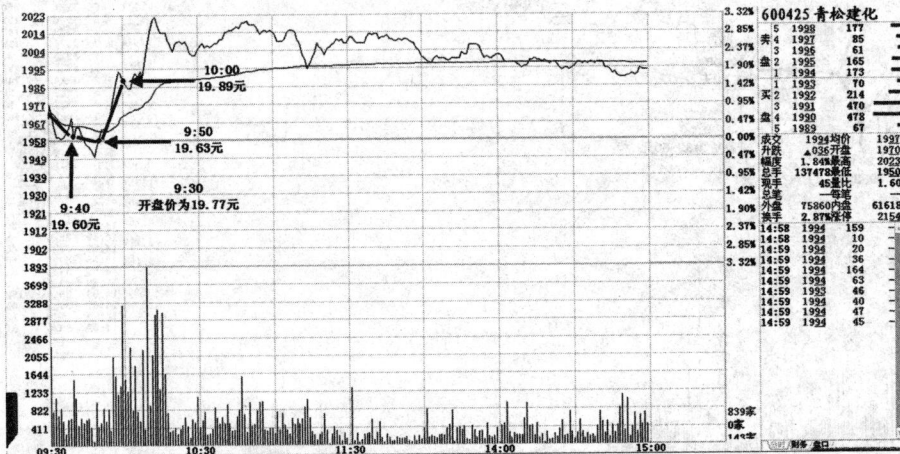

图 3-23

6. 开盘三线二上一下。

即9点40分、9点50分、10点三个移动点与原始起点（9点30点）相比，9点40分、9点50分两个移动点比原始起点高，而10点的移动点比原始起点低，这表示当天行情买卖双方皆较有力，行情以震荡为主，多方逐步占据优势向上爬行（如图3-24所示）。

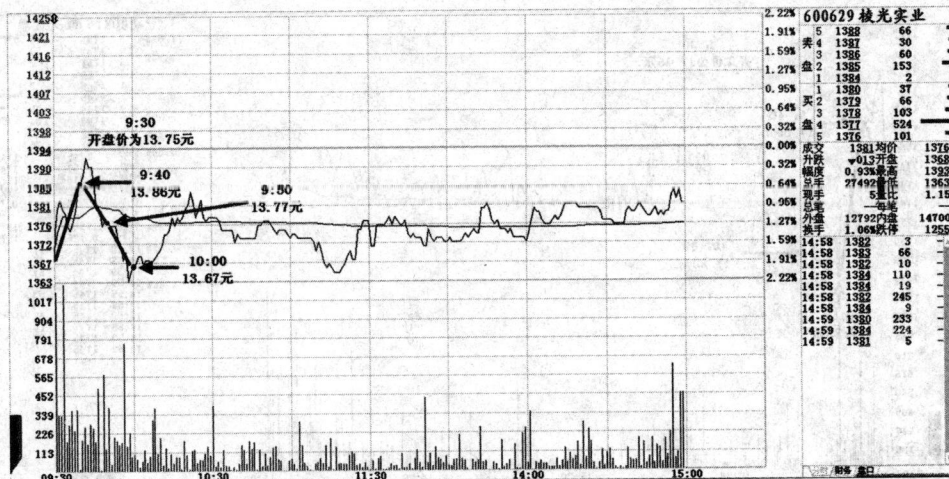

图 3-24

盘中三阶段

看盘关键要点：

1. 盘中是全天交易日里最精彩的一个时段，它是多空双方各自实力的完全展现。这个时段包括了多空搏斗、多空决胜和多空强化三个过程。

2. 盘中是承上启下的重要时段，它既参考了开盘价，也奠定了收盘价。

中国股市每个交易日的交易时间是 4 个小时，开盘和尾盘各是半个小时，剩下的 3 个小时都被称为盘中时间。在这 3 个小时的盘中时间里包括了多空搏斗、多空决胜和多空强化三个阶段，这三个阶段对投资者而言相当重要，其中蕴含着很多快速套利的机会。

1. 多空搏斗。

在股市里，有人将开盘的半个小时比作是拉开一个交易日股价走势的序幕，那么盘中的 3 个小时就可以看作是多空双方正式交手的开始。如果指数、股价波动的频率高、幅度大，则表明多空双方的搏斗很激烈。如果指数、股价长时间波动很微妙，大盘几乎走平，那就表明买卖双方都非常谨慎，多头空头力量相当而且无心恋战。多空双方的胜败，除依赖自身的实力如资金、信心、技巧外，还必须将消息和人气两个因素纳入到考虑的范围之内。在这个阶段里由于大盘走势未见分晓，股市前途未卜，所以投资者最好持币观望，除非遇见绝好的买卖时机，否则不要轻易入场，以免被套。

2. 多空决胜。

这个阶段是指多空双方经过一轮激烈搏斗之后，已经把僵局打破，大盘走势出现了明显的倾斜。这个阶段一般分为两种情况：如果多方力量强于空方，指数和股价就会被步步推高；反之，如果空方赢得了胜利，那么指数和股价就会不断下行。占据优势的一方肯定会乘胜追击，将自己的战果不断扩大。而另一方见大势已去，为了保存力量便会放弃抵抗。这个时候就是投资者进行买卖操作的最佳时机。如果太过心急过早进行操作，就容易判断失误；而如果没有及时把握操作时机，就会眼睁睁看着获利的机会从手中溜走而后悔不已。

多空决胜的组成要素一般有以下三个：

（1）波动次数。

股指波动振幅大，并且来回波动的次数多，如果发生在下跌的趋势中，说明接下来的走势将趋于上涨。如果发生在上涨的趋势中，说明接下来的走势将会趋于下跌。一般情况下，一个交易日中，有 7 次以上较大波动，就预示着有快速套利的机会，投资者可以择机入场。

（2）涨跌家数。

大盘普跌的时候某些个股飙涨，这种情况是不祥之兆，对大盘走势有害无益。由于个股与大盘表现形成极大的反差，资金过于集中于个股，就会使大盘严重失血，并且会造成恶性循环。上涨家数多于下跌家数，并且分布平均，说明多方占据优势，空方无机可乘，收盘指数上涨的可能性大；反之，空方占据优势时，大盘就会处于跌势。观察股市涨跌家数，辨别多空力量强弱的最佳时间一般为收盘前的一个小时，即多空决胜后期。此时多空搏斗基本已经分出胜负，投资者可以通过判断大盘走势进行股票操作了，而之前的多空决胜前期由于多空搏斗激烈，涨跌转换频繁，介入时机难以把握，故对于投资者而言参考价值不大。

（3）大盘指标股的表现。

如果大盘指标股涨势强劲，那么大盘就没有理由下跌；要是大盘指标股委靡不振，那么大盘就必然会下跌。多头指标股若沦为空头指标股，则大盘就会加速下跌。所以大盘指标股是多空双方争夺的重点。

3. 多空强化。

将 14 点 30 分即盘尾前盘中出现的最高点和最低点描出，取其中间值为标准，如果此时指数在中间值和最高点中间，则涨势会进一步得到强化，尾市有望收高。如果此时指数在中间值和最低点之间，则往往会导致尾盘跳水的情况。

多空强化是盘中多空双方交手的最后一幕，此时的盘中形势已经一目了然。到尾盘时一般会出现强者更强、弱者更弱的局面。

盘中是承上启下的重要时段，它既参考了开盘价，也奠定了收盘价。

1. 开盘价。

在日线、周线、月线图上，开盘价是对上一时间单位市场运行趋势的延续。把开盘价高开、低开、平开与市场的运行趋势结合在一起，可以提高对后市走势预测的准确度。在上升趋势中，开盘价高开是形成向上跳空缺口的先决条件，周线出现向上的跳空缺口，往往是牛市特征的开端。日线跳空缺口往往有三个：突破性缺口、中继性缺口和衰竭性缺口。这些缺口都对判断未来市场运行方向提供了依据。同样，在下降趋势中，开盘价低开是形成向下跳空缺口的先决条件。周线出现向下的跳空缺口，往往是熊市特征的开端，这种缺口出现在高位，更应提高警惕。

如图 3-25 所示，该股的其走势图上出现了突破性的向上跳空走势。所谓突破性跳空，就是股价在底部开始回升，上涨到前期技术压力线附近时，股价第二天以高

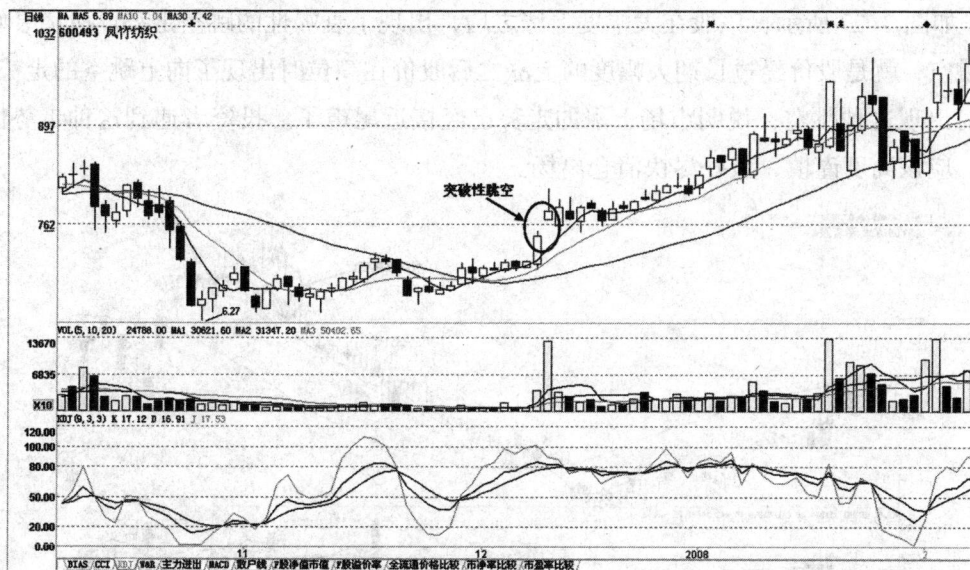

图 3-25

盘开出，股价一下子突破前期的压力位。出现这种走势情况，说明买盘积极，行情很可能会立刻启动。

如图 3-26 所示，该股在上涨过程中，出现了中继性跳空的走势。所谓中继性跳空走势，就是股价在经历了一波上涨行情将会继续保持。投资者遇到这种走势情况，可以考虑进场操作。

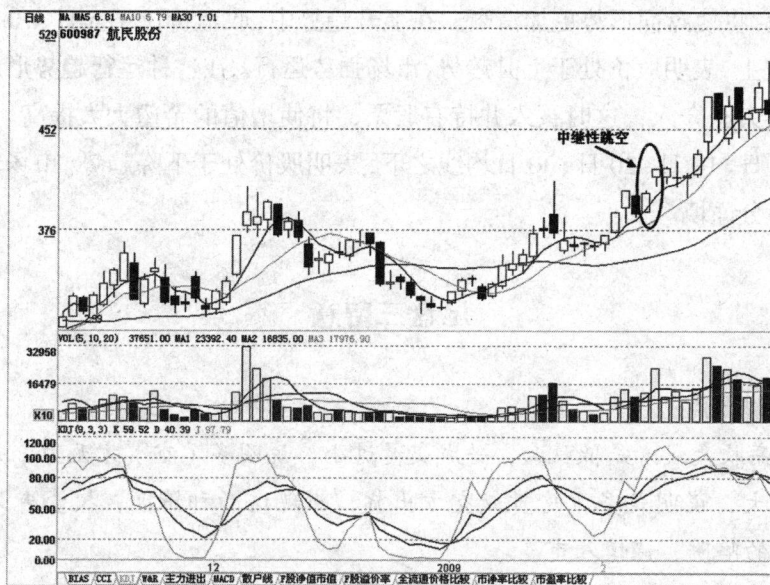

图 3-26

如图 3-27 所示，该股在大幅度上涨之后，出现了衰竭性的跳空走势。所谓衰竭性跳空，就是股价经过长期大幅度的上涨之后股价在高位时出现了向上跳空的走势。此时出现这种跳空，说明市场上涨的走势已经接近尾声了。投资者遇到这种走势情况，应该高度谨慎，最好尽快清仓离场。

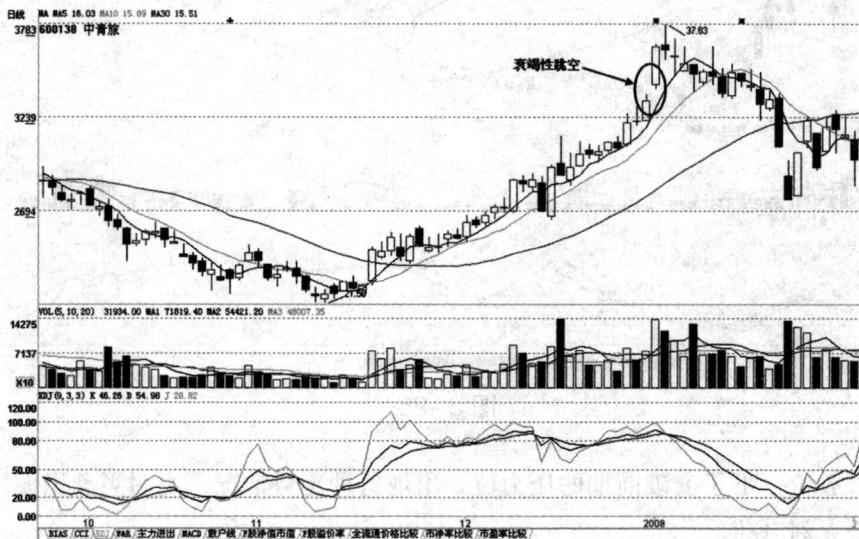

图 3-27

2. 收盘价。

收盘价是多空双方在时间单位上争斗的结果。将收盘价的高低与运行趋势结合在一起看盘，将使盘面形势更加清晰。在上升趋势中，收盘价位于 5 日、10 日、20 日、30 日均线之上，表明股价处于上升趋势，市场强势运行。在这种运行趋势形成的初期，投资者可以大胆介入，这时买入并持有股票，将使增值的希望大大提高。反之，收盘价位于 5 日、10 日、20 日、30 日均线之下，表明股价处于下降趋势，市场弱势运行，这时就要十分谨慎。

尾盘三留意

看盘关键要点：

1. 高收盘或者是低收盘，若成交量过小，说明多（空）方无力；若是成交量过大，说明是多方吃货或空方出货，出现这两种情况，投资者必须警惕主力的陷阱，谨慎入市。

2. 每周的星期一，收盘股指、股价收阳线还是阴线，对全周交易的影响较大。而在星期五的时候，比较多的投资者会选择降低仓位。

尾盘是指从下午 14 点 30 分到 15 点的这 30 分钟，作为多空一日搏斗的总结，向来为投资者所重视。可以这么说：开盘是序幕，盘中是过程，尾盘才是定论。尾盘之所以重要，在于它承前启后的特殊位置，尾盘既可以有效地回顾前市，又能起到预测后市的作用。

尾盘收黑，且出现长上影线，说明上档压力沉重，可适当减磅，次日以低开低走概率较大。尾盘收红，且出现长下影线，此为探底获支撑后的反弹，次日以高开居多，投资者可以考虑跟进，"买在最后一分钟"可以避免当日行情的风险。

当然有时候尾盘拉升却带来次日股价冲高无力，这往往是因为以下几个原因：

1. 筹码不够集中。

由于盘内筹码过于分散，主力只好通过盘中震荡达到收集筹码和洗盘的目的。

2. 股价已经跌到或者低于主力的成本。

股价过低，不仅增加了主力收集筹码的困难，还会让其他主力乘虚而入，这是主力无法容忍的，因此主力便会迅速拉高股价回到自己的成本区域。

3. 主力实力目前不够。

由于主力实力有限，无法操纵股价一路高歌猛进，气势如虹，只好利用有限的资金在尾盘迅速拉高，减少抛压盘带来的资金损失。

4. 打击散户信心。

在市场平均成本附近来回拉锯易挫伤散户的持股信心，达到逐渐收集散盘的目的。如果次日出现这种情况，投资者应该快速套现平仓离场。

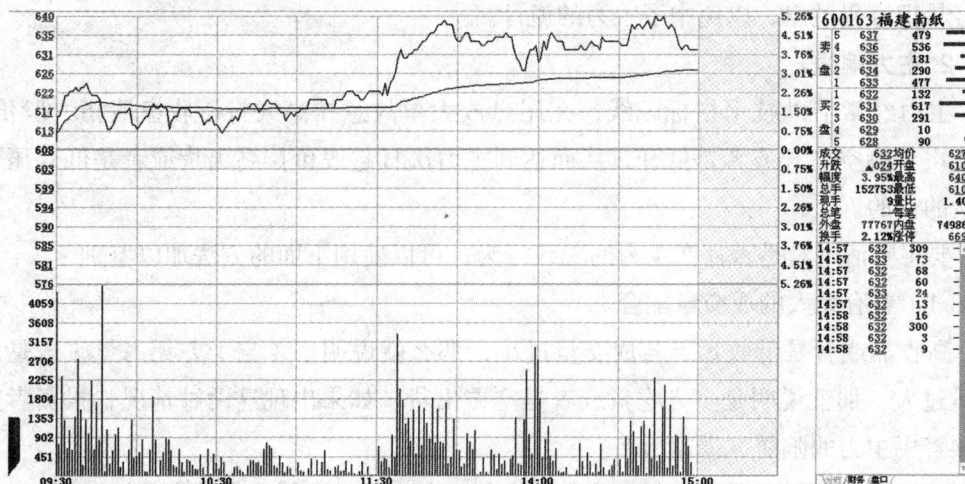

图 3-28

如图 3-28 所示，福建南纸（600163）：该股上午开盘后，经过短暂的多空搏斗后开始一路震荡走软。股价在下午开盘 5 分钟后逐渐发力，很快就把股价拉起，这时大盘却并没有相应的涨幅配合，可见，主力做盘痕迹非常明显。最后，该股收盘的时候，股价收于开盘价之上。实际操作过程中，投资者如果遇到这种走势情况，为了尽可能降低当天操作的风险，可以在收盘前的一两分钟买进。出现这种情况的走势，一般第二天开盘就会有一个冲高的过程，便有可能快速套利。

涨势中尾盘放巨量，此时不宜介入，次日开盘可能会遇抛压，故不易涨。跌市中尾盘放巨量，乃恐慌性抛售所致，是大盘将跳空而下的讯号。跌势中尾盘有小幅拉长，涨势中尾盘有小幅回落，此为修正尾盘，并无任何实际意义。

鉴于尾盘的重要性，多空双方一般都会从收盘股指、股价这两方面进行激烈地争夺，其中必须引起投资者特别留意的有以下三点：

1. 收盘前的异动。

收市前的几分钟时间其实已经不可能允许投资者从容决策，因此，投资者此时应谨慎为好，多观察，少出手，发现异常情况，留到次日及早入市操作。

如果临收盘前出现异动，常常是庄家在做盘。如果主力明日要出货，就有可能在尾盘最后几分钟来一个急速拉高，画一个漂亮的收盘图形，采取诱多的手法，以便第二日交易时，把不知底细的追高者一网打尽。因此，投资者在第二日买进时要格外小心，当心别落入主力的圈套。

反之，如果主力要吸货，就会在尾市几分钟来个快速跳水，画一个难看的收盘图形，采取诱空的办法，以便第二日交易时把不明真相的投资者低位抛出的股票照单全收，以此来降低他们的建仓成本。因此，投资者在第二日卖出时要多长一个心眼，别轻易把筹码抛出，以免中了主力的诡计。

2. 主力骗线。

主力经常借助技术指标骗线，在尾盘放大单故意拉高或打压收盘股指、股价，造成次日跳空高开或者是低开，从而达到主力次日趁股价拉高出货或者是低开压价吃货的目的。

要想看清尾盘是否存在主力的骗线行为，可以使用下面的方法加以鉴别：

（1）看有无大的成交量配合。

高收盘或者是低收盘，若成交量过小，那么就说明多（空）方无力量；若是成交量过大，那就说明是多方吃货或者是空方出货，如果出现这两种情况，投资者就必须警惕主力的陷阱，谨慎入市。

（2）看有无利多或者是利空消息、传言配合，同时分析传言的真伪。

结合大成交量、利多或者是利空消息,可以初步确认是"多头"还是"空头"行情,从而决定是买入还是卖出股票。如果一时无法认清是否是主力所为,为了防止上当受骗,操作中既不要"满仓",也不要"空仓"。

3."星期一效应"与"星期五效应"。

在每周的星期一,收盘股指、股价收阳线还是阴线,对全周交易的影响较大。因为多(空)方首战告捷,往往会乘胜追击,连接出现数根阳线或者是阴线,所以投资者应予警惕。

而在星期五的时候,投资者普遍会比较谨慎,因为其后有两天休市,这期间所发生的政治、经济事件难免会对市场产生影响,为了回避可能存在的系统性风险,所以比较多的投资者会选择降低仓位。在海外市场上,这种局面是相当普遍的,被称之为"星期五现象"。

第四章
看K线：抓住K线背后的股市动向

第一节　K线是股市动向的特殊语言

认识K线图

看盘关键要点：

　　K线图具有直观、立体感强、携带信息量大等特点，是现今应用较广泛的技术分析手段之一。

　　K线图也叫蜡烛图或阴阳线，起源于日本，它是日本德川幕府时代大阪的米商用来记录一天、一周或一月中米价涨跌行情的图示法，后因其细腻独到的标画方式而被引入股市及期货市场。目前，这种图标分析法在我国以至整个东南亚地区都较为流行。

　　K线图具有直观、立体感强、携带信息量大等特点，蕴含着丰富的东方哲学思想，能充分显示股价趋势的强弱、买卖双方力量平衡的变化，预测后市走向较准确，是

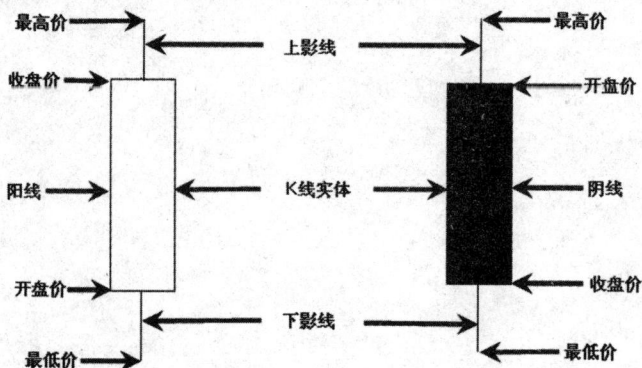

图 4-1

现今应用较广泛的技术分析手段之一。

K线最大的优点是简单易懂而且运用起来十分灵活，最大的特点在于忽略了股价在变动过程中的各种纷繁复杂的因素，而将其基本特征展现在人们面前（如图4-1所示）。

K线的种类划分

看盘关键要点：

K线的形态有很多种，不同的形态其代表的意义也是不同的。

1.K线的形态划分

（1）阴线。

阴线是指收盘价低于开盘价的K线，阴线按其实体大小也可分为大阴线、中阴线和小阴线（如图4-2所示）。

（2）阳线。

阳线是指收盘价高于开盘价的K线，阳线按其实体大小可分为大阳线、中阳线和小阳线（如图4-3所示）。

（3）同价线。

同价线是指收盘价等于开盘价，两者处于同一个价位的一种特殊形式的K线，同价线常以"十"字形和"T"字形表现出来，故又称十字线、T字线。同价线按上、下影线的长短、有无，又可分为长十字线、十字线和T字线、倒T字线、一字线等（如图4-4所示）。

大阴线	中阴线	小阴线

图4-2

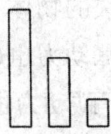

大阳线	中阳线	小阳线

图4-3

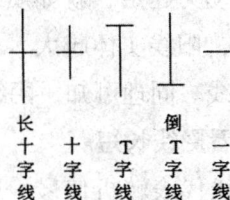

长十字线	十字线	T字线	倒T字线	一字线

图4-4

2.K线的周期划分。

根据K线的计算周期可将其分为5分钟K线、15分钟K线、30分钟K线、60分钟K线、日K线、周K线、月K线和年K线。这些K线都有不同的作用。例如，

5 分钟 K 线、15 分钟 K 线、30 分钟 K 线、60 分钟 K 线反映的是股价超短期走势；日 K 线反映的是股价短期走势；周 K 线、月 K 线、年 K 线反映的是股价中长期走势。

K 线图分析技巧

看盘关键要点：

要准确地看懂 K 线图形，简单的方法就是：看阴阳线、看实体大小、看影线长短。

在实践中，我们可以发现关于 K 线的形态数量繁多，有时候，还会碰到形态相似后市却截然相反的 K 线形态。那么，究竟该如何更准确地看懂 K 线图呢？以下介绍三种分析技巧：

1. 看阴阳线。

阴阳线代表趋势方向，阳线表示将继续上涨，阴线表示将继续下跌。以阳线为例，在经过一段时间的多空搏斗，收盘高于开盘表明多头占据上风，根据牛顿力学定理，在没有外力作用下价格仍将按原有方向与速度运行，因此，阳线预示着股价在下一阶段仍将继续上涨，最起码在下一阶段初期能够保持惯性上冲。这一点也非常符合技术分析中三大假设之一：股价沿趋势波动，而这种顺势而为也是技术分析最核心的思想。同理，阴线代表着股价将继续下跌。

2. 看实体大小。

实体大小代表内在动力，实体越大，上涨或下跌的趋势越明显；反之，趋势则不明显。以阳线为例，其实体就是收盘高于开盘的那部分，阳线实体越大，说明了上涨的动力越足，就如质量越大与速度越快的物体，其惯性冲力也越大的物理学原理一样，阳线实体越大，代表其内在的上涨动力也越大，其上涨的动力将大于实体小的阳线。同理可知，阴线实体越大，其下跌动力也越足。

3. 看影线长短。

影线代表转折信号，向一个方向的影线越长，越不利于股价向这个方向变动，即上影线越长，越不利于股价上涨，下影线越长，越不利于股价下跌。以上影线为例，在经过一段时间的多空争斗之后，多头终于晚节不保败下阵来。不论 K 线是阴还是阳，上影线的部分已构成下一阶段的上档阻力，股价向下调整的概率居大。同理，下影线预示着股价向上攻击的概率居大。

第二节　基本的 K 线形态及组合

大阳线

看盘关键要点：

　　大阳线一般涨幅在 5% 以上，实体越长，力量越强；不同位置，信号含义不同。

大阳线是股价走势图中常见的 K 线，其基本形态如图 4-5 所示：

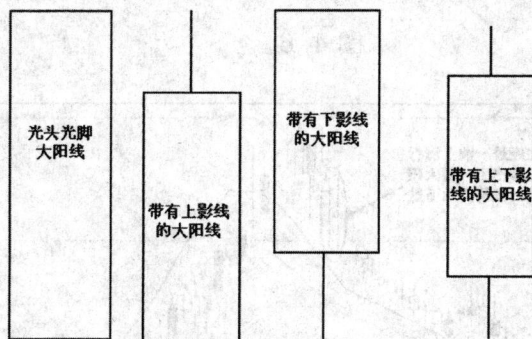

图 4-5

大阳线的特征主要有以下三点：

（1）股价涨幅一般在 5% 以上。

（2）阳线实体越长，则力量越强；反之，则力量越弱。

（3）在涨停版制度下，最大的日阳线实体可达当日开盘价的 20%，即以跌停板开盘，涨停板收盘。

　　大阳线出现的位置不同，含义就有很大区别。一般而言，在股价上涨初期或中途出现大阳线，后市看涨。

　　轴研科技（002046）在拉出大阳线之前一直出于横盘状态，在 2010 年 4 月 8 日拉出大阳线之后，多头终于战胜空头，股价一路上涨（如图 4-6 所示）。

　　在连续加速上涨行情中出现大阳线，通常是见顶信号。

　　宁波华翔（002048）在经过一段上涨行情之后，于 2010 年 4 月 9 日拉出了一根

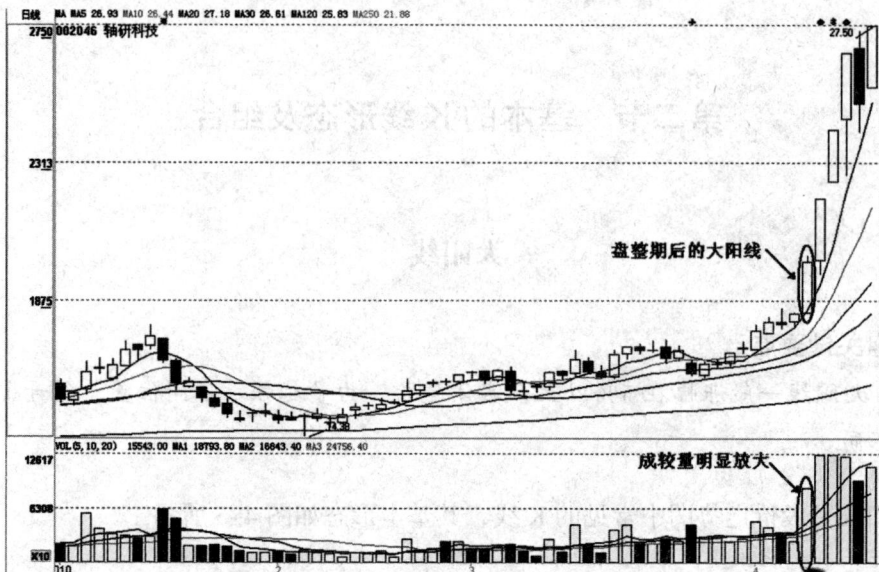

日线 MA MA5 26.93 MA10 26.44 MA20 27.18 MA30 26.61 MA120 25.83 MA250 21.88

002046 轴研科技

盘整期后的大阳线

成较量明显放大

图 4-6

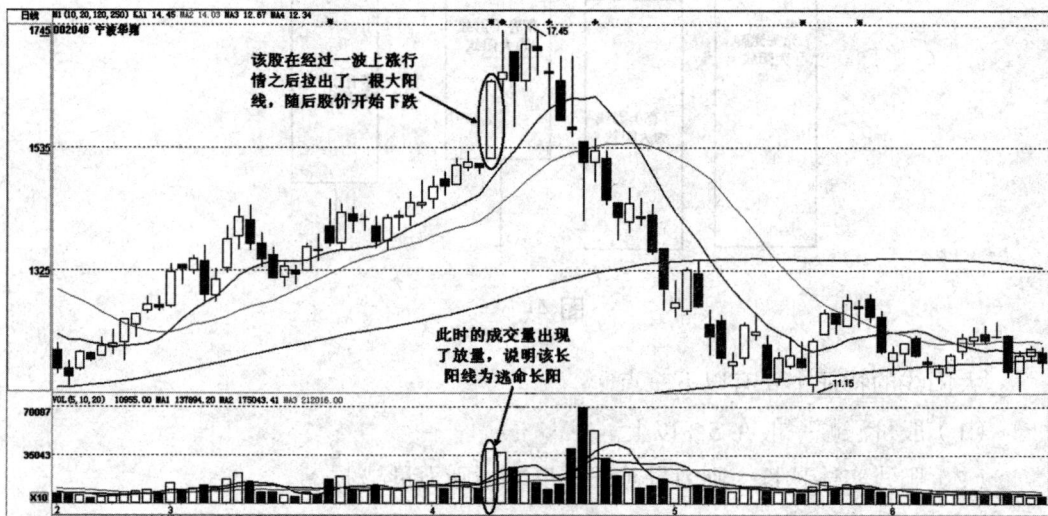

日线 MA (10,20,120,250) KAJ 14.45 MA2 14.03 MA3 12.67 MA4 12.34

002048 宁波华翔

该股在经过一波上涨行情之后拉出了一根大阳线，随后股价开始下跌

此时的成交量出现了放量，说明该长阳线为逃命长阳

图 4-7

大阳线，此时的成交量也明显放大，该大阳线明显属于逃命长阳，果然，该阳线出现之后，股价大跌（如图 4-7 所示）。

另外，在下跌途中出现大阳线可能是诱多的陷阱，要谨慎对待；在连续下跌的行情中出现大阳线，有见底回升的意义。

大阴线

看盘关键要点：

大阴线的力度大小，与其实体长短成正比；并非所有的大阴线都是后市看淡的信号，不同的阶段出现的大阴线表达的含义也是不同的。

大阴线也是股价走势图中常见的 K 线，其基本形态如图 4-8 所示：

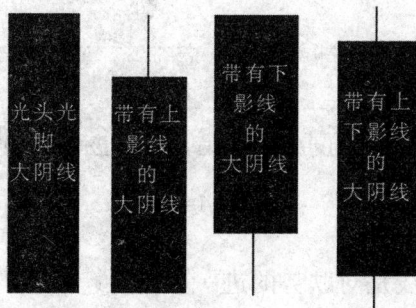

光头光脚大阴线　带有上影线的大阴线　带有下影线的大阴线　带有上下影线的大阴线

图 4-8

大阴线（又称长黑线）是股价走势图中常见的 K 线，此种 K 线形态表示最高价与开盘价相同（或略高于开盘价），最低价与收盘价一样（或略低于收盘价），上下没有影线（或上下影线短）。该 K 线形态的出现多表明卖方占优势，股市处于低潮。持股者不限价格疯狂抛出，造成股市恐慌心理，市场呈一面倒的局势，直到收盘，价格始终下跌，表示强烈的跌势。

大阴线的力度大小，与其实体长短成正比，即阴线实体越长，力度越大，反之，力度越小。大阴线的出现对多方来说是一种不祥的预兆。但也不能一概而论，并不是所有的大阴线都是后市看淡的信号，大阴线出现在不同的阶段其含义也是不同的。

一般来说，在上升初期或中期，股价整体涨幅不大的前提下，大阴线很可能是主力凶悍洗盘的结果；在大幅上涨后出现大阴线，是见顶信号，投资者必须清仓出局；在下跌刚开始时出现大阴线，后市看跌；在下跌途中出现大阴线，继续看跌；在连续加速下跌行情中出现大阴线，有空头陷阱之嫌疑，一旦止跌反而是介入的好时机。

2010 年 4 月 26 日，东风汽车（600006）在经过一波上涨的行情之后的高位出现了一根大阴线，这代表着后市看跌。果然，高位大阴线出现之后，股价开始转入跌市。在经过一段时间的下跌之后，2010 年 5 月 17 日又拉出了一根大阴线，这种

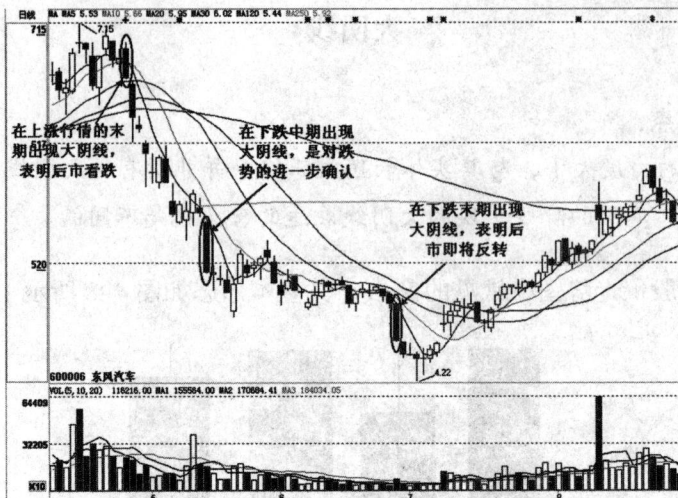

图 4-9

出现在下跌途中的大阴线是对跌势的进一步确认，表示下跌还将持续，随后，股价继续一路下行。在 2010 年 6 月 29 日，股价又出现了一根大阴线，此时遇到这根大阴线之后，投资者不可盲目看空，因为这根阴线的出现表明后市即将反转。在这根大阴线出现之后，又出现了股价见底信号——阴线锤头，这两种信号结合起来，就足以说明跌势已经到头。果然，在出现阴线锤头之后，股价开始了一波上涨行情（如图 4-9 所示）。

长十字线

看盘关键要点：

"长十字线"比一般的十字线信号更强，其出现在股价走势的不同阶段，预警的含义不同，投资者应谨慎对待。

"长十字线"的开盘价和收盘价相同，成为"一"字，但最高价与最低价拉得很开，因此与"十字线"相比其上下影线都很长（如图 4-10 所示）。

如果在涨势中出现"长十字线"，尤其是股价有了一段较大的涨幅之后，则预示股价见顶回落的可能性极大，投资者此时应及时出局；如果在股价上涨的途中出现，则意味着后市被看好，股价继续上涨的可能性很大。

2009 年 8 月 4 日，济南钢铁（600022）在股价上涨的高位出现了"长十字线"，随后股价开始加速下跌（如图 4-11 所示）。

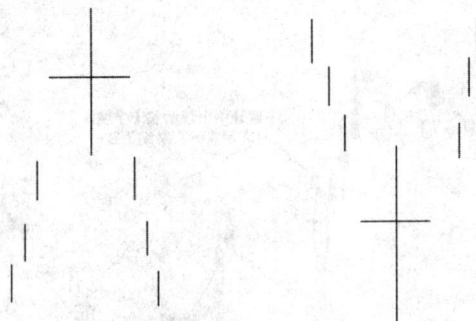

图 4-10

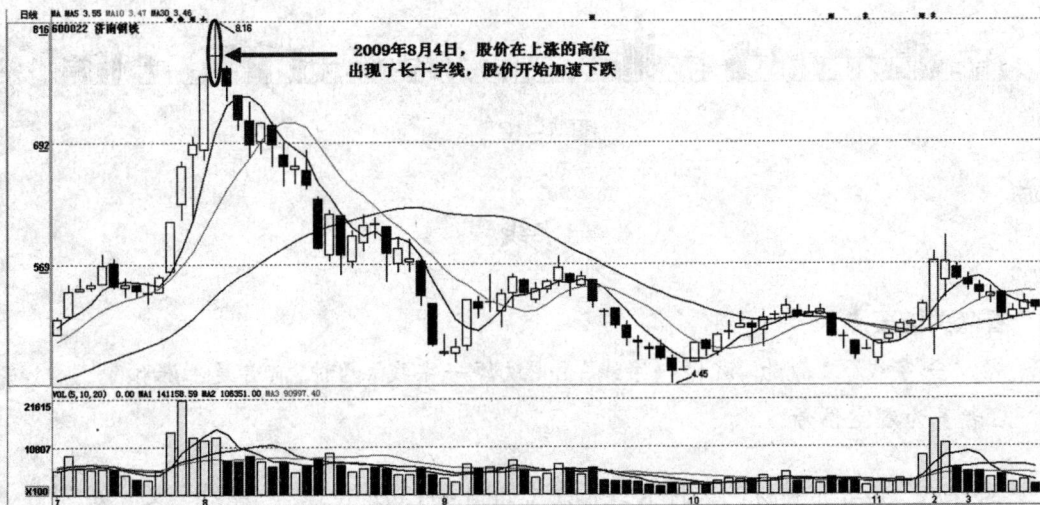

图 4-11

在跌势中出现"长十字线"，尤其是股价有了一段较大的跌幅之后，预示着股价见底回升的可能性极大。如果是在下跌途中出现，则意味着股价继续下跌的可能性很大。

2010 年 6 月 21 日，双鹤药业（600062）股价在下跌途中出现了"长十字线"。出现在下跌途中的"长十字线"意味着股价将继续下跌，果然，"长十字线"出现之后股价继续之前的跌势。在经过几个交易日的下跌之后，股价拉出了一根大阴线，第二个交易日出现了"底部十字线"，此十字线才是股价止跌的信号。随后，该股开始一波上涨行情（如图 4-12 所示）。

一般来说，"长十字线"和"十字线"的意义是相同的，但"长十字线"所代表的意义以及可靠程度要比后者高很多，在实际操作中如果遇到这种形态后，一定要看好其出现的阶段，谨慎操作。

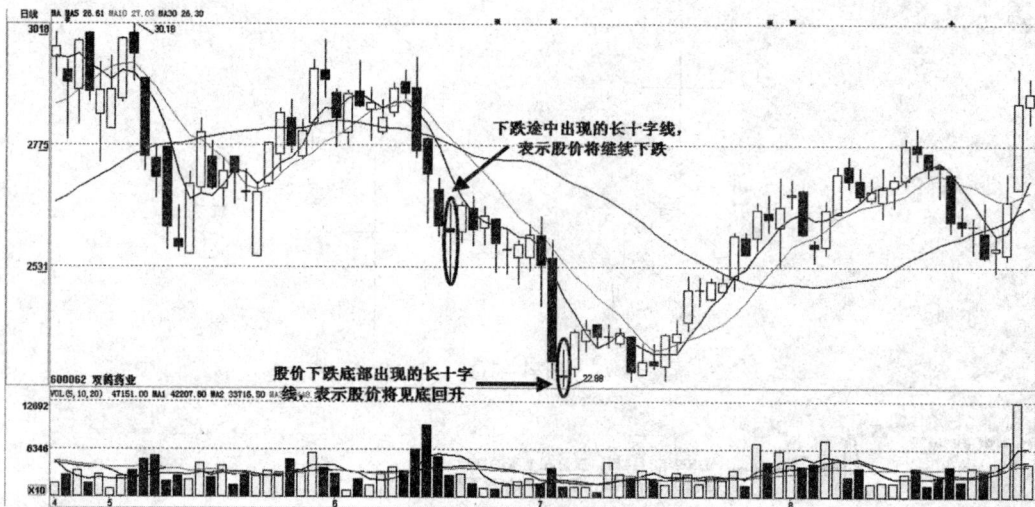

图 4-12

一字线

看盘关键要点：

"一字线"又分为"涨停一字线"和"跌停一字线"两种，前者是上涨预警，后者多为看空信号。

"一字线"是非常特殊的一种 K 线形态（如图 4-13 所示）。"一字线"又分为"涨停一字线"和"跌停一字线"两种，两个形态一样，只是颜色不同而已。

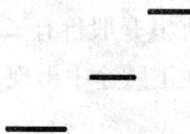

图 4-13

1. 涨停一字线。

股价以涨停板的形式开盘和收盘，且中间没有被打开，即当天的最高价格、最低价格、收盘价以及开盘价都是相等的，形成"一"的形状，这种走势形态被称为"涨停一字线"。

与其他 K 线形态一样，这种 K 线也和其所处的位置密切相关，但通常是强烈看涨的信号，比如出现在长期下跌之后的区域，或者上涨初期及上涨中途等情况。

如图 4-14 所示，该股在上涨初期出现"涨停一字线"，且成交量并没有放大，

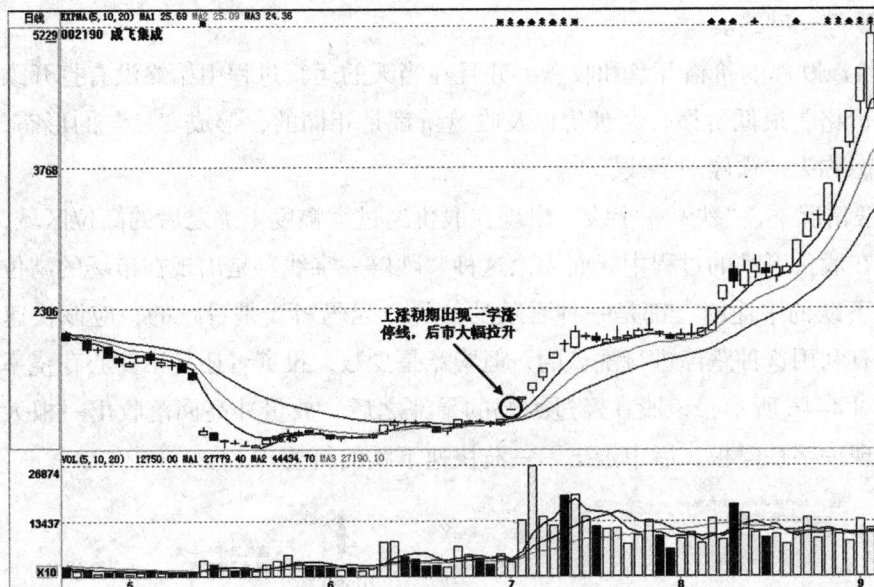

图 4-14

说明主力控盘良好，随后股价走出一波大幅拉升的行情，但在股价经过大幅上涨的高位区域以及见顶后急跌的反弹中出现这种形态，后市则不被看好。

如图 4-15 所示，该股就是在大幅上涨之后又连续两天出现这种"涨停一字线"，且是缩量涨停，给人感觉是主力在高度控盘，其目的则是欲迷惑投资者来接盘，为其出货打基础，可以看到随后股价便走出快速下跌的行情。

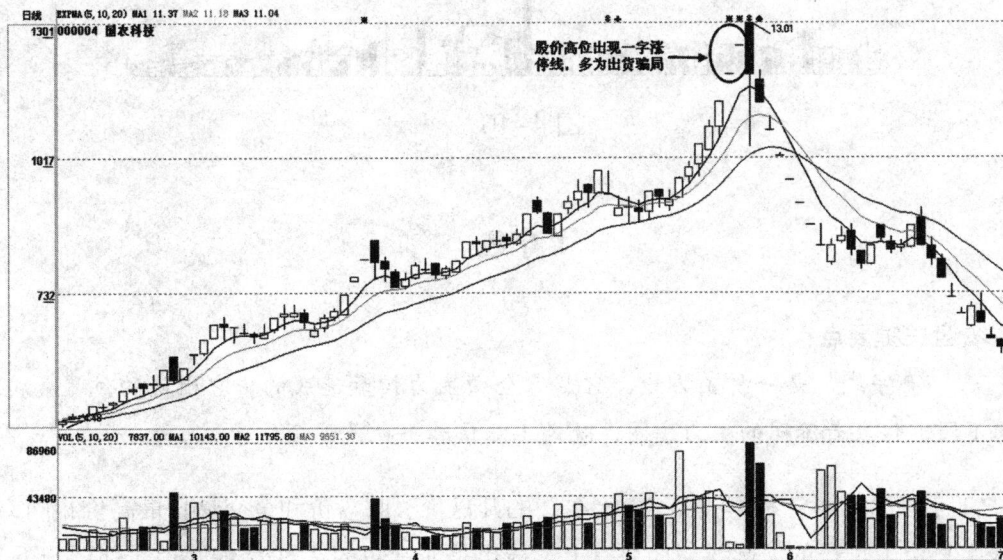

图 4-15

2.跌停一字线。

股价以跌停的价格开盘和收盘，并且在当天的运行过程中始终没有打开跌停板，即最高价格、最低价格、开盘价以及收盘价都是相同的，形成"一"的形态，这种走势形态称为"跌停一字线"。

一般情况下，"跌停一字线"出现在股价经过大幅度上涨之后的高位区域，或者是出现在股价下跌的过程中。而无论这种"跌停一字线"是出现在市场的高位区域，还是在下跌的中途时，都是一种看跌的信号，起码短线是看跌的，应该快速离场，虽然也有利用这种跌停进行洗盘的，但毕竟是少数，投资者还是不要心存侥幸为好。

如图 4-16 所示，该股在经过大幅的暴涨之后，放量冲高回落收出一根大阴线，随后出现一字跌停板，后市走出了一波快速下跌的行情。

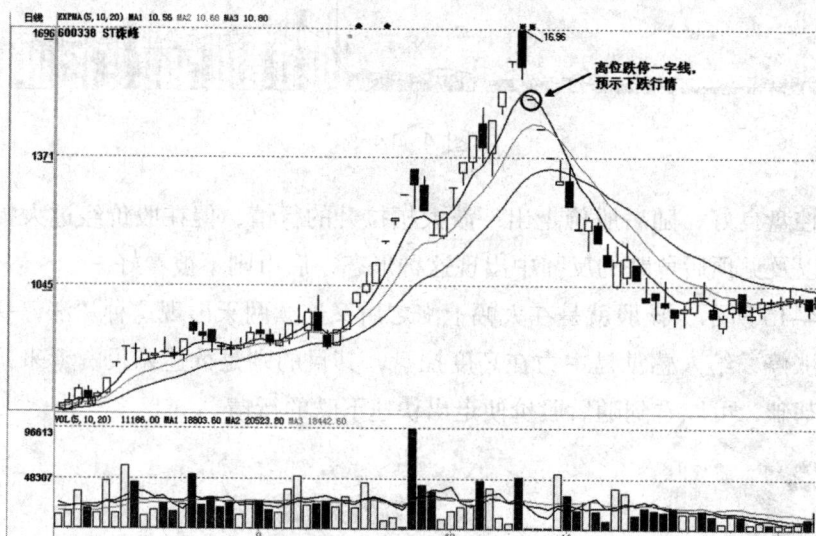

图 4-16

T 字线

看盘关键要点：

"T 字线"是一种主力线，它是完全由主力控盘造成的。它出现的位置不同，代表着不同的主力意图，既是上涨信号，也是见顶信号。

"T 字线"又叫"蜻蜓线"。"T 字线"的开盘价、收盘价和全交易日最高价相同，K 线上只留下长长的下影线，如果有上影线也是非常短的。"T 字线"信号强弱与下影线成正比，下影线越长，说明下档的买方实力越强，后市股价走强的可能性就越大。

（如图 4-17 所示）。

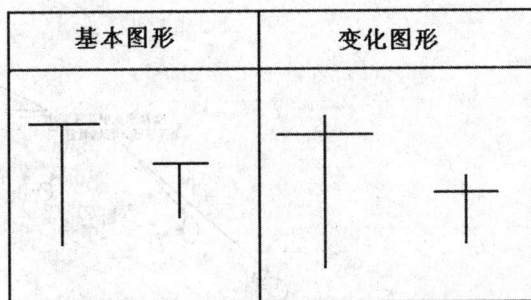

基本图形	变化图形

图 4-17

"T 字线"是一种主力线，它是完全由主力控盘造成的。"T 字线"既有可能出现在股价上涨的途中，也有可能出现在股价下跌的过程中，它出现的位置不同，所表达的含义也不同。

（1）在股价有较大涨幅之后，在高位拉出的"T 字线"，其实就是主力为了掩护高位出货释放的一枚烟雾弹，为见顶信号，表明后市即将下跌。如图 4-18 所示，该股在经历过长期上涨之后的高位区域出现了这种"T 字线"的形态，虽然第二天股价出现了继续冲高的走势，并创出本轮上涨行情的新高，但最终股价还是没有逃脱连续跌停的命运。

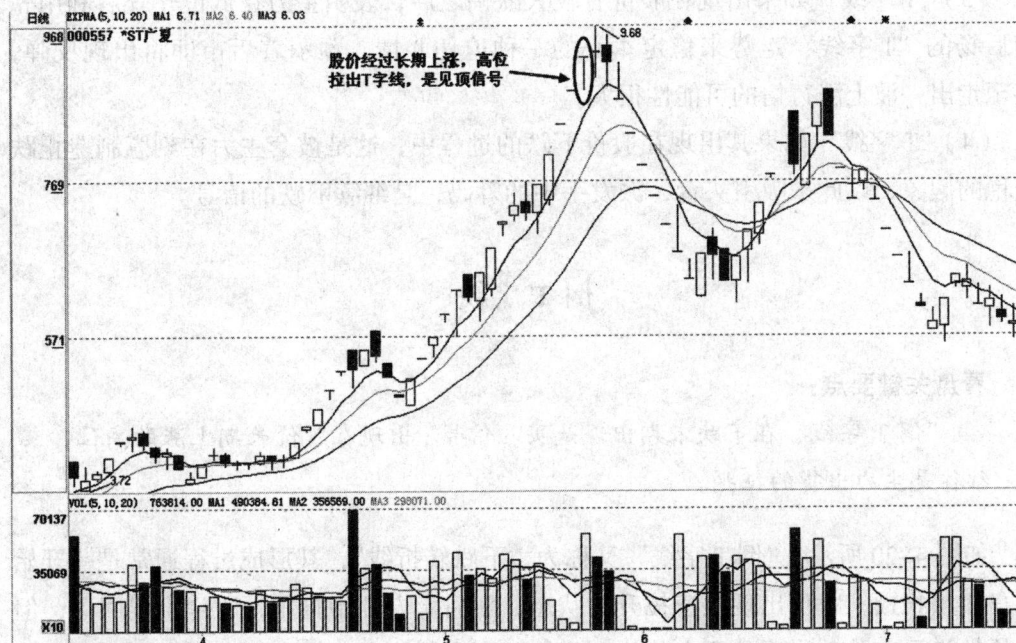

图 4-18

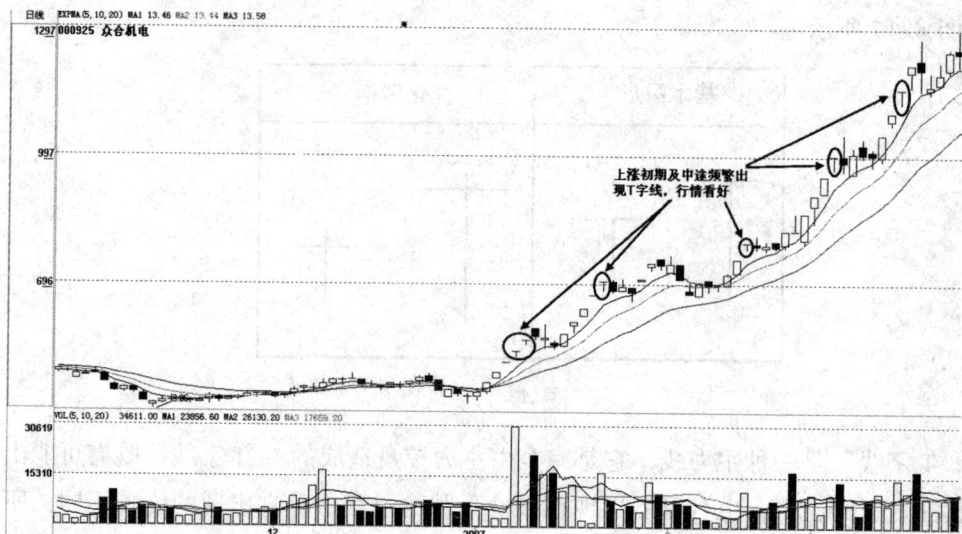

图 4-19

（2）"T字线"如果出现在股价上涨之初或中途，才是主力真正的洗盘动作，属于技术上涨信号。如图4-19所示，该股在底部区域刚启动不久后，就出现了这种"T字线"的形态，随后，股价便走出了一波漂亮的上涨行情。在上涨的中途，"T字线"也多次出现，表明多方拉升股价的意愿强烈，上涨空间巨大。

（3）"T字线"如果出现在股价有较大跌幅之后，表明主力在低位建仓后利用先抑后扬的"T字线"走势来稳定军心的一种迫切心情，预示着后市即将出现反弹，甚至走出一波上涨行情的可能性很大。

（4）"T字线"如果其出现在股价下跌的过程中，这是被套主力在刻意制造止跌企稳的假象，以此来吸引买盘，派发手中的筹码，是继续下跌的信号。

倒 T 字线

看盘关键要点：

"倒T字线"在下跌末期出现是买入信号；出现在股价长期上涨的高位，往往是主力出货的征兆。

如图4-20所示，"倒T字线"又称为"下跌转折线"，其形成过程通常是一开始买盘相当积极，股价出现快速拉升的状态，随后卖方开始打压，股价出现回落，但股价始终没有跌破当天的开盘价格，最终以开盘价收盘。即当天的开盘价、收盘价

以及最低价都相等。"倒T字线"带有一条上影线，上影线越长，说明当天上档的
抛压越沉重。

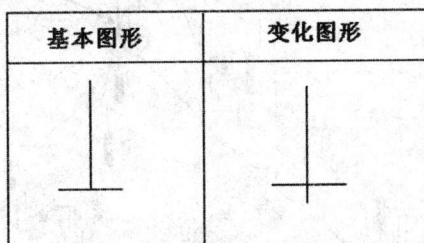

基本图形	变化图形

图 4-20

"倒T字线"在下跌末期出现是买入信号，后市将迎来上涨行情。特别是末期下
跌三连阴后出现"倒T字线"或者两黑夹一红后出现"倒T字线"，则是一个非常
好的切入点。

如图 4-21 所示，该股在低位区域出现"倒T字线"，第二天股价就开始走强，
并最终引发一波不错的上涨行情。

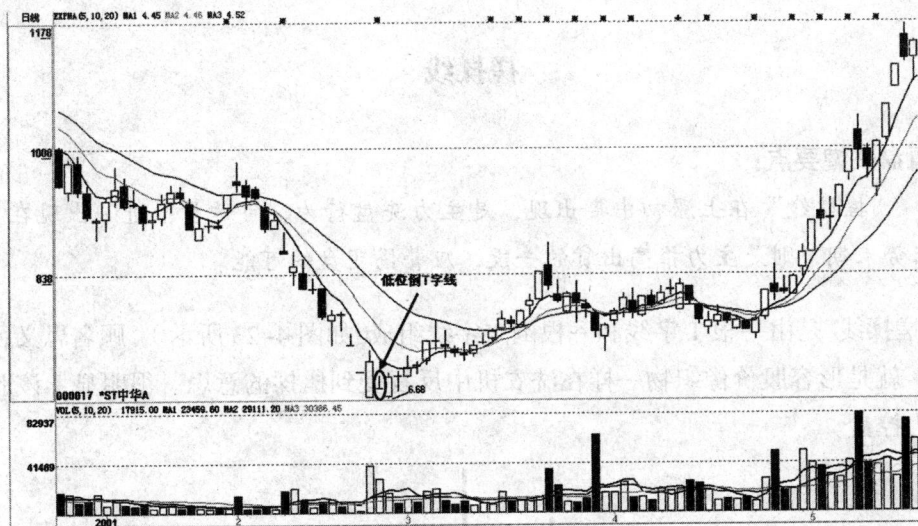

图 4-21

如果倒T字线在股价长期上涨的高位区域出现，或者在股价快速大幅度上涨的
阶段性高位出现时，就要引起投资者高度的注意，这往往是主力出货的征兆。

如图 4-22 所示，该股在高位出现了"倒T字线"的走势，当天大幅低开，随后
盘中多方展示出拉抬股价的强烈意愿，无奈空方力量过于强大，股价最终还是没能站
稳而跌回至开盘价位上收盘，留下了长长的上影线，从而引发了一波快速下跌的行情。

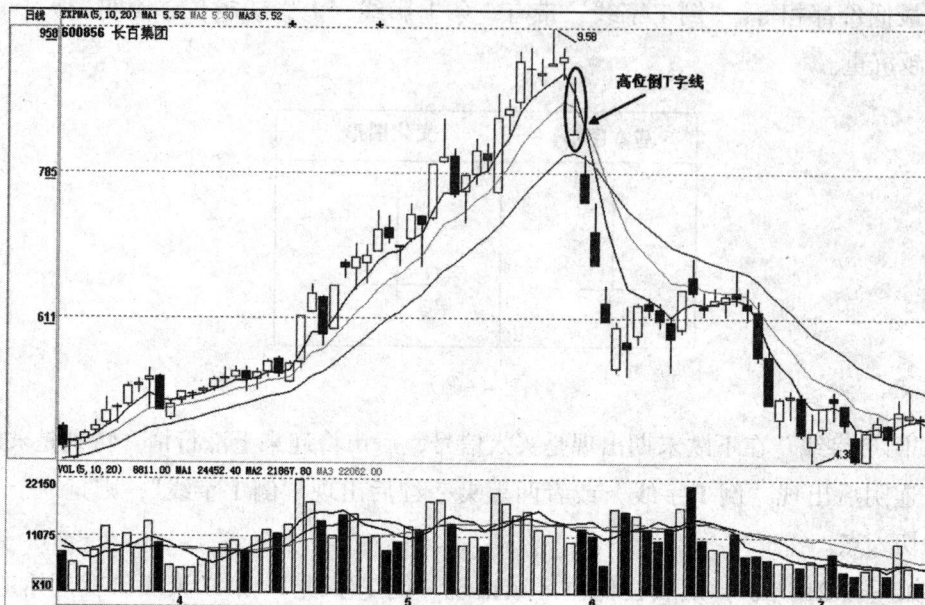

图 4-22

搓揉线

看盘关键要点：

"搓揉线"在上涨初中期出现，是主力洗盘行为，可适量跟进；出现在涨势末期，则是主力推高出货的手段，应警惕变盘的可能。

"搓揉线"是由一根 T 字线和一根倒 T 字线组成（如图 4-23 所示）。顾名思义，"搓揉线"就是形容股价像织物一样在洗衣机中反复受到搓揉的意思。很明显，该股定有主力控盘。

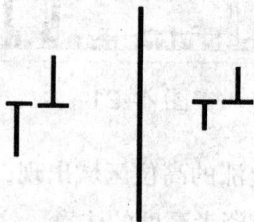

图 4-23

在上涨之初和中途出现"搓揉线"，大多是主力以此来清洗浮筹，减轻上行压力，

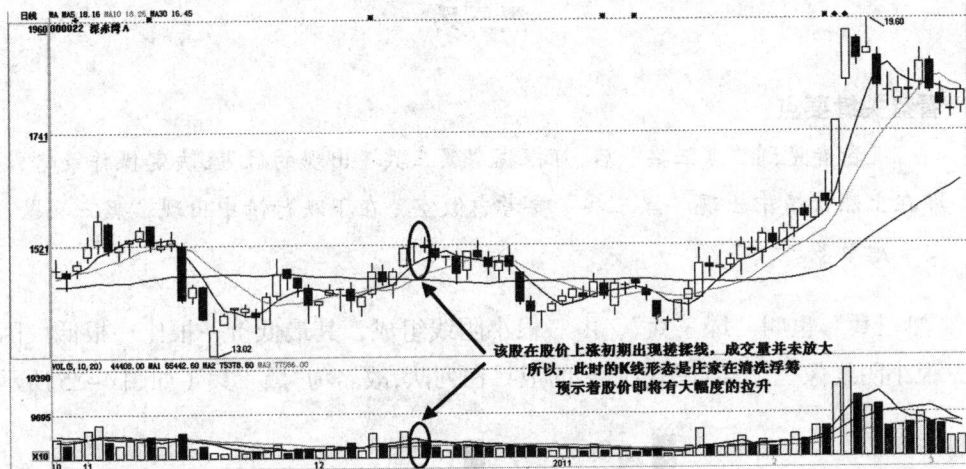

图 4-24

此时投资者可适量跟进。

而在上涨末期，尤其是股价已有很大涨幅后出现"搓揉线"，这一般是主力通过上下震荡搅乱人们的视线，以达到高位出货的目的。此时，投资者就要提高警惕，谨慎操作。

如图 4-24 所示，深赤湾 A（000022）在股价上涨初期出现了"搓揉线"，此时的成交量不仅没有增大反而比前一个交易日的要小，而且"搓揉线"的上下影线都比较短，由此可以判定，这种"搓揉线"是主力在清洗浮筹，以减轻上行压力，预示着股价即将有大幅度的拉升。果然，在股价经过一盘震荡之后，开始一路上涨，在上涨高位连续拉出两个涨停板，股价最高涨至 2011 年 2 月 21 日的 19.60 元。

要区分主力是在洗盘还是变盘就一定要看清股价的涨幅，如果股价在很短的时间内就上涨了好几倍，或是其绝对价位已远远超过同类性质股票的股价，那么，此时"搓揉线"所代表的变盘含义就非常大，反之，则可以看成洗盘。

但是利用涨幅来判断是洗盘还是变盘，难免会发生错误，比如说，一个超强的个股往往涨势难以预料，这时就很难断定其是否涨势已经过大了。此时，你可以用以下几点来判断：

1. 从上下影线来判断。

如果是上涨途中洗盘，T 字线和倒 T 字线的影线一般都较短，为小 K 线形态；而上涨末端的变盘，其影线都很长。

2. 从成交量上来判断。

如果是上涨途中洗盘，成交量较少；而上涨末端的变盘，成交量很大。

黑三兵

看盘关键要点：

投资者见到"黑三兵"后，可根据"黑三兵"出现的位置，决定操作策略，即在上涨行情中出现"黑三兵"要考虑做空；在下跌行情中出现"黑三兵"，要考虑做多。

"黑三兵"也叫"绿三兵"，由三根小阴线组成，其最低价一根比一根低。因为这三根小阴线像三个穿着黑色服装的卫兵在列队，故名为"黑三兵"（如图 4-25 所示）。

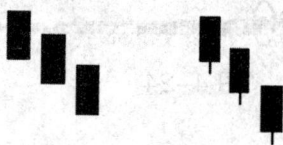

图 4-25

"黑三兵"可出现在涨势中，也可出现在跌势中，其出现在不同的趋势以及在趋势中的不同位置都具有不同的技术含义：

（1）在上涨行情中，尤其是股价有了较大的升幅之后，出现该形态，预示着行情即将转为跌势。

如图 4-26 所示，2010 年 1 月 5 日，上海汽车（600104）在股价上涨的高位出现了"黑

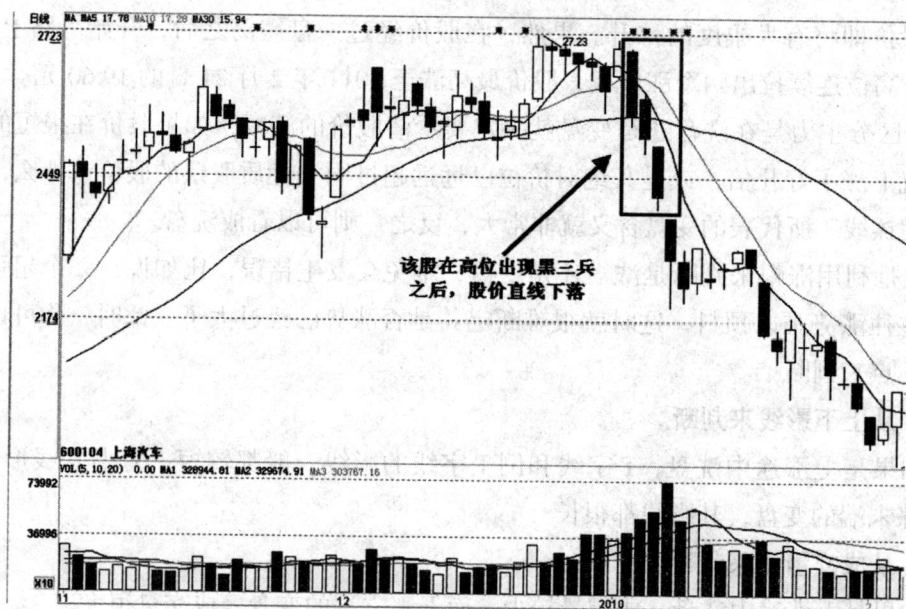

图 4-26

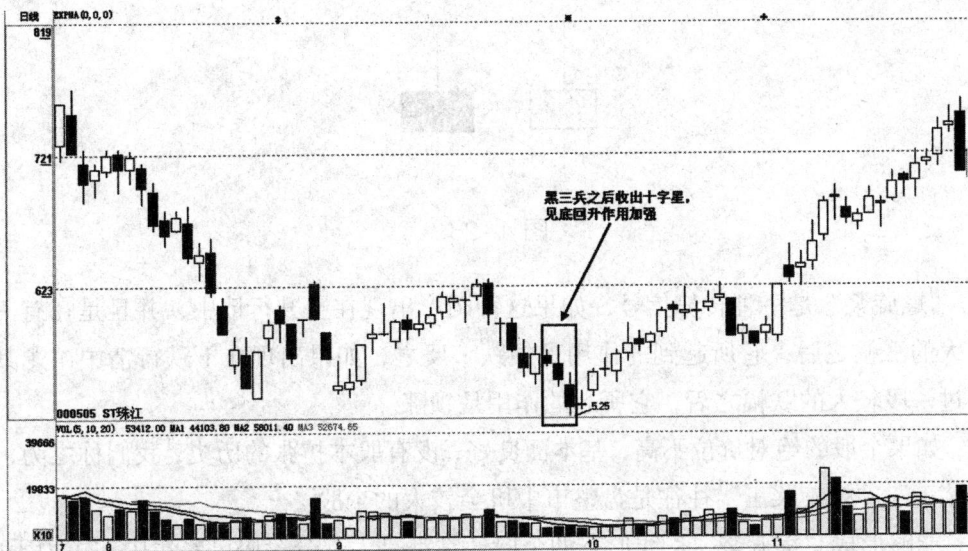

图 4-27

"三兵"K线形态，股价直线下落。从盘中走势来看，股价在出现"黑三兵"走势之后，又出现了向下跳空的大阴线，此阴线出现在股价下跌的中期，也预示着股价将继续下跌。

（2）出现在跌势中，尤其是股价已经有了一段较大的跌幅或者连续急跌之后，表示探底行情短期内即将结束，有可能转为一轮升势。

如图 4-27 所示，该股经过剧烈震荡下行，遭遇"黑三兵"，后又收出"底部十字星"，股价收跌反转，走出一波不错的上涨行情。

因此，投资者见到"黑三兵"后，可根据"黑三兵"出现的位置，决定操作策略，即在上涨行情中出现"黑三兵"要考虑做空；在下跌行情中出现"黑三兵"，要考虑做多。

螺旋桨

看盘关键要点：

"螺旋桨"是一种转势信号，如果出现在一段较大的涨幅之后，有领跌作用；反之，如果出现在下跌行情中，起领涨的作用。

"螺旋桨"是指那些开盘价与收盘价相近，K线实体很小，但最高价位与最低价位拉得很开，上下影线较长的图形（如图 4-28 所示）。

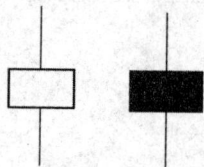

图 4-28

"螺旋桨"是一种转势信号，如果这种图形出现在上升行情中，并且是在有一段较大的涨幅之后，它所起到的作用是领跌；反之，如果出现在下跌行情中，尤其是经过一段较大的跌幅之后，它所起的作用是领涨。

如果个股的绝对价位不高，基本面良好，没有股本扩张的历史，我们称之为"螺旋桨王"。"螺旋桨王"往往是盘整市中机会较大的个股。

能够形成"螺旋桨"K 线形态的个股通常都是大部分筹码已经集中在主力手中，在大势不是特别低迷的情况下，这类个股非常容易出现较大的升幅。沪深两市中出现涨幅翻倍的黑马中绝大多数出自这个行列。这种个股的最大优势是在大盘跌势中比较抗跌，一旦有利好配合反应也较迅速，是中小资金分批投入实战的良好目标。

在实战中，无论是大盘或个股，一旦大幅上涨后，出现这样的 K 线形态，且随后几根 K 线在其下影线部位运行，那么头部就基本形成了，继续下跌的可能性就非常大，应果断止损。如果以后的 K 线在它的上影线部位运行，它有可能是上升途中的过渡形式，是一种上升中的中继形态，投资者应持股观望。

有一点需要提醒投资者，如果在"螺旋桨"之后以横盘形式出现了几个小阴、小阳线，此时可结合 5 日均线变化情况观察 2～3 天再决定是否买卖。

孕线

看盘关键要点：

"孕线"是一种转势信号，其所包含的两根 K 线组合结构不同，相应表达的转换意义也不同。

"孕线"由一根阴线和一根阳线组成，第二根 K 线实体全部深入到第一根 K 线实体之内，其形象有如一个孕妇，因此得名（如图 4-29 所示）。第二根 K 线为十字星的孕线形态，又被称为"十字胎"。

"孕线"是一种转势信号，其所包含的两根 K 线组合结构不同，相应表达的转换意义也不同。

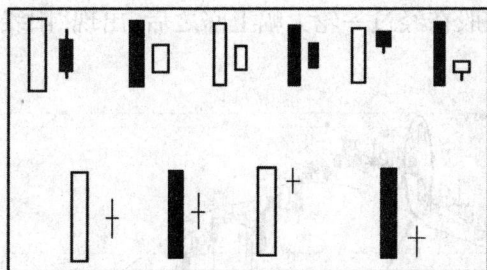

图 4-29

1. 阴线孕育阳线。

第一根 K 线是阴线，第二根 K 线是阳线，阳线实体在阴线实体之内，这种孕线形态就是"阴线孕育阳线"。这种组合形态通常会出现在长期下跌的低位区域，说明第二个交易日的卖盘在减弱，预示着股价下跌空间有限，市场正在积蓄能量，后市随时都可能出现反转行情。

如图 4-30 所示，该股经过长时间的下跌之后出现"阴线孕育阳线"组合，随后股价开始反弹，走出一波上涨行情。

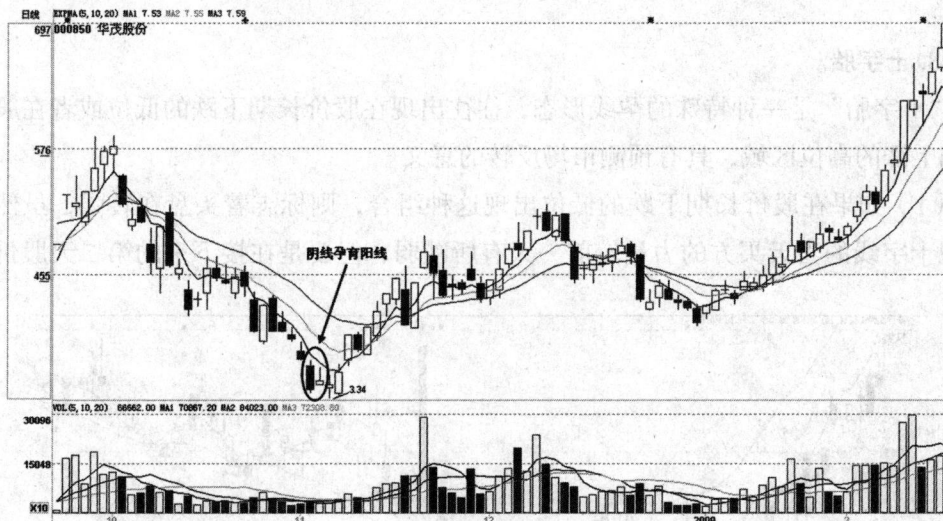

图 4-30

2. 阳线孕育阴线。

第一根 K 线是阳线，第二根 K 线是阴线，阴线实体在阳线实体之内，这种孕线形态就是"阳线孕育阴线"，它一般是出现在股价运行的高位区域或股价上涨的中途。出现这种组合，表明第二个交易日的股价走势陷入滞涨，买盘力量严重不支，这是股价即将大幅下跌的前兆。

如图 4-31 所示,该股在经过一轮大幅上涨之后,出现"阳线孕育阴线"组合,不久,股价即开始下跌。

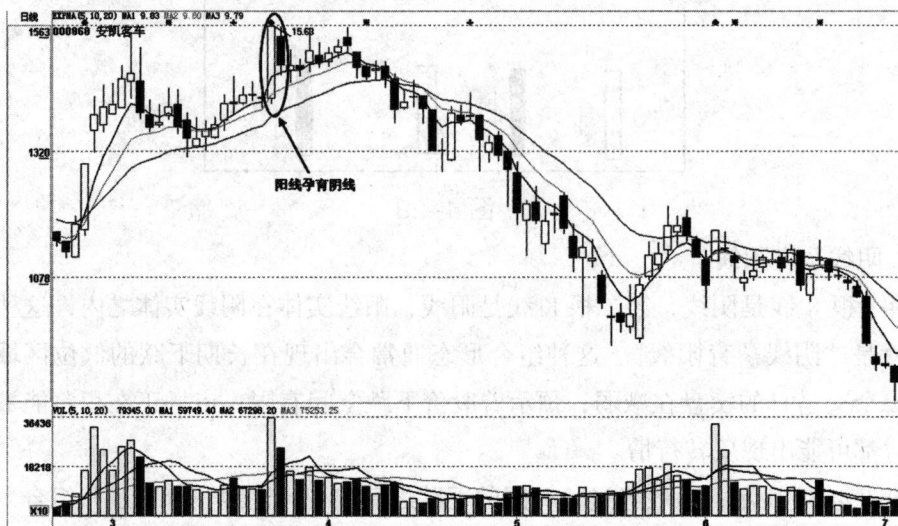

图 4-31

3. 十字胎。

"十字胎"是一种特殊的孕线形态,往往出现在股价长期下跌的低位或者在股价长期上涨的高位区域,具有预测市场反转的意义。

(1)如果在股价长期下跌的低位出现这种组合,则标志着买盘在转强,虽然在出现十字线的当天买方的力量较前一天有所减弱,但要是在接下来的第二天股价能

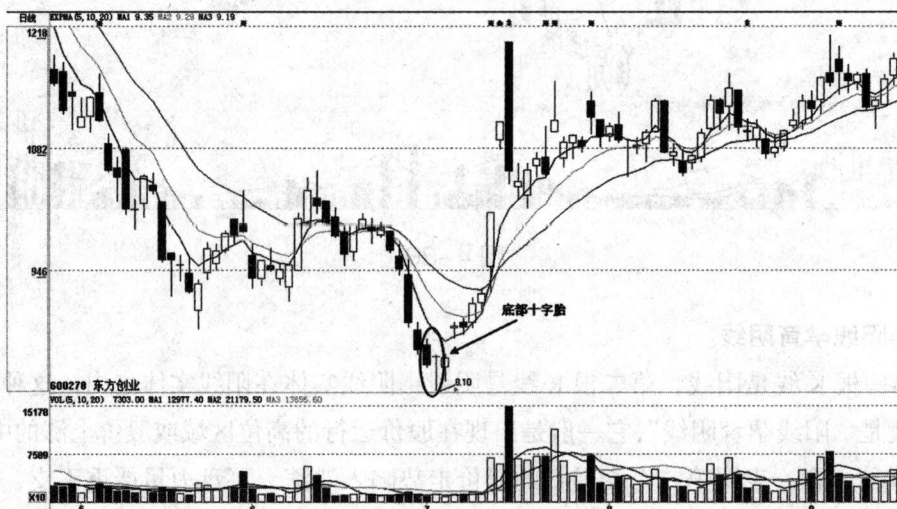

图 4-32

够继续走强，那么后市股价出现上涨的可能性相当大。

如图 4-32 所示，该股在股价经过一段长期的下跌之后，在低位区域出现"十字胎"形态，股价随后迎来一波上涨行情。

（2）当在股价上涨的高位区域出现"十字胎"时，投资者就要注意，这往往昭示着股价即将下跌。

如图 4-33 所示，该股就是在高位出现"十字胎"组合，股价随后开始了下跌的走势。

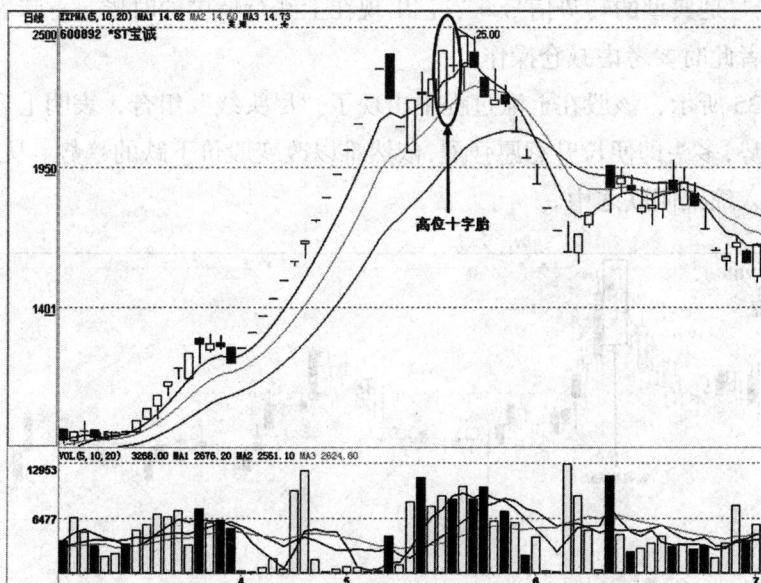

图 4-33

尽头线

看盘关键要点：

"尽头线"出现在涨势中是见顶信号，出现在跌势中是见底信号。

如图 4-34 所示，"尽头线" K 线组合的基本特征是：

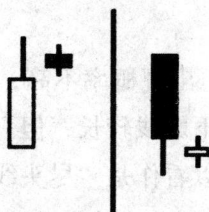

图 4-34

（1）既可出现在涨势中，也可出现在跌势中。

（2）由一大一小两根 K 线组成

（3）出现在涨势中，第一根 K 线为大阳线或中阳线，并留有一根上影线，第二根 K 线为小十字线或小阳小阴线，依附在第一根 K 线的上影线之内。

（4）出现在跌势中，第一根 K 线为大阴线或中阴线，并留有一根下影线，第二根 K 线为小十字线或小阳小阴线，依附在第一根 K 线的下影线之内。

"尽头线"是典型的转势信号。当它出现在上涨行情中的时候，意味着股价即将下跌，投资者此时要考虑减仓操作。

如图 4-35 所示，该股在上涨过程中出现了"尽头线"组合，表明上升遇阻，空头已占据优势，多头即便拉升意愿强烈，依然难以改变股价下跌的趋势。从图上看出，该股后市陷入绵绵阴跌之中。

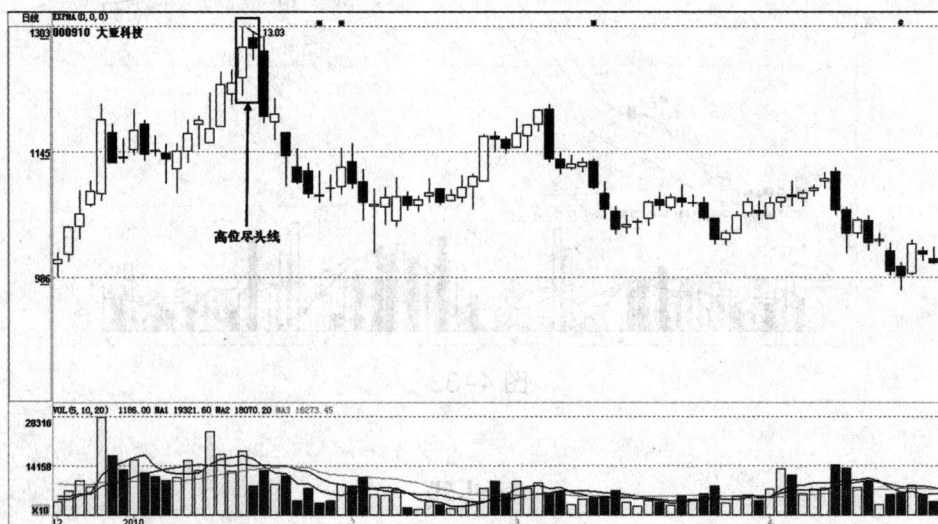

图 4-35

反之，当其出现在下跌行情中的时候，往往预示着股价即将迎来上涨行情，此时，投资者可适量跟进。

如图 4-36 所示，该股在股价大幅下跌的情况下，碰到了"尽头线"组合，此后逐浪上涨，甚至创出新高。

通常来说，标准的"尽头线"出现概率不高，投资者所见大多都是不太标准的"尽头线"，如果第二根 K 线的上下影线较长，但只要它的实体较短，且完全被第一根 K 线的影线完全所包容，也可以看作是"尽头线"。"尽头线"的变异图形并不影响它所带来的转市信号，对投资者的参考意义非常大。

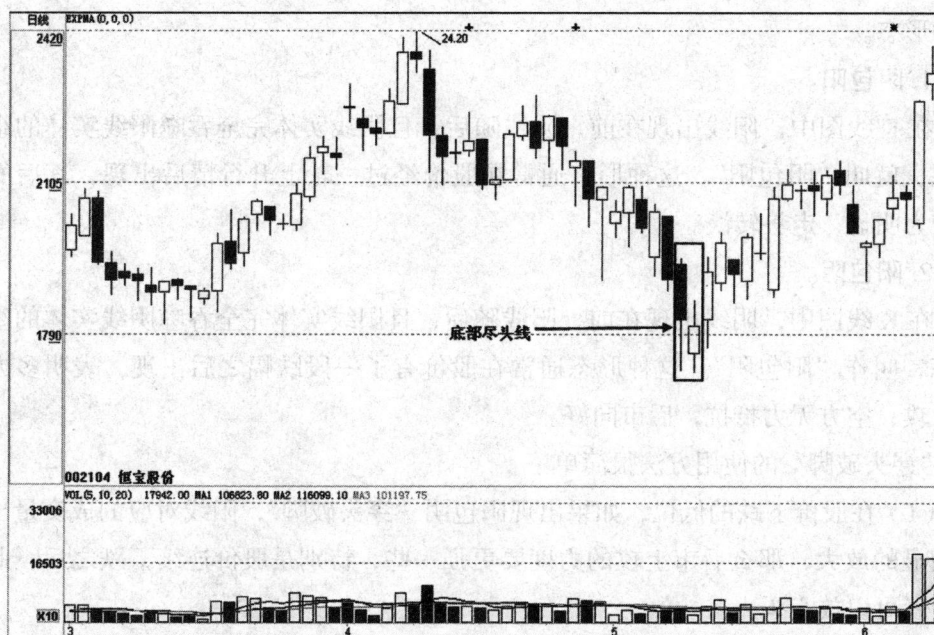

图 4-36

穿头破脚

看盘关键要点：

在涨势中出现阴包阳的穿头破脚组合，后市看淡，卖出；在跌势中出现阳包阴的穿头破脚组合，行情看涨，买进。

"穿头破脚"由一根阴线和一根阳线两根 K 线组成，其中第二根 K 线的实体部分完全地吞没了第一根 K 线的实体，既穿了头又破了脚，所以被称为"穿头破脚"（如图 4-37 所示）。

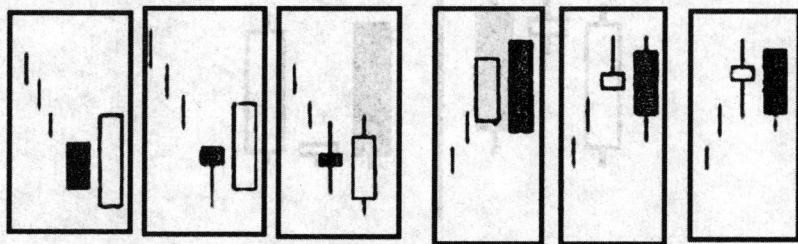

图 4-37

根据阴线和阳线的前后顺序不同，穿头破脚又可分为"阴包阳"和"阳包阴"

两种形态。

1. 阴包阳。

在 K 线图中，阳线出现在前，阴线随后，且阴线实体完全吞噬阳线实体的组合形态，就叫"阴包阳"。这种形态通常在股价经过一轮上升行情后出现，其后的回落较为明显，走势转淡。

2. 阳包阴。

在 K 线图中，阴线出现在前，阳线随后，且阳线实体完全吞噬阴线实体的组合形态，叫作"阳包阴"。这种形态通常在股价有了一段跌幅之后出现，表明多方组织反攻，空方无力抵抗，后市向好。

"穿头破脚"的使用方法很简单：

（1）在股价下跌的低位，如果出现阳包阴"穿头破脚"，阳线对应的成交量出现了明显的放大，那么后市上攻的力度要更强一些，特别是股价连续下跌之后，此时投资者可以放心买入。

（2）在股价运行的高位区如果出现阴包阳的"穿头破脚"，说明抛压沉重，行情见顶，如果对应着天量，则应证天量天价，投资者应该果断逃顶，至少应该减仓操作。

镊子线

看盘关键要点：

"镊子线"在上涨中出现预示股价将下跌，在下跌途中出现则是见底回升的信号。

如图 4-38 所示，"镊子线"的基本特征是：

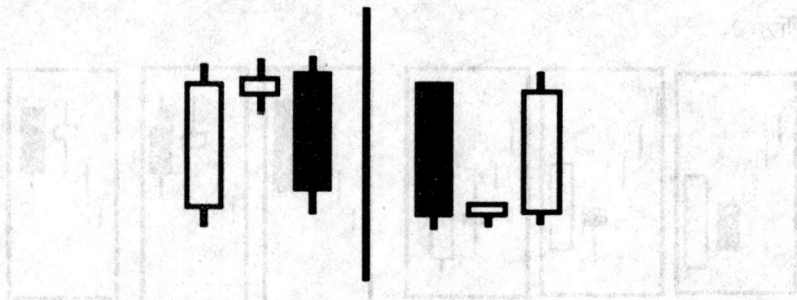

图 4-38

（1）既可以出现在股价上涨的过程中，也可以出现在股价下跌的过程中。

（2）由两大一小三根 K 线组成。

（3）三根 K 线的最高价几乎处在同一水平位置上，从图上看就像有人拿着镊子夹一块小东西。

"镊子线"出现在股价上涨的途中，尤其是有了一段较大涨幅之后，往往预示着股价将会见顶回落，此时投资者就要进行减仓操作。

如图 4-39 所示，该股前期涨幅已经很大，之后出现"镊子线"，基本上可以判断这是见顶信号。该股此后持续下跌，跌幅巨大，验证了"镊子线"的见顶作用。

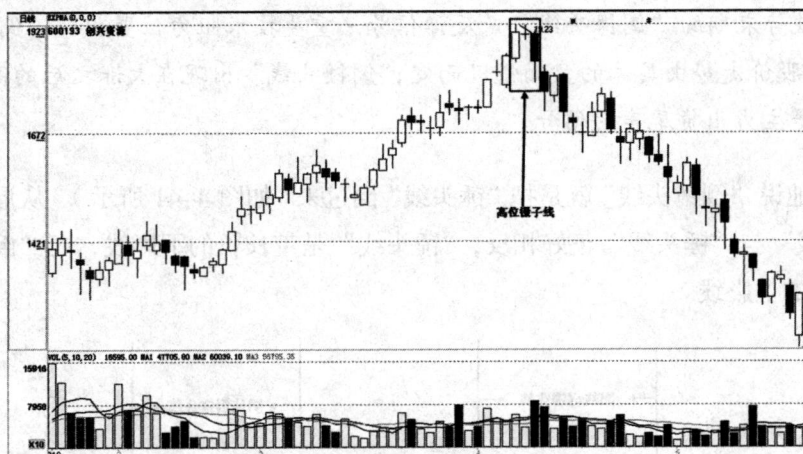

图 4-39

反之，"镊子线"出现在跌势中，尤其是有了一段较大跌幅之后，往往预示着股价会见底回升。投资者此时便可以适量买进。

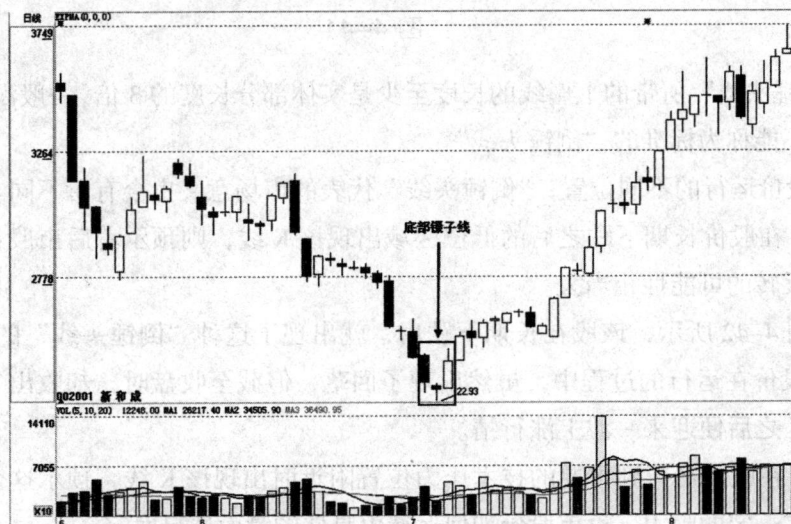

图 4-40

如图 4-40 所示,该股在低位出现"镊子线",获得支撑,随后稳健上行,涨幅较大。

投资者如果见到这种图形出现在涨势中, 就要进行减仓操作,如果这种图形出现在跌势中, 可适量买进。

倒锤头线

看盘关键要点:

跌势末期的"倒锤头线"是反弹信号 ；重要技术阻力位置出现"倒锤头线",股价走势由具体的盘面情况而定;"倒锤头线"出现在大涨之后的高位,往往是主力出货尾声的信号。

简单地说,"倒锤头线"就是把"锤头线"倒过来(如图 4-41 所示)。从形态上看,"倒锤头线"与"锤头线"正好相反,"锤头线"是带长长的下影线,而"倒锤头线"是带长长的上影线。

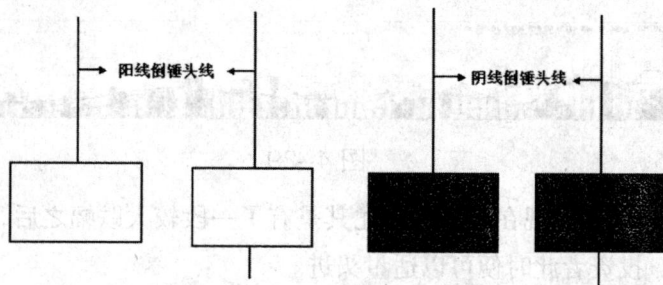

图 4-41

"倒锤头线"所带的上影线的长度至少是实体部分长度的 3 倍,一般没有下影线,否则就不能称为标准的"倒锤头线"。

在股价运行的不同位置,"倒锤头线"代表的市场意义也会有所不同。

（1）在股价长期下跌之后的低位区域出现该 K 线,则预示着后市股价出现反弹甚至是反转的可能性相当大。

如图 4-42 所示,该股在长期下跌后, 就出现了这种"倒锤头线"的走势形态。第二天股价在运行的过程中,虽然出现了回落,但截至收盘时,却收出了一根上涨的阳线,之后便迎来一波上涨行情。

（2）在股价运行到重要的技术压力位置附近时出现该 K 线,预示这个位置附近可能存在一定的阻力。后市股价如何运行由具体的盘面情况而定。

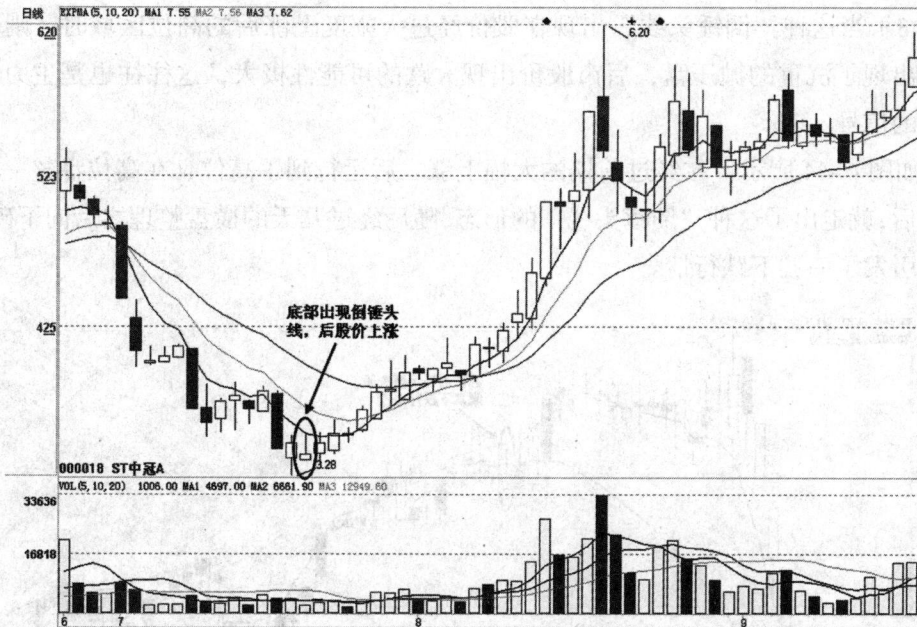

图 4-42

如图 4-43 所示，该股在运行到半年线附近时就出现了"倒锤头线"的走势形态，之后股价稍作整理后就走出了一波上涨行情。

图 4-43

（3）当这种"倒锤头线"出现在股价经过大幅度上涨后的高位区域时，则表示上档出现了沉重的抛压盘，后市股价出现大跌的可能性极大，这往往也是主力出货尾声的信号。

如图4-44所示，在经过前期的大幅上涨之后运行到了高位，在高位盘整一段时间之后，就走出了这种"倒锤头线"的形态，随后经过几天的横盘整理之后向下破位，最终引发了一波下跌行情。

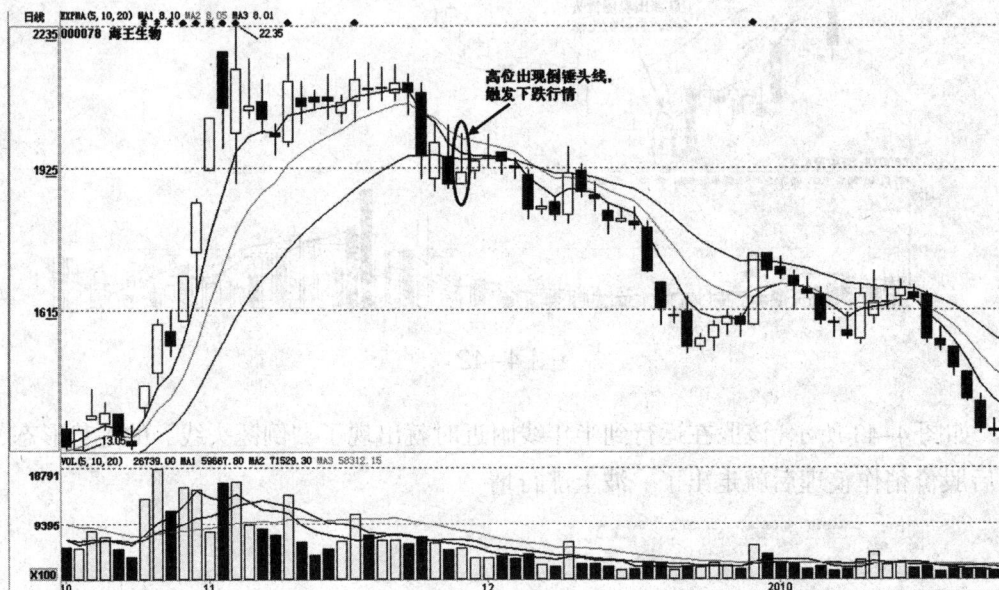

图 4-44

加速度线

看盘关键要点：

"加速度线"在上涨趋势或下跌趋势中都有可能出现，上涨时为头部信号，下跌时为底部信号。

"加速度线"形容股价走势就像一个长跑运动员一样，越接近终点步伐越快，出现涨跌幅加速的现象（如图4-45所示）。这种形态在上涨趋势或下跌趋势中都有可能出现，上涨时为头部信号，下跌时为底部信号。

在上涨行情中，一些个股先是缓慢爬升，后来越涨越快，接连拉出很有力度的中阳线或大阳线，投资者见到这种信号，千万不要因为连续出现的阳线而急于买进，

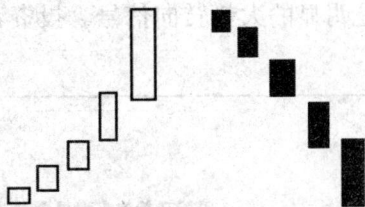

图 4-45

因为这是一种见顶信号，预示着上升行情已经走到了尽头。

在下跌行情中，一些个股先是缓慢地下滑，后来越跌越快，接连拉出很有力度的中阴线或大阴线。这种形态意味着股价的下跌已经见底，即将反弹。此时投资者应该多看少动，待股价回升的时候，再准备买入。

第三节　K线组合的上涨形态和见底形态

早晨十字星

看盘关键要点：

出现"早晨十字星"，说明股价经过大幅回落之后，做空能量基本上已经大量释放，股价无力再创新低，这是明显的大势转向信号。投资者如果见到这种图形，可以适量买进。

图 4-46

图 4-46 显示的是"早晨十字星"的标准形态，它有两个重要特征：

（1）通常出现在股价连续下跌的过程中，跌幅比较大。

（2）由三根K线组成，第一根K线为阴线，第二根K线为十字线，第三根K线为阳线，最好是跳空高开的阳线。第三根K线实体深入到第一根阴线实体之中。

出现"早晨十字星"，说明股价经过大幅回落之后，做空能量基本上已经大量释放，股价无力再创新低，这是明显的大势转向信号。投资者如果见到这种图形，可以适量买进。

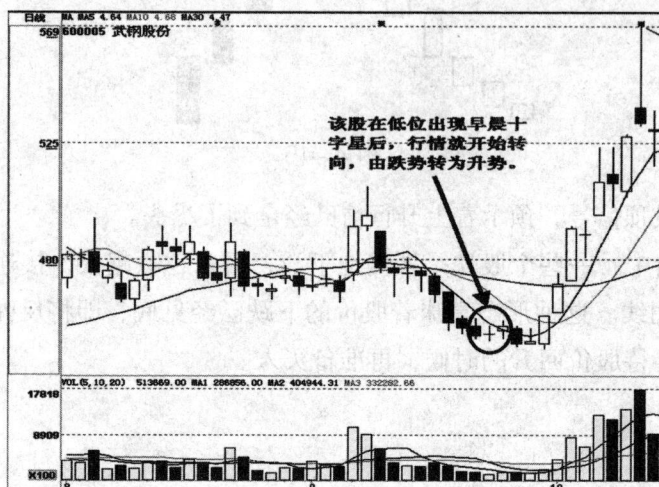

图 4-47

2010 年 9 月 20 日，武钢股份（600005）在经过一波下跌行情之后的低位出现了"早晨十字星"，盘中做空能量基本上已经释放，随后，股价转头向上，走出一波上涨行情（如图 4-47 所示）。

需要提醒投资者注意的是，"早晨十字星"还有三种变异形态，如图 4-48 所示：

另外，"早晨之星"与"早晨十字星"形态相似，又叫希望之星，不同于"早晨十字星"的是，它的第二根 K 线是小阴线或小阳线，其反转信号不如"早晨十字星"强。

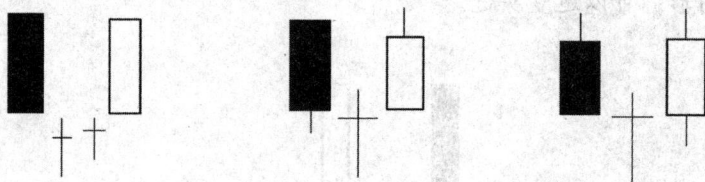

图 4-48

平底

看盘关键要点：

"平底"是股价见底回升的信号，后市看涨，投资者可择机介入。

"平底"是在股价下跌过程中出现的，由两根或两根以上的 K 线组成，最低价处在同一水平位置上，如图 4-49 所示。"平底"是股价见底回升的信号，后市看涨，投资者可择机介入。

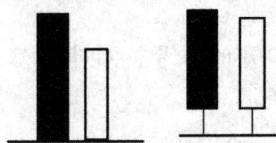

图 4-49

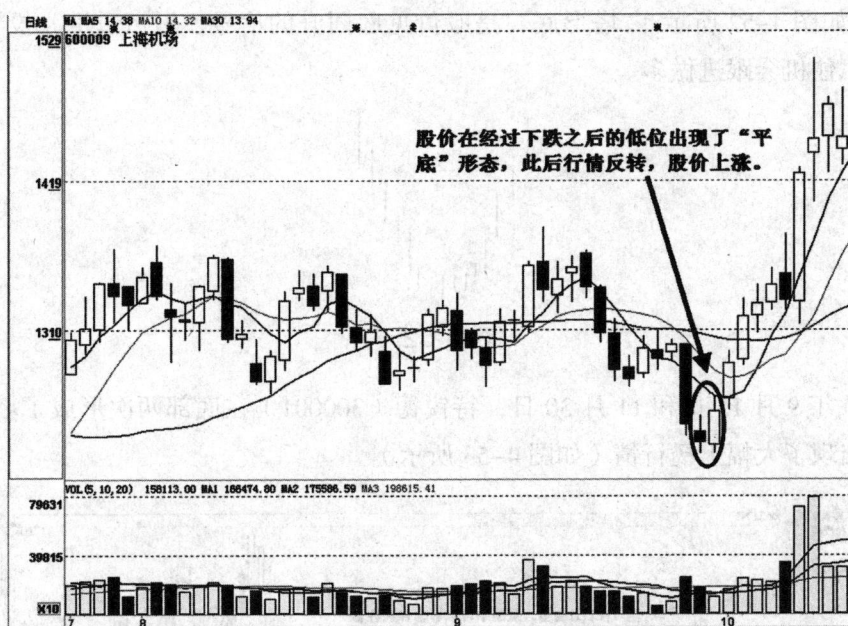

图 4-50

2010 年 9 月 29 日，上海机场（600009）在股价经过一波下跌行情之后的低位出现了"平底"形态，此后，行情反转，股价上涨（如图 4-50 所示）。

此外，投资者也要注意"平底"的四种变异形态，如图 4-51 所示。

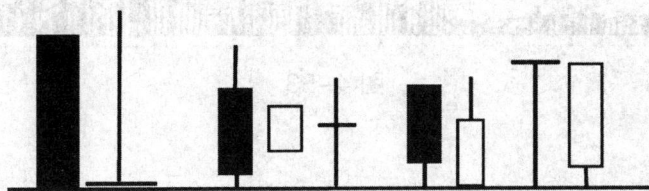

图 4-51

塔形底

看盘关键要点：

　　"塔形底"是股价见底回升的信号，后市看涨，投资者可在此时抓住机会跟进做多。

　　"塔形底"出现在股价下跌过程中，先是一根大阴线或中阴线，后为一连串的小阴小阳线，最后出现一根大阳线或中阳线。因其形状像个倒扣的塔顶，所以称为"塔形底"，如图 4-52 所示。"塔形底"是股价见底回升的信号，后市看涨，投资者可在此时抓住机会跟进做多。

图 4-52

　　2010 年 9 月 15 日和 11 月 30 日，特锐德（300001）在底部两次形成了塔形底，股价都出现了大幅上扬行情（如图 4-53 所示）。

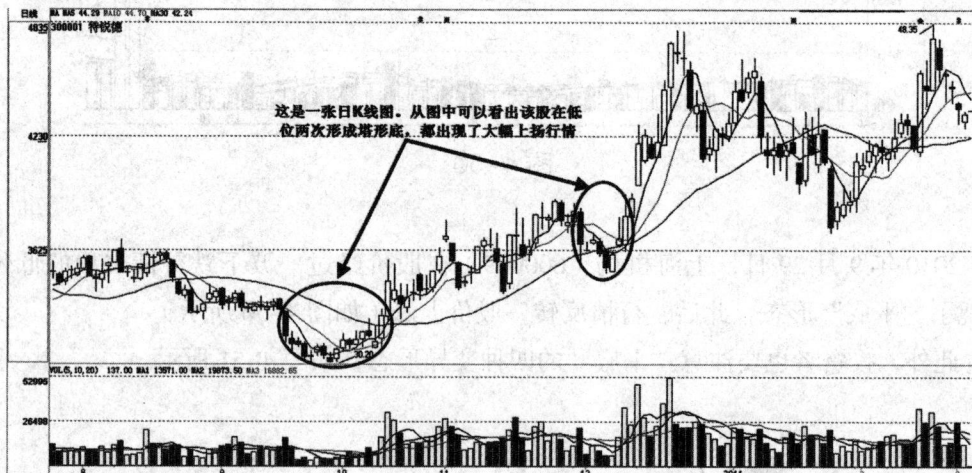

图 4-53

曙光初现

看盘关键要点：

"曙光初现"暗示着股价已经见底或者已经到了阶段性的底部，股价回升的可能性很大，投资者此时可以考虑买进一些股票，适量做多。

"曙光初现"出现在下跌趋势中，由一阴一阳两根 K 线组成，先是一根大阴线或中阴线，接着出现一根大阳线或中阳线，阳线的实体深入到阴线实体的 1/2 以上处。如图 4-54 所示：

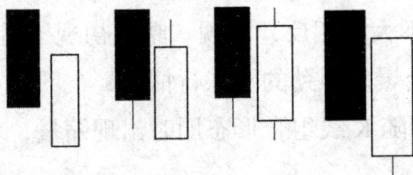

图 4-54

顾名思义，"曙光初现"的意思就是黑暗的长夜已经过去，黎明即将到来。从技术上来分析，该形态出现以后，暗示着股价已经见底或者已经到了阶段性的底部，股价回升的可能性很大，投资者此时可以考虑买进一些股票，适量做多。

2010 年 5 月 18 日，华神集团（000790）在底部出现了曙光初现 K 线组合图形，随后，股价开始上涨。但涨势并没有持续太长时间便拉出一根阴线，反身向下，随后拉出一根阳线，这根阳线几乎达到前一天阴线实体的一半左右，当天的成交量较前一个交易日明显缩小。种种迹象表明，股价此时已经见底，回升的可能性很大。事实正是如此，在经过回调之后，股价开始了一波强劲的上涨行情，在 2010 年 11 月 19 日、

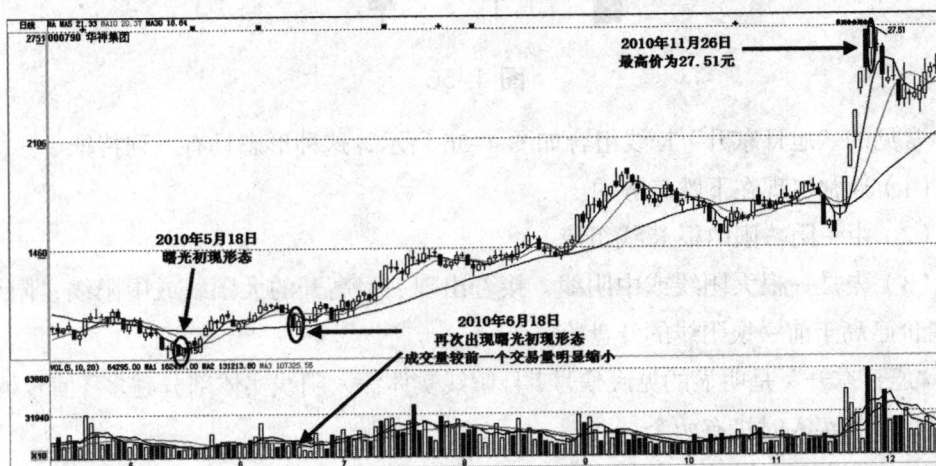

图 4-55

22 日、23 日、24 日四个交易日拉连续拉出了四个涨停板，股价最高涨至 11 月 26 日的最高价 27.51 元，较 5 月 13 日的最低价 8.15 元，升幅达 238％（如图 4-55 所示）。

在操作实践中，利用"曙光初现"的时候，要抓住以下两个关键点：

（1）阳线的实体部分应超越阴线实体部分一半以上才有意义。

（2）第二根阳线的实体部分愈长表示力度越大。

在运用"曙光初现"选股时还要注意以下几点：

（1）股价所处的阶段。当该形态出现在个股涨幅过大的时候，骗线的可能性非常大。

（2）行情展开的力度。出现"曙光初现" K 线组合形态后，如果股价立即展开上升行情，则力度往往并不大。相反，出现"曙光初现"后，股价有一个短暂的蓄势整理过程的个股，往往会爆发强劲的上涨行情。

（3）成交量的变化。伴随 K 线组合形态同时出现缩量，表明股价已经筑底成功。

旭日东升

看盘关键要点：

"旭日东升"是明显的见底信号，且阳线实体深入阴线实体部分越多，信号越强。

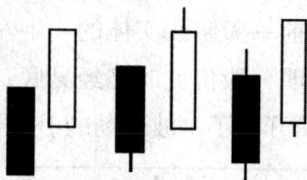

图 4-56

常见的"旭日东升" K 线组合如图 4-56 所示，这种形态具有下列特征：

（1）通常出现在下跌趋势中。

（2）由一阴一阳两根 K 线组成。

（3）先是一根大阴线或中阴线，接着出现一根高开的大阳线或中阳线，阳线的收盘价已高于前一根阴线的开盘价。

"旭日东升"是明显的见底信号，且阳线实体深入阴线实体部分越多，信号越强。

旭日东升的买入时机有两个：

（1）在出现"旭日东升"之际逢低买入，最好在出现"旭日东升"的当天收盘前积极买入。

（2）在"旭日东升"出现后上攻途中出现回档时，比如股价回档至 10 日或 20 日均线附近逢低吸纳，只要股价仍保持原始上升趋势，这不失为较好的介入时机。

如图 4-57 所示，该股在已经大幅下跌的背景下，先后收出一根中阴线和一根中阳线，构成"旭日东升"K 线组合，此后便走出一波不错的上涨行情。"旭日东升"是较好的反转向上信号，投资者可以积极买入。

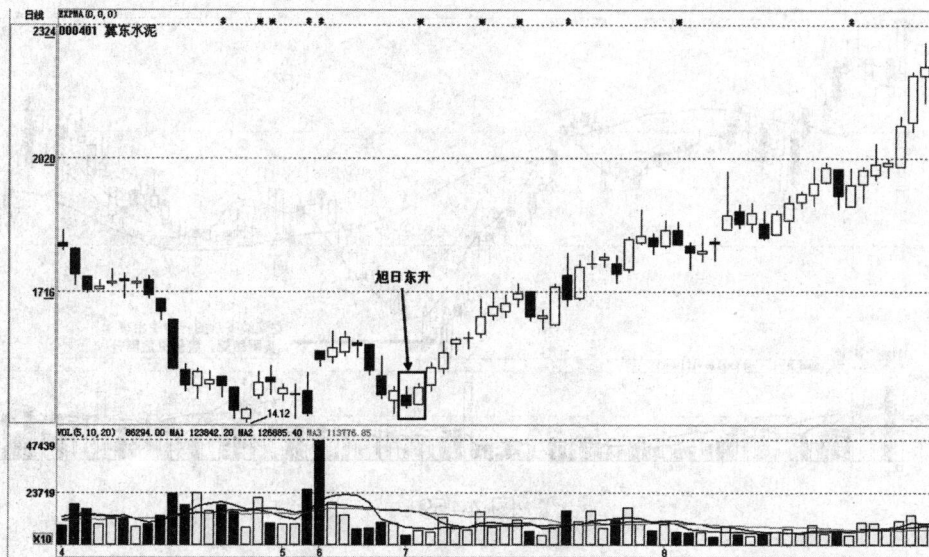

图 4-57

锤头线

看盘关键要点：

"锤头线"是一种典型的见底信号，且下跌的幅度越大，时间越长，后市股价出现反弹或者是反转的可能性越大。

如图 4-58 所示，"锤头线"主要有以下几个特征：

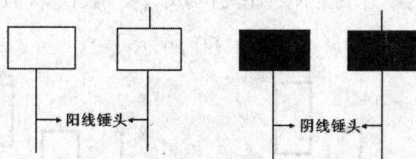

图 4-58

（1）该形态一般出现在股价下跌的过程中。

（2）该形态既可以是阴线也可以是阳线，其阴线或阳线的实体很小，一般没有上影线，即使有，上影线也非常短，但下影线部分的长度必须是实体部分的3倍以上。

（3）该形态是一种典型的见底信号，后市看涨。

特锐德（300001）在经过一段时间的下跌后，于2010年2月3日出现了阴线锤头，股价见底，次日反弹，随后走出了一波上涨行情（如图4-59所示）。

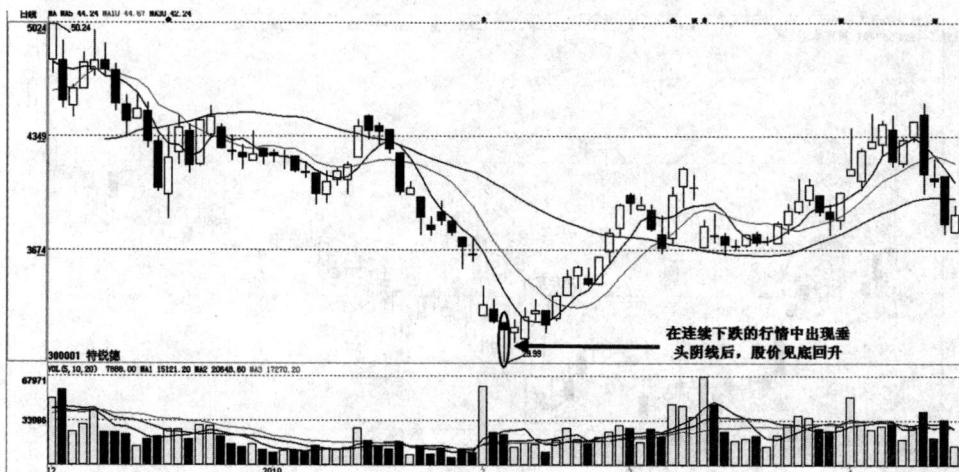

图 4-59

对于出现"锤头线"的个股来说，下跌的幅度越大，时间越长，后市股价出现反弹或者是反转的可能性越大。

红三兵

看盘关键要点：

"红三兵"形态表明买盘很积极，后市上涨的可能性很大，是典型的买进信号。

"红三兵"由连续拉出的三根阳线构成，一般出现在长期下跌的底部区域，或者在上涨时回调反弹的过程中（如图4-60所示）。

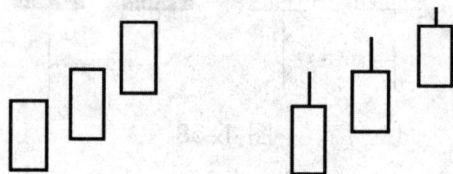

图 4-60

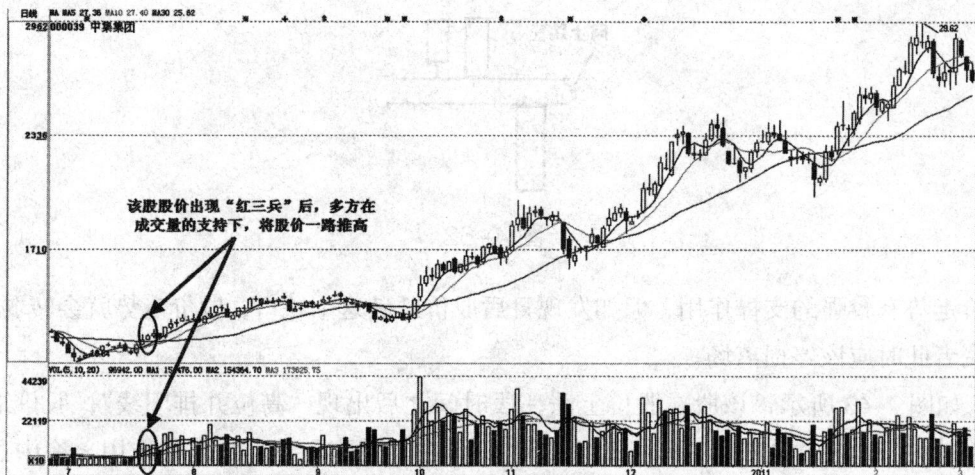

图 4-61

标准的"红三兵"是指每一天的开盘价都低于前一天的收盘价，但是收盘价却高于前一天的收盘价，最高点在不断地提高。这种形态表明买盘很积极，预示着后市股价出现上涨的可能性很大，是典型的买进信号，如果此时的成交量也明显放大，投资者可以考虑买入。

2010 年 7 月 20 日，中集集团（000039）股价在"红三兵"出现之后，多方在成交量的支持下，将股价一路推高，一直涨至 2011 年 2 月 18 日的最高价 29.62 元（如图 4-61 所示）。

高位并排阳线

看盘关键要点：

　　"高位并排阳线"的出现，意味着股价将会继续上涨，其向上跳空的缺口对日后股价走势有较强的支撑作用，但如发现日后股价跌破这个缺口，股价走势就会转弱，投资者此时应该停损离场。

"高位并排阳线"出现在行情上涨的途中，由两根阳线组成；第一根阳线跳空向上，其收盘时在前一根 K 线上方留下一个缺口，第二根阳线与第一根阳线并排，开盘价与第一根阳线的开盘价基本相同（如图 4-62 所示）。还有人称这种图形为"升势恋人"。

"高位并排阳线"的出现，意味着股价将会继续上涨，其向上跳空的缺口对日后

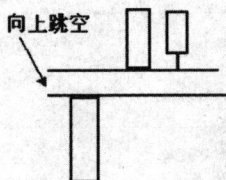

向上跳空

图 4-62

股价走势有较强的支撑作用，但如发现日后股价跌破这个缺口，股价走势就会转弱，投资者此时应该停损离场。

如图 4-63 所示，该股在股价上涨一段时间之后出现"高位并排阳线"，股价继续上行。"高位并排阳线"形成的缺口对股价的上行具有一定的支撑作用，途中虽有几次回档，但始终运行在缺口上方。最高涨至 2011 年 1 月 5 日的 41.80 元，相较 2010 年 7 月 2 日的最低价 18.20 元，升幅高达 130%。投资者也要注意，股价在上涨途中一旦跌破缺口，就一定要提高警惕，担心后市逆转。

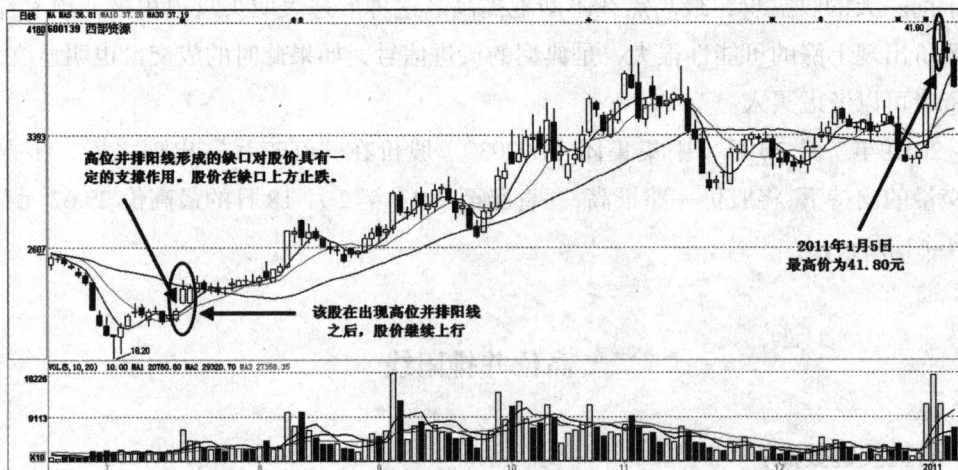

图 4-63

低位并排阳线

看盘关键要点：

"低位并排阳线"出现在大幅下跌后是见底反转信号，后市看涨，可适量做多。

"低位并排阳线"的特征是：股价经过一段时间的下跌，出现了一根跳空低开的阳线，至收盘时留下一个缺口，紧接着又出现一根与之并列的阳线，两根阳线最低价几乎相同（如图 4-64 所示）。

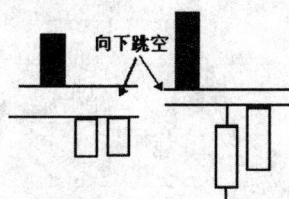

图 4-64

"低位并排阳线"出现在大幅下跌后是见底反转信号，后市看涨，可适量做多。

冉冉上升形

看盘关键要点：

"冉冉上升形"初期的升幅不大，但往往是股价大涨的前兆，投资者可适量做多，待日后股价出现拉升，继续加码跟进。

如图 4-65 所示，"冉冉上升形" K 线组合的基本特征是：

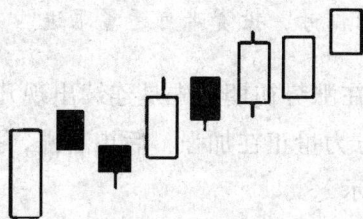

图 4-65

（1）在盘整后期出现。

（2）由若干小 K 线组成，一般不少于 8 根，其中以小阳线居多，中间也夹杂小阴线、十字线。

（3）整个 K 线排列成略微向上倾斜状，犹如冉冉升起的旭日。

这种形态在初期的升幅不太大，但往往是股价大涨的前兆，如果成交量也呈温和放大的态势，则上涨的可能性会更大一些。投资者见此 K 线组合，可适量做多，如果日后股价出现拉升现象，可继续加码买进。

2008 年 11 月 15 日，长春高新（000661）股价在低位出现冉冉上升形 K 线组合之后，股价一路往上攀升，升幅喜人（如图 4-66 所示）。

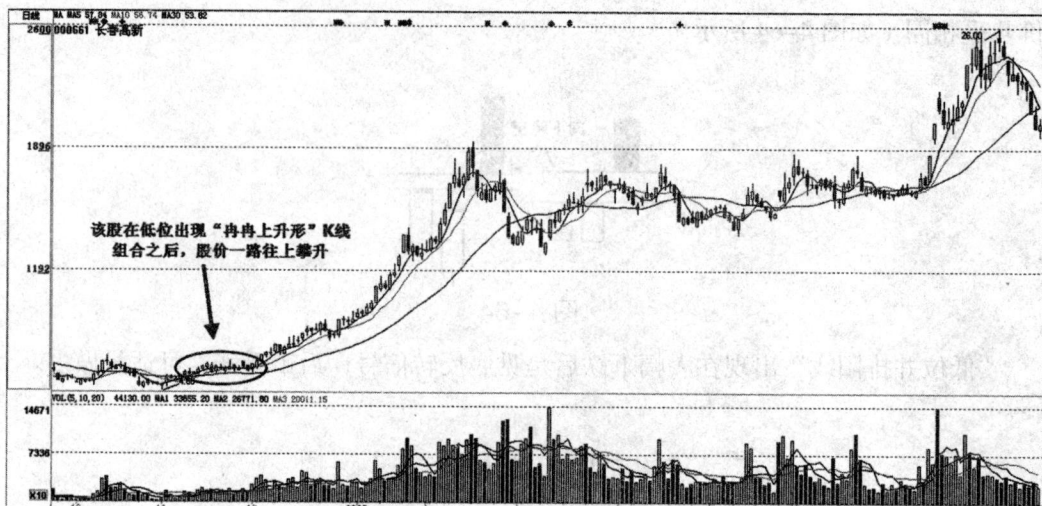

该股在低位出现"冉冉上升形"K线组合之后，股价一路往上攀升

图 4-66

徐缓上升形

看盘关键要点：

"徐缓上升形"是看涨信号，投资者可适量跟进。

"徐缓上升形"通常出现在涨势初期，先是连续出现几根小阳线，随后出现一、两根中、大阳线，这表明多方力量正在加强，后市看涨，投资者遇到这种图形的时候可适量跟进（如图 4-67 所示）。

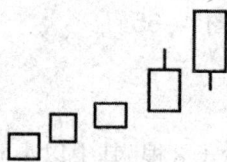

图 4-67

锦龙股份（000712）股价在运行的底部出现徐缓上升形 K 线组合形态，表明盘中多方力量正在逐步壮大，股价呈现出强势上扬态势，此时投资者可适量跟进（如图 4-68 所示）。

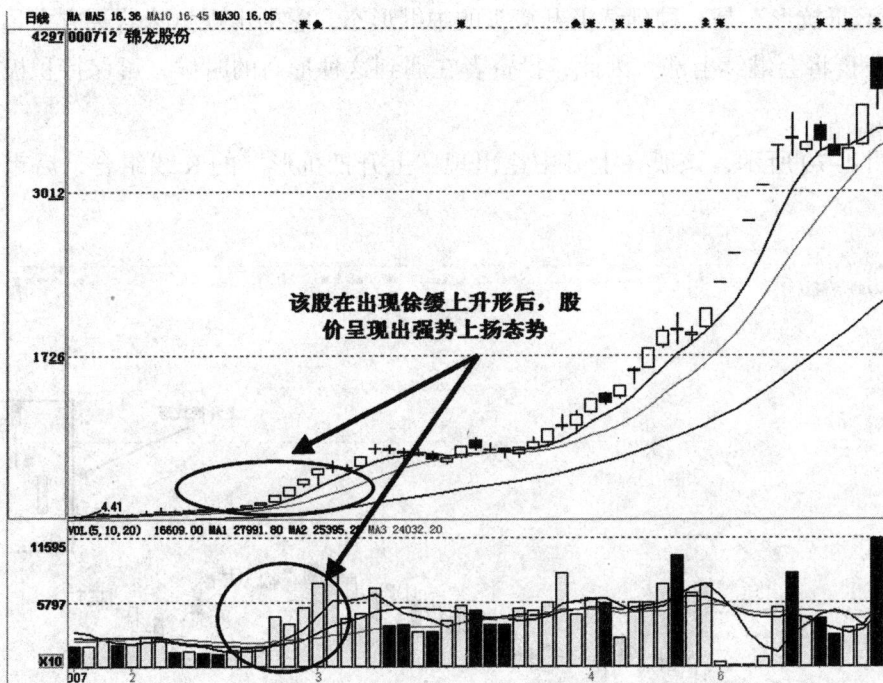

该股在出现徐缓上升形后，股
价呈现出强势上扬态势

图 4-68

上升抵抗形

看盘关键要点：

"上升抵抗形"是一种延续上升势头的中继形态，它的出现意味着买方
力量逐渐增强，股价将会继续上涨。

"上升抵抗形"一般出现在股价上涨的过程中，由若干连续高开的 K 线组成，即
使中间收出阴线，收盘价也要比前一根 K 线的收盘价高（如图 4-69 所示）。

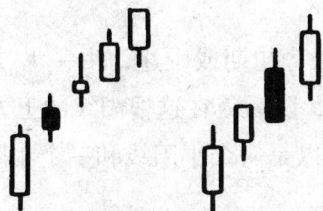

图 4-69

"上升抵抗形"是一种延续上升势头的中继形态，它的出现意味着买方力量逐渐增强，股价将会继续上涨。因此，投资者在遇到这种形态的时候，可保持积极看多的心态。

如图4-70所示，该股在上升中途出现"上升抵抗形"的K线组合，后市仍强势上行。

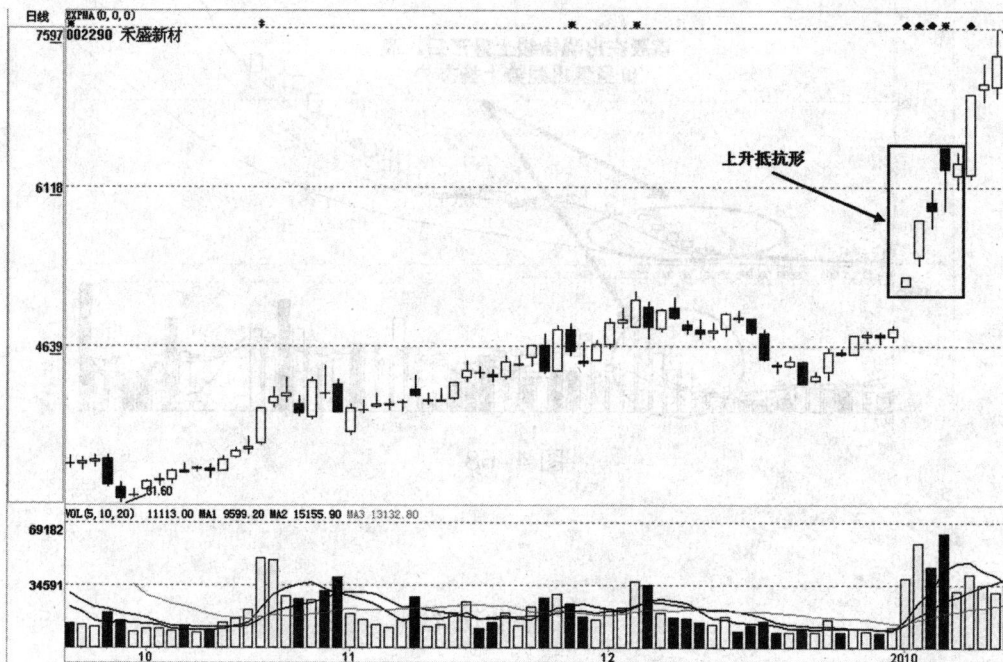

图 4-70

上涨两颗星

看盘关键要点：

"上涨两颗星"的出现是可信度极高的买进时机，后市继续看涨。

"上涨两颗星"一般出现在涨势初期或中途，由一大二小三根K线组成；在上涨时先出现一根大阳线或中阳线，随后就在这根阳线的上方出现两根小K线，这两根小K线可以是两个小阳线，可以是一个小阳线和一个小阴线，也可以是两个小小的十字线，如图4-71所示。

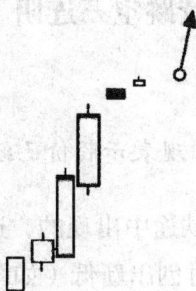

图 4-71

"上涨两颗星"的出现是可信度极高的买进时机，股价展开新一轮上升行情的可能性会很大，此时如果成交量出现明显放大，那么，投资者可以适量增加仓位，持筹待涨。

如图 4-72 所示，该股在加速上涨时期出现"上涨两颗星"的 K 线形态，短线涨幅仍很可观。见到这种图形，只要此后趋势没有完全破坏，投资者可以继续持股待涨。

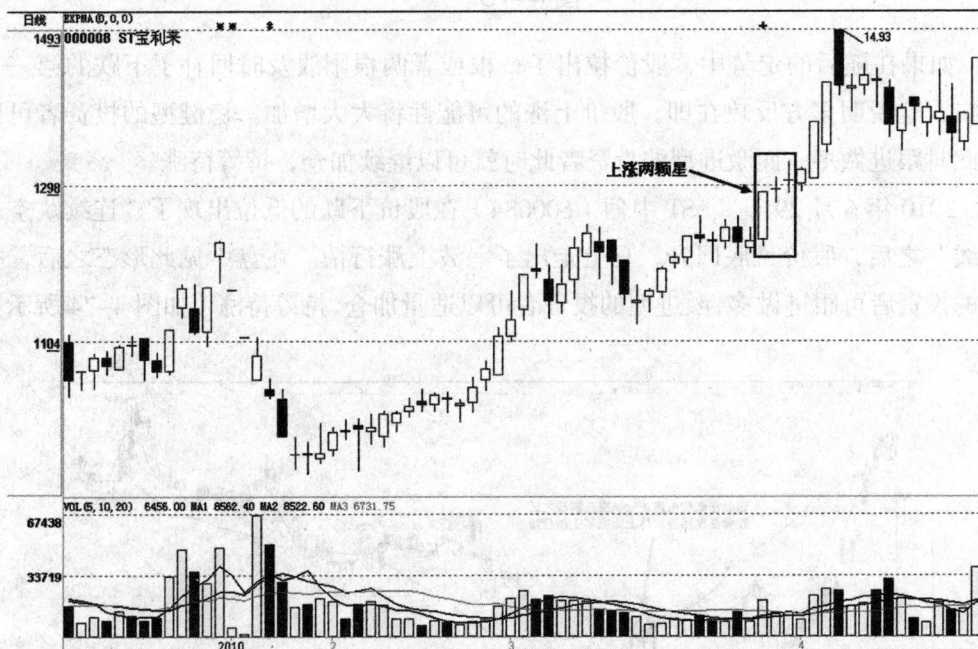

图 4-72

连续跳空三连阴

看盘关键要点：

"连续跳空三连阴"形态的出现表示股价已经见底，是强烈的买进信号。

"连续跳空三阴线"是在股价下跌途中出现的，连续三天的阴线，每天的开盘价都比前一天的收盘价要低，且收盘时创出新低（如图4-73所示）。这种形态的出现表示股价已经见底，是强烈的买进信号。对于激进型的投资者来说，此时就可以积极看多了。

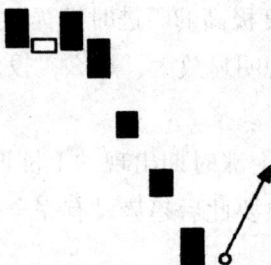

图4-73

如果在随后的走势中，股价拉出了一根或者两根阳线及时回补了下跌的第三个缺口，这说明多方反攻在即，股价上涨的可能性将大大增加。稳健型的投资者可以在此时跟进做多，而激进型的投资者此时就可以继续加仓，持筹待涨。

2010年6月29日，*ST中葡（600084）在股价下跌的低位出现了"连续跳空三阴线"之后，股价见底回升，马上走出了一波上涨行情。在盘中见此形态之后，空仓的投资者可跟进做多，激进型的投资者可以适量加仓，持筹待涨（如图4-74所示）。

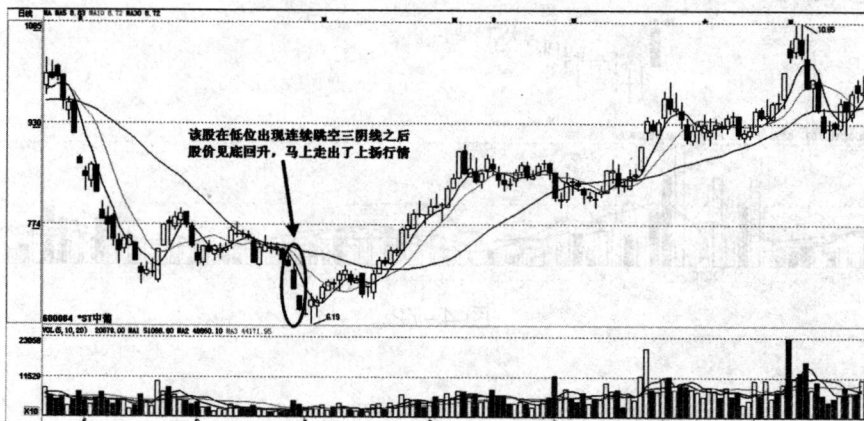

图4-74

跳空上扬形

看盘关键要点：

涨势初期或中期出现"跳空上扬形"组合，是入场信号。

在上涨的趋势中，出现了一根跳空上行的阳线，但交易第二天不涨反跌，拉出一根阴线，不过它的收盘价收在前一根 K 线跳空处附近，缺口没有被填补。这种 K 线组合图形叫作"跳空上扬形"，又称"升势鹤鸦缺口"（如图 4-75 所示）。

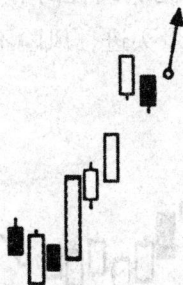

图 4-75

这种形态的出现说明在股价攀升的过程中遇到少许阻力，后经过多方努力，终于摆脱了这些麻烦，继续把股价往上推高。

在上涨初期或中期出现这种 K 线组合，预示着股价将会继续向上攀升，投资者可做入场打算。

2010 年 8 月 26 日，郑州煤电（600121）在股价上涨途中出现"跳空上扬形"后进入横盘整理阶段。在经过将近一个月的横盘整理之后，9 月 29 日，拉出一根阳线，该阳线立于短期、中期和长期均线上方，随后，股价开始向上攀升（如图 4-76 所示）。

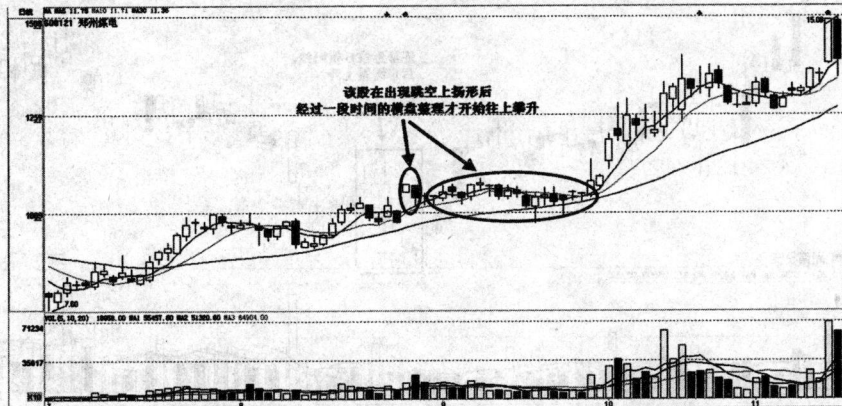

图 4-76

下档五阳线

看盘关键要点：

"下档五阳线"是一种典型的买入信号，投资者可以逢低适量买入，风险不大，短线获利机会较多。

在下跌行情持续一段时间后，K线图连续出现了5根阳线（有时可能是6根或者7根），构成"下档五阳线"（如图4-77所示）。这种形态表示在此价位多方的承接力量较强，预示着股价可能已经见底或者到了一个阶段性底部，这是一种典型的买入信号。此时，投资者可逢低适量买进，风险不大，短线获利机会较多。

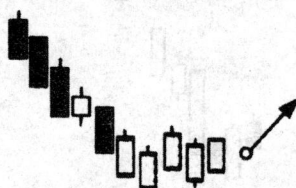

图 4-77

如图4-78所示，该股在较大幅度下跌之后，连续6天拉出阳线，并排筑底，表明股价得到强劲的支撑，多方吸纳明显。此后股价稳步上扬，涨幅不小。

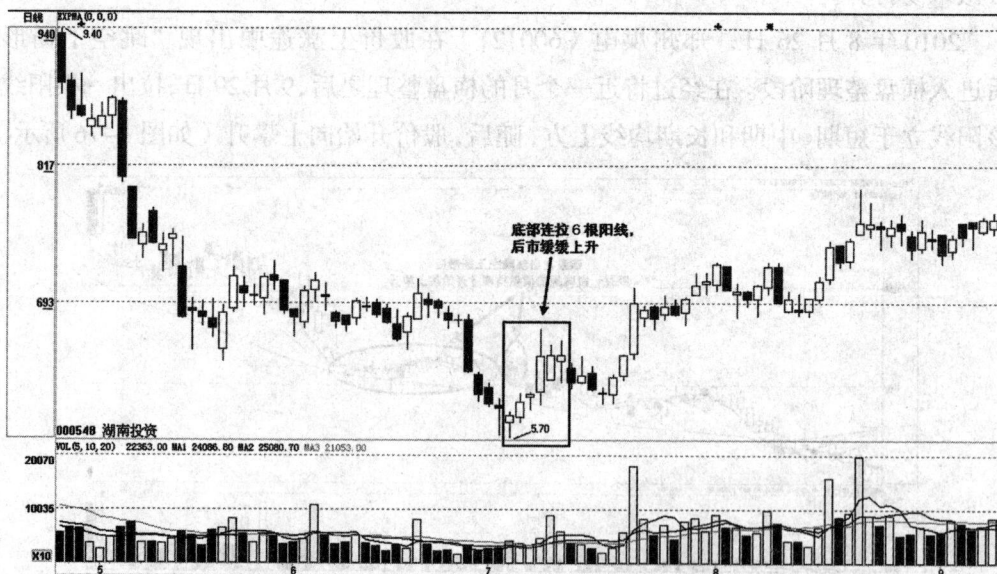

图 4-78

上档盘旋形

看盘关键要点：

当股价上扬后出现"上档盘旋形"，投资者可依据上档盘整的日子长短来调整自己的投资策略，见机行事。

如图 4-79 所示，"上档盘旋形" K 线组合的基本特征是：

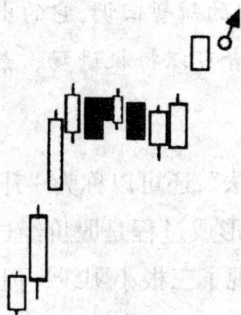

图 4-79

（1）多出现在上涨行情中。

（2）股价在上涨过程中，拉出一根较有力度的阳线后，就出现了阴阳交错、上下波动范围很小的横盘走势。

一般来说，上档盘旋时间在 5 ~ 14 天，多数看涨；超过 14 天则多数看跌，因为盘旋时间太久，说明多方上攻愿望不强，因而跌的可能性很大。

所以当股价上扬后出现"上档盘旋形"，投资者可依据上档盘整的日子长短来调整自己的投资策略，见机行事。

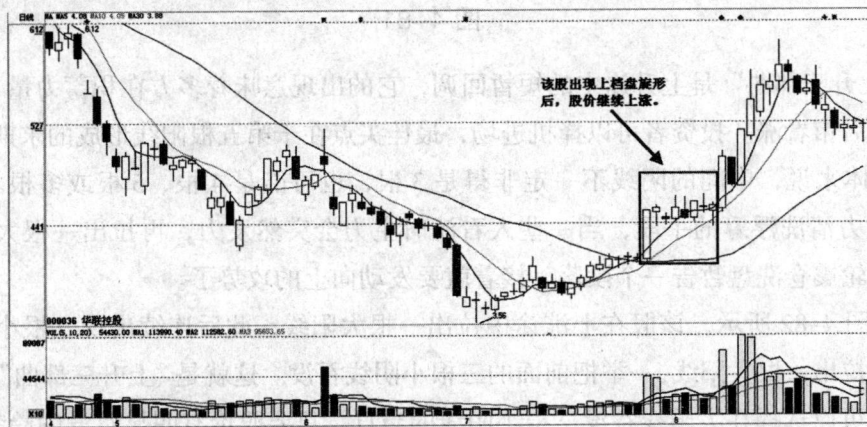

图 4-80

2010 年 7 月 28 日，华联控股（000036）在股价向上攀升的过程中出现了 "上档盘旋形"。中间的盘整时间为 7 个交易日，随后，拉出一根大阳线，股价继续向上攀升（如图 4-80 所示）。

上升三部曲

看盘关键要点：

"上升三部曲" 是上升途中的短暂回调，它的出现意味着多方在积蓄力量，伺机上攻，后市看涨。投资者可以择机进场，最佳买点在于第五根阳线形成的末期。

"上升三部曲" 又名 "上升三法"，还可以称为 "升势三鸦"，通常出现在上涨途中，由大小不等的 5 根 K 线组成。其形成过程是股价经过一段时期的上涨，先拉出一根大阳线或中阳线，之后，连续出现了三根小阴线，但都没有跌破前面阳线的开盘价，并且成交量也开始减少，随后又出现了一根大阳线或中阳线。整个走势有点类似英文字母 "V"（如图 4-81 所示）。

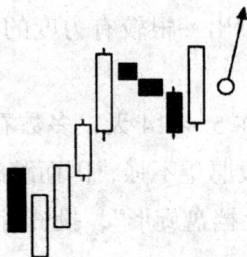

图 4-81

"上升三部曲" 是上升途中的短暂回调，它的出现意味着多方在积蓄力量，伺机上攻，后市看涨。投资者可以择机进场，最佳买点在于第五根阳线形成的末期。

具体来说，中间的阴线不一定非得是 3 根，也可能是 4 根、5 根或多根。小阴线是主力清洗浮筹的手段，当一些人看淡时主力会突然发力，再拉出一根大阳线。宣告一轮震仓洗盘暂告一个段落，接着就要发动向上的攻势了。

如图 4-82 所示，该股在上涨途中拉出一根大阳线，此后连续出现三根小阴线，随后又拉出一根大阳线，一举把前面的三根小阴线吞没。这就是 "上升三部曲" 形态。投资者可以选择在大阳线吞没三根小阴线的当日，只要股价有明显吞没的趋势就可以进场。

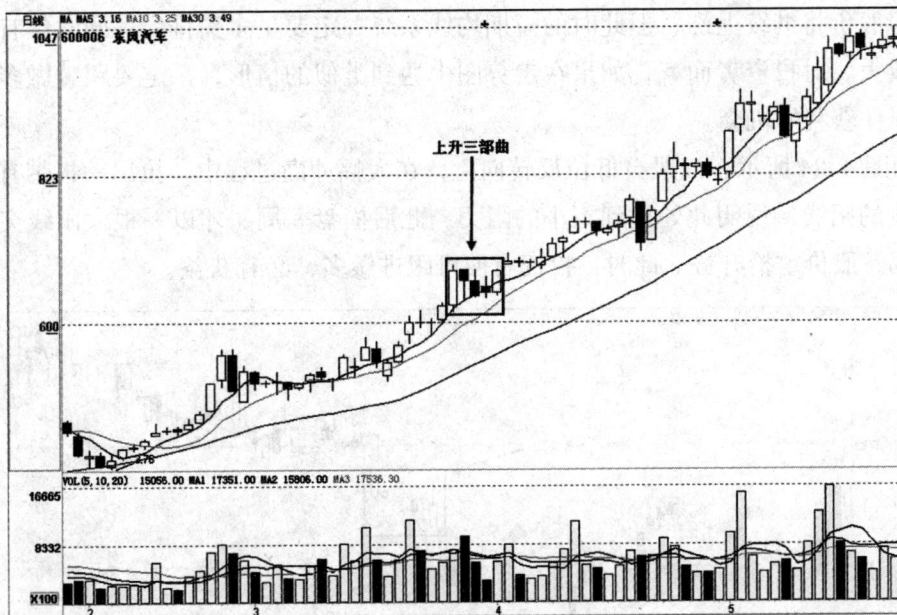

图 4-82

多方尖兵

看盘关键要点：

"多方尖兵"的出现，往往是多方主力在试盘，预示着股价将继续上涨，可跟进做多。

由图 4-83 可知，"多方尖兵"具有以下特征：

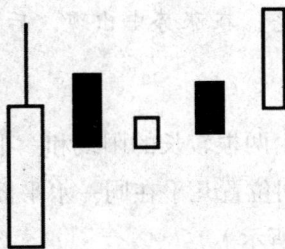

图 4-83

（1）在上涨行情中出现，特别是在涨势初期出现更有实战意义。

（2）由若干根 K 线组成。在拉出一根中阳线或大阳线时，留下一根较长的上影线，然后股价回落，但不久股价又涨至上影线的上方。

一般说来，"多方尖兵"的出现，很可能是多方主力发动全面进攻前的一次试盘，预示着股价将继续上涨，但此时的短期均线系统一定要呈多头排列，同时伴有成交量的放大。对投资者而言，如果在走势图中遇到类似的情形，一定要跟着做多，往往会抓住获利的机会。

如图 4-84 所示，该股自低位反转向上，在大幅冲高过程中，拉出一根带有长长上影线的阳线，说明此处遇到不小的阻力，此后横盘一周，才以一根大阳线突破打破僵局，股价重拾升势。此时，投资者便可跟进做多，必有获益。

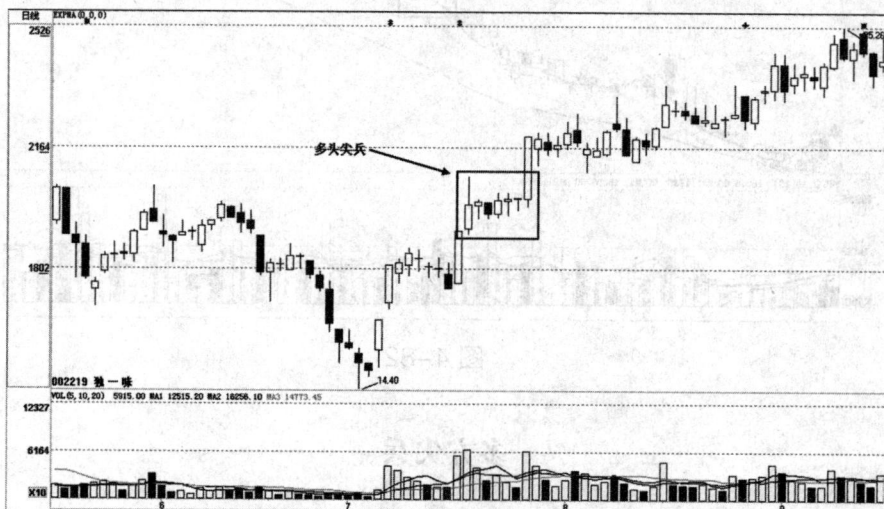

图 4-84

两阳夹一阴

看盘关键要点：

"两阳夹一阴" K 线形态，在涨势中出现，后市看涨；在跌势中出现，是见底信号。

"两阳夹一阴"的特征是，由两根较长的阳线和一根较短的阴线组成，阴线夹在阳线之中，三根 K 线所处的中间位置几乎在同一水平面上。通常，两根阳线的实体要比阴线的实体长（如图 4-85 所示）。

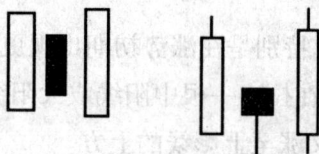

图 4-85

这种形态在上升和下跌趋势中都有可能出现。出现在上涨行情中，尤其是上涨初期的走势图中，意味着股价将会继续上涨；出现在下跌行情中，意味着股价将暂时止跌，有可能见底回升。

2010 年 7 月 2 日，ST 贤成（600381）在股价下跌的底部出现了"两阳夹一阴"的 K 线组合形态，此后股价止跌，走出了一波强劲的上涨行情，至 2011 年 1 月 7 日，盘中涨幅达 136%（如图 4–86 所示）。

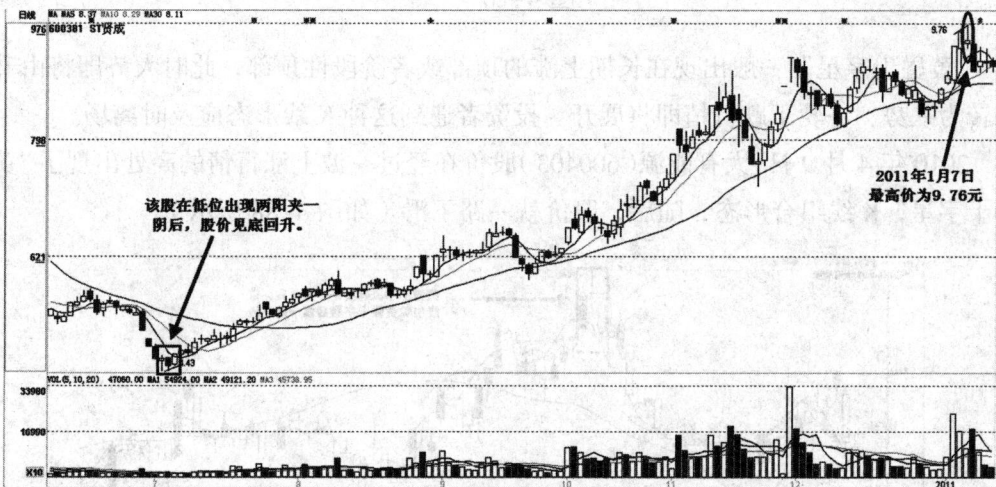

图 4–86

第四节　K 线组合的下跌形态和滞涨形态

黄昏十字星

看盘关键要点：

"黄昏十字星"一般出现在长期上涨的顶部或者阶段性顶部，此时大势即将由升势转为跌势，一轮下跌行情即将展开。投资者遇到这种 K 线形态应及时离场。

"黄昏十字星"与"早晨十字星"的含义相反，它一般出现在股价经过一波涨幅之后，出现了向上跳空开盘，开盘价与收盘价相同或者非常接近，而且留有长长上下影线的十字星，接着第二天股价拉出了一根向下的阴线，且将第一天上涨的幅度全部吞没（如图 4-87 所示）。

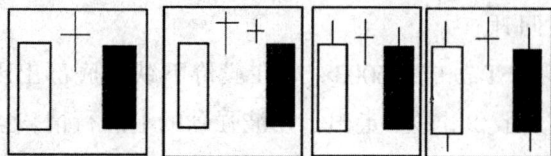

图 4-87

"黄昏十字星"一般出现在长期上涨的顶部或者阶段性顶部，此时大势即将由升势转为跌势，一轮下跌行情即将展开。投资者遇到这种 K 线形态应及时离场。

2010 年 4 月 9 日，大有能源（600403）股价在经过一波上涨行情的高处出现了"黄昏十字星" K 线组合形态，随后，股价就一路下滑（如图 4-88 所示）。

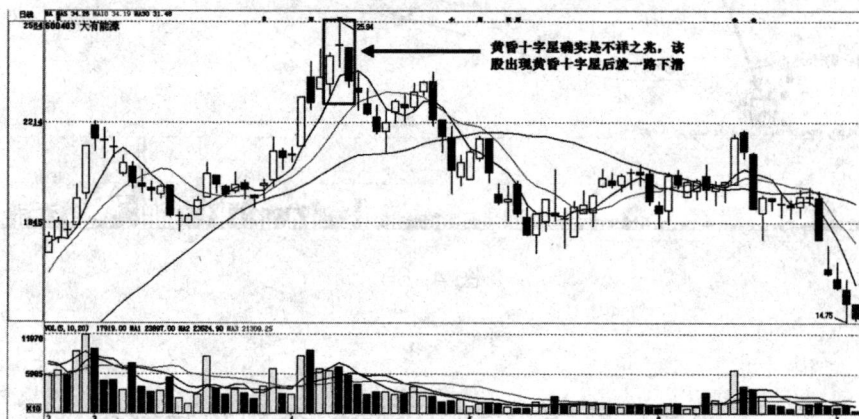

图 4-88

平顶

看盘关键要点：

"平顶"是转势信号，预示着下跌行情即将到来，投资者最好做好离场出局的准备。

"平顶"是由两根或两根以上的 K 线组成的，其重要特征是构成 K 线的最高价处在同一水平位置上。"平顶"一般在股价的上涨过程中出现，属于转势信号，它的出现，预示着股价即将由升势转为跌势，一波下跌行情即将到来（如图 4-89 所示）。

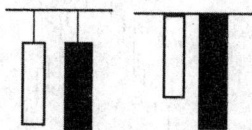

图 4-89

"平顶"如果和其他 K 线形态，比如说，"穿头破脚""吊颈线"等同时出现时，股价下跌的可能性会更大。此时，投资者最好做好离场出局的准备。

2010 年 10 月 26 日，江淮汽车（600418）在经过一波上涨行情的高位出现了"平顶" K 线组合形态，股价就从峰顶开始滑落（如图 4-90 所示）。

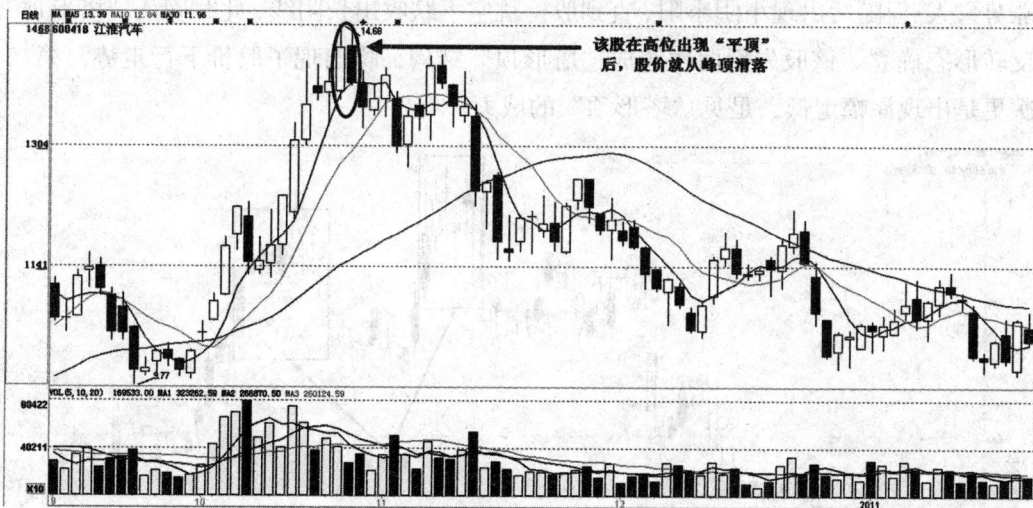

图 4-90

塔形顶

看盘关键要点：

"塔形顶"的出现意味着行情开始转为下跌趋势，投资者如果遇到这种图形应及时离场，以免股价下跌给自己带来损失。

股价在上涨的过程中，首先拉出一根大阳线或中阳线，然后涨势开始变缓，出现了一连串的小阳小阴线，最后出现一根向下倾斜的大阴线或中阴线，就形成了"塔形顶"形态（如图 4-91 所示）。

图 4-91

"塔形顶"的出现意味着行情开始转为下跌趋势，投资者如果遇到这种图形应及时离场，以免股价下跌给自己带来损失。

如图 4-92 所示，该股在涨势中途和末期屡屡收出大阳线，股价也接连创出新高，涨势喜人；但随后出现小阴小阳，直到股价跳空下跌收出长阴线，此时确认"塔形顶"反转形态确立。该股先后两次铸成"塔形顶"结构，均出现了股价下行走势，第二次更是出现深幅走低，足见"塔形顶"的威力。

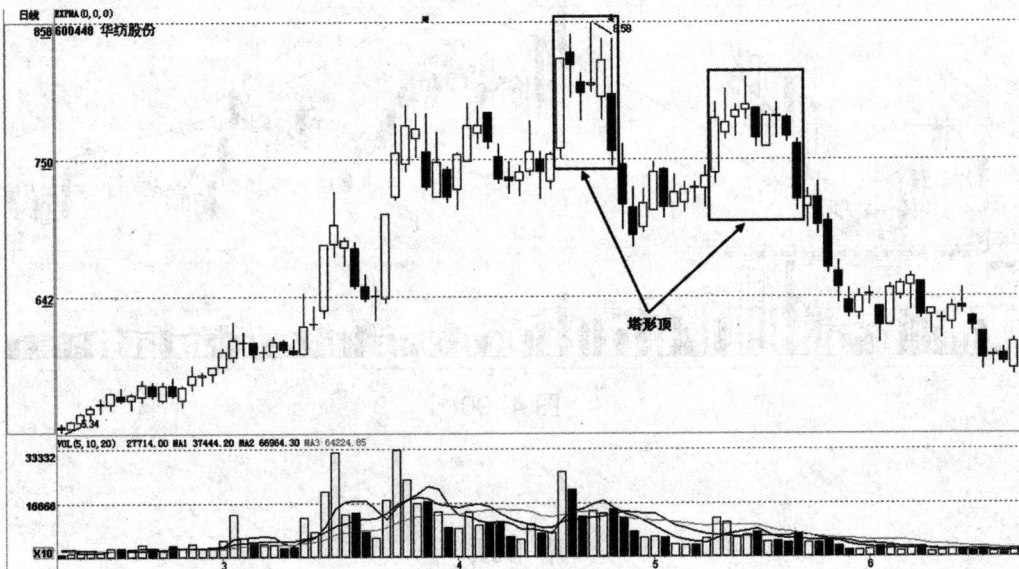

图 4-92

乌云盖顶

看盘关键要点：

"乌云盖顶"属于一种典型的见顶回落的转势形态，遇到这种形态的时候，投资者最好退出观望，待观察股价整体走势后再作打算。

"乌云盖顶"形态又称"乌云线"形态，通常出现在涨势中，由一根中阳线或大阳线和一根中阴线或大阴线组成（如图 4-93 所示）。阴线已深入到阳线实体 1/2 以下处，且有放量迹象，说明调整或者下跌行情即将到来，阴线实体深入阳线实体部分越多，则该形态构成顶部反转的可能性就越大。

"乌云盖顶"属于一种典型的见顶回落的转势形态，遇到这种形态的时候，投资者的操作策略可以参考以下几点：

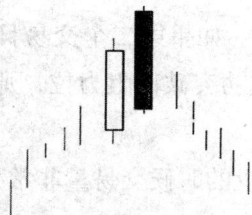

图 4-93

（1）在"乌云盖顶"形态中，第二个交易日阴线实体的收盘价向下插入第一个阳线实体的程度越深，则该形态构成股价运动顶部的机会越大。

如果阴线实体覆盖了第一个交易日的整个阳线实体，那就形成了看跌吞没形态，这就好比月亮遮住了太阳的全部，形成了"日全食"。

如图 4-94 所示，该股在经历漫漫升途之后，出现"乌云盖顶"，表明空方实力强劲，打压力度很大，预示着股价已经见顶，投资者应该见机迅速离场。从图中看出，"乌云盖顶"之后，股价一路下挫，跌幅巨大。

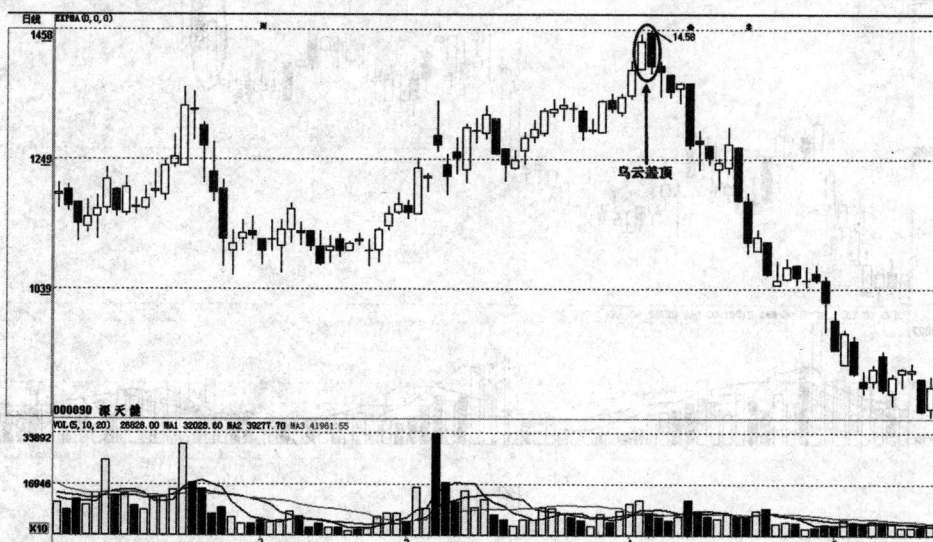

图 4-94

在"乌云盖顶"形态中，阴线实体仅仅向下覆盖了阳线实体的一部分，这就好比月亮只遮住了太阳的一部分，形成了"日偏食"。如果在第三个交易日出现了一根长长的阳线实体，并且其收盘价超过前两个交易日的最高价，那么就可能预示着新一轮上攻行情的到来。

如图 4-95 所示，该股前期逐浪上升，"乌云盖顶"之后拉出一根大阳线，后市继续大幅上涨。这说明并非所有的"乌云盖顶"都是下跌的信号，需要结合股价的整体走势来研判。

（2）在"乌云盖顶"形态中，如果第二个交易日阴线实体的开盘价高于某个重要的阻力位，但是最终又未能成功突破该阻力位，那么就有可能是多头乏力，无力控制局面。

（3）如果在第二个交易日开盘的时候交易量非常大，就有可能形成"胀爆"现象。

具体来说，当开盘价创出了新高的同时出现大量的成交，那么就可能意味着很多新的买家终于下定决心进场了，但是随后的局面是空头的抛售接踵而至。于是过不了多久，这群为数众多的新多头就会意识到他们登上的这条船原来是"泰坦尼克号"。

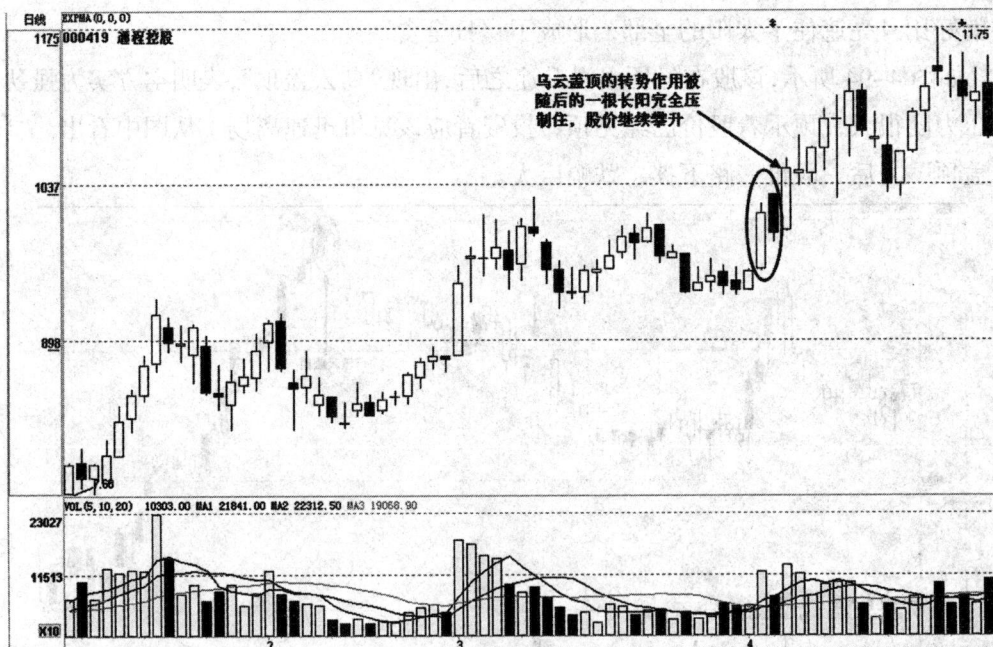

图 4-95

射击之星

看盘关键要点：

"射击之星"通常出现在上涨趋势之中，属于见顶信号，投资者应退出观望。

"射击之星"和"倒锤头线"的形态几乎相同，区别在于"射击之星"出现在股价的上涨行情中，而"倒锤头线"出现在股价的下跌行情中（如图 4-96 所示）。

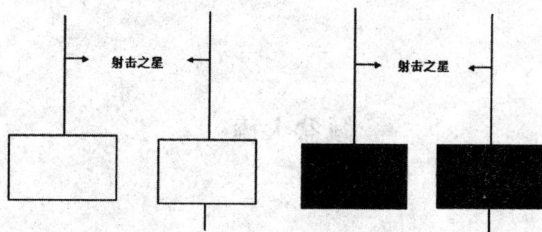

图 4-96

"射击之星"的特征有以下三点：

（1）出现在上涨趋势中。

（2）K 线实体很小，上影线大于或等于实体的二倍。

（3）一般没有下影线，少数会带有很短的下影线。

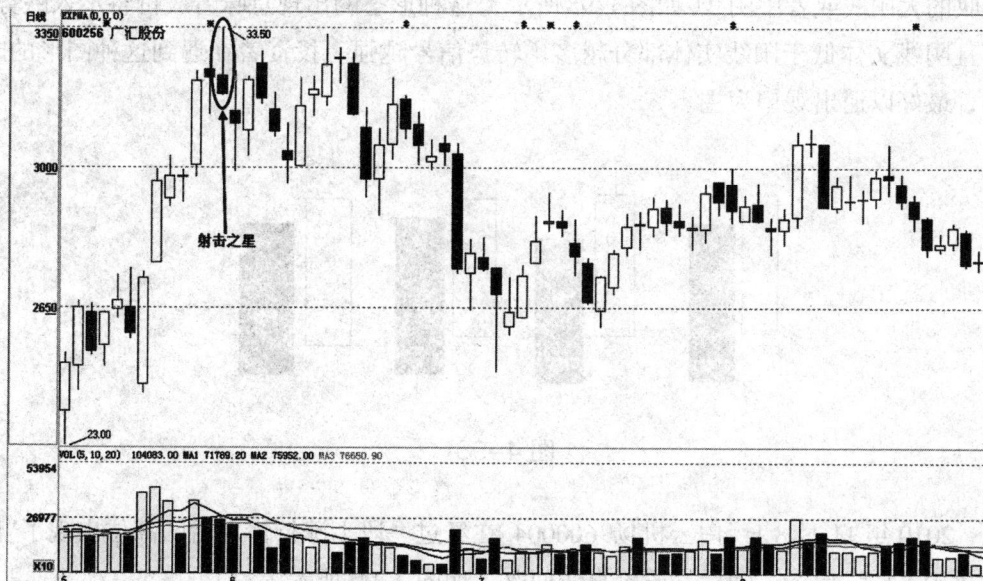

图 4-97

一般来说，股价在经过一轮升势之后出现"射击之星"，是见顶信号，后市已经失去了上升的能力，多方抵抗不住空方的打击，股价随时可能回落。实体与上影线比例越悬殊，信号越有参考价值；如"射击之星"与"黄昏十字星"同时出现，见顶信号就更加可靠。

遇到这种形态，投资者应以退出观望为主。

如图 4-97 所示，该股在经历一番上涨之后，出现"射击之星"K 线形态。说明上档抛压严重，股价上升遇阻，此时，投资者需要小心行事。之后，如果该股跳空下行，基本可以确认股价已经到达阶段性顶部，投资者应及时撤出。从图中不难看出，该股后续跌幅较大。

倾盆大雨

看盘关键要点：

"倾盆大雨"的出现意味着股价将步入跌势，而且阴线实体低于阳线实体部分越多，转势信号越强。投资者在遇到这种图形的时候，最好以退出观望为主。

"倾盆大雨"的 K 线组合是一阳一阴，与"旭日东升"相反。该 K 线形态一般出现在股价的上涨趋势中，先出现了一根大阳线或者中阳线，接着出现了一个低开低收的大阴线或者中阴线（如图 4-98 所示）。这种形态的出现意味着股价将步入跌势，而且阴线实体低于阳线实体部分越多，转势信号越强。投资者在遇到这种图形的时候，最好以退出观望为主。

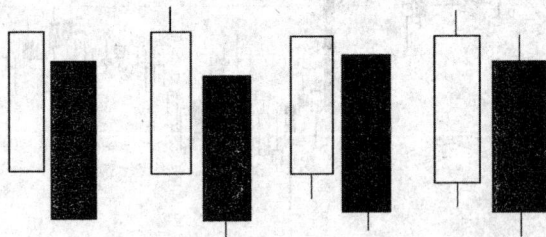

图 4-98

2010 年 11 月 8 日，白云机场（600004）在经过一段上涨行情之后的高位出现了"倾盆大雨"K 线形态，随后，股价直线回落（如图 4-99 所示）。

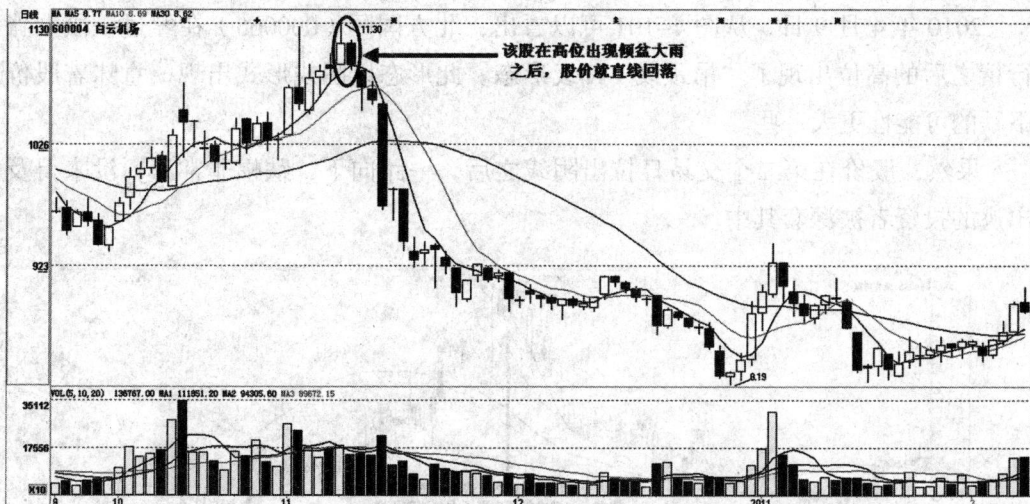

该股在高位出现倾盆大雨之后，股价就直线回落

图 4-99

吊颈线

看盘关键要点：

　　投资者如果在股价经过一波上涨行情之后遇到"吊颈线"，一定要提高警惕，不管后市如何，可以先行减仓，一旦股价向下，应立即清仓出局。

　　股价经过一轮上涨后，在高位出现一条带有长长下影线的 K 线实体，这被称为"吊颈线"，如图 4-100 所示。"吊颈线"是强烈的卖出信号，而且下影线越长，转势信号越强。

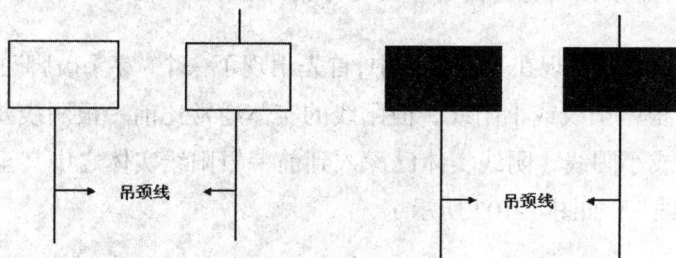

吊颈线　　　　　　　　　　吊颈线

图 4-100

　　此时，如果"吊颈线"是以阴线形式出现，则下跌的可能性会更大一些。投资者如果在股价经过一波上涨行情之后遇到这种 K 线形态，一定要提高警惕，不管后市如何，可以先行减仓，一旦股价向下，应立即清仓出局。

2010 年 4 月 9 日，从图 4-101 可以看出，北方国际（000065）在经过一段上涨行情之后的高位出现了"吊颈线"K 线形态。此形态以阴线形式出现，意味着股价下跌的可能性更大一些。

果然，股价在第二个交易日拉出阴线之后，一路向下，跌幅非常深，没来得及出逃的投资者被深套其中。

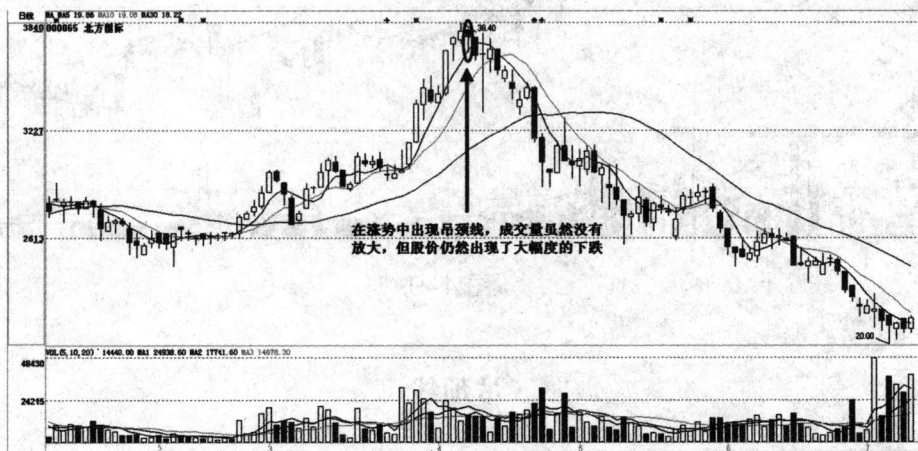

图 4-101

下降覆盖线

看盘关键要点：

"下降覆盖线"的出现，暗示上涨行情已经到头，股价下挫的可能性非常大，投资者如果见到这种图形，最好停损离场。

"下降覆盖线"一般出现在上涨行情中，首先出现了一个"穿头破脚"的 K 线组合，第三根 K 线是一根中阳线或小阳线，但阳线的实体通常比前一根阴线要短，之后又出现一根中阴线或小阴线，阴线实体已深入到前一根阳线实体之中甚至以下这就构成了"下降覆盖线"（如图 4-102 所示）。

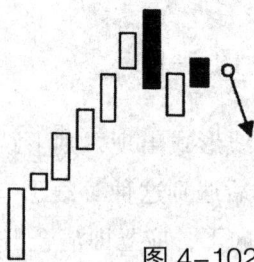

图 4-102

这种形态的出现，属于典型的见顶信号，暗示上涨行情已经到头，股价下挫的可能性非常大，投资者如果见到这种图形，最好停损离场。

如图 4-103 所示，该股前期在高位横盘震荡，突然拉出"下降覆盖线"的 K 线组合，此后股价一路下滑，跌幅不小。投资者遇到这种情形，应该及时卖出股票，切莫心存侥幸。

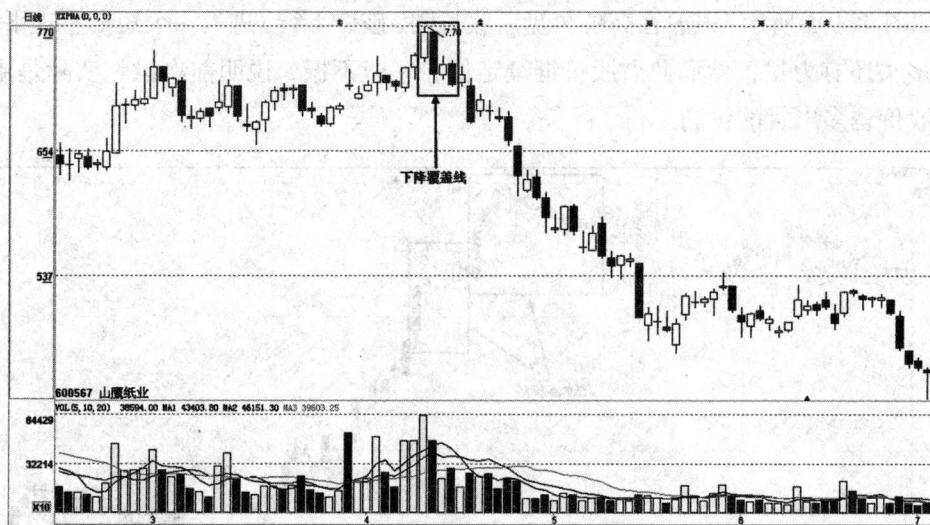

图 4-103

低档盘旋形

看盘关键要点：

"低档盘旋形"的出现，意味着新一轮下跌行情的开始，投资者应当立即止损出局。

"低档盘旋形"一般出现在股价下跌途中，其特征是当股价经过一轮下跌进入小阴小阳的横向整理时，随后出现一根大幅向下的中阴线或大阴线破位下行，若是跳空下跌则跌势更猛，一举打破前期的整理局面（如图 4-104 所示）。

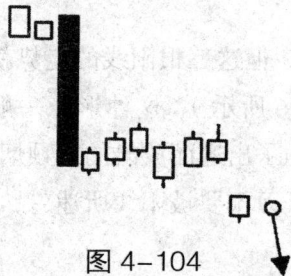

图 4-104

"低档盘旋形"的出现，意味着新一轮下跌行情的开始，前面的小阴小阳整理可以看作是多空战斗的一个胶着状态，最后还是空方战胜了多方，多方缴械投降了。这种形态大多是下跌的中继平台，后市不容乐观，一旦破位下跌，投资者应立即止损出局，因为后市还有更大的跌幅。

如图 4-105 所示，该股在高位久盘后收长阴，破位下行，进入一个短期整理平台，看似多头还有力量，然而此后股价继续走低，一蹶不振，说明前次盘整实际是主力支撑股价诱多出货的伎俩。

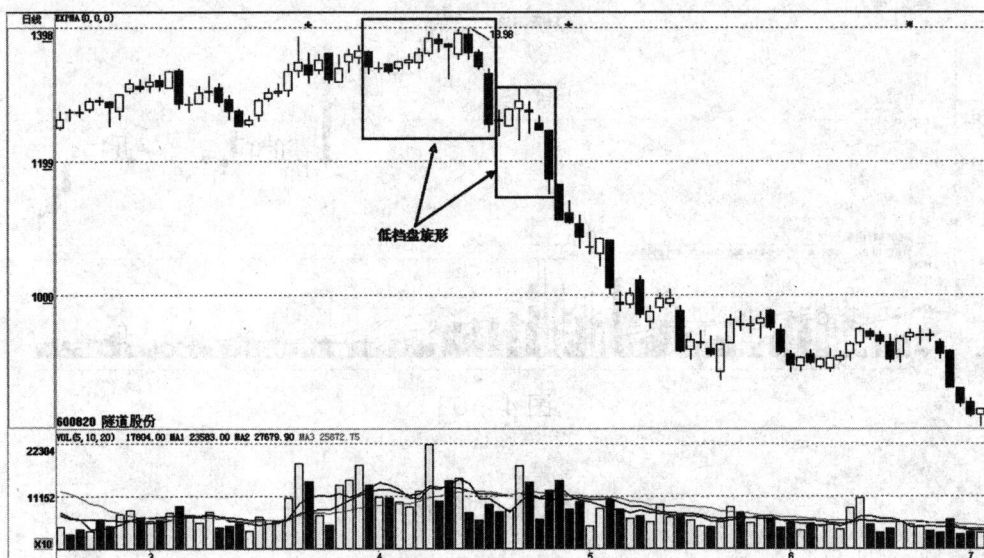

图 4-105

倒三阳

看盘关键要点：

"倒三阳"的出现，意味着股价已步入跌势，投资者千万不要被阳线所迷惑，趁早沽出离场为妙。

"倒三阳"由三根阳线组成，但这三根阳线的走势就如同连拉三根阴线一样，股价一天比一天收低（如图 4-106 所示）。这种形态一般出现在股市下跌的过程中，多见于庄股之中，实际是主力为了出逃而放出的一颗烟幕弹。"倒三阳"的出现，意味着股价已步入跌势，投资者千万不要被阳线所迷惑，趁早离场为妙。

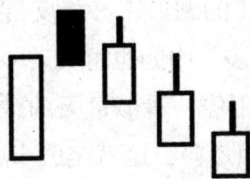

图 4-106

2010 年 4 月 30 日，平煤股份（601666）在股价下跌横盘整理之际出现了倒三阳形态。此形态出现在股价下跌盘整过程中让很多投资者步入了陷阱。这种在盘整末端出现的倒三阳更能说明主力出逃的决心，此时买入，被套是一定的。有心的投资者可以结合该股的 MACD 指标来分析，从图中可以看出，在股价横盘末端，MACD 指标出现死叉，提示投资者此时应及时卖出。在此后的走势中，股价虽拉出了倒三阳，但 MACD 指标始终未给出买进信号，反而一直在 0 轴之下运行，暗示投资者此时应保持看空思维。所以，投资者千万不要被跌势中的倒三阳迷惑，这只是主力的陷阱而已（如图 4-107 所示）。

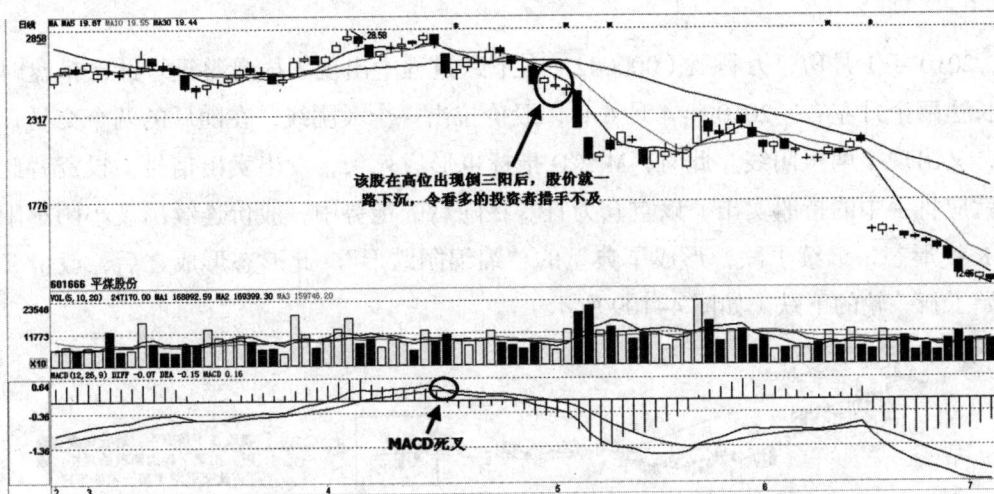

图 4-107

绵绵阴跌形

看盘关键要点：

"绵绵阴跌形"往往预示着股价极有可能长期走弱，持仓者最好及时停损离场，空仓者不要轻易进入。

"绵绵阴跌形"与"冉冉上升形"的图形正好相反,它是一组向下倾斜的小K线(一般不少于8根),其中以小阴线居多,中间也可夹着一些小阳线(如图4-108所示)。这种K线形态犹如绵绵细雨下个不停,看似每天的跌幅不大,但它预示着股价后期的走势将极不乐观,很有可能长期走弱。这就是股市中那句经典名言:急跌不可怕,最怕就是阴跌。阴跌往往下跌无期,对多方杀伤相当厉害,所以,投资者要对这种"绵绵阴跌"的形态保持高度警惕,持仓者最好及时停损离场,空仓者不要轻易进入。

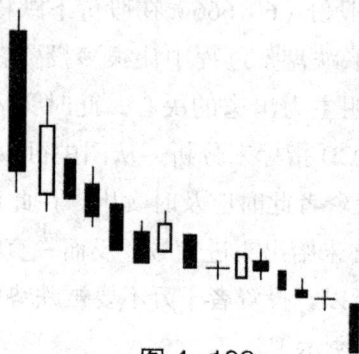

图 4-108

2010年1月份,万科A(000002)在下跌过程中出现了横盘整理。此次横盘时间长达两个月左右。2010年4月6日,股价拉出一个大阴线,在随后的两个交易日里,又出现了两根阴线。此时,MACD指标也形成死叉,发出卖出信号。投资者此时就应将手中的持股卖出,以空仓为宜。在随后的走势中,股价连续出现小阴小阳的K线形态,继续下跌,形成了典型的"绵绵阴跌形"。此形态形成之后,股价又开始了新一轮的下跌(如图4-109所示)。

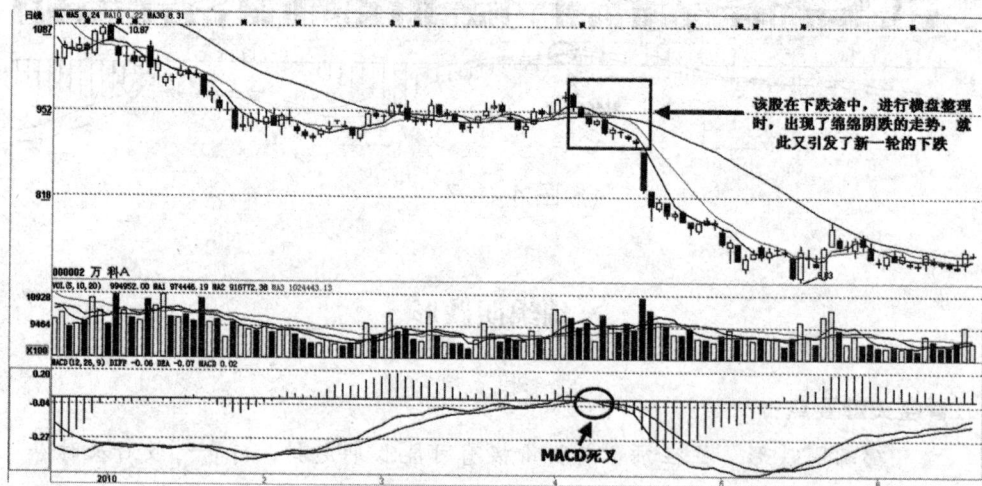

图 4-109

下跌三颗星

看盘关键要点：

"下跌三颗星"是卖出信号，后市看跌，投资者应以退出观望为主。

"下跌三颗星"一般出现在下跌行情初期或中期。股价在收出一根大阴线或中阴线之后，下方接连出现三根小 K 线，这就是"下跌三颗星"（如图 4-110 所示）。

图 4-110

"下跌三颗星"是卖出信号，表明市场买卖意愿不强，市场将以盘跌为主。投资者还是趁早出逃为好，不要抱有侥幸心理，盲目等待抄底抢反弹。

如图 4-111 所示，该股在反弹不久再次破位下跌，途中出现"下跌三颗星"，摆出三颗整理形态的小 K 线，股价看似止跌企稳，实际却是下跌的中继平台。此后股价进入下行通道。

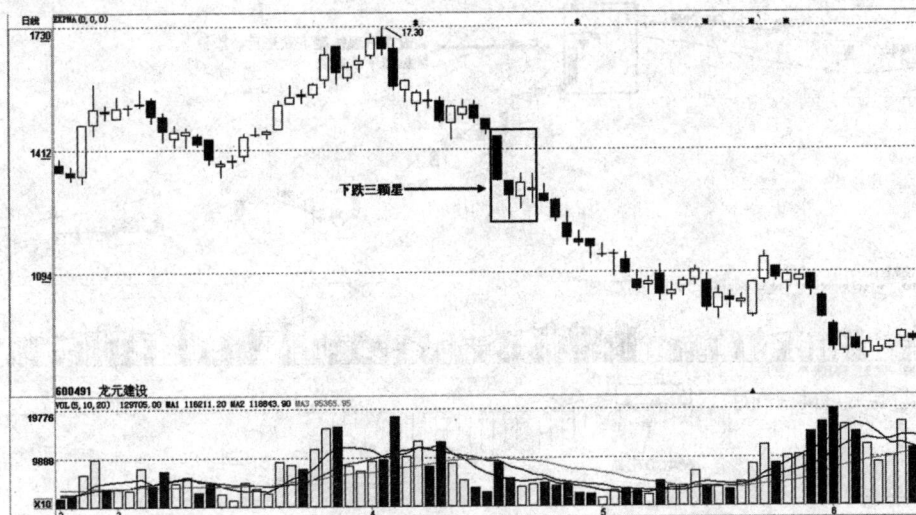

图 4-111

徐缓下降形

看盘关键要点：

"徐缓下降形"是看空信号，表明后期跌势已成定局，投资者最好及早出局。

"徐缓下降形"一般出现在股价下跌行情的初期，在走势图上连续出现了几根小阴线，随后又出现了一到两根中阴或者长阴线，中阴线或者长阴线的出现表明空方的力量正在逐渐壮大，后市的下降趋势已成定局，只是下跌时间的早晚而已（如图4-112所示）。所以，遇到这种图形，投资者最好能够及时出局。

图 4-112

2010年4月12日，凌钢股份（600231）拉出一根小阴线，随后连续6个交易日均是阴线，形成了徐缓下降K线组合，股价呈加速下跌态势。仔细观察盘中的走势，MACD指标在股价未形成徐缓下降形态之前就形成了死叉，此为典型的卖出信号（如图4-113所示）。

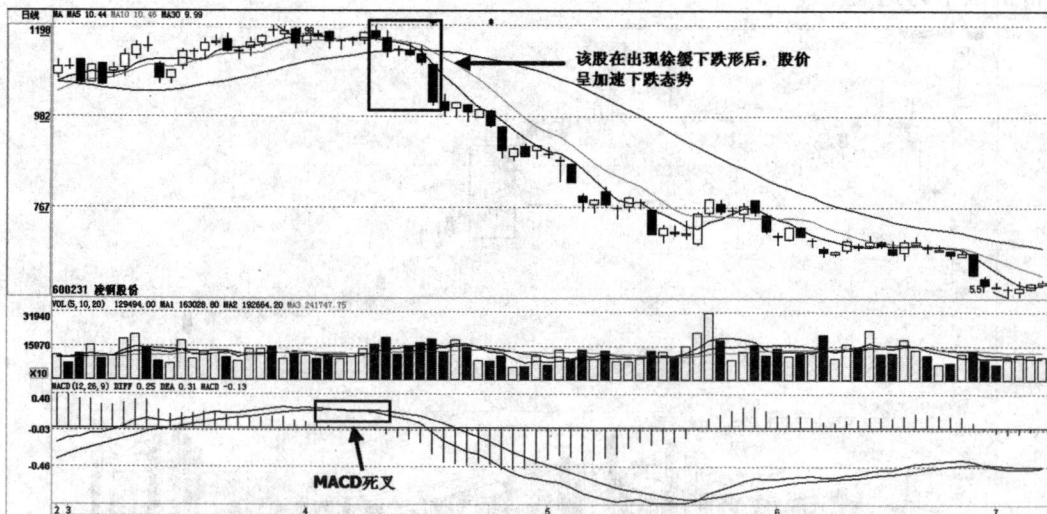

图 4-113

下降抵抗形

看盘关键要点：

"下降抵抗形"形态出现，说明下降趋势已成定局，投资者应谨慎观望，切勿抢反弹。

如图 4-114 所示，"下降抵抗形"的基本特征有以下几点：

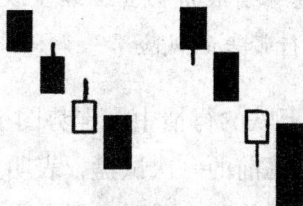

图 4-114

（1）出现在下跌途中。

（2）由若干根阴线和阳线组成，但阴线大大多于阳线。

（3）连续跳低开盘，即使中间收出阳线，但收盘价也要比前一根阴线的开盘价低。

需要说明的是，这种 K 线形态中出现的阳线是多方不甘心束手就擒的表现，但不管多方如何，此时总的下降趋势已成定局，多方已经无力回天。

这种形态会给投资者一种错觉，认为此时的股价即将反弹，结果买进后被套。所以，投资者遇到这种图形的时候，千万不要抢反弹，要谨慎，以观望为主，如果拉出阳线之后，股价第二天收出一根阴线，就一定要及时卖出。

中泰化学（002092）的股价在 2010 年 4 月 26 日上涨至最高价 26.80 元，拉出一根带有长长上影线的阴线，随后股价开始下跌。在下跌过程中形成了"下降抵抗

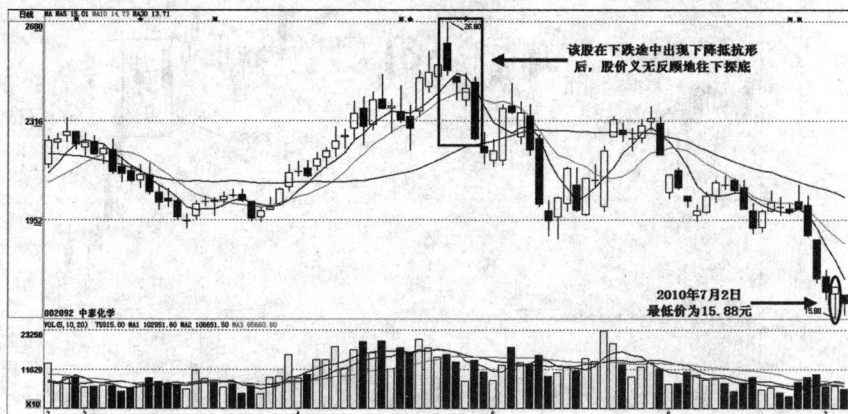

图 4-115

性"K 线形态，此后，股价便义无反顾地往下探底，一路下跌至 7 月 2 日的最低价
15.88 元，跌幅达 69%（如图 4-115 所示）。

空方尖兵

看盘关键要点：

"空方尖兵"的出现意味着股价仍会继续下跌。投资者见此形态应适时
做空，以减少股价继续下行带来的风险。

"空方尖兵"通常出现在下跌的行情中。走势图上出现这种 K 线形态，实际上
是空方主力向多方进行全面扫荡前的一次试盘，表明空方遇到多方的反抗，出现了
一根带有较长下影线的阴线，股价随之反弹，但空方很快又发动了一次攻势，股价
就穿越了前面的下影线（如图 4-116 所示）。

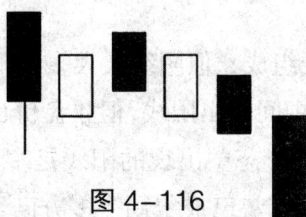

图 4-116

"空方尖兵"的出现意味着股价仍会继续下跌。投资者见此形态应适时做空，以
减少股价继续下行带来的风险。

如图 4-117 所示，该股在相对高位长期横盘震荡，突然遭遇"空方尖兵"后迅
速下挫，跌幅巨大。

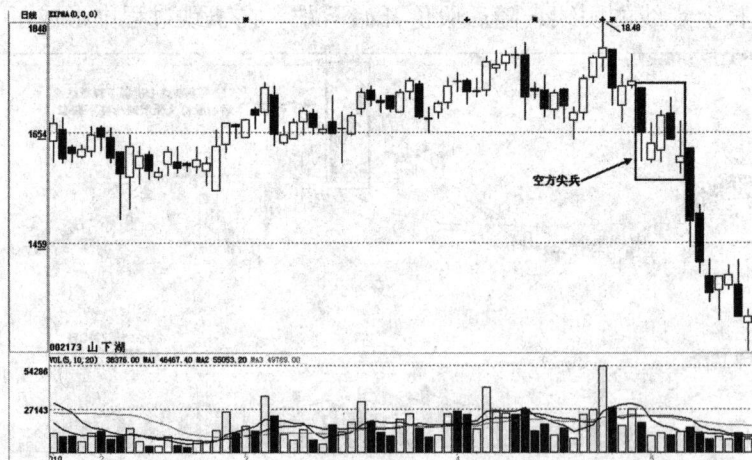

图 4-117

连续跳空三阳线

看盘关键要点：

"连续跳空三阳线"是加速信号，后市即将见顶，投资者见此图形，最好能够及时离场。

如图 4-118 所示，"连续跳空三阳线"一般出现在股价上涨的过程中，从图形上看，多头气势高昂，连续拉出三根向上跳空高开的阳线。但由于一鼓作气，再而衰，三而竭，多方用尽了最后力气，此时空方趁机组织力量反攻，多方就无力抵抗。

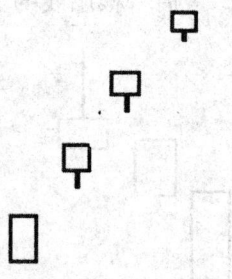

图 4-118

如果在上涨途中出现了这种图形态，投资者一定要提高警惕，因为这种形态大多是加速信号，预示后市即将见顶，见此图形，最好能够及时离场。

2009 年 8 月 3 日，江苏三友（002044）在股价上涨的高位出现连续跳空三阳线，随后股价开始下跌。从图中可以看出，空方连续拉出四个大阴线，跌势非常之凶猛（如图 4-119 所示）。

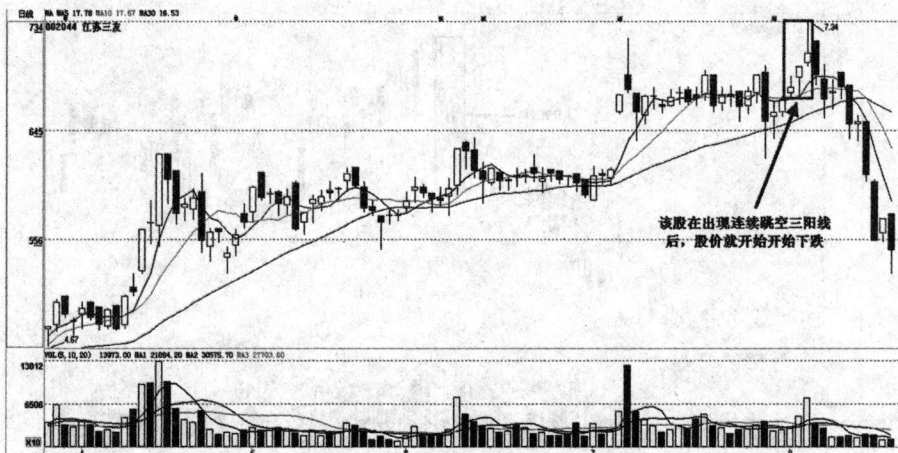

该股在出现连续跳空三阳线后，股价就开始开始下跌

图 4-119

升势受阻

看盘关键要点：

当股价已有一段涨幅后出现"升势受阻"，后市一般看跌，投资者最好以出局为宜。

如图 4-120 所示，"升势受阻"的特征是：

1. 出现在涨势中。

2. 由三根阳线组成。

3. 三根阳线的实体越来越小，最后一根阳线的上影线较长。

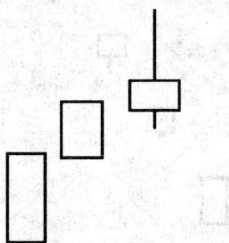

图 4-120

"升势受阻"的三根阳线的实体呈现逐渐缩小的态势，给人一种虎头蛇尾的感觉。最后一根 K 线的上影线很长，表明上档抛压沉重，多方力量明显不足，推高股价已显得力不从心。当 K 线走势图中尤其是股价已有一段涨幅后出现"升势受阻" K 线形态后，后市一般看跌，投资者遇到这种图形，最好以出局为宜。

如图 4-121 所示，该股就在上升过程中遇到了"升势受阻"，股价随后很快见顶

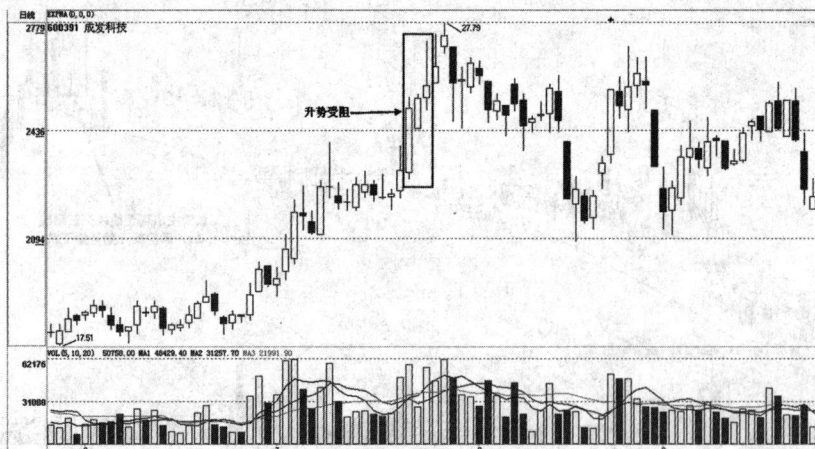

图 4-121

反转下跌。

升势停顿

看盘关键要点：

　　"升势停顿"表明股价很有可能见底反转，投资者对此应保持足够的警惕，当股价拉升无力时应及时出局以保护胜利果实。

如图 4-122 所示，"升势停顿"的特征是：

（1）出现在涨势中。

（2）由三根阳线组成。

（3）上升时先拉出两根大阳线或是中阳线，第三根阳线实体很小。

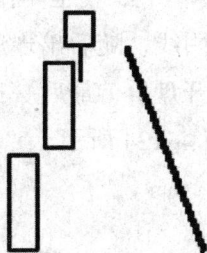

图 4-122

　　"升势停顿"出现在涨势中，尤其是股价已有了很大升幅之后，表明短期内多方力量已经接近极限，股价很有可能见顶反转。投资者对此应保持足够的警惕，当股

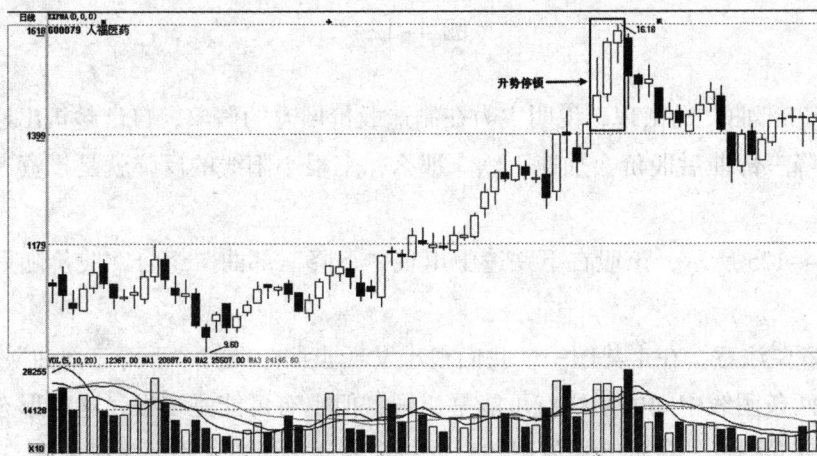

图 4-123

价拉升无力时应及时出局以保护胜利果实。

如图 4-123 所示，该股在涨势末期收出一根带有较长上影线的中阳线，说明上档抛压比较重。第二个交易日，该股出乎意料地收出大阳线，多头加强了攻势。进入交易第三天该股即原形毕露，收出小阳线，显示股价上攻乏力，盘中出现下行的迹象。

下降三部曲

看盘关键要点：

通常在出现"下降三部曲"后股价会加速下跌，其中，三根小阳线的反弹就是投资者最后的逃命机会。

"下降三部曲"又被称为"下降三法"，也叫作"降势三鹤"，其特征是股价在下降趋势中出现了一根大阴线或中阴线，随后出现三根向上爬升的小阳线，但这三根小阳线都没有冲破第一根阳线的开盘价，最后一根大阴线或中阴线，又全部或大部分吞吃了前面三根小阳线。（如图 4-124 所示）。

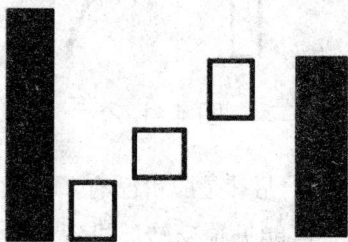

图 4-124

"下降三部曲"的出现，说明主力在制造股价回升的假象，自己趁机出逃。通常在出现下降三部曲后股价会加速下跌。那么，三根小阳线的反弹就是投资者最后的逃命机会。

如图 4-125 所示，该股在下跌途中出现"下降三部曲"组合，股价随后出现绵绵阴跌。

投资者要注意，在走势图中，我们很难发现非常标准的"下降三部曲"，也就是说，位于两条阴线中间的阳线有可能是三根，但也有可能是多根，这些形态都是标准形态的变异图形，投资者在使用的时候一定要活学活用，不要生搬硬套。

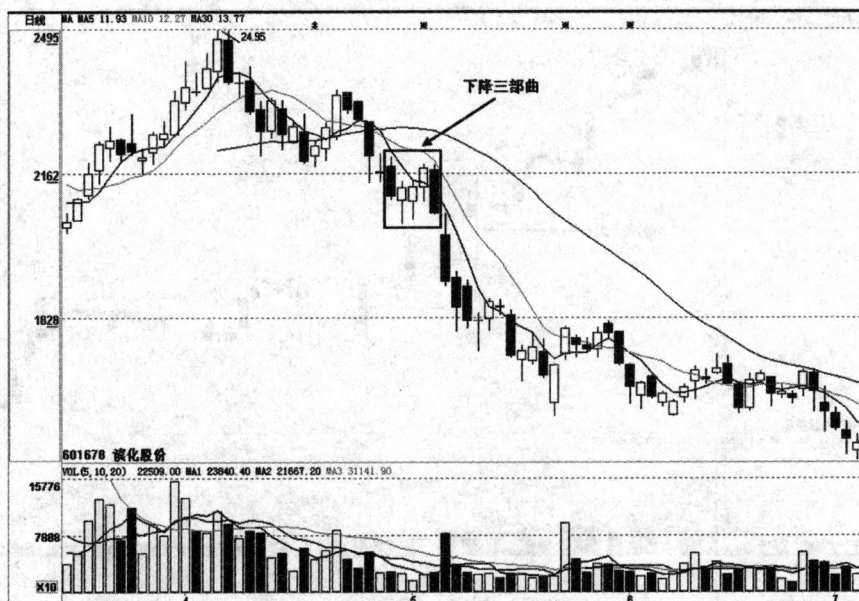

图 4-125

两阴夹一阳

看盘关键要点：

"两阴夹一阳"在涨势中出现是见顶信号；在跌势中出现将继续看跌。

如图 4-126 所示，"两阴夹一阳" K 线组合的基本特征是：

（1）既可出现在涨势中，也可出现在跌势中。

（2）由两根较长的阴线和一根较短的阳线组成，阳线夹在阴线之间。

（3）第三根阴线最好创出新低。

图 4-126

这种形态出现在股价上升的过程中意味着股价涨势已到尽头，股价有可能见顶回落；出现在下跌过程中意味着股价经过短暂的修整，将会继续下跌。

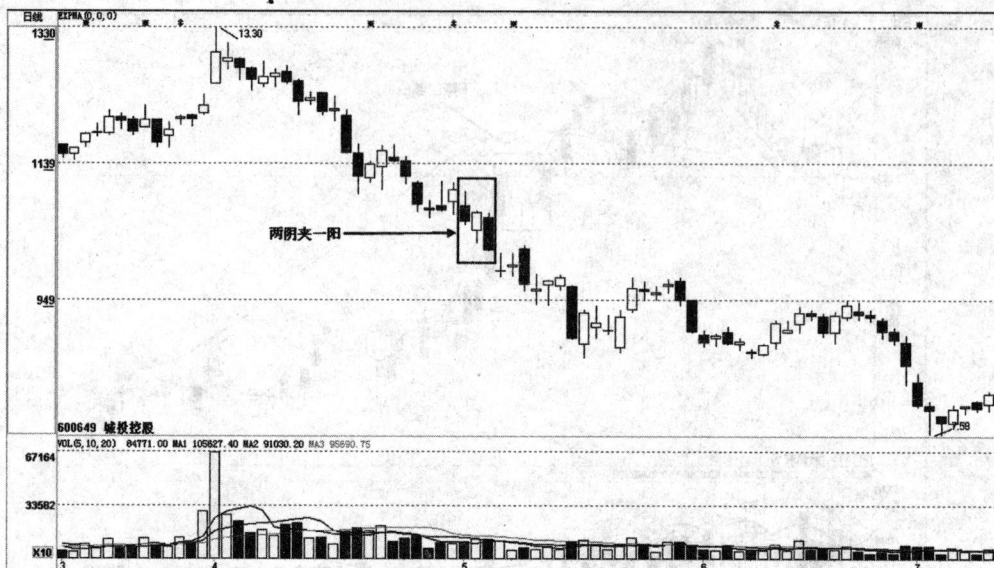

图 4-127

如图 4-127 所示，该股自横盘平台破位下跌，走势低迷。途中出现"两阴夹一阳"组合，表明空头力量强大，多头节节溃退，后市将继续低迷走势。从图中看出，该股此后逐浪下跌，跌幅巨大。

第五节　K 线组合反转形态

头肩顶

看盘关键要点：

1."头肩顶"是一种典型的反转形态，通常会在牛市的尽头出现，预示着后市将转弱。

2."头肩顶"的最佳卖出时机就是股价击破颈线的时候。

"头肩顶"是最常见也是比较可靠的反转形态。"头肩顶"的形态呈现三个明显的高峰，其中位于中间的一个高峰较其他两个高峰的高点略高。在成交量方面，出现阶梯式下降（如图 4-128 所示）。这是一个长期性趋势的转向形态，通常在牛市的尽头和阶段性顶部出现。

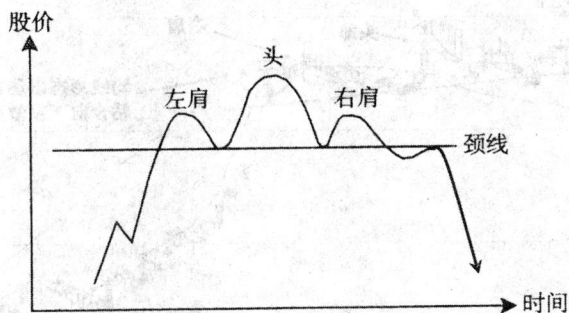

图 4-128

在炒股过程中，我们可以从这一形态中观察到，买卖双方激烈争夺的情况，它是观察股市不容忽视的技术性走势。刚开始，市场投资热情高涨，经过一次短期的回落调整后，那些错过上次升势的人在调整期间买进，股价继续上升，而且攀越过上次的高点，那些对前景没有信心和错过了上次高点获利回吐的人，或是在回落低点买进做短线投机的人纷纷抛售，于是股价再次回落。第三次上升，为那些后知后觉错过了上次上升机会的投资者提供了机会，但股价已经不可能上升到上次的高点，在这一阶段，成交量下降，而投资者的乐观情绪也已经扭转。迎接股市的将是一次大幅度的下跌。

实战中，股价从头部下落跌破本轮上升趋势线为第一卖点。当"头肩顶"颈线被击穿时，就是另一个极重要的卖出信号。虽然此时股价与最高点比较已经有相当幅度的回落，但跌势只是刚刚开始，未出货的投资者应继续卖出。一旦有效跌破颈线，股价有机会出现反弹，回抽确认颈线时为最后的卖出机会。

华泰股份（600308）在一段上涨行情的末端出现了"头肩顶"形态，随后股价开始一路下跌，从"头肩顶"头部的最高价17.74元下跌至2010年7月2日的最低价8.8元，跌幅达102％。观察该图可以发现，如果对K线图形不是特别敏感的话，这种不太明显的头肩顶形态是很不容易被识别出来的，但投资者也别着急，此时可以借助其他因素进行分析。从图中我们可以发现此时的均线系统出现了首次粘合向下发散的形态，而MACD指标也出现了拒绝金叉形态，DIFF和DEA双线向下运动，并位于0轴下方，这说明市场已经转为空头，应该看空。不过，如果识别出头肩顶形态的话，投资者就可以在其右肩出现的时候马上卖出，这样会比其他投资者更抢占先机（如图4-129所示）。

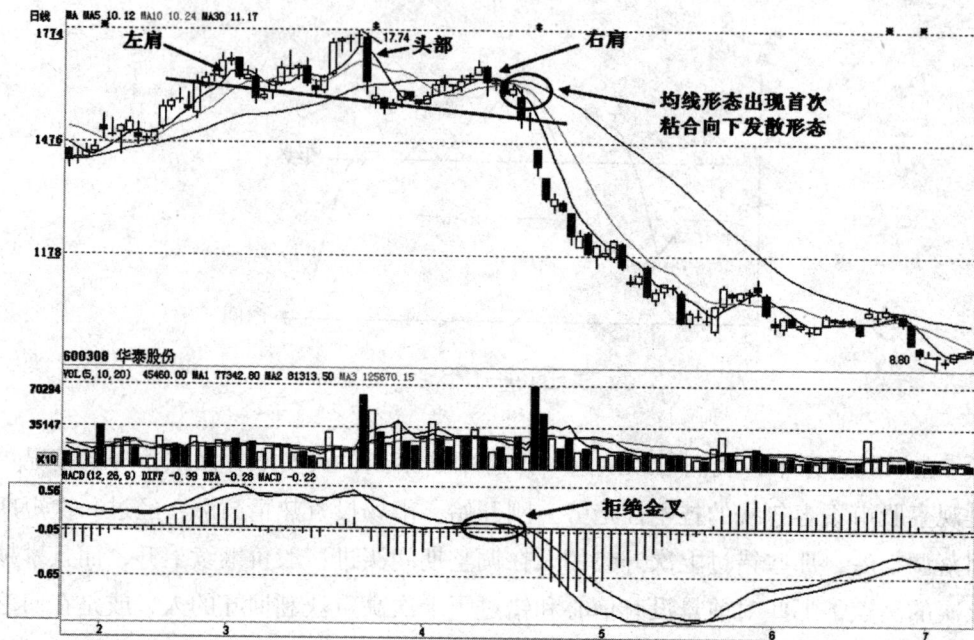

图 4-129

头肩底

看盘关键要点：

1. "头肩底"形态的出现向我们传达出这样的信号：过去长期的跌势已经转变，股价很快就将掉头反转向上。

2. "头肩底"的最佳买进时机为股价突破颈线的时候。

如图 4-130 所示，"头肩底"形态是一种常见的反转形态，具有很强的预测功能。"头肩底"形态又称"倒转头肩式"。股价处于明显的下跌途中，突然会走出一波加速下跌的走势，下跌到一定程度之后出现了反弹的行情，从而形成底部的第一个低点，即"左肩"。随后股价又再次下跌且跌破上次的最低点，成交量再次随着下跌而增加，较"左肩"反弹阶段时的交投为多——形成"头部"；从"头部"最低点回升时，成交量有可能增加。当股价反弹到前次反弹的高点附近再次遇阻回落，但这次股价并没有创出新低，而是前次低点之前涌出了大量的买盘，将股价再次托起，形成"右肩"。最后，股价正式策动一次升势，且伴随成交量增加，当其颈线阻力冲破时，成交量更显著上升，整个形态便告成立。

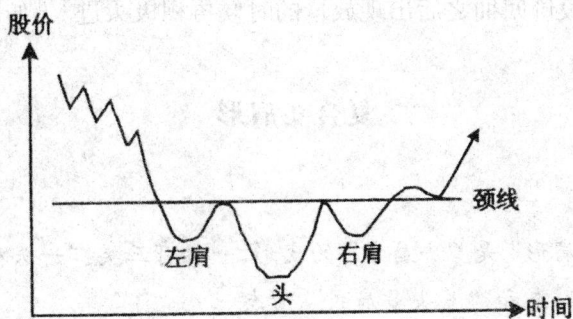

图 4-130

"头肩底"形态向我们传达出这样的信息，过去的长期性趋势已经扭转过来，股价虽然在一次又一次地下跌，但很快将掉头反弹，此时的股市中，看好的力量正在逐渐增多。在具体操作中，投资者可以在股价向上突破颈线位置时买入，或者等待回抽确认后买进；如果遇到走势较强的股票，并不会出现回抽确认，这时，只要股价收在颈线以外 3% 或以上时，就认为形态已经完成，进而买进。

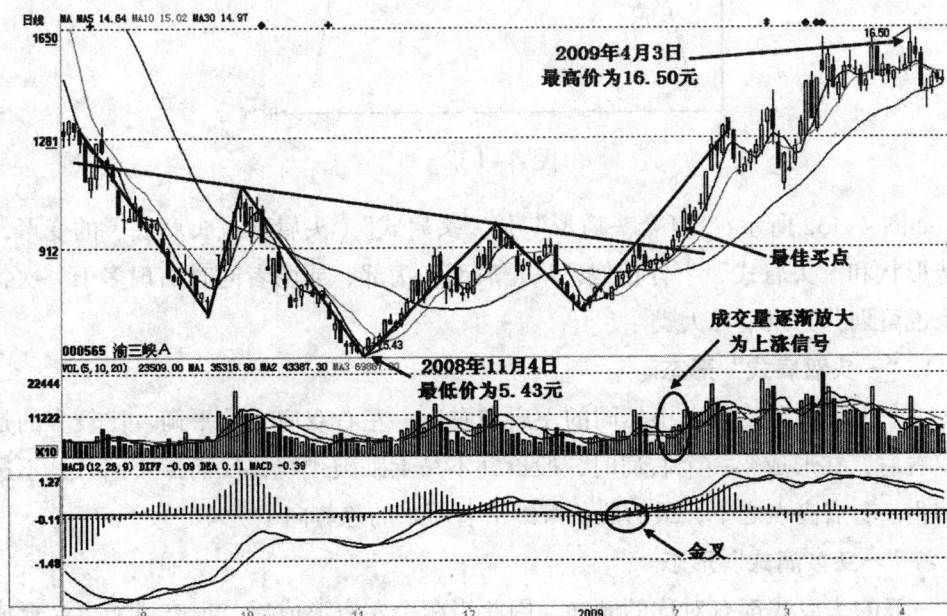

图 4-131

渝三峡 A（000565）在下跌的底部出现了头肩底形态之后，股价一路上涨，从2008 年 11 月 4 日的最低价 5.43 元涨至 2009 年 4 月 3 日的最高价 16.50 元，涨幅达204%。出现头肩底形态后，股价突破颈线时激进型的投资者就可以买进，而稳健型的投资者可以等股价回抽之后出现放量的时候再积极买进。（如图 4-131）。

复合头肩形

看盘关键要点：

1."复合头肩形"是"头肩式"的变形,一般有三类:"一头双肩式"形态、"一头多肩式"形态和"多头多肩式"形态。

2."复合头肩形"的最佳买点（卖点）也以股价突破（跌破）颈线为准。

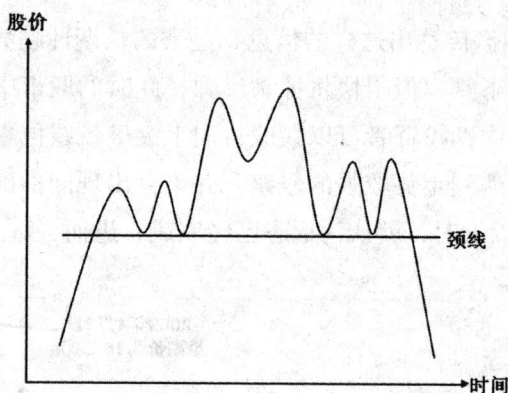

图 4-132

如图 4-132 所示,"复合头肩形"是"头肩式"（头肩顶或头肩底）的变形,其走势形状和"头肩式"十分相似,只是肩部、头部、或两者同时出现多于一次,大致来说可划分为以下几大类:

1."一头双肩式"形态。

一个头分别有二个大小相同的左肩和右肩,左右双肩大致平衡。比较多的是一头双右肩,在形成第一个右肩时,股价并不马上跌破颈线,反而掉头回升,不过回升却止于右肩高点之下,最后股价继续沿着原来的趋势向下。

2."一头多肩式"形态。

一般的头肩式都有对称的倾向,因此当两个左肩形成后,很有可能也会形成一个右肩。除了成交量之外,图形的左半部和右半部几乎完全相等。

3."多头多肩式"形态。

在形成头部期间,股价一再回升,而且回升至上次同样的高点水平才向下回落,形成明显的两个头部,也可称作两头两肩式走势。有一点必须留意:成交量在第二个头部往往会较第一个减少。

"复合头肩形"的分析意义和普通的"头肩式"一样，当其出现在股价运行的底部时，即表示一次较长期的升市即将来临；假如其出现在股价运行的顶部，即表示市场将转趋下跌。

在形成"复合头肩形"的初期，因成交量可能不规则，使形态难以辨认，但只要耐心观察其后的走势，就可以看出它和"头肩形"的趋势完全一致。当股价跌破（向上突破）"复合头肩形"的颈线时，投资者最好能及时卖出（买进）。

很多投资者认为，这种"复合头肩形"的威力一定要比单纯的"头肩形"的威力大，其实，这种想当然的想法并不正确，它所表达出来的含义要比"头肩形"弱。所以，投资者在应用的时候一定要特别注意。

三重顶（底）

看盘关键要点：

1.三重顶（底）也属于"头肩形"的一种小小变体，其三个顶（底）有着差不多相等的高度。从另一面来说，三重顶（底）也可以看成是双重顶（底）的变异。

2.三重顶（底）的最佳买卖时机以股价跌破（突破）颈线为准。

"三重顶"（底）形态是头肩形态一种小小的变体，它由三个一样高（低）的顶（底）组成（如图4-133所示）。它与"头肩形"的区别是头的价位向回缩到与肩差不多相等的位置，有时甚至低于或高于肩部一点。从这个意义上讲，"三重顶"（底）与"双重顶"（底）也有相似的地方。从图中我们可以看到，"三重顶"（底）的颈线差不多是水平的，三个顶和底也是差不多相等高度的。

对于"三重底"形态，其突破颈线位后的理论涨幅，将大于或等于低点到颈线位的距离。所以，投资者即使在形态确立后介入，仍有较大的获利空间。

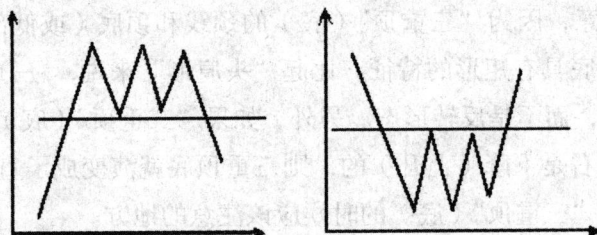

图4-133

激进型的投资者可以在股价即将突破颈线位且成交量有明显放大时买入；稳健型的投资者可以在股价已经成功突破颈线位时买入。

如图 4-134 所示，该股在经历过很深的跌幅之后，形成一个徐徐上行的"三重底"形态，并在稍后引领了一波上涨行情。

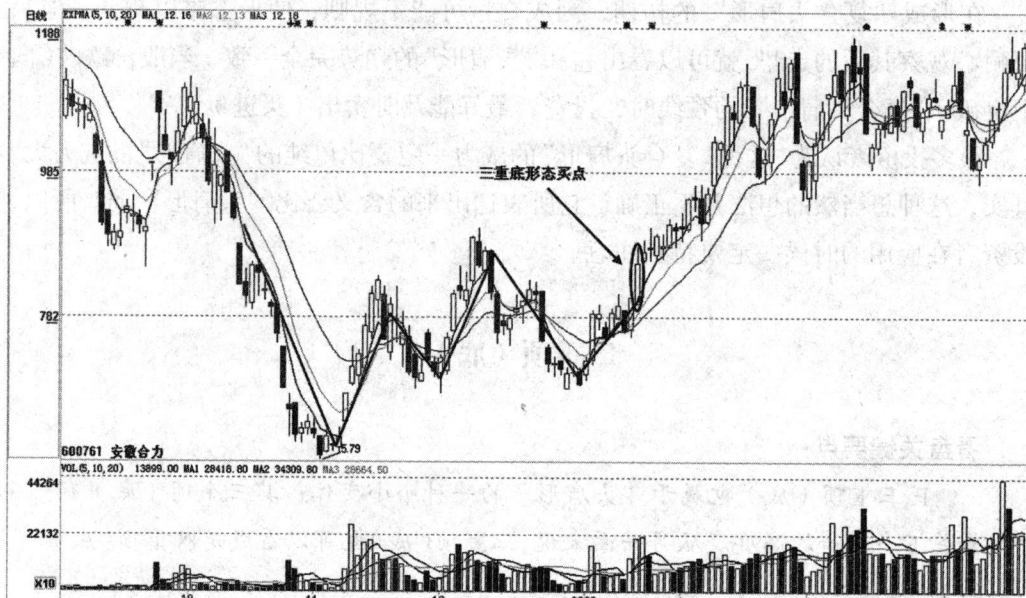

图 4-134

"三重顶"的最小跌幅是从顶部到颈线的位置，且顶部越宽，跌幅越大。实战中，当第二个波峰形成时，成交量出现顶背离现象，投资者要适当减仓。一旦第三个波峰形成，成交量出现双重顶背离的时候，则需要考虑离场，特别是在三重顶形成之前股价已经大幅炒高的时候。而当股价跌破颈线位时，是一个重要的卖出信号，持股者应该坚决卖出。

如图 4-135 所示，该股一路高歌猛进，在突破"三重顶"形态的颈线位置后迅速下滑。

投资者要注意，因为"三重顶"（底）的颈线和顶底（或低部）连线是水平的，这就使得三重顶底具有矩形的特征。比起"头肩形"来说，"三重顶"（底）更容易演变成持续形态，而不是反转形态。另外，如果"三重顶"（底）的三个顶（底）的高度依次从左到右是下降（上升）的，则三重顶底就演变成了直角三角形态。这些都是我们在应用"三重顶"（底）的时候应该注意的地方。

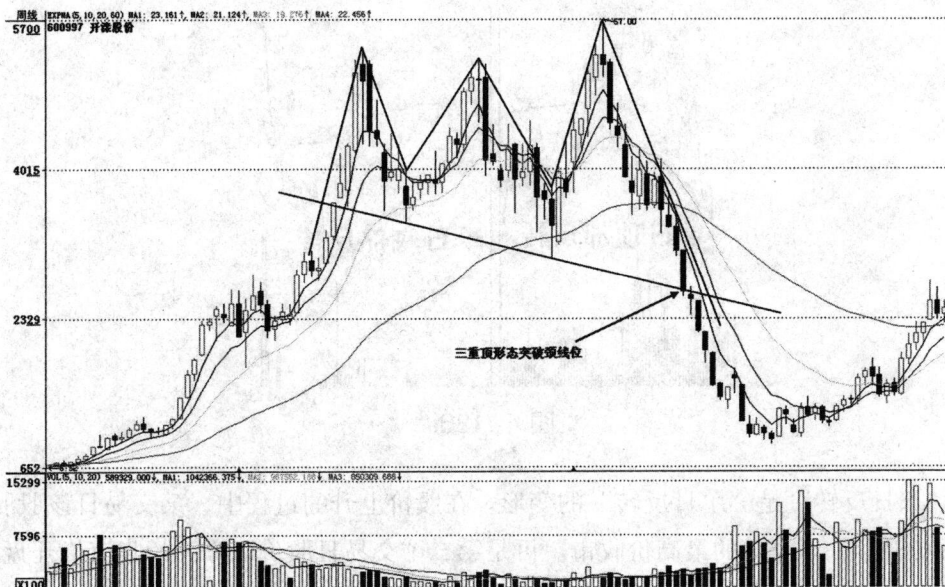

图 4-135

单日（双日）反转

看盘关键要点：

1. 单日（双日）反转所表达的意义是大市的暂时性见顶（见底），其并非长期性趋势逆转的信号。

2. 在使用单日反转形态时要注意其成交量的变化，成交量必须明显放大，而且股价的波幅也必须很大，否则，形态不能成立。

当一只股票持续上升一段时间后，在某个交易日中股价突然不寻常地被推高，但马上又受到了强大的抛售压力，把当日所有的升幅都完全跌去，可能还会多跌一部分，并以全日最低价（接近全日最低价）收市。这个交易日就叫作"顶部单日反转"。

"单日底部反转"指的是在某个交易日中股价忽然大幅滑落，但在全日最低价（接近全日最低价）的部分获得支撑，随后股价上涨，有可能一路上涨至涨停板（如图4-136所示）。

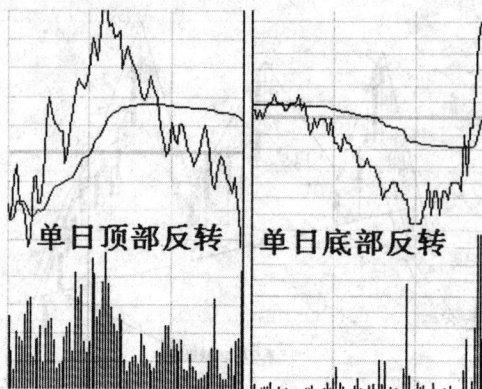

单日顶部反转　单日底部反转

图 4-136

"双日反转"是"单日反转"的变形。在股价上升的过程中，某交易日该股股价大幅拉升，并以全日的最高价收市。可是第二个交易日股价以昨天的收市价开盘后，全日价格不断下跌，把昨日的升幅完全跌去，而且可能是以上日的最低价收市。这走势的表现就称之为"顶部双日反转"。

同样，在下跌时，某个交易日里股价突告大幅滑落，但接着的一个交易日便完全收复失地，并以当日最高价收市，这就是"底部双日反转"。

"单日（双日）反转"所表达的市场意义是什么呢？我们以"单日反转"为例来说明。"单日反转"形态的市场含义至少有两点：

（1）大市暂时见顶（当"顶部单日反转"出现），或是见底（当"底部单日反转"出现）。"顶部单日反转"通常在消耗性上升的后期出现；"底部单日反转"则是在恐慌性抛售的末段出现。

（2）单日反转形态并非长期性趋势逆转的信号，这种反转形态一般通常出现在整理形态中，虽然亦可能在长期性趋势的顶点（或底点）出现。

在使用单日反转形态的时候，要注意以下几点：

（1）单日反转当天，成交量突然大增，而价位的波动幅度很大，两者较平时都明显增大。如果成交量不高或全日价格波幅不大，形态就不能确认。

（2）当日股价在两个小时内的波动可能较平时三四个交易日的波幅更大。顶部单日反转时，股价开市较上个交易日高出多个价位，但很快地形势逆转过来，价格迅速以反方向移动，最后这一天的收市价和上个交易日比较几无变化。底部单日反转情形则是完全相反。

（3）一般在临收市前 15 分钟，交投突然大增，价格迅速朝反方向移动。

（4）两日反转的成交和价位，两天的波幅同样巨大。顶部两日反转第二个交易日把前交易日的升幅完全跌去；而底部两日反转则完全升回前交易日的跌幅。

圆弧顶

看盘关键要点：

圆弧顶一般出现在股价上涨的末期，它的出现预示着大跌市即将来临，未来的下跌趋势将急转直下。

"圆弧顶"出现的频率并不大，但它的预测功能相当强。通常出现在长期上涨的高位区域，有时也出现在下跌的过程中。它经常出现在大蓝筹股中，由于持股者心态稳定，多空双方力量很难出现急剧变化，所以主力在高位慢慢派发，股价呈弧形上升。此时的股价虽然不断升高，但升不了太多就会回落，先是新高点较前点高，后是回升点略低于前点，这样把短期高点连接起来，就形成一个"圆弧顶"，它是一种典型的反转形态（如图 4–137 所示）。

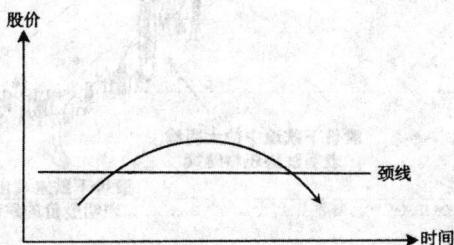

图 4–137

"圆弧顶"的出现预示着大跌市即将来临，未来的下跌趋势将急转直下，投资者应及时离场，未进场的投资者则不要参与，实战中应注意以下几点：

（1）"圆弧顶"没有像其他图形一样有着明显的卖出点，但其一般形态耗时较长，有足够的时间让投资者依照趋势线、重要均线及均线系统卖出。

（2）在"圆弧顶"末期，股价缓慢盘跌到一定程度，引起持股者恐慌，会使跌幅加剧，常出现跳空缺口或大阴线，此时是一个强烈的出货信号。

（3）有时当圆弧头部形成后，股价并不马上下跌，反复横向发展形成徘徊区域，这个徘徊区称为"碗柄"。一般来说，这个"碗柄"很快便会突破，股价继续朝着预期中的下跌趋势发展。

深赤湾 A（000022）在股价上涨的顶端出现了"圆弧顶"形态，投资者应该在

"圆弧顶"形成之际及时卖出。投资者还可以结合 MACD 指标判断卖出的时机,如图,在"圆弧顶"形成之际,MACD 指标也出现拒绝金叉的形态,双线张口向下发散并下穿 0 轴,这说明后市将进入空头市场,投资者应该及早退出。

那么,遇到这种走势形态,投资者什么时候才可以买进呢? 从图中我们可以发现,在股价下跌的过程中出现了大阴线,这种在下跌过程中出现的大阴线为持续性大阴线,暗示着后市继续看淡,投资者应该坚持看空思维。随着股价的继续下跌,又出现了一根大阴线,见到这根大阴线投资者就要警惕,这有可能是股价即将见底的信号,但不要急于操作,要看后市股价的走势,在几天之后,股价收出了一根 T 字线,这种出现在股价下跌末端的 T 字线暗示着后市即将上涨,此时投资者就可以保持看多的思维,而此时的 MACD 也出现的金叉的形态,投资者就可以在此寻找买进时机了(如图 4-138 所示)。

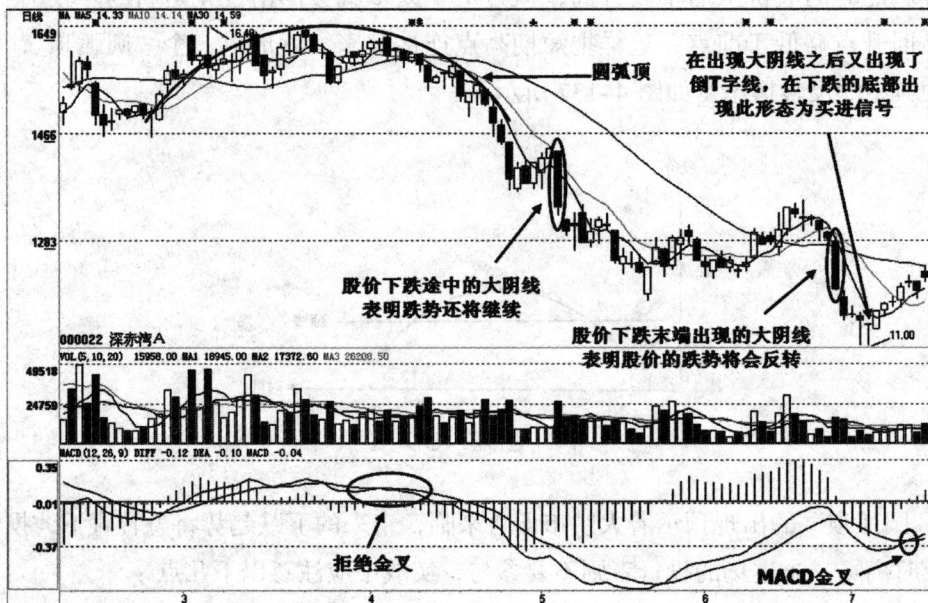

图 4-138

圆弧底

看盘关键要点:

1."圆弧底"形态一般出现在长期下跌的底部,也可以出现在上涨的途中,或者是重要的技术压力位置,但无论出现在那个区域,都是一个看涨的形态,后市转为升势的可能性很大。

2. "圆弧底"的最佳买入时机是在其右边往上微微翘起的时候。在"圆弧底"筑成之后，其股价一般都沿着翘涨的惯性不断地往上冲，直至出现大幅上涨。

如图 4-139 所示，股价经过一波长期的下跌之后，跌势逐渐缓和，开始以小阴小阳的方式缓慢下移，成交量也同步萎缩，并最终停止下跌进入筑底过程；在整个筑底过程中，每天的涨跌幅度相当小，但是在底部整理一段时间之后重心就会开始上移，继而出现一个向上跳空的缺口，"圆弧底"形态就此确立。

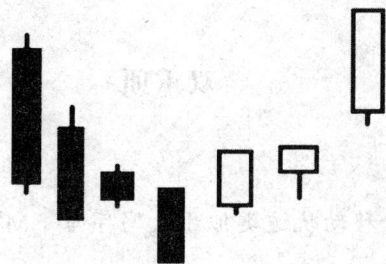

图 4-139

这种技术形态可以出现在长期下跌的底部，也可以出现在上涨的途中，或者是重要的技术压力位置，但无论出现在那个区域，都是一个看涨的形态，后市转为升势的可能性很大。投资者见到这种图形之后，可适当做多。

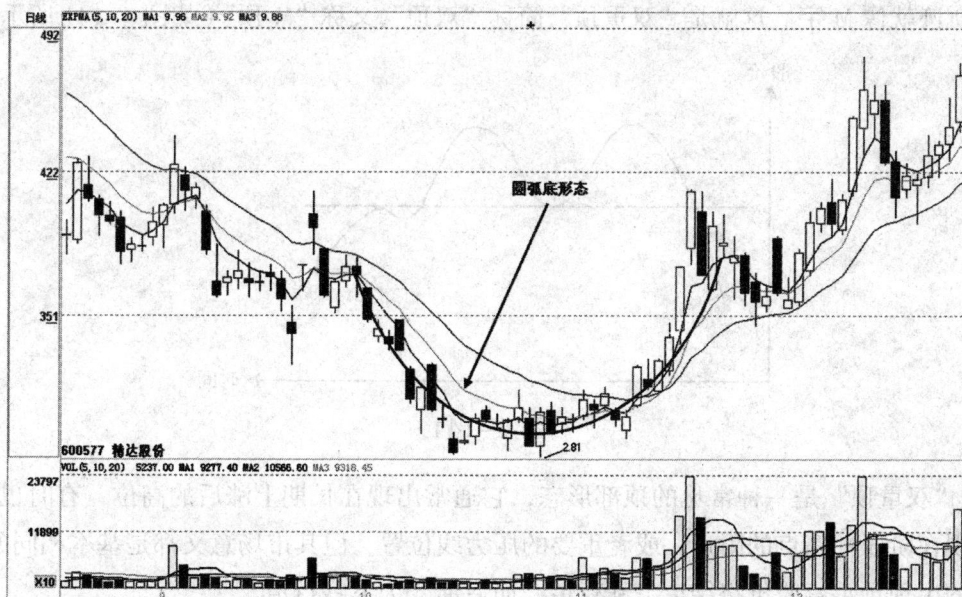

图 4-140

"圆弧底"的最佳买入时机是在其右边往上微微翘起的时候。在"圆弧底"筑成之后，其股价一般都沿着翘涨的惯性不断地往上冲，直至出现快涨。在其右边往上翘涨的过程中，一般有好几个交易日，每天的K线保持着小阴小阳，涨跌幅度都很小，整体呈现温和上涨，温和放量态势，在此期间，适宜买进。另外要尽量寻找构筑圆弧底部时间相对较长的个股，因为时间越长，底部基础越扎实，日后下跌的可能性越少，很少有主力会花太长的时间去做一个完整的形态陷阱。

如图4-140所示，该股就是在底部构筑了"圆弧底"K线组合图形，随后，股价就一路上行。

双重顶

看盘关键要点：

1. 双重顶的股价移动轨迹类似于大写字母"M"，它的出现预示着股价即将由升势转为跌势。

2. 双重顶出现之后，当股价跌破颈线时，就是一个最可靠的卖出信号。

股价上升到某一个水平时，部分获利投资者开始大量抛出，成交量有效放大，股价随之下跌，成交量也慢慢变少。接着股价又升至与前一个价格几乎相等的顶点，成交量随之增加却不能达到上一个高峰的成交量，接着出现第二次下跌，股价的移动轨迹就像M字。这就是"双重顶"，简称"双顶"，又称"M顶"（如图4-141所示）。

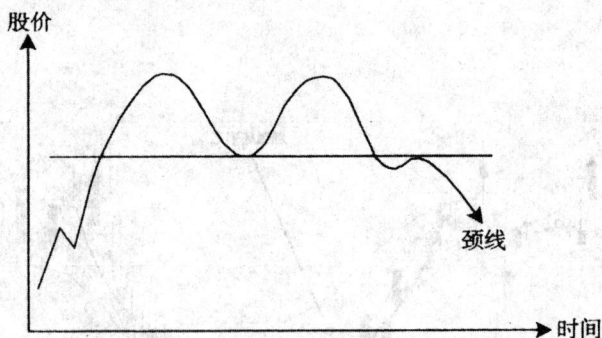

图4-141

"双重顶"是一种常见的顶部形态，它通常出现在长期上涨后的高位，有时也会出现在阶段性高点的附近，或者重要的压力线位置，但其市场意义都是基本相同的。它的出现预示着股价将结束上涨行情，而后演变为下跌行情。

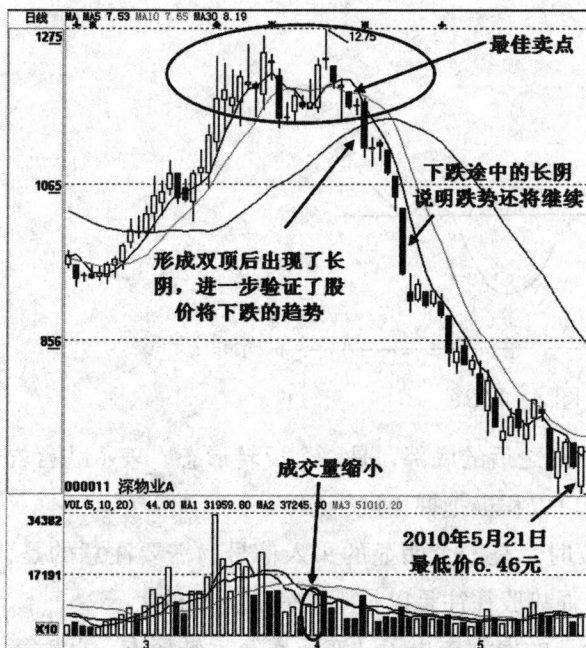

图 4-142

当出现"双重顶"时，表示股价的升势已经告一段落，投资者可以考虑暂时卖出该股，当"双重顶"颈线被跌破，就是一个可靠的出货讯号。

深物业 A（000011）在经过一段上涨行情之后于高位出现了"双重顶"形态，在形成第二个顶的时候，成交量要较第一个顶明显缩小，出现成交量的配合，说明"双重顶"表示的信号比较可靠。随后股价由 2010 年 4 月 2 日的 12.75 元跌至 5 月 21 日的 6.46 元，跌幅达 97%。

在"双重顶"形成之后，股价拉出了一根大阴线，在上涨顶端出现大阴线暗示着股价的跌势已成定局，投资者对后市不要抱有幻想，而且从图中还可以发现，在经过几天的连续下跌之后，又出现了一根大阴线，这根在下跌途中出现的大阴线同样是股价继续下跌的可靠信号，投资者此时要保持看空思维，谨慎操作，以观望为主（如图 4-142 所示）。

双重底

看盘关键要点：

"双重底"的出现预示着跌势将告一段落，当股价突破"双重底"的颈线位时，是一个明显的买入信号；需要注意的是，上破颈线时，成交量必须及时放大，强势股往往是以长阳线完成突破的。

当股价经过一波下跌行情之后开始筑底，股价随后开始逐步回升，甚至是快速拉升，形成第一个底部，但在股价经过一定幅度的回升之后，再次遇到了阻力出现回落，在回落的过程中形成了第二个底部，随后股价再次向上反弹，形成"双重底"，又叫"双底"。由于其整个走势类似于字母"W"，所以也叫作"W 底"（如图 4-143 所示）。

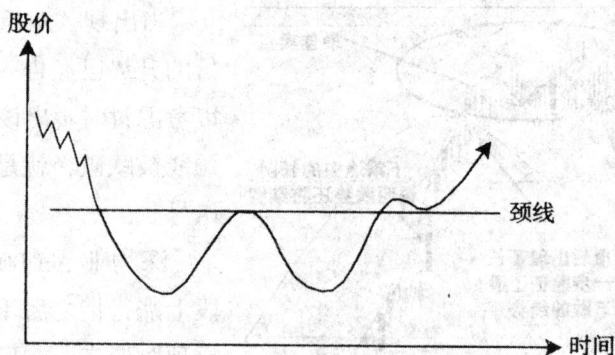

图 4-143

　　"双重底"形态通常出现在长期下跌之后的底部，是一个反转形态，表示跌宕告一段落，即将出现上涨行情，投资者可以积极把握买进机会。

　　当股价突破"双重底"的颈线位时，是一个明显的买入信号，需要注意的是，上破颈线时，成交量必须及时放大，强势股往往是以长阳线完成突破的。

　　如图 4-144 所示，该股在股价运行的底部走出了"双重底"反转形态，此时第二个底部形成的时候，成交量明显缩小,市况沉闷。在股价突破双重底的颈部位置时，放量拉出长阳，此时就是最佳的介入机会，此后股价便大幅上涨，再不回头。

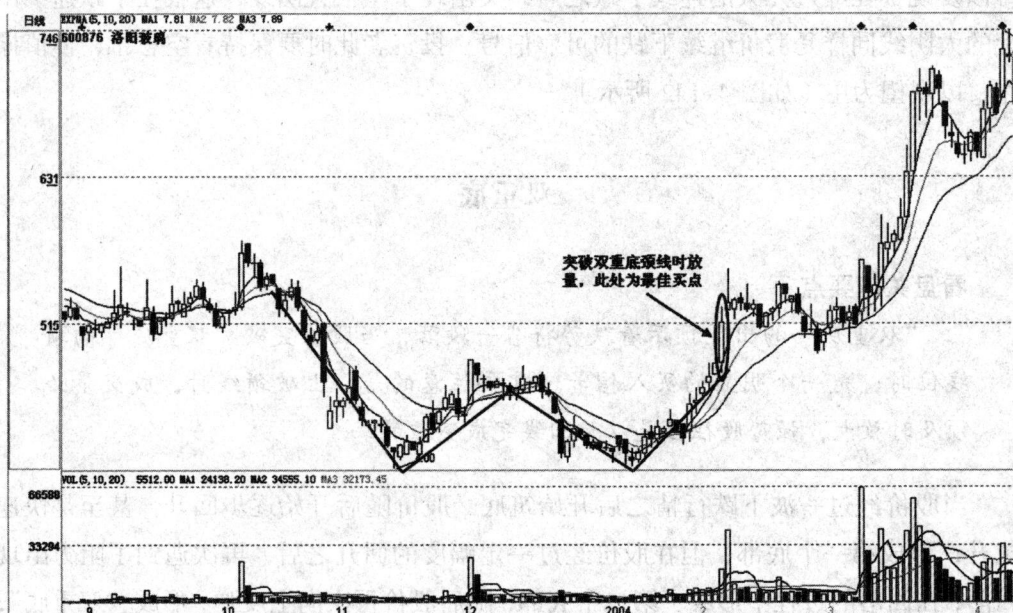

图 4-144

潜伏底

看盘关键要点：

1. 潜伏底一般出现在股价经过一波较大幅度下跌的末期，其形成的时间比较长，所以，最佳的买入时机是股价放量上冲之时。

2. 在发现潜伏底形态之后，一定要敢于追涨停，只要股价的上涨幅度不超过 50%，都可以介入。

在股市技术图形中，属于底部形态的图形除了常见的双底、头肩底、圆底外，还有一种爆发性底部形态——潜伏底。所谓潜伏底就是股价经过一段跌势后，开始处于一个狭窄的区间内，并长期在此期间内波动，此时，交投非常清淡，股价和成交量各自形成了一条带状（如图 4–145 所示）。

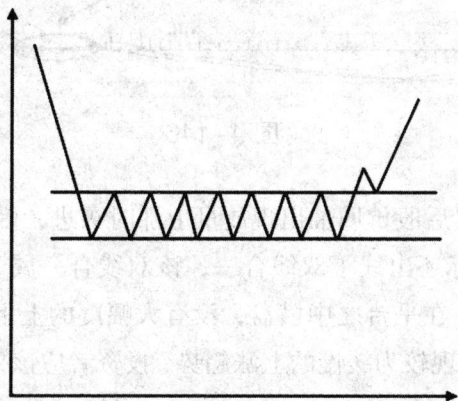

图 4–145

这里投资者要将潜伏底和矩形形态区分开来，一般来说，潜伏底的形态较矩形来说更狭长，而且矩形形成之后股价的运行方式一般有两种，向上或向下突破，但潜伏底形成之后，股价的走势就一种，那就是向上突破，一旦股价向上突破，就会一路上涨，很少出现回探现象。这是因为股价横盘的时间已经很长，换手相当彻底的缘故。

在实践中，投资者遇到这种形态后要谨慎选择入市时机，一般在股价放量上冲的时候买进为好。这主要是因为潜伏底形成的时间比较长，历时数月甚至数年之久的潜伏底屡见不鲜。如果买进的时间过早，有可能经受不住股价不死不活的长时期的折磨，在股价发动上攻行情前离它而去。所以，一定要谨慎选择买入点。

武钢股份（600005）在出现潜伏底之后出现了一段很长时间的上涨行情，投资

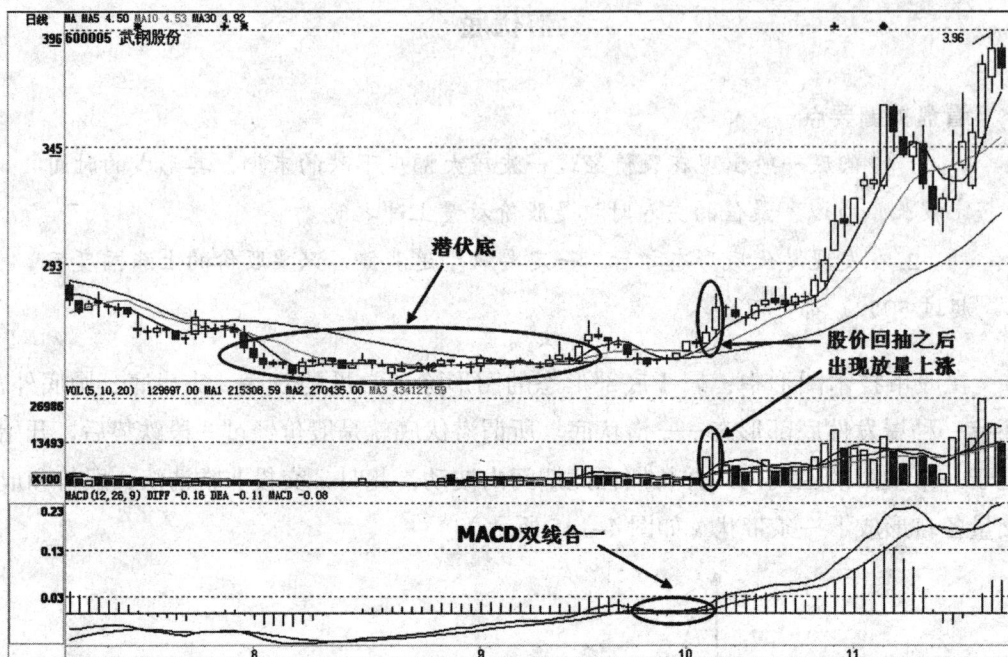

图 4-146

者可以在潜伏底出现之后股价回抽出现放量上涨时买进，因为此时风险一般相对较小。该股的 MACD 指标还出线了双线合一，该双线合一属于位于"安全区"，股价上涨还远未达到顶峰，在平台之中横盘，没有大幅度的上下波动，此时只要 MACD 双线张口向上，则会出现较为缓慢的上涨趋势，投资者应该把握住时机（如图 4-146 所示）。

另外，投资者还要注意，遇到潜伏底的时候要敢于追涨。通常，潜伏底一旦爆发，上攻势头十分猛烈，常常会造成连续逼空的行情。但对于大多数投资者来说，因为没有掌握潜伏底的基本特征，在股价上涨的过程中看到连续拉出的大阳线之后，就不敢再追涨，害怕走势发生反转。

其实，一旦潜伏底出现，只要股价的上涨幅度不超过 50%，成交量保持价升量增的态势，就可以追涨。

一般来说，潜伏底上扬时往往会出现大阳线后再拉大阳线，超涨之后再超涨的现象，这是潜伏底往上突破的一个重要特征。因此在潜伏底涨升初期，对它追涨应该是一个比较好的选择。

底部岛形反转

看盘关键要点：

"底部岛形反转"的形成表明股价已经见底回升，走势将由跌势转为升势。对于投资者来说，可在"岛形反转"后向上跳空缺口的上方处买进，也可以在股价急速上冲回探向上跳空缺口获得支撑后买进。

股价有了一定的跌幅后，某日却突然跳空低开，留一缺口，随后股价继续下探；但股价自下跌到某低点又突然峰回路转，向上跳空开始急速回升；这个向上跳空缺口与前期下跌跳空缺口，基本处在同一价格区域的水平位置附近。这样，两个缺口就把K线形态分成了两个部分，底部的就像一个孤岛，这就是"底部岛形反转"形态（如图4-147所示）。

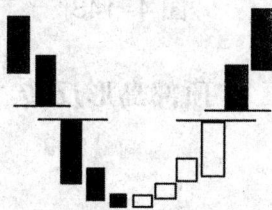

图 4-147

"底部岛形反转"是一个转势形态，表明股价已见底回升，将从跌势化为升势。虽然这种转势并不会一帆风顺，多空双方会有一番激烈的争斗，但总的形势将有利于多方。通常，在底部发生"岛形反转"后，股价有时会发生震荡，但多数情况下回抽到缺口处会止跌，而后再次发力上攻。

投资者面对这种"底部岛形反转"的个股，应首先想到形势可能已经开始逆转，不可再看空了。对于激进型的投资者来说，可在"岛形反转"后向上跳空缺口的上方处买进，而稳健的投资者可在股价急速上冲回探向上跳空缺口获得支撑后再买进。

中国宝安（000009）在出现"底部岛形反转"形态之后，就一路上涨，最高涨至2007年10月9日的16.00元，较7月6日的最低价9.43元，涨幅达70%（如图4-148所示）。

但在买进的时候也要注意，当股价回探封闭了向上跳空缺口时，应不要买进，以密切观望为主。因为如果向上跳空的缺口一旦被封闭，后市将会转弱。

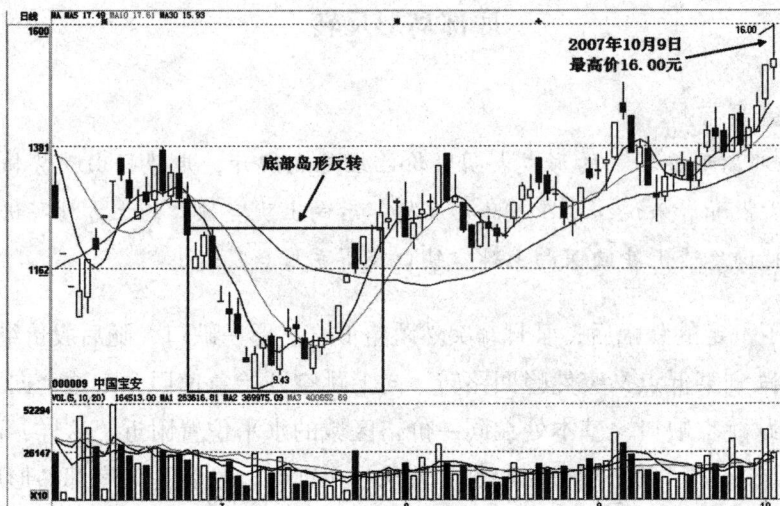

图 4-148

顶部岛形反转

看盘关键要点：

　　"顶部岛形反转"一旦确立，说明近期趋势转弱已成定局，持筹的投资者最好能够及时卖出股票。

　　在一轮上涨行情的末期，股价在拉升过程中出现向上的跳空缺口，接着会出现滞涨现象，多空双方在此缺口上展开争夺，此时也恰恰是主力出货的好时机，当然最终结果是以空方的胜利而告终，随后在下跌过程中也出现跳空缺口，方向向下。至此，整个股价 K 线图被分成了上下两截，使高位争持的区域在 K 线图上看来，就像是一个远离海岸的孤岛形状，这就是"顶部岛形反转"形态（如图 4-149 所示）。

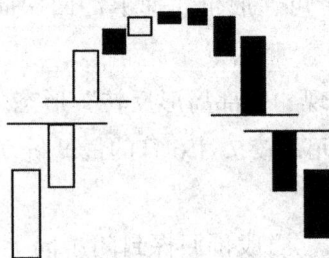

图 4-149

　　这种形态常常出现在长期或中期性趋势的顶部，有时也会出现在下降过程中，但不管出现在哪个位置，都是一种看跌的形态，其最大的特点就是两边的跳空高开和跳空低开，否则不构成"顶部岛形反转"形态。"顶部岛形反转"形态一旦成立，说明近期股价下跌已成定局，此时持筹的投资者只能认输出局，如果继续持股必将遭受更大的损失；而空仓的投资者最好不要再过问该股，即使中途有什么反弹，也尽量不要参与，可关注其他一些有潜力的股票，另觅良机。

如图 4-150，该股在下跌途中，形成了"顶部岛形反转"形态，股价继续走低。

图 4-150

V 形和伸延 V 形

看盘关键要点：

1. 一般来说，"V 形"反转形态即将形成的时候，成交量必须明显放大。

2. "伸延 V 形"是"V 形"的变体，其表达的意义和"V 形"相同。其最佳买入点位于"伸延 V 形"走势徘徊区的低点。

股价连续加速下跌之后，受到突如其来的某种因素扭转了整个趋势，在底部伴随大成交量，形成十分尖锐的转势点，出现了快速反弹，成交量也跟着快速放大，从而形成"V 形"走势（如图 4-151 所示）。"V 形"是一种强烈的上涨信号。

这种形态既可以出现在长期下跌之后的低位区域，也可以出现在上涨的中途甚至是大幅上涨后的高位。在不同的位置出现这种形态，其所代表的意义也不同。比如出现在长期下跌的低位区域，则预示着后市股价出现反弹的行情；而出现在大幅

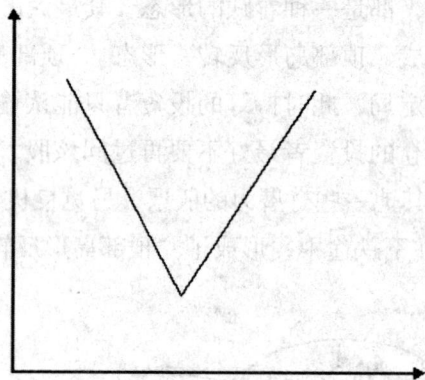

图 4-151

上涨后的高位，则往往是主力为了出货制作的假象。

"V形"反转形态形成时间较短，是研判比较困难、参与风险较大的一种形态，这种形态爆发力大，可在短期内赢取暴利。

那么，投资者要如何准确地把握住"V形反转"带来的机会呢？在此，我们总结了以下几点，投资者要注意：

1. 涨跌幅度。

一般来说，如果股价在短期内的涨跌幅度越大、动力越强，那么，出现"V形反转"的可能性也就越强，如果超过5%以上的巨阳或巨阴出现，就是很好的配合证据。

2. 价量配合。

通常而言，当"V形反转"即将形成的时候，成交量会明显放大，尤其转势前后成交量的放大，实际上是最后一批杀跌盘的涌出和主力接货造成的。

3. 结合中长期均线进行研判。

一般我们多采用20日均线。当股价第一次突破20日均线时，虽不能明确"V形反转"能否确立，但这却是激进的做多或做空信号，一旦出现第二次突破20日均线，基本上可以确认反转趋势的确立，这是稳健的做多或做空信号。

如图4-152所示，棱光实业（600629）在出现了"V形"走势之后，就走出了一波上涨的行情，由2008年10月30日的最低价5.48元涨至2009年3月27日的15.00元，涨幅高达174%。一般在该形态形成之后，股价都会有一个反抽回探的过程，如果此时的成交量出现萎缩，那么，当股价再次拉升的时候，就是买进的最佳时期。

"伸延V形"走势是"V形"走势的变形。在形成"V形"走势期间，其中上升（或是下跌）阶段呈现变异，股价有一部分出现向横发展的成交区域，其后打破这徘徊区，继续完成整个形态。"伸延V形"走势在上升或下跌阶段，其中一部分出现横行的区域，主要是因为大部分投资者开始对这种形态的形成没有信心导致，但这股弱势力量被消化后，股价就会再继续完成整个"V形"形态。在出现"伸延V形"走势的徘徊区时，可以在徘徊区的低点买进，等待整个形态的完成。

一般来说，"伸延V形"与"V形"走势具有同样的预测威力。但在此要注意，股价在突破"伸延V形"的徘徊区顶部时，必须有成交量增加的配合，在跌破倒转"伸延V形"的徘徊底部时，则不必要成交量增加。

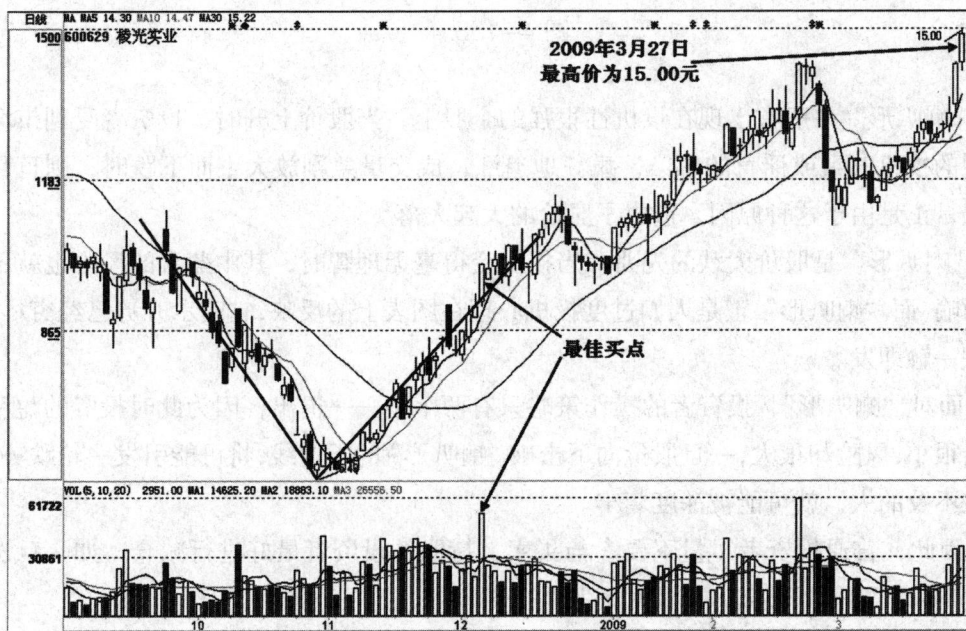

图 4-152

喇叭形

看盘关键要点：

1. 在实战中，出现喇叭形之后，股价以向下突破居多。

2. 当股价跌破喇叭形的下边线的时候，就是卖出时机，一定要及时清仓，停损离场。

"喇叭形"又被称为"扩散三角形"，一般出现在股价上涨的过程中，上升的高点越来越高，而下跌的低点越来越低，如将两个高点连成直线，再将两个低点连成直线，即可形成一个喇叭状，这就是"喇叭形"（如图4-153所示）。

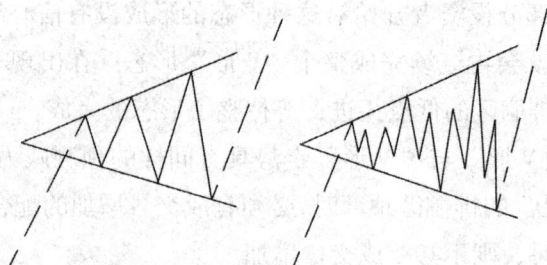

图 4-153

"喇叭形"一般常出现在投机性很强的个股上，当股价上升时，投资者受到市场热烈的投机气氛或谣言的感染，疯狂地追涨，成交量急剧放大；而下跌时，则盲目杀跌，正是由于这种原因，造成了股价的大起大落。

"喇叭形"是股价大跌的先兆。当投资变得毫无理智时，其中蕴含的风险也就不言而喻，而"喇叭形"正是人们过度投机心理在图表上的反映，它暗示升势已经穷尽，下跌一触即发。

面对"喇叭形"，投资者的操作策略只有两个字——退出，因为此时投资的盈利机会很小，风险却很大，一旦股价向下击破"喇叭形"的下边线，将可能引发一轮跌势，逃之不及的人，就可能被深度套牢。

因此，普通投资者尽量不要参与买卖，持股的投资者最好进行减仓，如一旦发现"喇叭形"往下突破，应及时把股票全部卖出，止损离场。

这里需要补充一点，虽然"喇叭形"经常是以下跌告终，但也会有特殊情况出现，尤其是当上边线不是向上倾斜而是水平发展的时候，这时股价可能向上突破，展开一轮升势。

但在实践应用中，这种情况很少出现，一般出现"喇叭形"之后，股价向下突破居多，在"喇叭形"即将形成的时候卖出股票，总是对的时候多，错的时候少。另外，"喇叭形"如果要向上突破，是会有一些蛛丝马迹显露在盘面上的，通常的表现是，在形态内的第三次下跌时，成交量会出现迅速萎缩，这说明市场情绪正在发生变化，人们的持股信心已趋稳定，这与"喇叭形"最后阶段成交量急剧放大正好相反。随后股价会在这种形态的上边线稍作停留，或者进行一次小幅回调，下跌明显无力。在对这些情况进行确认之后，才可以说，此时的"喇叭形"才有可能发生变异，向上突破。如果投资者发现了这种异向，再决定买进也不迟。

菱形

看盘关键要点：

1. 菱形形态被确认之后，股价下跌的趋势也就被确定了。投资者在这种形态被确认之后，一定要及时卖出，千万不要被形态之内的反弹所诱惑。

2. 根据菱形最宽处的高度，我们可以测算出股价下跌的深度，即从突破点算起，股价下跌的深度至少等于其最宽处的高度。

"菱形"反转形态可以看成是"喇叭形"接连"对称三角形"的合并图形，左半部和"喇叭形态"一样，其市场的含义也相同，第二个上升点较前一个高，回落低点亦较前一个低，当第三次回升时，高点却不能升越第二个高点水平，接着的下跌回落点却又较上一个高，股价的波动从不断地向外扩散转为向内收窄，右半部和"对称三角形"一样，这就是"菱形"形态（如图4-154所示）。

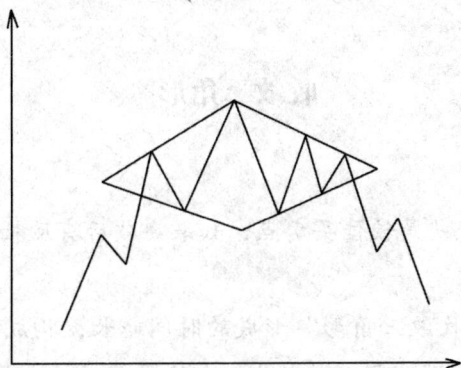

图 4-154

"菱形"的另一个名称叫"钻石形"，是另一种出现在顶部的看跌形态。它比起上面的"喇叭形"来说，更有向下的愿望。由于它的前半部分类似于"喇叭形"，后半部分类似于"对称三角形"。所以，"菱形"有"对称三角形"保持原有趋势的特性。前半部分的"喇叭形"形成之后，趋势应该是下跌，后半部分的"对称三角形"使这一下跌暂时推迟，但它们结合之后的图形，终究是摆脱不掉股价即将下跌的命运的。所以，投资者在走势图中遇到这种形态之后，一定要在这种形态确认之后，及时卖出，当然，如果你有前瞻能力，趁该形态未形成的时候卖出就更好了。

由于"对称三角形"的存在，"菱形"还具有测算股价下跌深度的功能。"菱形"的形成过程的成交量是随价格的变化而变化的，开始是越来越大，然后是越来越小。

"菱形"的测算功能是以菱形的最宽处的高度为形态高度的，今后下跌的深度从突破点算起，至少下跌一个形态高度。

识别"菱形"时有几点应该注意：

（1）技术分析中，形态理论中的"菱形"不是严格的几何意义上的菱形。这一点同别的形态是一样的。

（2）"菱形"上面两条直线的交点有可能并非正好是一个高点。左、右两边的直线由各自找的两个点画出，两条直线在什么位置相交就不要求了。同理，"菱形"下面两条直线也有与上面两条直线相似的可能。

（3）"菱形"有时也作为持续形态，不出现在顶部，而出现在下降趋势的中途。这时，它还是要保持原来的趋势方向，换句话说，这个"菱形"之后的走向仍是下降。

第六节　K线组合整理形态

收敛三角形

看盘关键要点：

1. 当股价突破，就是较佳买卖点，如果突破后有反抽行为则是最佳的买卖点。

2. 一般来说，"收敛三角形"形成的时间越长，构成的规模越大，一旦向上突破，其理论上涨空间也就越大。但也要注意，如果某"收敛三角形"的形成时间长达数年，这种形态就没有多大的意义了。

股价在一定区域的波动幅度逐渐缩小，即每轮波动的最高价都比前次低，而最低价都比前次高，呈现出收敛压缩图形。将这些短期高点和低点分别以直线连接起来，就形成了一个对称的三角形，即"收敛三角形"，又叫"对称三角形"（如图4-155所示）。

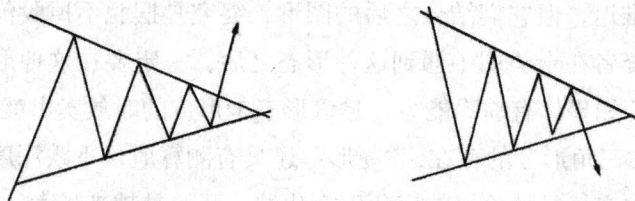

图 4-155

一般情况下，"收敛三角形"属于整理形态，即价格会继续原来的趋势移动。这种形态形成出现时，成交量随越来越小幅的价格变动而递减，反映出多空力量对后市犹豫不决的观望态度，然后当价格突破"收敛三角形"的上下边线时，成交量随之而变大。如果突破后有反抽行为，就是最佳的买卖时机。

金证股份（600446）在 2010 年 7 月份走出了"收敛三角形"整理形态，随后股价向上突破，涨至 11 月 2 日的 16.00 元，涨幅达 81%。当股价"突破三角形"的上边线，拉出放量阳线的时候就是投资者的最佳买点。另外，如果在三角形的形成过程中投资者没能够准确认出这种形态，也可以观察其 MACD 指标，该指标在股价经过一段下跌向上发力的时候走出了金叉，并一路向上移动到 0 轴的上方，这说明市场已转入多头，投资者尽可以看多（如图 4-156 所示）。

在判断这种形态的买卖点的时候，要注意此时在三角形顶端突破时的成交量。如果成交量能有效放大，说明向上突破是真实可信的，可判定增量向下倾斜只是空头陷阱，往往很快会恢复为上涨行情；如果在三角形顶端突破时的成交量处于萎缩状态，那么证明向下突破是真实可信的，而缩量向上的突破大多是假突破。因此，当大盘产生突破性行情时，投资者可以根据量能的变化研判大盘最终的发展趋势。

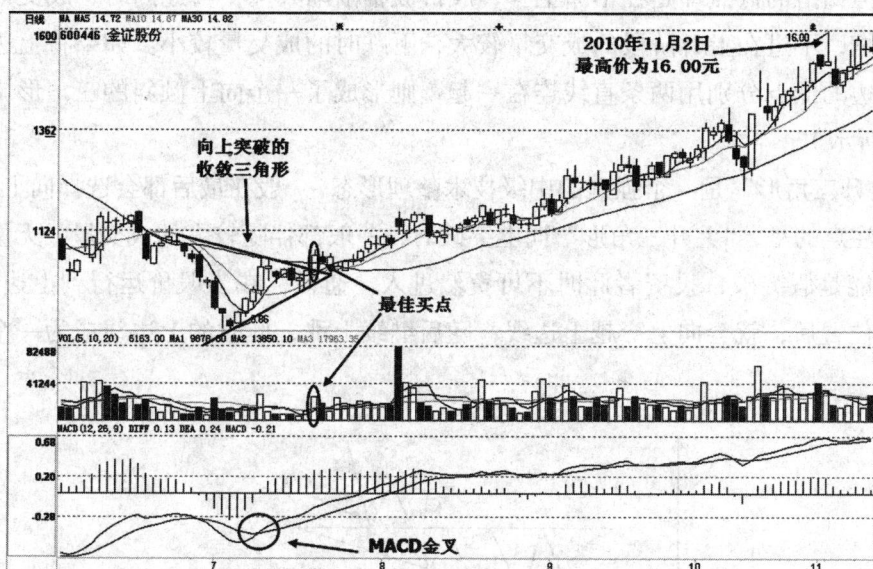

图 4-156

另外还要注意大盘突破后的回调。"收敛三角形"突破后通常有回调走势，如果在短时间内能迅速结束回调走势，并且不跌破原来的顶点位置，说明大盘向上突破是有效的。如果收敛三角形突破后股指无力上攻，回调时轻易跌破顶点位置，则说明大盘向上突破是无效的。

此外，投资者还要注意这种形态规模的大小。一般情况下"收敛三角形"的形成时间越长，构成规模越大，一旦向上突破后，相应的理论上涨空间也较大。但这并不说明"收敛三角形"的规模越大越好，如果出现了长达数年的"收敛三角形"走势，这种情况在实际操作就没有多少效果了，因为三角形的走势反映了投资者的一种短期投资心态，而投资者是不可能会受到几年前的心态影响的。一般由数月时间构筑的"收敛三角形"的突破力度最强。

上升三角形

看盘关键要点：

"上升三角形"一般出现在股价上涨的途中，形态完成后都会选择向上突破，突破时一般会伴随着成交量的放大，无量向上突破有可能是假突破。

"上升三角形"一般在股价的上涨途中出现，股价上涨的高点基本上处于同一位置，但回落的低点却是在不断上移，股价波幅渐渐收窄，与此同时，成交量也在不断萎缩，不过在上升阶段的成交量较大，下跌时的成交量较小。如果将上边的高点和下边的低点分别用两条直线连在一起，则形成了一个向上倾斜的三角形（如图4-157所示）。

"上升三角形"是一个强烈的中级技术整理形态，一般在最后都会选择向上突破，但必须注意的是，"上升三角形"向上突破时，一般都伴随较大的成交量，无量往上突破可能是假突破，投资者此时不可贸然进入。通常，在当股价运行到上边线2/3左右的位置后，就会向上穿越上边线，随后继续上涨，此时的上边线成为一个强支撑线。

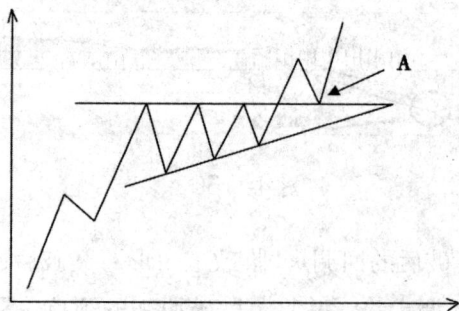

图 4-157

出现这种形态，意味着股价在蓄势上扬，是典型的买进信号。在实际操作中，可在股价突破上档压力线，小幅回落，再次发力创新高之后（图中所标示的 A 点）跟进。

上海梅林（600073）在 2009 年初出现"上升三角形"形态之后，就一路上涨，从其形态形成之际的最低价 6.26 元上涨至 2009 年 8 月 6 日的最高价 10.88 元，涨幅为 74％。投资者可以在股价向上放量突破三角形的上边线的时候买进（如图 4-158 所示）。

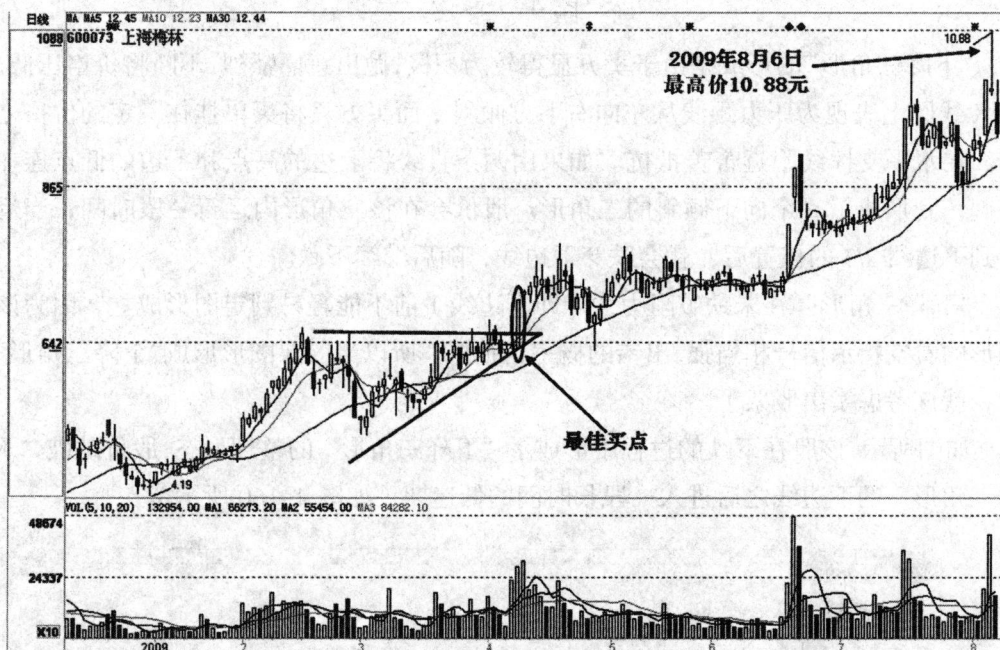

图 4-158

下降三角形

看盘关键要点：

"下降三角形"属于弱势盘整，当其出现后，股价后市下跌的可能性会非常大。

当股价下跌一定阶段后，会出现反弹，高点会逐步降低，但每次下探的低点都几乎处于同一水平位置上，反弹时成交量不能放大，下跌时却比弹升时的成交量要大（如图 4-159 所示）。

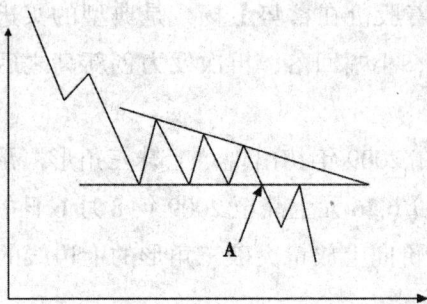

图 4-159

"下降三角形"的形成是由于卖方显得较为积极,抛出意愿强烈,不断将价格压低,在 K 线图上表现为压力颈线从左向右下方倾斜;而买方只将买单挂在一定的价格之上,在水平支撑线附近苦苦抵抗。如果用两条直线将上边的高点和下边的低点连在一起,则形成了一个向下倾斜的三角形。股价会在该三角形内运行一段时间,当运行到下边线 2/3 的位置后,就会跌穿下边线,随后继续下跌。

"下降三角形"在未跌破阻力线(即下边线)前不能轻易判定图形成立,因为该图形的看空指示信号相当强,出错的概率也很低。所以当股票图形形成"下降三角形"后,就该考虑卖出股票了。

如图所示,该股在下跌的过程中形成了"下降三角形"的整理形态,股价跌破"下降三角形"的下边线之后进入一段长时间的低迷期(如图 4-160 所示)。

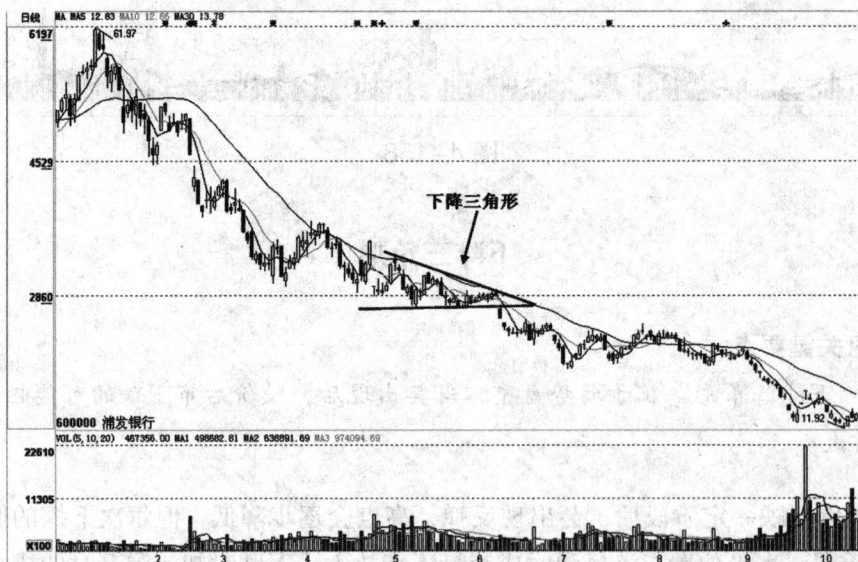

图 4-160

上升楔形

看盘关键要点：

1. "上升楔形"一般出现在跌市回升阶段，但它并不代表后市将转为升势，反而代表后市将继续看跌。

2. "上升楔形"从本质上来说是股价下跌过程中的一次反弹，是多方一次无力的挣扎，所以，投资者最好不要抢反弹。

股价经过一次下跌后有强烈技术性反弹，价格升至一定水平又掉头下落，但回落点较前次为高，又上升至新高点，比上次反弹点高，然后再回落，形成一浪高过一浪之势。把短期高点和短期低点相连，形成两条向上倾斜的直线，上面一条较为平缓，下面一条则较为陡峭。这就是所谓的"上升楔形"（如图 4-161 所示）。

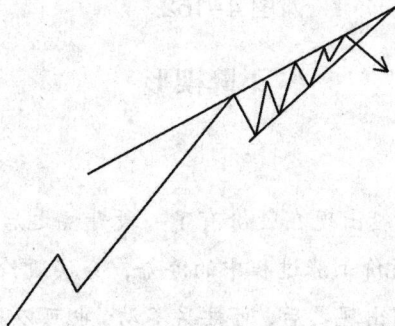

图 4-161

在"上升楔形"形成的过程中，成交量不断减少，整理上呈现出价升量减的反弹特征，但当这种形态最终形成之后，往往以向下突破居多。因此从本质上来说，"上升楔形"是股价下跌过程中的一次反弹，是多方在遭到空方连续打击后的一次无力挣扎而已。

"上升楔形"为投资者传递出的信号即是，个股走势正在逆转中。投资者如果遇到这种形态后，一定要记住，它只是股价的反弹，并不能改变股价原有的下跌趋势。因此，持股者趁反弹时及时减磅操作；如果股价跌穿"上升楔形"的下边线，赶紧清仓离场；持币者耐心观望。

如图 4-162 所示，云南城投（600239）在下跌途中出现"上升楔形"之后，股价仍继续往下滑落。

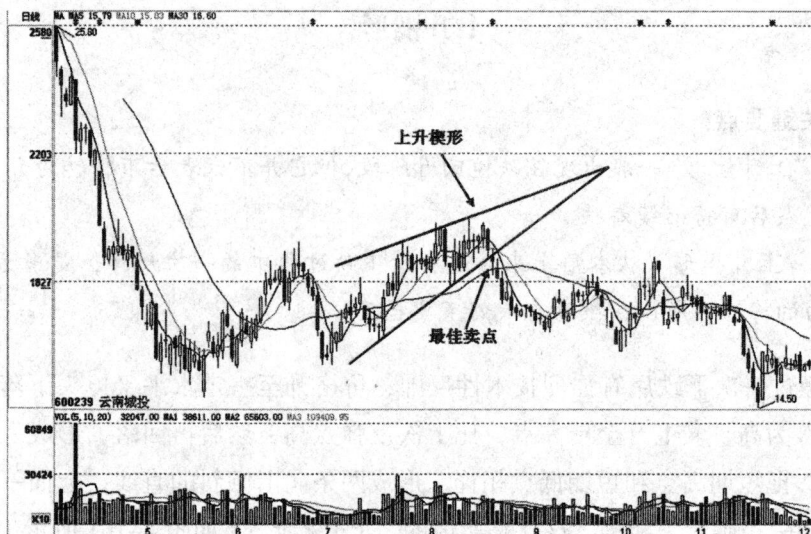

图 4-162

下降楔形

看盘关键要点：

1. "下降楔形"一般出现在股价有了一段升幅之后，它是主力洗盘的一种手段，目的是清洗股价上涨过程中的浮筹，夯实股价。

2. 当"下降楔形"出现之后，可按兵不动，也可以在形态之内高抛低吸，但就是不能卖出股票。

3. "下降楔形"形成的时间不能太长，最好不超过一个月，在形成的过程中成交量也不能出现萎缩，否则形态失败的可能性会很大。

股价在经历了大幅上升之后，从高处回落，跌至某一低点后回升，高点一个比一个低，低点亦是一个比一个低，形成两条同时下倾的斜线，这就是"下降楔形"（如图 4-163 所示）。

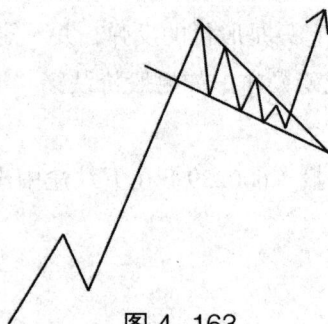

图 4-163

"下降楔形"市场含义和"上升楔形"刚好相反，股价经过一段时间上升后，出现了获利回吐，虽然"下降楔形"的底线往下倾斜，似乎说明市场的承接力量不强，但新的回落浪较上一个回落浪波幅为小，说明沽售力量正减弱，加上成交量在该阶段的减少，可证明市场卖压在减弱。

"下降楔形"是主力为了洗盘制造出来的空头陷阱，持股的投资者在主力进行打压的时候，可以按兵不动，也可以按照"下降楔形"的上边线和下边线进行高抛低吸，即当股价接近"下降楔形"的上边线时就卖出，回落到下边线时就买进。但要注意，因为"下降楔形"的走势是越来越窄的，当形态即将形成的时候，最好就停止这种高抛低吸的手法，安静地持筹待涨为好。

而对于持币的投资者来说，在"下降楔形"形态没有完成之前，股价上上下下波动时，要坚持持币观望。一旦发觉股价放量突破上边线时，就可大胆买进。

如图 4-164 所示，该股在经历一波较强的涨势之后，见顶回落，形成一个"下降楔形"走势，其跌幅和成交量都在收窄；后面于某一点上突破了"下降楔形"的上边线之后持续向上，涨幅可观。

需要注意的是，在"下降楔形"形成过程中成交量是不能萎缩的，或者其形成的过程不能太长，如果形成时间超过了一个月，其整理失败的可能性就大一些。

图 4-164

矩形

看盘关键要点：

1. "矩形" 出现后，股价有两种运行趋势，一种是向上突破，后市看涨；一种是向下突破，后市看跌。

2. 对于投资者来说，遇到 "矩形" 整理形态，最佳的操作策略就是耐心等待，以观望为主，等股价运行趋势明朗之后再操作。

如果将股价横盘时出现的两个最高点用直线连起来，将股价横盘时出现的两个最低点也用直线连起来，即可画出一个长方形，即 "矩形"，又称 "箱形盘整"（如图 4-165 所示）。

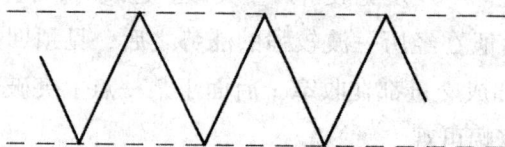

图 4-165

此时，股价就在这个 "矩形" 内不断上下波动，当股价上升到 "矩形" 的上边线时就往下回落，而回落到 "矩形" 的下边线时就往上弹升，直到一方力量耗尽，股价就会选择突破向上或跌破向下。

1. 突破矩形。

当处于盘整阶段的 "矩形" 走势选择向上突破时，我们称之为 "突破矩形"。一

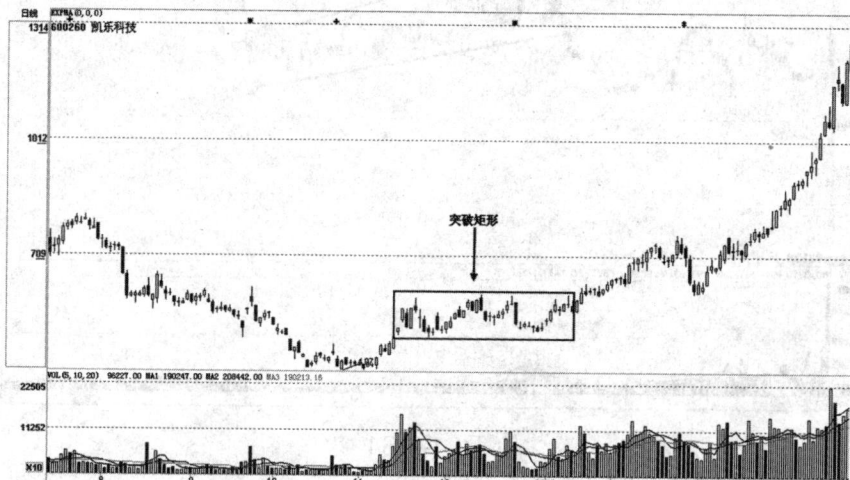

图 4-166

且矩形向上突破时，其最小涨幅与这个"矩形"本身的高度相等。稳健型的投资者最好选择在突破颈线位置处买入。

如图 4-166 所示，该股就在阶段性底部形成了一个向上突破的"矩形"形态。

2. 跌破矩形。

"跌破矩形"与"突破矩形"类似，所不同的是，突破方向不是向上，而是向下跌破矩形的下边线，通常出现在上涨的高位区域，或者下跌的途中。

实际操作中，如果遇到这种走势的个股，在股价跌破"矩形"下边线的当天就要卖出股票。

如图 4-167 所示，该股自顶部反转后，经过一段下跌，股价横盘整理，形成一个"矩形"形态。这通常会被投资者认为是一个底部形态，但实际上更多的只是下跌途中的一个中继站。

对于"矩形"这种整理形态而言，投资者最佳的做法就是耐心等待，以观望为主，并抱定一个宗旨，只要股价一天不向上突破"矩形"的上边线，就一天不买进。另一方面，一旦股价在"矩形"整理后往下突破"矩形"的下边线，就应毫不犹豫地清仓离场。

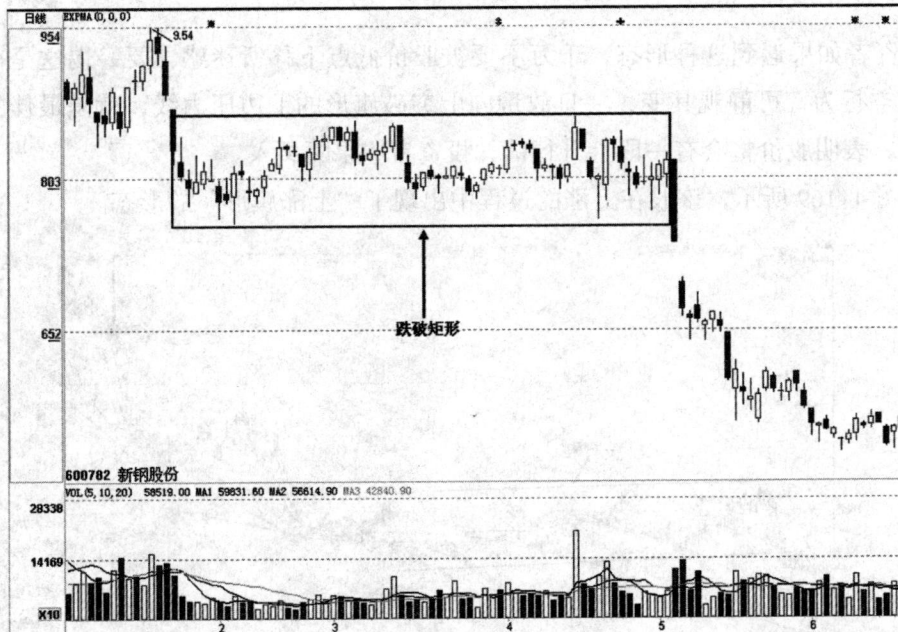

图 4-167

上升旗形

看盘关键要点：

"上升旗形"一般出现在股价有了一段上升幅度之后，是主力的一种震荡洗盘的动作，后市将会继续上涨，所以，投资者见到这种形态后，一定要"耐得住寂寞"，把筹码牢牢握在手中。

股价经过一段陡峭的上升行情后，其走势形成了一个成交密集、向下倾斜的股价波动区域，把这一区域的高点与低点分别连接在一起，就可发现其图形像一面挂在旗竿上迎风飘扬的旗子，这种走势就被称为"上升旗形"（如图 4-168 所示）。

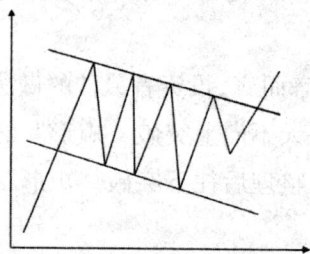

图 4-168

投资者如果遇到这种形态，千万不要被股价低点下移所迷惑，要警惕这是市场主力诱空行为，可静观其变，一旦放量向上突破旗形的上边压力线，就是最佳的买入时机，表明股价将会有一段上升行情，投资者应果断买入。

如图 4-169 所示，该股在上涨的过程中出现了"上涨旗形"的形态。

图 4-169

下降旗形

看盘关键要点：

在"下降旗形"走势中，如果股价向下突破下边线，就可以确认下跌形态成立，投资者应该及时离场。

"下降旗形"与"上升旗形"正好相反，当股价出现急速下跌以后，接着形成一个波幅狭窄却略微上倾的价格密集区域，类似于一条上升通道将高点和低点分别连接起来，就可以画出两条平行线向上倾的平行四边形，这就是"下降旗形"，如图 4-170 所示。在这种走势形态中，如果股价向下突破下边线，就可以确认下跌形态成立，投资者应该及时离场。

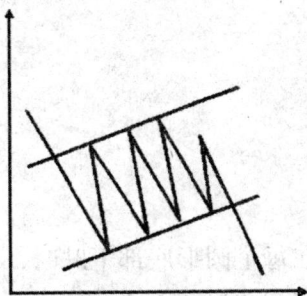

图 4-170

如图 4-171 所示，该股在下跌过程中出现一个典型的"下降旗形"走势，其股价随后继续下跌，旗形末端的一根大阴线处为最后逃命机会。

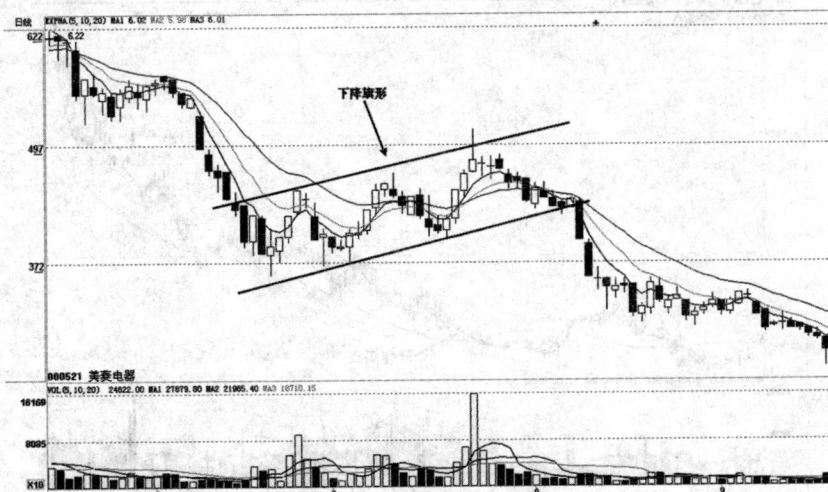

图 4-171

扇形

看盘关键要点：

扇形整理形态可以分为上升扇形整理和下降扇形整理。上升扇形整理的出现意味着股价将要迎来上涨行情；而下降扇形整理的出现，表明股价的总体趋势是下跌的。

扇形整理形态是连接图形的上升和下降趋势而产生的，它可以分为上升的扇形和下降的扇形两种（如图 4-172、5-173 所示）。

上升扇形整理图

图 4-172

下降扇形整理图

图 4-173

在上升的扇形中，当股价在每个圆形底部下跌时，交易量也降低。随着股价在每个圆形的后期的上升，其交易量也随之上升。圆形中的股价上升价位通常要比原先开始下跌的价位高些，成交量也会多些。新的圆形的低价要比前一个圆形的低价要高。新的圆形的顶级也要比前一个圆形的顶级要高。于是，股价在各个圆形的连接中，逐个往上递增，形成上涨的走势。

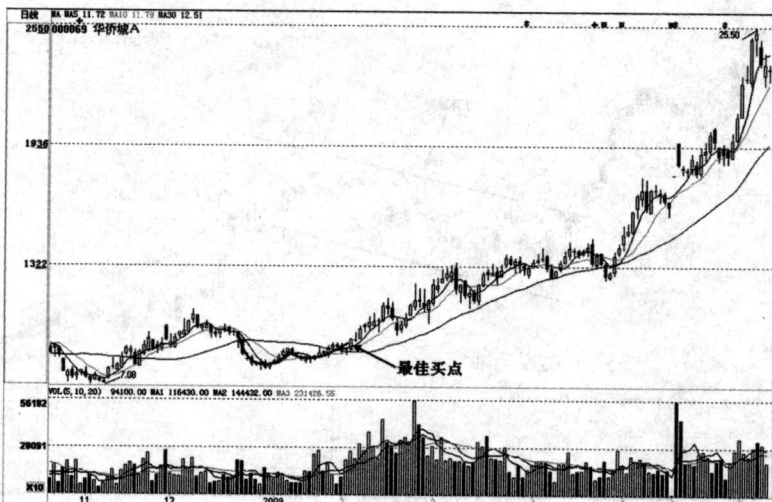

图 4-174

下降扇形是由两个或两个以上的圆形顶连接而成。其股价的总体趋势是下跌的。

华侨城A（000069）在底部形成扇形形态，整理结束后股价向上突破，出现了一波比较强劲的上涨行情（如图4-174所示）。

缺口

看盘关键要点：

1. 缺口一般有四种基本类型，分别是普通缺口、突破缺口、持续性缺口和消耗性缺口。

2. 普通缺口的意义在于研判某些K线形态；突破缺口用来分辨突破信号的真伪；持续缺口能大概预测股价未来可能移动的距离；消耗性缺口表明盘中力量耗尽，即将转势。

缺口是指股价走势中某一价格区域出现空白交易的现象，通常又叫作跳空。当股价出现缺口后，经过几天甚至更长时间的变动，回到原来缺口的价位时，缺口封闭，被称为补空。

缺口一般有四种基本类型，分别是普通缺口、突破缺口、持续性缺口和消耗性缺口，其中消耗性缺口又叫作竭尽缺口（如图4-175所示）。

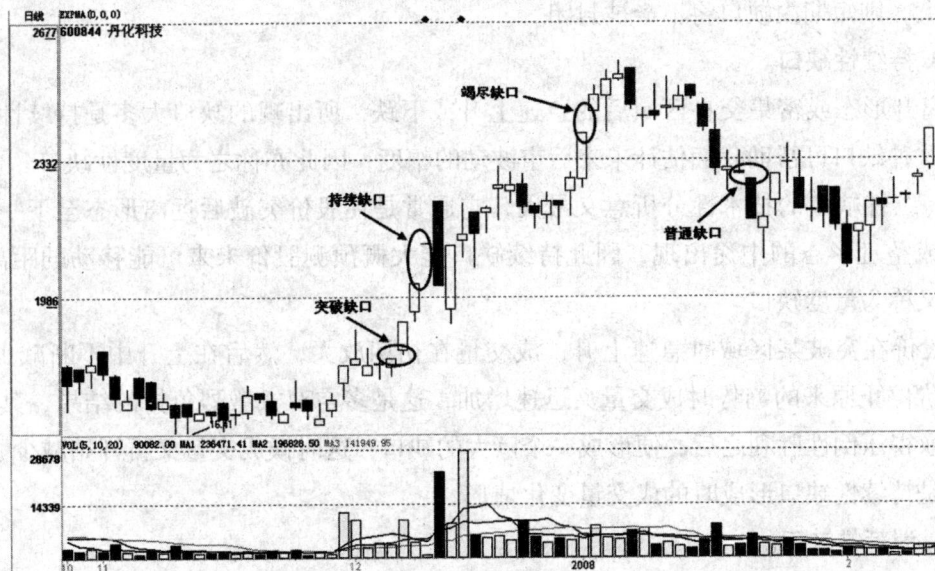

图4-175

1. 普通缺口。

这类缺口通常在密集的交易区域中出现，因此，那些需要较长时间形成的整理或转向形态，如三角形、矩形等，都可能存在这类缺口。

普通缺口最重要的意义就是辅助某种 K 线形态的形成，它在整理形态时要比在反转形态时出现的机会大得多，所以当发现发展中的三角形和矩形有许多缺口时，就应该增强它是整理形态的信念。

一般缺口都会填补，因为缺口是一段没有成交的真空区域，反映出投资者当时的冲动行为；当情绪平静下来时，投资者反省过去行为有些过分，于是缺口便告补回。缺口填补与否对分析者观察后市的帮助不大。

2. 突破缺口。

突破缺口是当一个密集的反转或整理形态完成后，股价突破盘局时产生的缺口。当股价以一个很大的缺口跳空远离形态时，这表示真正的突破已经形成了。因为普通的移动很少会产生缺口，同时缺口能显示突破的强劲性，突破缺口越大，表示未来的变动越强烈。

突破缺口的分析意义较大，经常在重要的转向形态如头肩式的突破时出现，这类缺口可帮助我们辨认突破信号的真伪。

假如缺口发生前有大的交易量，而缺口发生后成交量却相对减少，则有一半的可能不久缺口将被封闭；若缺口发生后成交量并未随着股价的远离缺口而减少，反而加大，则短期内缺口将不会被封闭。

3. 持续性缺口。

离开形态或密集交易区域后的急速上升或下跌，所出现的缺口大多是持续性缺口。这种缺口可帮助我们估计未来后市波动的幅度，因此亦称之为量度性缺口。

持续性缺口的技术性分析意义最大，它通常是在股价突破后远离形态至下一个反转或整理形态的中途出现，因此持续缺口能大概预测股价未来可能移动的距离，所以又称为量度缺口。

股价在突破某区域时急速上升，成交量在初期放大，然后在上升中不断减少；当股价停止原来的趋势时成交量又迅速增加，这是多空双方激烈争持的结果，其中一方取得压倒性胜利之后，便形成一个巨大的缺口，这时候成交量又再开始减少了。这就是持续性缺口形成时的成交量变化情形。

4. 消耗性缺口。

在急速的上升或下跌中，股价的波动越来越急，跳升或跳位下跌均有可能发生，如果该股无法在成交量大幅变化的同时，出现相应的股价变动，此缺口就是消耗性缺口。消耗性缺口大多在恐慌性抛售或消耗性上升的末段出现。

在缺口发生的当天或后一天若成交量特别大，而且，这就可能是消耗性缺口。假如在缺口出现的后一天收盘价停在缺口之边缘，形成了一天行情的反转时，就更可确定这是消耗性缺口了。消耗性缺口很少是突破前一形态大幅度变动过程中的第一个缺口，绝大部分的情形是它的前面至少会再现一个持续缺口。

消耗性缺口通常是在形成缺口的当天成交量最高，接着成交量减少，显示市场买卖动能皆已消耗殆尽，于是股价很快便告回落（或回升）。

持续缺口是股价大幅变动中途产生的，因而不会在短时期内封闭，但是消耗性缺口是变动即将到达终点的最后现象，所以多半在短期内被封闭。

第五章

看成交量：成交量是多空力量的直接表现

第一节　成交量的概念与含义

成交量的相关概念

看盘关键要点：

　　1. 成交量是在一段时间内，单边买入或卖出股票的数量，而交易量则是计算买入和卖出股票数量的总和。

　　2. 成交金额是比成交股数更有意义的指标，它显示了当前市场上主流资金的流向以及投入市场的总体资金状况，以资金的形式直接体现了市场当前交易的冷热程度。

　　3. 总手就是当日开始成交一直到现在为止总成交股数，也叫总量。现手指的是一只股票最近的一笔成交量。

　　4. 委比反映的是买方、卖方委托挂单的情况，是衡量一段时间内场内买、卖盘强弱的技术指标。量比是衡量相对成交量的指标，它是开市后每分钟的平均成交量与过去 5 个交易日每分钟平均成交量之比，是分析股价短期趋势的重要依据。

在股市中，有一句至理名言叫作"量在价先"，充分说明了成交量的重要性。成交量的大小直接反映出买卖双方对市场某一时刻技术形态的认同程度，是判断市场走势的重要指标，在分析股价后市走势中具有重要的作用，同时也为投资者分析主力行为提供了重要依据。

　　下面首先来了解一下与成交量相关的一些概念：

1. 成交量。

成交量，通俗点讲就是某只股票在一段时间内，买方买进了多少股（或者说是卖方卖出了多少股），以单边的交易来计算。其单位可以是手，也可以是股，1手等于100股。成交量是用条形实体来表示的。在走势图中，成交量根据其上方价格属性的不同，其实体也被画为红、绿两种颜色，若当天收盘价高于开盘价，则柱体呈红色；反之，柱体呈绿色。

需要特别注意的是，成交量不同于交易量，两者的区别在于，前者是计算一定时间内单边（买或卖）成交的数量，而后者是一段时间内买卖双方总的成交数量。

2. 成交金额。

成交金额是指一只股票每笔成交股数乘以相应成交单价累加的总和。成交量只是单纯地体现了这只股票的交投活跃程度，而成交额则代表了这只股票所吸引的资金量大小。同样的成交量，如果股价越高，操作这只股票所需要的资金便越多。成交金额常用于大盘分析，通常所说的两市大盘上亿元的成交量就是指成交金额。

成交金额是比成交股数更有意义的指标，它显示了当前市场上主流资金的流向以及投入市场的总体资金状况，他以资金的形式直接体现了市场当前交易的冷热程度。对于一般个股来讲，如果股价变动幅度很大，用成交股数或换手率就难以反映出主力资金的进出情况，而成交额就能比较准确地反映出这一情况。

3. 平均每笔成交量。

平均每笔成交量是股票某个时间段所成交的股数除以所成交的笔数从而得出的平均数量。它的计算公式为：

每笔平均成交量=某段时间成交股数÷这段时间内交易所主机撮合的成交笔数。

平均每笔成交量是发现主力动作的一个重要指标，主力在建仓、洗盘、拉升、出货等阶段需要的操盘手段很多，而且这些方法手段往往会通过平均每笔成交量反映出来，因此，投资者在实战中应密切关注每笔平均成交量的变化。

4. 总手和现手。

总手就是当日开始成交一直到现在为止总成交股数，也叫总量。收盘时"总手"，则表示当日成交的总股数。在盘口中，内盘与外盘之和即为总手。

现手指的是一只股票最近的一笔成交量。股市中最小交易量是1手，为100股。一个交易日内现手累积起来就是总手数，也就是当日的成交量。

5. 委买和委卖。

委买指的是以比市价低的价格委托买入，但尚未成交的买单。委卖是指以比市价高的价格委托卖出，但尚未成交的卖单。

6. 委差和委比。

委差是总的委托买入量与总的委托卖出量的差值，是投资者意愿的体现，它在一定程度上反映了价格的发展方向。当委差为正值时，价格上升的可能性就大；反之下降的可能性大。

委比反映的是买方、卖方委托挂单的情况，是衡量一段时间内场内买、卖盘强弱的技术指标。它的计算公式为：

委比 =（委买手数 – 委卖手数）÷（委买手数 + 委卖手数）×100%。

委比的取值范围是从 –100% ~ +100%，若委比为正值，说明场内买盘较强，且数值越大，买盘就越强劲。反之，若委比为负值，则说明市道较弱。

通过委比可以在盘口中动态地观察买卖双方的力量对比情况，但投资者也要结合股价来区分买卖双方挂单的真实意图。

7. 外盘和内盘

所谓外盘和内盘，也叫买盘和卖盘。在盘口的成交明细表中，行情软件中都会显示委托卖出的五档价位和卖单手数，以及委托买入的五档价位和买单手数。如果及时成交的手数是以卖出价位成交的，就会被计入卖盘；而已买入价成交的，就会被计入买盘。

在盘口中，外盘代表买方的力量，内盘代表卖方的力量。若外盘数量大于内盘，则表现买方力量较强；若内盘数量大于外盘，则说明卖方力量较强。外盘、内盘之间相差越多，说明买卖双方的力量相差就越悬殊。

8. 量比。

量比是衡量相对成交量的指标，它是开市后每分钟的平均成交量与过去 5 个交易日每分钟平均成交量之比，是分析股价短期趋势的重要依据。它的计算公式为：

量比 = 现成交总手 ÷（过去 5 个交易日每分钟成交量对比 × 当日累计开盘时间）。

当量比数值大于 1，而且越来越大时，表示当日每分钟的平均成交量大于过去 5 个交易日的平均值，交易比过去 5 日火爆，成交总手数在放大；如果小于 1，而且越来越小时，表示这个时间的成交量小于过去 5 日的平均水平，成交总手数在萎缩。

9. 换手率。

换手率也叫周转率，是指在一定时间内股票转手买卖的频率，即每日的成交量除以股票的流通股本。它是反映股票流通性强弱的技术指标，可以准确地反映出规定时间内成交量占其可流通股数的比例，也能准确地掌握个股的活跃程度和主力动态，尤其是在主力吸筹拉升和出货阶段，可以估计主力机构的控筹量。

换手率越高，意味着交投越活跃，购买意愿越高，属于热门股；反之，则属于冷门股。另外，换手率高一般意味着股票流通性好，进出市场比较容易。短线操作最好选择换手率较高的股票，因为这类股票的股价短时间内起伏较大，有较好的短线操作空间。

10. 资金流向。

资金流向在国际上是一个成熟的技术指标，主要用于统计个股、板块或大盘的资金流向。计算方法很简单，举例说明：在 10：01 这一分钟里，农业板块指数较前一分钟是上涨的，则将 10：01 这一分钟的成交额计做资金流入，反之则计做资金流出，若指数与前一分钟相比没有发生变化，则不计入。每分钟计算一次，每天加总统计一次，流入资金与流出资金的差额就是该板块当天的资金净流入。

资金流向测算推动指数涨跌的力量强弱，反映了投资者对该板块看空或看多的程度到底有多大。同样，这样方法还可以用在大盘以及个股上。一般来说，如果大盘或个股的成交量放大且资金为流出状态，股价将表现为下跌，下跌幅度越大，成交量越大，资金流出越多；反之，亦然。

成交量的指导意义

看盘关键要点：

　　1. 决定涨跌的因素，是来自市场本身的买卖活动，而成交量又是买卖活动最根本的体现，所以，成交量是推动股价上涨的动力。

　　2. 在某一段时间内，成交量能够最直接地反映出买卖双方在这个点位对股票价格的认可程度，反映了市场的供需情况。

成交量是股票市场供求关系的表现形式，它的大小表明了买卖双方对某一股票即时价格的认同程度，记录了交易者在不同价位上买卖股票的数量，代表着股票的活跃程度和流通性，并由此透露出市场的人气买卖意愿。

交易者买卖股票，主要取决于股价高低和市场人气，人气越旺盛，则交易者进出场越自由，同时也意味着入场资金越充沛，盈利的可能性要大于亏损的可能性。因此，成交量最重要的价值是从市场人气的角度透露了市场的参与意愿和参与程度，为交易者的交易提供了参考依据。

1. 成交量是股价走势的先兆。

成交量，蕴涵了丰富的交易信息，尤其是多日成交量的不同组合，对于预测股价的后期走势有着极为重要的作用。

2. 成交量是推动股价涨跌的动力。

成交量是推动股价涨跌的动力。根据量价分析的一般原理，股价上升，伴随而来的应是成交量放大，虽然公司的基本面、经济、政策因素等均会影响到股价的走势，但归根结底，决定涨跌的因素，还是来自市场本身的买卖活动，重大的利好和利空只有通过买卖盘力量发生转变才能体现出来。

3. 成交量是市场供求状况的直接体现。

成交量能最直接、最简单地反映出市场的供需情况。在某一段时间和某一个价格区间内，此时的成交量能够最直接地反映出买卖双方在这个点位对股票价格的认可程度。

作为一种供需表现，成交量表示了市场中参与者的多寡程度，正如美国著名的投资专家格兰维尔所说，成交量是股市的元气，持续活跃的成交量带来的是持续活跃的资金流，没有一定的成交量保证，股票市场便犹如一潭死水，很难拍打出激动人心的浪花。

成交量的各种形态

看盘关键要点：

1. 放量，就是成交量比前一段时间明显放大；缩量是指成交量比前一段时间明显缩小。两者是相对的概念。

2. 天量是指股价在运行过程中突然放出巨大的成交量，也叫巨量；地量，就是成交量呈现出极度萎缩的状态。

1. 放量。

放量，顾名思义就是成交量比前一段时间成交明显放大。放量是相对的说法，一般来说，量比在 2.5 ～ 5 倍则为明显放量。

放量通常发生在市场趋势的转折点位置，多空双方的力量对后市分歧逐渐加大，买卖双方交投活跃。不过，相对于缩量而言，放量极易作假，经常被主力利用来迷惑散户投资者。投资者可根据放量出现的位置、K 线形态等方面来判别：

（1）"放量滞涨"，不祥之兆。若成交连日放出大量，股价却在原地踏步，通常为主力对倒作量吸引跟风盘，表明主力去意已决，后市不容乐观。

（2）下跌途中放量连收小阳，需谨防主力构筑假底部，跌穿假底之后往往是新一轮跌势的开始。

（3）高位放量下挫，这是股价转弱的一种可靠信号，投资者宜及时止损。

2. 缩量。

缩量就是指某一交易日比前一天或者一段时间内的交易量出现明显减少的现象。缩量也是一个相对的概念，通常，量比在 0.5 倍以下即为缩量的情形。

缩量是市场交投不活跃的体现，它带来的是盘整或对原有趋势的修正。缩量多是发生在一次上涨或下跌的大趋势之内的，它的出现多是体现了趋势的延续。在个股身上，主力加入后，也只能造成放量的假象，是无法做到缩量的。所以，通过大盘或个股的缩量，投资者可以更真实地解读市场信息和个股情况。

3. 均量。

量比在 0.8 ~ 1.5 倍可视为均量情形。均量说明成交量相对于最近 5 日或者 10 日而言是处于正常水平；但这种"正常水平"我们也要结合股票前几个月的成交量情况来作具体分析，因为这一只股票完全可能在主力的控制下最近十几天甚至几十天内都呈现出对倒的现象。

4. 天量。

天量是指股价在运行过程中突然放出巨大的成交量，也叫巨量，如图 5-1 所示。通常，量比在 5 倍以上可视为放出天量。

天量可以出现在股价的任何阶段，投资者可以根据股价所处的不同位置来采取适当的操作。一般而言，在涨势中出现这种情形，说明股价见顶的可能性很大，可以考虑反方向操作；在股票处于下跌途中，这种天量可能达到 10 倍以上，多是主力见大势不妙，疯狂出逃造成的；在股票处于绵绵阴跌的后期，忽然出现天量，说明该股在目前位置彻底释放了下跌动能，股价可能会发生 V 形反转，这是个难得的机会，但也蕴含了大量的风险，需要投资者结合其他因素来综合研判。

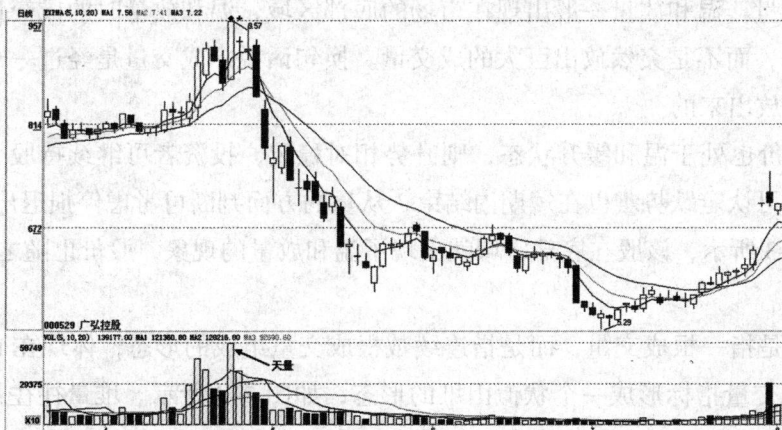

图 5-1

5. 地量。

地量与天量是相对的。所谓地量，就是指成交量呈现出极度缩小的状态，表明盘中交易相当清淡，成交很不积极，这种情况一般出现在股价经过一波长期下跌的底部区域，如图 5-2 所示。在出现地量的同时，股价也是在相当小的幅度内波动。当然，也有极个别的股票会出现地量阴跌的现象。

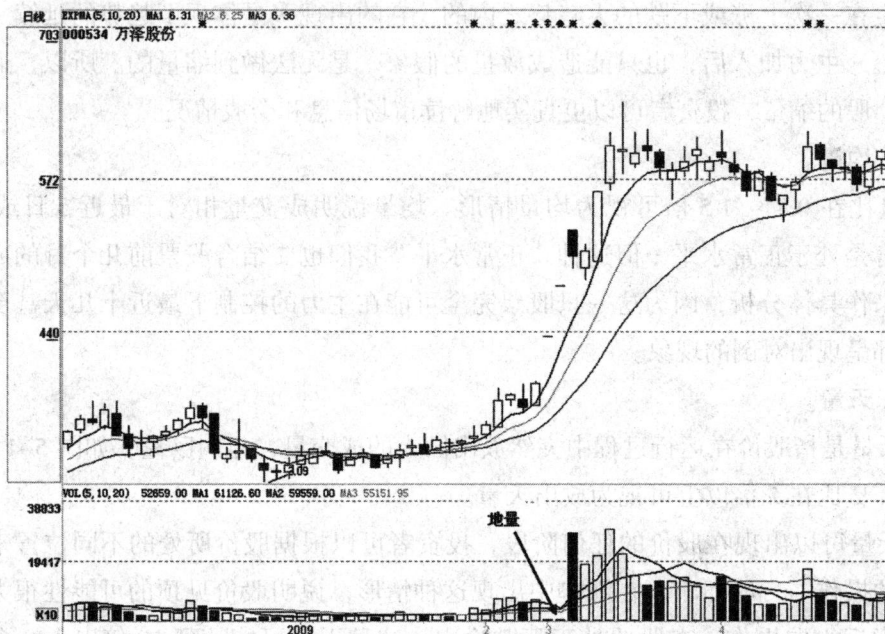

图 5-2

6. 温和放量。

所谓温和放量，是指成交量呈现出有规律的递增现象。量比在 1.5 ~ 2.5 倍可称之为温和放量。温和放量一般出现在市场的底部区域，温和放量时的成交量一定是逐步放大的，而不是突然放出巨大的成交量。换句话说，成交量是经过一个量变的过程慢慢地放出来的。

如果股价也处于温和缓升状态，则升势相对稳定，投资者可继续持股，如果股价下跌，则可认定跌势难以在短期内结束，从量的方面判断可考虑停损退出。

如图 5-3 所示，该股在底部区域就出现了温和放量的现象，股价也随之攀升。

7. 堆量。

堆量不是指一根成交量，而是指连续数根成交量组成的形态，体现在 K 线图上某阶段的成交量指标形成一个状似山堆的形态，如图 5-4 所示。堆量往往是连续几天的换手率都比较大，在成交量指标显示上表现得非常耀眼。

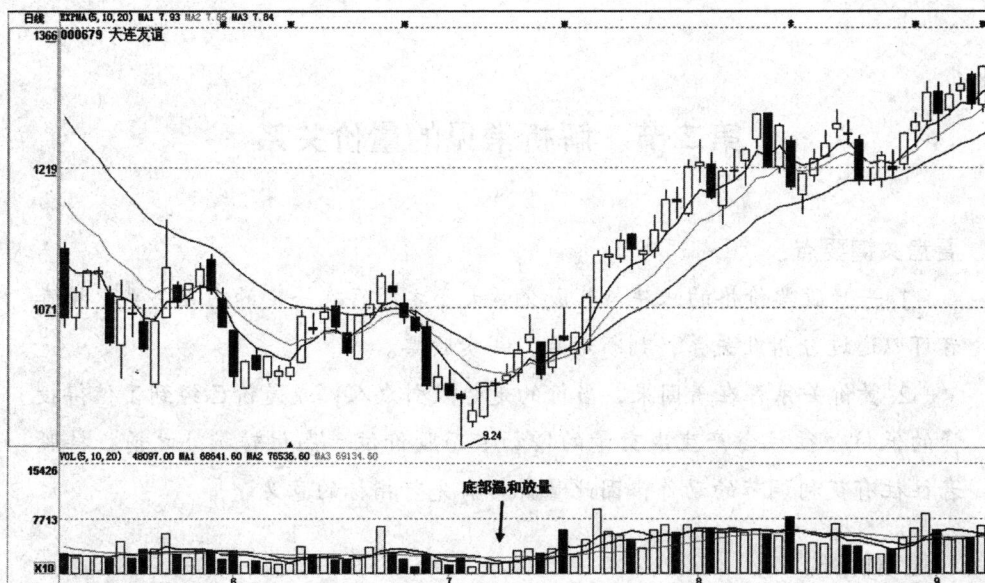

图 5-3

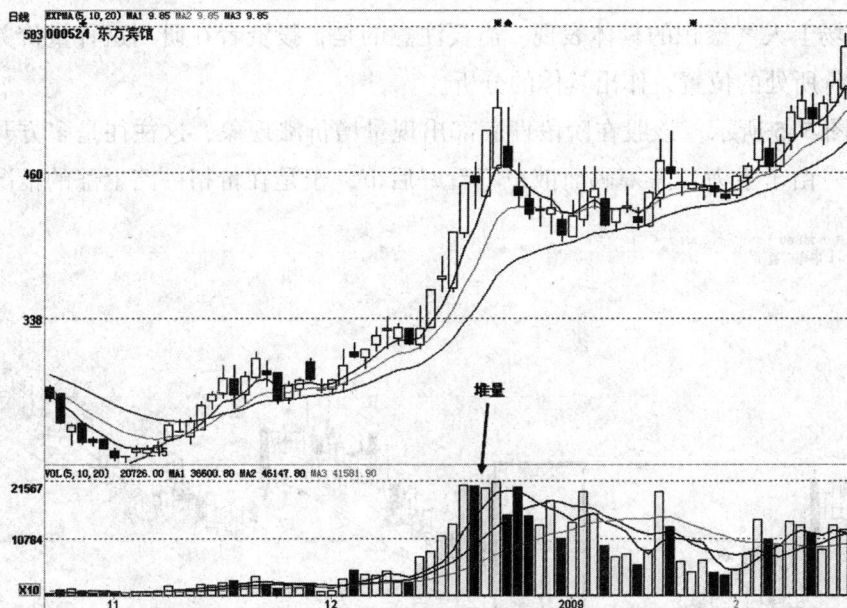

图 5-4

　　在股价的低位，成交量在 K 线图上堆得越漂亮，就越可能产生大的行情，应寻找机会介入；相反，如果在高位出现堆量形态，表明有主力机构大肆减仓出货的迹象，此时应该小心谨慎地操作，控制追高风险。

第二节　解析常见的量价关系

看盘关键要点：

1. 一只股票价格的涨跌与其成交量大小之间存在一定的内在关系，投资者可以通过分析此关系，判断形势，买卖股票。

2. 量价关系存在着因果，当价的走势吸引众人，或是价已经到了值得投资的低位，往往会产生成交量的增加；而股价位于高位转折处之前，持股者往往有获利调节的动作，因此量就具有先行指标的意义。

1. 量增价涨。

随着股价逐渐攀升，成交量也相应增加，说明价格上升得到了成交量增加的支撑，后市将继续看好。出现这种走势时，说明量价配合得当。同时，成交量的相应增大，也是市场上人气聚积的具体表现。需要注意的是，投资者在研判这种量价关系时应结合股价所处的位置，作出具体的分析。

如图 5-5 所示，该股在阶段性底部出现量增价涨现象，这往往是多方开始进攻的表现。由于主力急需筹码而散户不看好后市，于是在价格一路上涨的情况下，浮

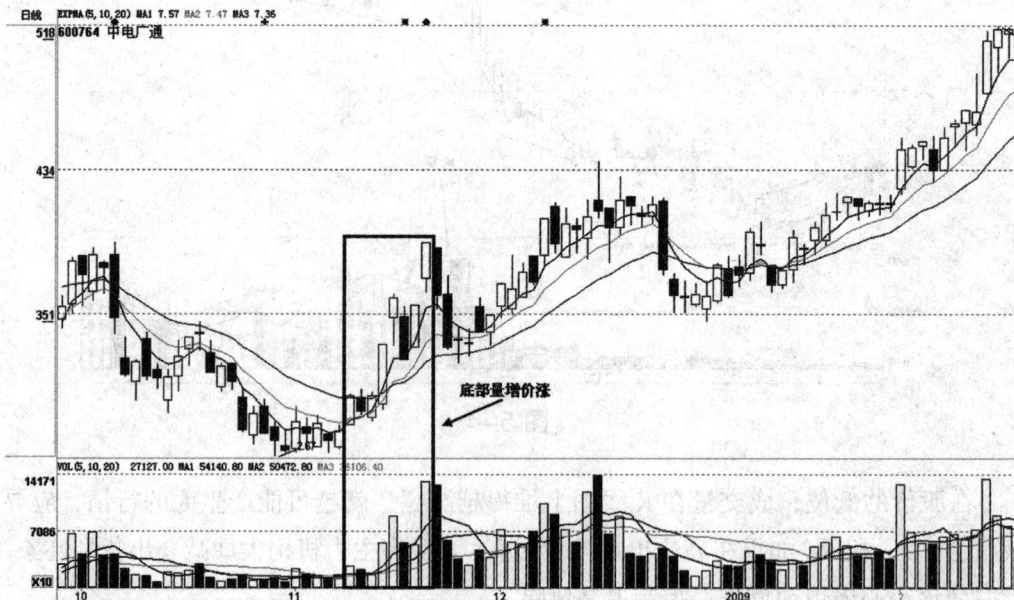

图 5-5

动筹码会不断涌出，导致成交量增大而价格同步上涨的现象出现。

如图 5-6 所示，该股在上升的中途出现量增价涨，意味着多方不断突破关键阻力位的抛压，不断消化市场的空头力量，使股价得以继续上涨。这样的量增价涨往往是趋势即将继续上涨的健康表现。

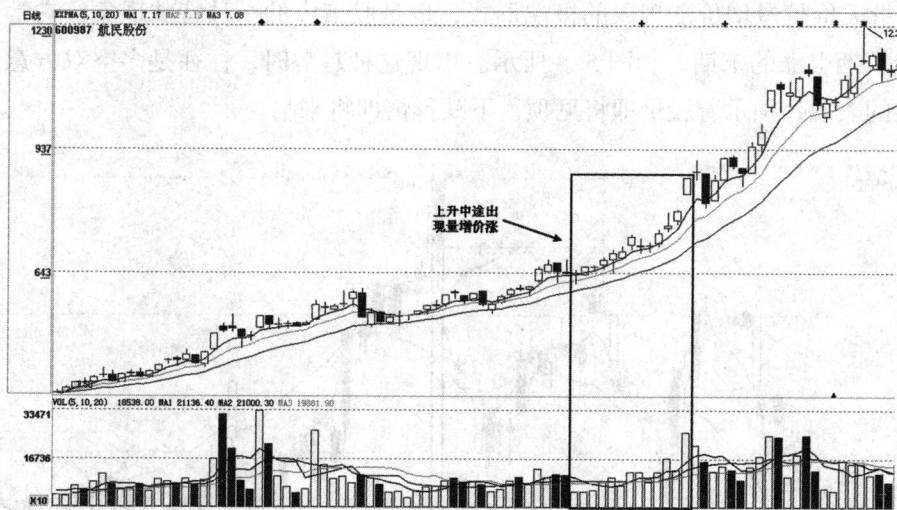

图 5-6

如图 5-7 所示，量增价涨现象发生在该股的阶段性顶部，这有可能是主力对敲出货的兆头，因为只有大量抛单才可能造成大成交量，但高位的筹码往往集中在主力手中，所以大量的抛单只有主力可以提供，而散户又很难承接这些筹码，这样就

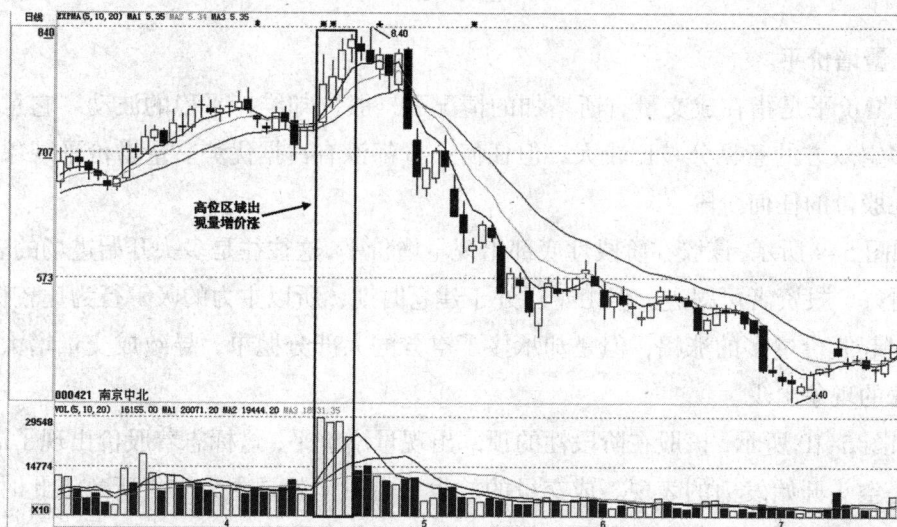

图 5-7

必然会导致股价下跌，可是现在股价反而上涨，所以合理的解释就是主力在通过对敲拉升的方式出货，或者是当时的交易市场过于狂热，而这时往往会导致天量天价的出现。

2. 天量天价。

天量天价是量增价涨现象的极端形式，也是股市中的一种特殊现象，它常出现在股价长期上涨的末期，如图 5-8 所示。出现这种趋势时，往往是多空双方意见分歧巨大的表现，预示着股价即将见顶，下跌行情即将来临。

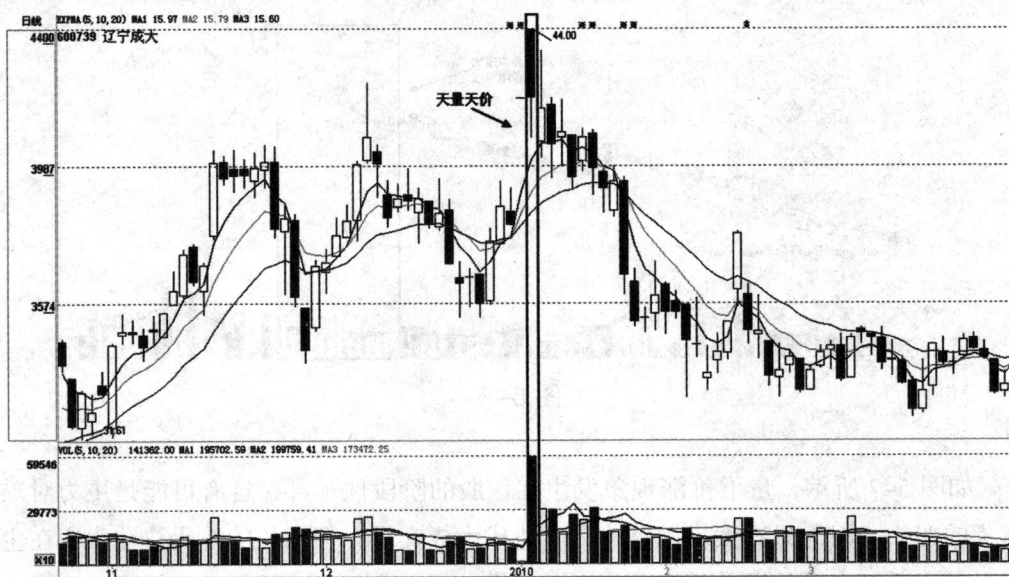

图 5-8

3. 量增价平。

量增价平是指在成交量有所增加的情况下，股价却维持平稳的波动。它意味着市场多空双方的意见分歧比较大，但任何一方都没有占据优势。量增价平现象可以出现在股价的任何阶段。

如图 5-9 所示，该股在阶段性底部出现量增价平，这往往是多头开始进场的表现，后市看好，投资者可跟进。但由于还处于建仓时期，所以主力的吸筹行为比较保守，没有引起股价过多的涨幅，但是却承接了空方的大部分抛单，导致成交量增大而价格不涨的现象出现。

如图 5-10 所示，该股在阶段性的顶部出现量增价平，这标志着股价出现了滞涨，往往是空头开始发力的表现。成交量的放大很有可能就是主力出货所致，此时，场外投资者要持币观望，持股的投资者则应考虑减仓或平仓。

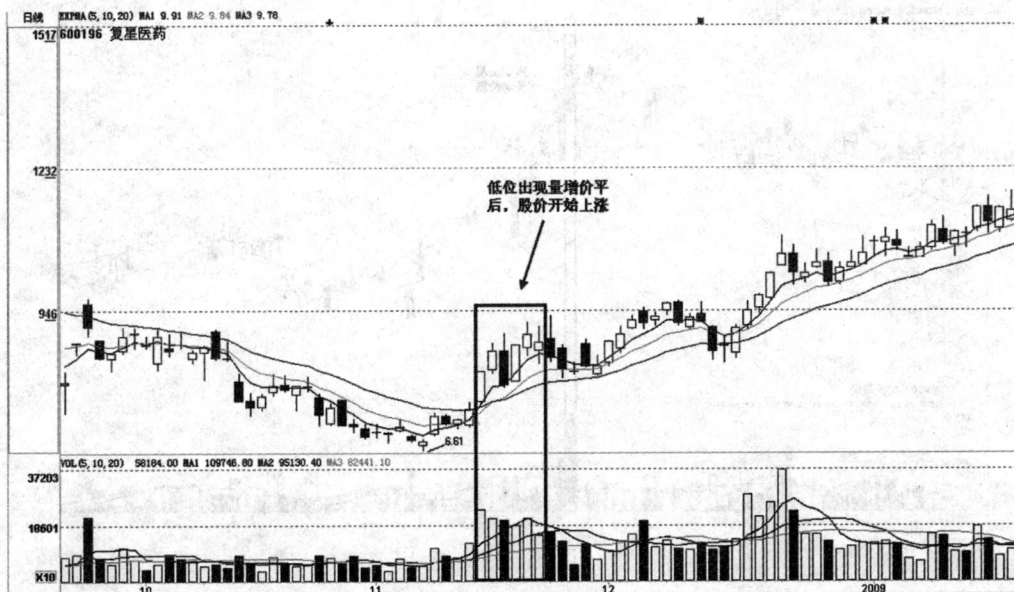

图 5-9

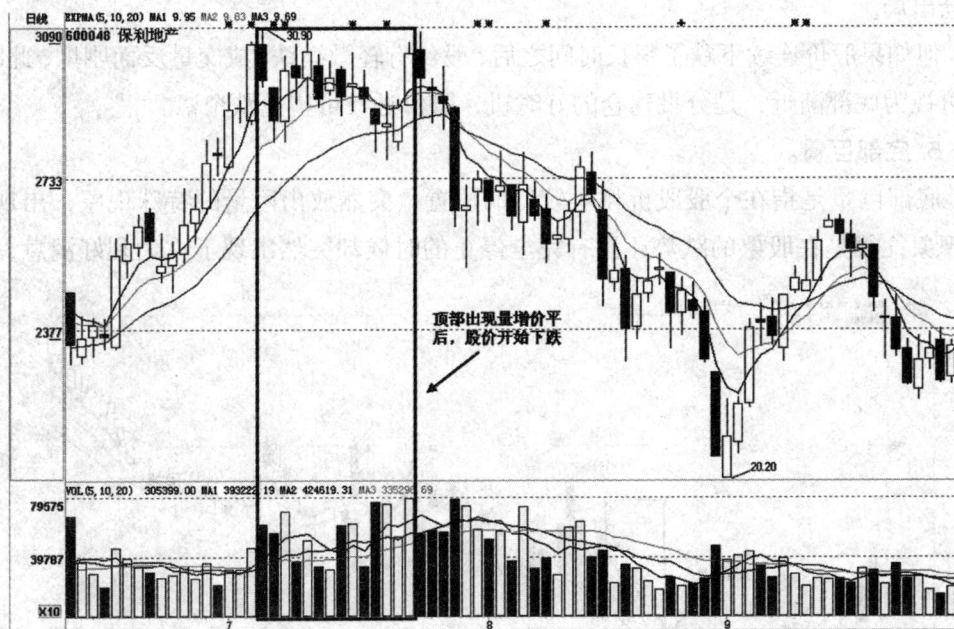

图 5-10

4. 量增价跌。

价格下跌, 成交量反而上升, 它意味着多空双方意见发生较大的分歧, 但空头占据了上风。

如图 5-11 所示, 该股在阶段性的顶部出现量增价跌, 说明主力开始出货了, 主

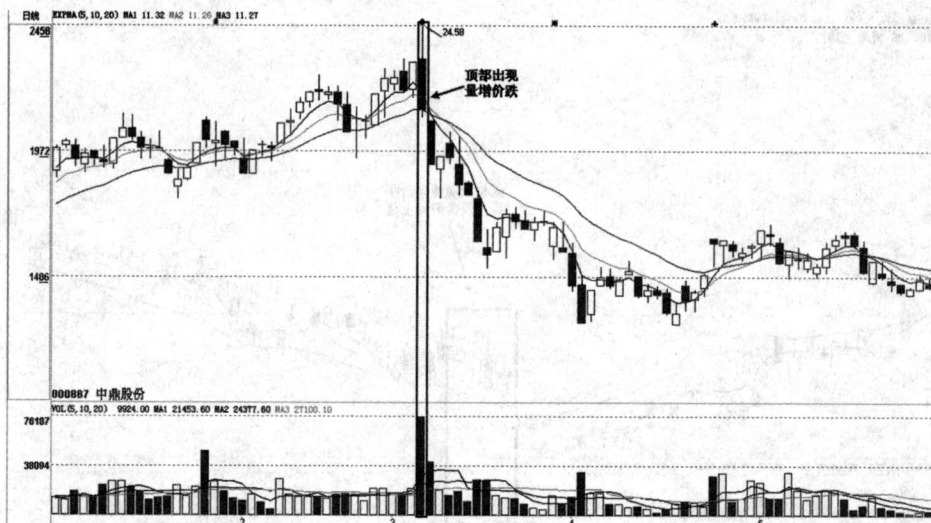

图 5-11

力加大了抛售的力度，股价必然会出现阶段性的跌势，甚至是反转，投资者此时应平仓出局。

但如果股价连续下跌了很长时间之后，股价有轻微续跌，成交量反而剧增，此时，则可视为底部渐近，是分批建仓的好时机，股价近日可望止跌企稳。

5. 底部巨量。

底部巨量是指在个股股价相对较低的位置，突然放出巨量的特殊现象，出现这种现象往往是在股票的跌势还没有完全停止的时候却突然出现了重大利好消息，使

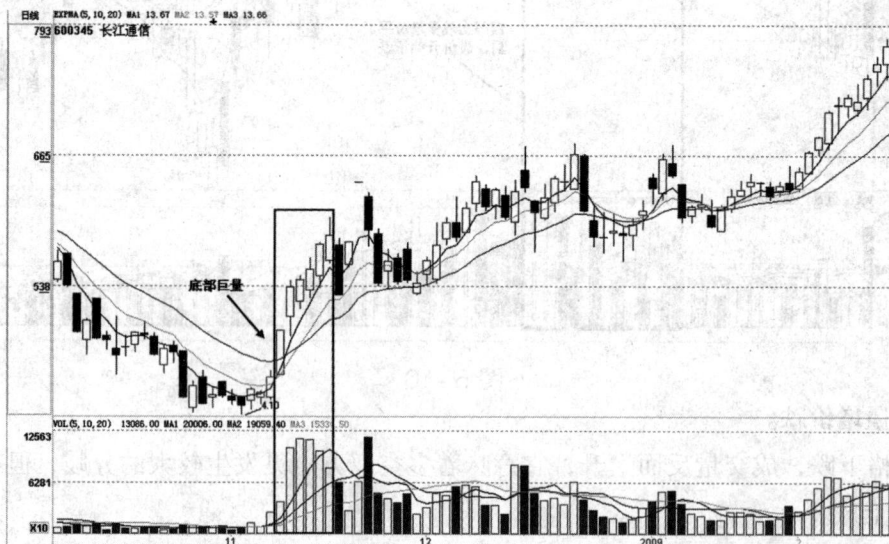

图 5-12

多空双方产生分歧，多方占优，后市多有不错的行情，如图 5-12 所示。

6. 量平价涨。

价格上涨而成交量变化不大，可能是场外资金仍在观望，跟进做多的力量不大，这样的情况如出现在筑底时间较短的涨势初期，涨势极可能是昙花一现，投资者不可盲目跟进。如果价涨量平出现在股价长期筑底之后，则表明主力持仓量较重，流通筹码稀少，主力的操作目标位置相对较高，这样的股票会有很大的升幅，投资者可以跟进。

7. 量平价跌。

股票的价格持续性下挫，而成交量却没有同步有效放大，这也就说明市场投资者并没有形成一种"一致看空"的空头效应。在这种情形下，多是控盘主力开始逐渐退出市场的前兆。由于成交量的平稳运行状态，容易使场外的散户投资者产生一种"侥幸"的心理，并以为这种现象只是控盘主力洗盘的结果，因此，他们在大多情况下不会轻易地抛出自己手中所持的股票。而控盘主力则正是利用这种心理，从容不迫地缓步清仓，直到自己所持的仓位不再十分沉重时，才会将自己的余量部分一起抛出，从而加深、加快股价的下跌幅度和速度。

8. 量缩价涨。

所谓量缩价涨，是指在成交量缩小的情况下，股价却出现了上涨。这种现象多出现在上升行情的末期，也会出现在下跌行情的反弹过程中，以及阶段性的底部区域。

如图 5-13 所示，该股处于上升行情的末期，这时的量缩价涨说明个股已被主力

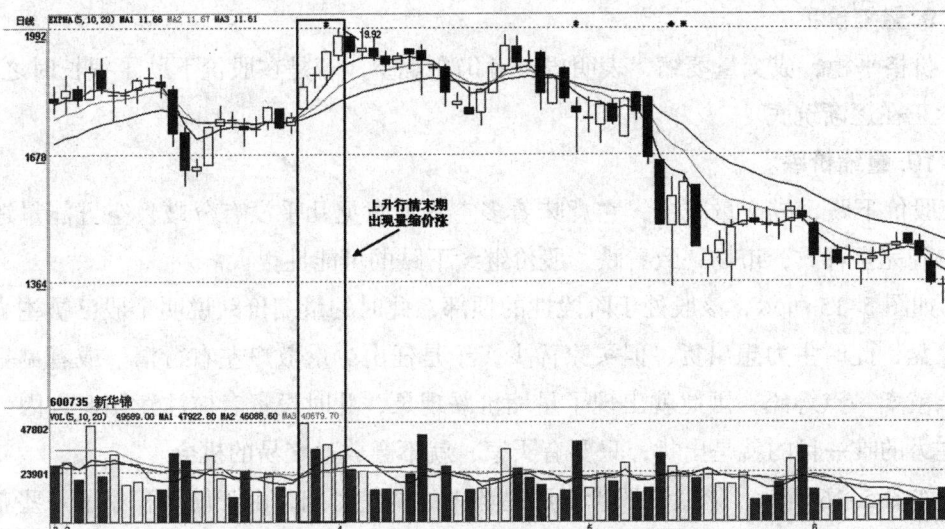

图 5-13

高度控盘,有可能是主力出货遇到困难,没有人愿意以那么高的价格接货,不得已自弹自唱,继续维持股价上涨,只是为了更好地出货。此时投资者应当注意回避,一旦后市出现放量现象,就要注意下跌带来的风险。

如图 5-14 所示,该股在经过一波下跌行情之后的反弹过程中出现量缩价涨的走势,但由于没有成交量的配合,股价很快就会结束反弹行情,因为在没有资金进入和成交量支持的情况下,说明股价的反弹没有得到市场的认可,反弹行情大都难以持续。

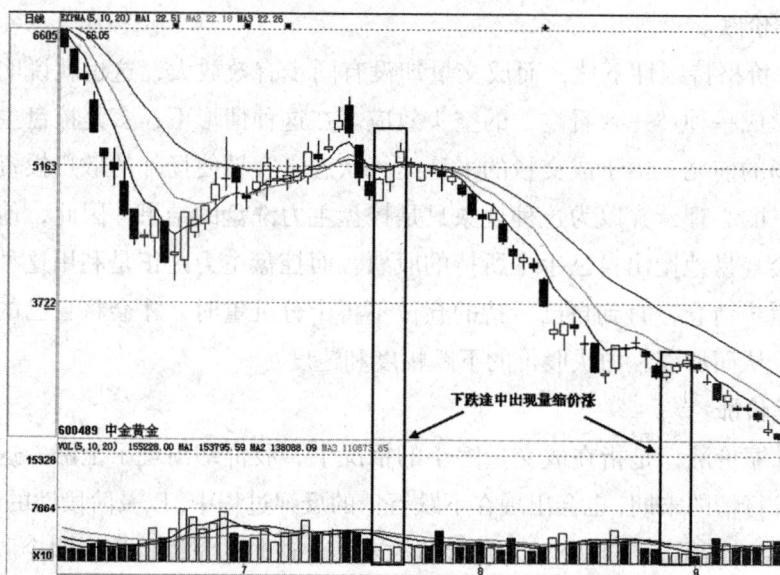

图 5-14

9. 量缩价平。

价格平稳,成交量萎缩,表明投资者仍在观望,若是在股价下跌了很长时之后,表示正在逐渐筑底。

10. 量缩价跌。

股价下跌,成交量减少,它意味着多空双方意见几乎没有分歧,空方能量还没有得到完全释放,市场一致看跌,股价继续下跌的可能性很大。

如图 5-15 所示,该股处于阶段性的顶部,此时的量缩价跌说明个股已被主力高度控盘,此时主力想出货,但买家稀少,于是任由少量散户左右行情,或者见一些买家就卖一点筹码,因此就出现了量缩价跌现象,此时投资者应注意回避,因为此时主力的唯一目的就是出货,只要有买家,就不会放过交易的机会。

如图 5-16 所示,该股在股价上涨趋势中的调整时期,由于前期积累了一些获利盘,为了减小后期拉升的成本,主力就要进行洗盘,此时的成交量往往会有所减少,

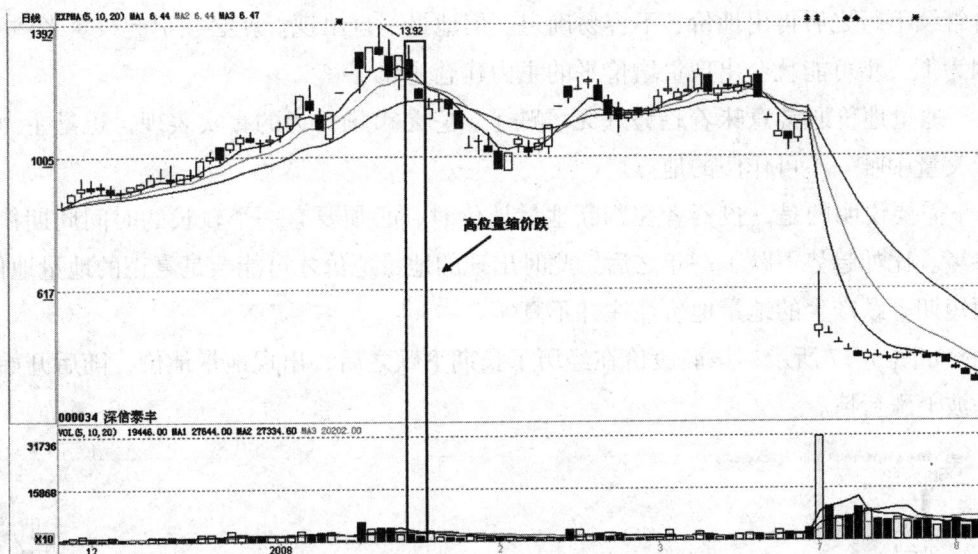

图 5-15

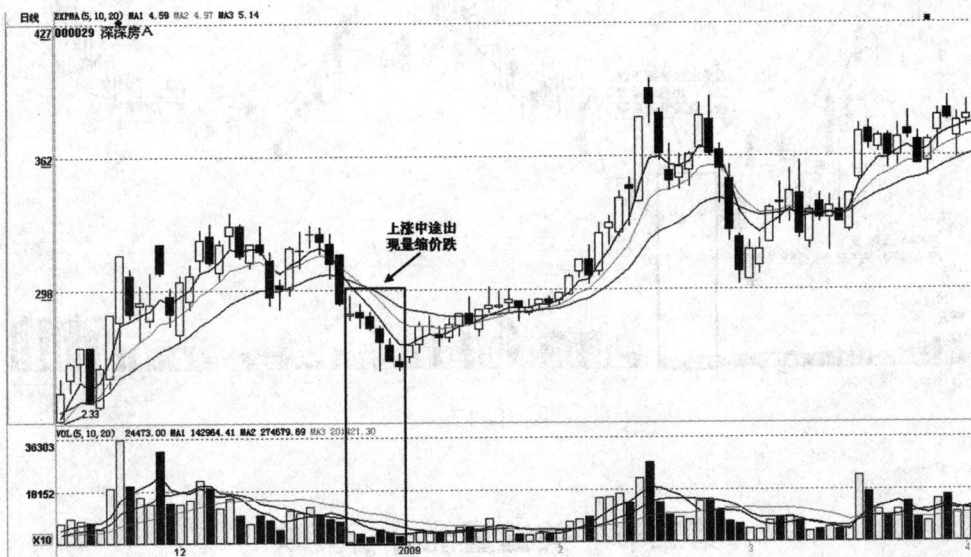

图 5-16

当市场上的浮动筹码被新的买入者或主力承接后，股价往往又会继续上升。

11. 地量地价。

地量地价是指个股在成交量非常少的情况下，其股价也创出了阶段性的新低现象，常出现在市场长期下跌的末期，是一种股市里的特殊现象。

通常情况下，市场一直要跌到大多数人彻底丧失信心，跌势才有可能会停止，这时才有可能会出现地量地价。地量出现之后，可能会马上出现地价，也可能在股价继续下行之后再出地价，不容易确定。但地量一旦出现。就必须引起投资者注意，因为下一步可能就会出现量增价平的主力建仓迹象了。

地量地价通常意味着趋势跌无可跌了，它是市场行为的真实表现，也是主力在成交量中唯一不可作假的地方。

需要说明的是，投资者在判断地量地价时，必须要有一个较长的时间周期作为参考。比如趋势下跌了一年之后，此时出现的地量地价才可能会是真正的地量地价，而短期下跌产生的地量地价往往并不真实。

如图 5-17 所示，该股股价在经历了长期下跌之后，出现地量地价，随后开始了一波上涨行情。

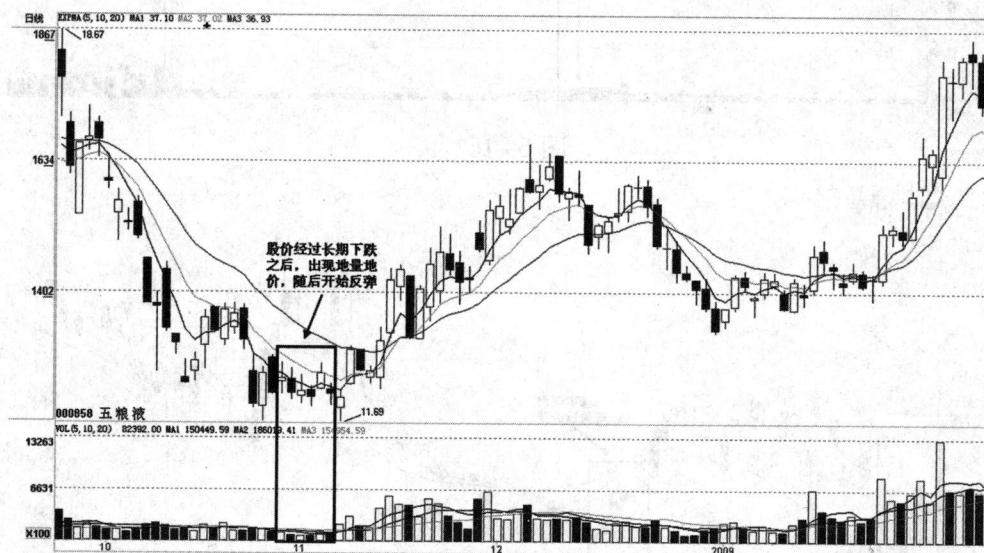

图 5-17

第三节　关键量能分析要诀

看盘关键要点：

在主力控盘过程中，常常会出现一些关于量能的特殊现象，这些特殊的现象会依其所处波段形态位置不同，所代表的含义也不同，认识这些现象能够帮投资者判定更明确的买卖点。

1. 中指量。

中指量是主力控盘量能中的关键之一。其标准形态：取五笔成交量做观察，第三笔为这五笔的最大量，并以该笔分别向左右递减，则该笔即为中指量。

投资者可以搭配 65 日均价线的走向分析。分析法则如下：

（1）当 65 日均价线走扬，出现中指量时通常为短期相对高点，不适合过度追涨；

（2）当 65 日均价线走扬，在相对满足点出现中指量，通常为主力短期出货量，此时需确定主力是否有完全出货行为；

（3）当 65 日均价线走跌，出现中指量时通常为短期相对止涨点，手中多单持股宜逢高退出。

2. 顺势量。

量增价涨、量缩价跌是股价行进间的常态，所以只要出现股价趋势是上涨时，成交量跟随着递增；或是股价趋势是下跌时，成交量跟着递减，这种行为就称为顺势量。

顺势量的目的是观察小波段行情中多空的正常力道。比如说，当股价趋势在多头时，股价出现上涨顺势量的行为，那么该波段可以视为多头攻击段，正常而言，本波段具有支撑力道，且其正反转低点为重要支撑点。如果下跌顺势量发生在多头的整理过程当中，就可以视为量缩价稳，在具有支撑的背景下，宜注意做多时机。

空头下跌过程中，主力已经没有作量的必要，必须另择关键观察，才能有效掌握股价行为，因此顺势量比较适用于多头上涨行情与修正走势，或是空头走势中多头反弹的行情。

3. 逆势量。

量缩价涨、量增价跌不是股价行进间的常态，所以只要出现股价趋势是上涨时，成交量跟随着递减；或是股价趋势是下跌时，成交量跟着递增，这样的行为就称为逆势量。

就股价趋势下跌、成交量递增的下跌逆势量模式而言，其目的由于股价行进间的位置不同，约略可以分成两种，分述如下：

1. 在多头高位满足区之后，主力如果采取压低出货的方式，往往出现下跌逆势量；

2. 在多头行进间，或是股价下跌末期，出现下跌逆势量的行为，为主力短期压低进货的手法。

就股价上涨、成交量递减的上涨逆势量模式而言，盘整走势往往是上涨无力的现象，宜防股价拉回。另一种就是轧空盘模式，主力正进行轧空单或是轧空手的强势多头行情，这种模式宜防暴量不涨。

4. 草丛量。

当一只股票有特定投资者介入，但在控盘过程中拉抬股价不顺，或是发现大势不佳，或是发现拉抬过程筹码稳定程度不足的现象时，往往会放弃持续布局该股，此时他们会尽快将手中持有的筹码释出，因此量能形态就会出现草丛量的模式。

另一种出现草丛量模式的情形是，部分资金充沛的主力，先短期买进某一只股票，再借由消息面释放短线利多，或是经由喊进拉抬，让散户投资者进场追逐短线，此时主力再将短线筹码倒给追涨的散户投资者，借此赚取短期价差的手法，当发生这种现象之后，股价走势会随之疲软，后市不易创高或是创高后立刻因为量能不继，导致股价反转。

草丛量的标准走势是增量中长红，且股价收最高或是次高，或是盘中曾经因为散户投资者追价造成涨停现象，但是又无法收涨停，也可以是日 K 线拉出阴线，这代表主力着急出脱的现象。虽然草丛量有时亦为拉高进货手法之一，但是出现的几率较低，所以出现这种现象时，宜提高做多的风险意识。

5. 攻击量。

利用攻击量分析的主要目的是观察股价是否具有空转多的动能，只要是成交量出现量能退潮的现象之后就可以套入运用；但是，股价在低位区的时候如果利用这个方法，一定要设立停损位，以防攻击失败形成短线或是中线套牢。攻击量的成立条件如下：

（1）当日成交量大于 21 日均线，或是大于多空量；

（2）攻击量应于当日，或是隔一日使 5 日均线大于 21 日均线；

（3）攻击量当日必须量大于前一天，且使 5 日均线呈现向上的走势；

（4）K 线宜出现中阳体以上 K 线，如果是十字线、阳线必须呈现价涨 3.5% 左右。

另外可以利用计算法则推算出单笔攻击量的行为，或是前一日成交量在多空量之下，当日成交量站上多空量的上限轨道时，也是标准攻击量形态。单笔攻击量的观察重点在于股价是否能顺利推升，或是呈现主力行假攻击真出货的行为。

6. 试单量。

试单量一般发生在股价运行的两个位置上：一为发生在股价涨升一段时间之后，股价处于高位整理中，尚未明显转弱时，出现量能温和增加，被称为高位试单量。另一个为低位区，股价打底准备上涨之前的暖身运动，称为低位试单量。

我们在此只讨论低位试单量，低位试单量的分析法则如下：

（1）当 21 日均线向下时，均量线也属于退潮走势中，股价仍持续创低，于低位满足区之后开始注意；

（2）若当日成交量大于前一天，且大于 5 日均线，并在当日或是 3 日内，使 5 日均线呈现正反转向上的走势；

（3）当日为中阳 K 线或是高开阴 K 线。

满足这些条件时就是试单量，暗示低位有主力在进货或是试单，虽然当日不一定是买点，但是需要列入观察股当中。一般而言，低位出现两次试单量，往往接着就会出现多头攻击的行为，进而完成底部。

7. 换手量。

在多头格局的上涨过程中，才有所谓的换手量。当股价呈现峰顶一波比一波高、峰底一波比一波高的多头格局中，股价推升到前波套牢压力的高点附近，必须提供更多量能化解套牢筹码与短线多头获利回吐的卖压，才有可能将股价推升到更高点。

这种模式的特点是股价突破前波高峰之后，随即出现缩量整理的走势，但是股价维持在高位整理，整理时间在一个星期左右，随后股价上扬，展开另一段多头行情。当换手完成之后，换手量当日的低点为未来波段回调支撑的重要观察点。

8. 支撑量。

支撑量是在中、长期空头走势或是多头中级回调过程中，出现的短期大量，并使股价暂时止跌的现象。这种成交量的出现意味着有投资者支撑股价。一般来说，如果这种走势发生消息面的利空之后，且股价呈现超跌走势，那么，投资者可以在设置止损位的背景下，大胆介入反弹做多。

支撑量有两种积极性的基本做量（价）方法，一种是单日出现大量止跌，K 线形态为低开收红且收高，或是呈现"阳子母（阳包阴）"的形态，隔一笔随即收高，并且迅速展开底部反弹；另一种为当日出现大量之后，K 线形态不拘，但是第二日的成交量立刻急速萎缩，接着价量呈现温和递增，股价低点渐渐垫高的现象。

支撑量的分析重点如下：

（1）股价呈现超跌，尤其是大盘利空之际，特殊机构往往会介入撑盘；

（2）单日成交量约为 21 日均线的两倍以上，或是穿越多空量的上限值；

（3）出现支撑量理应出现反弹，并完成底部形态，不可以再度破底，以防再度形成套牢筹码。

9. 防守量。

只要在股价上涨或是反弹向上的行情中，出现成交量暴增至 21 日均线两倍以上，或是成交量穿越多空量的上限值，暂时视为有短期出货量的疑虑。正常而言，股价有极大可能出现回调的走势，而这种回调的过程中，最基本的就是观察防守量出现后股价的变化。

当然这种量能扩增的现象，有可能是短期出货行为，也有可能是中期出货行为，如果要维持一个多头"大涨小回"的走势，那么短期出货行为是不可避免的，因为这属于良性换手，换手后主力是否能够有效掌控筹码的稳定度，观察重点就以防守量或是凹洞量的行为分析。

若是股价已经在相对满足区，且又有中期出货量的嫌疑时，如果出现的防守量守不住，那么随后出现的就是量能退潮的现象，股价将进行幅度比较大或是时间比较久的修正，甚至是出现多空反转的走势。防守量的分析重点如下：

（1）找出对应股价高点附近可能的出货量；

（2）通常防守量较该出货量减少约4成；

（3）出现防守量时不需要注意均量的走向，亦与K线阴阳无关；一般而言，多头较强势的K线组合有利于多头防守。

10. 谷底量。

谷底量是指在底部区或是平台整理过程中，股价呈现狭幅的区间震荡整理，暂时没有明确方向时，成交量渐渐缩减，然后再渐渐增温的变化。整个成交量的形态就好像一个较浅的锅底形态，这种特殊的情形，称为谷底量。

形成谷底量的目的，是让原本距离过大的5日均量线和21日均量线渐渐靠拢，同时也具有让筹码沉淀的效果，通常会发生在前波属于主力进货的走势之后，呈现这样量缩价稳的整理，易于出现量价齐扬的现象。

11. 头部量。

当股价上涨到既定区域之后，股价正常的情况下会进行反转，利用形态学中的各种头部形态观察时，取出颈线之上成为头部区，属于头部区的成交量也被称为头部量。

当形成头部量之后，成交量必须经过筹码沉淀，才能有利于股价的反弹或是盘底，也就是在头部量之后应该注意稀释量的观察。一般而言，在空头走势中，当头部量被消耗掉之后，会先出现一次比较像样的反弹，反弹后仍会持续下探低点，再经过一次沉淀之后，才容易于该低位区进行盘底的动作。

第四节　成交量的使用技巧

结合逆市成交量的选股方案

看盘关键要点：

1. 在某股逆市缩量的情况下，投资者要将选股重点放在还处在调整市中的股票，这样对自己比较有利。

2. 某个股一直处于温和放量状态，某天，忽然拉出中阳以上的成交量，并突破盘整轨道，可大胆介入。

3.当某个股在结束缩量平台调整后，初步温和放量拉升虽碰到大盘打压但又能盘稳，可介入。

1.逆市温和放量选股方案。

呈现逆市温和放量特征的个股，通常伴有小幅拉升，累计幅度不大，一般在10%左右；成交量温和放大，但换手率不大，一般最高在5%左右。这类个股在突破时一般放大成交量，连续拉长阳，深受短线投资者的追捧。投资者在操作时，可选择以下时机介入：

（1）温和放量拉升一旦出现中阳以上大成交量，并突破盘升轨道，可大胆介入，其强烈的惯性会带来短线的丰厚利润。

（2）在结束缩量平台调整后，初步温和放量拉升即碰到大盘打压但又能盘稳者，可介入。此类个股往往也是大盘反弹中的龙头板块或个股所在。特别在短期大盘暴跌当日，选择经过平台缩量后再放量开始突破拉升的进攻型股票，其往往就是最佳的短线龙头股。

2.逆市缩量平台选股方案。

平台要缩量是该类逆市形态股票最关键的一点。面临大盘下跌等多重压力，个股仍能创造出缩量平台，只有两种可能：一是有主力在场，所以该股的走势不跟随大盘而动；二是主力有可能已经达到了相对的控盘程度，才能在缩量的情况下保持股价不下跌。

此类股一旦在大盘企稳时开始突破，其拉升时往往逐步连续性放量。因为此前的平台缩量其实是成交量的累积阶段。从成交量的转换原理看，后面阶段就有个成交量的释放期，这恰好与拉升期需要放量的要求相辅相成。

在操作策略上，投资者可等待出现连续放量突破时及时买入，这时虽然不是介入的最低点，但是最安全点。

从成交量情况发现主力踪迹

看盘关键要点：

1.由于主力的积极介入，原本沉闷的股票在成交量的明显放大推动下变得活跃起来，出现了价升量增的态势，股价的K线形态往往成明显的"头部形态"。

2.主力在洗盘阶段，K线常常出现大阴线，并且常常伴随着巨大的成交量。

一般来说，主力的资金量都是比较雄厚的，大资金的运作具有较强的计划性，再加上主力运作的时间比较长，这样就必然会在K线图上留下痕迹——成交量典型形态。

如果主力要吸筹，那么萎缩的成交量是无法满足主力胃口的，除非主力极有耐心并要承担大市下跌所带来的风险才有可能将自己的交易单混迹于散单之中，一般来讲，这种情况只是理论上存在，在实际中是基本没有这种主力的。所以，只要我们善于观察成交量形态，就不难发现主力的存在，也不难发现主力的意图。

但是在实际操作过程中，投资者会发现根据成交量与股价的关系来进行具体买卖时，常常会出现失误。比如，把主力的吸筹当成拉升，结果在操作中一直持股不动，而这只股票却常常只是震荡，上下来回，浪费了投资者的宝贵时间和精力；尤其是在根据成交量判断主力出货与洗盘方面，失误率更高，不是错把出货当洗盘，该出不出，结果痛失出货良机，就是误将洗盘当出货，过早卖出，从而痛失获利良机。

出现这些问题的原因：一是投资者在分析量价关系时，把目光局限在过短的时间范围之内，仅仅根据近几日的成交量情况进行大趋势的研判势必造成"以偏赅全"。二是投资者以为成交量一定是真实的，却不知主力制造虚假的成交量是家常便饭，没有去区分真实与虚假的成交量。

那么在实际投资中如何根据成交量的变化，正确判断出主力的进出方向，或者说，如何根据成交量的变化，准确判断出主力是在出货还是洗盘呢？

一般说来，当主力尚未准备拉抬股价时，股价的表现往往很沉闷，成交量的变化也很小，此时研究成交量没有实际意义，也无法准确判断出主力的真实意图。但是，一旦主力放量拉升股价时，其行踪就会暴露，此时研究成交量的变化就具有非常重要的实际意义，如果能够准确地捕捉到主力的洗盘迹象，并果断介入，往往能在较短的时间内获取非常理想的收益。

实践证明，根据成交量变化的以下特征，可以对主力是不是在洗盘作出一个较为准确的判断：

1. 由于主力的介入，出现了价升量增的态势。

由于主力的积极介入，原本沉闷的股票在成交量的明显放大推动下变得活跃起来，出现了价升量增的态势。然后主力为了给以后的大幅拉升扫平障碍，不得不将短线获利盘强行洗去，这一洗盘行为在K线图上表现为阴阳相间的横盘震荡，同时，由于主力的目的是要一般投资者出局，因此，股价的K线形态往往成明显的"头部形态"。

2. K线组合大阴线不断，每次出现阴线都伴随着巨大的成交量。

主力在洗盘阶段，K线常常出现大阴线，并且常常伴随着巨大的成交量，给投资者造成的印象是主力正在大肆出货，其实不然，仔细观察一下就会发现，当出现以上巨量大阴时，股价很少跌破 10 日移动平均线，短期移动平均线对股价构成强大支撑，主力低位回补的迹象一目了然，这就是技术人士所说的"巨量长阴价不跌，主力洗盘必有涨"。

3. 主要指标能量潮（OBV）和均量线的变化。

在主力洗盘时，作为研判成交量变化的主要指标 OBV（详细介绍见本书第七章第五节）、均量线也会出现一些明显的特征，主要表现为：当出现以上大阴巨量时，股价的 5 日、10 日均量线始终保持向上运行，说明主力一直在增仓，股票交投活跃，后市看好。另外，成交量的量化指标 OBV 在股价高位震荡期间，始终保持向上，即使瞬间回落，也会迅速拉起，并能够创出近期的新高，这说明单从量能的角度看，股价已具备大幅上涨的条件。如果一只股票在经过一波上涨之后，它的成交量变化出现以上特征，那就说明该股主力洗盘的可能性极大，后市看好。

任何一只股票的变化，在 K 线图上都能清晰地表现出来，成交量是无法隐藏的，透过成交量的变化，再结合其他因素，主力意图就能一目了然。

均量线的使用

看盘关键要点：

　1. 当短期均量线在中期均量线之上，中期均量线又在长期均量线之上，三条均量线呈向上发散状态，被称为多头排列，是股价继续上涨的信号。

　2. 当短期均量线在中期均量线之下，中期均线又在长期均量线之上，三条均量线呈向下发散状态，被成为空头排列，股价后市看跌。

均量线，顾名思义，是一种反映成交量平均水平的指标，将一定时期内的成交量相加后平均，在成交量的柱条图中形成较为平滑的曲线，即均量线。均量线反映了一定时期内市场成交量的主要趋势，市场交投情况是由浓转淡还是由淡转浓，通过均量线投资者就能一目了然。通常，我们将 5 日、10 日和 30 日作为采样周期，可以将 5 日均线看作是短期均线、10 日看作是中期均线、30 日为长期均线。在有均量线的成交量图中，可以看出均量线在成交量的柱条图之间穿梭波动，利用短期均量线和中、长期均量线的绞合关系，再结合股价变动的趋向，投资者就可以很方便地预测股价未来的走势。

1. 在上涨行情中。

在上涨行情中，5 日均量线在 10 日均量线之上，5 日和 10 日均量线又在 30 日均量线之上，三条均量线呈向上发散状态，被称为多头排列。三条均量线随股价上涨也不断上行，体现出市场交投活跃、人气旺盛，股价的上涨得到了买盘的有力支撑，这种交投情况的不断延续也促使股价重心不断上移。

而行情进入尾声时，尽管股价仍能再创出新高，但是均量线已呈现出疲软状态且有下行趋势，均量线的走势和股价的走势呈现出背离状态，这表明市场追高跟进意愿发生变化，股价的上涨只是一小部分买盘推动造成的，一旦获利盘在某个时刻由于某种原因集中抛出，那少量的买盘是无法承接的，随之而来的就是上升趋势的结束、下跌趋势的开始，即上涨行情发生逆转。

2. 下跌行情中。

在下跌趋势开始后，若5日均量线在10日均量线之下，5日和10日均量线又在30日均量线之下，三条均量线呈同步下降的空头排列，三条均量线随股价下跌也不断下行或者三条均量线在一个区间内波动，均线走势疲软无力，看不到丝毫向上爬升的迹象，这体现出市场交投冷清，少量的卖盘就可以使股价再下一个台阶，这也反映了买盘不愿入场、市场观望气氛较重，若这种交投情况无法打破，便意味着下跌趋势仍将继续。

当下跌行情进入尾声时，尽管股价仍能再创出新低，但是均量线却已不再呈现出疲软状态，成交量均开始放大，均量线走势开始出现多头排列特征且和股价的走势呈现出背离状态，这表明这一价位获得了市场的认可，很多场外观望者开始不断介入买进，随着后续买盘不断地加入，股价的下跌趋势结束，开始向上的反转走势。

关注筹码分布

看盘关键要点：

　　1. 筹码分布从另一个角度说明了股票在不同价位上投资者的介入规模如何，制约着股价后期的走势。

　　2. 筹码分布有很多不同的形态，在操作中，要注意筹码的分布情况，还要注意在不同价位的筹码集中度。

筹码分布又称成本分布，也就是股票流通盘在不同的价位各有多少数量的股票。股票的成本分布可以这样理解，如果聚齐全体流通盘的股东，大家按照买入成本把手中的股票放在相应的价位上，这样股票就会堆积起来，某价位的股票多一些，就堆得高一些，反之，就矮一些。如果有人卖掉手中的股票，就将卖方的价位股票拿掉，而堆积在买方价位上。这样我们就可以形象地看到市场交易中所发生的成本移

动情况。由于股票的流通盘是固定的，1000 万的流通盘
就有 1000 万的流通筹码，无论流通筹码在市场中怎样分
布，其总量必然是固定的。所以把不同价位筹码用一条条
柱线来组成图案，所有柱线加起来正好是 100% 的流通盘。

在筹码分布图上，我们用一根根的柱线来代表股票
的筹码，其长短表示筹码的数量，其所处的位置则表示
持有这些筹码所花费的成本。随着每天交易的进行，一
只股票的筹码也随之流动。甲在低位持有的筹码在一个
较高的位置卖出，同时乙在此位置买入这些筹码。反映
在筹码分布图上，即低位的筹码在减少，高位的筹码在
增加，在筹码分布图上形成一些高低错落、稀疏相间的
柱状带。由此可知在各价位有多少筹码，占总流通盘的
比例。

如图 5-18 所示，筹码分布图上表示浅色（电脑中为
蓝色）的是亏损盘，深色（电脑中为红色）的是获利盘，
中间成本区用白线标出。

图形下面的文字信息区中指出的是目前有多大比例
的持股者获利、其持股成本是多少、各个比例的持股者
集中在什么价位。

集中度是指在整个持股空间中所占的比例。

浮筹是指经常进行买卖的那部分股票，通常是指在
股价上下 10% 的区间内最为活跃的那部分筹码。而长期不进行买卖，流动性差的那
部分股票称之为死筹。

穿透率则是股价的变动值和换手率之比，用来监控主力的控股率。因为股价变
动较大时，散户往往会卖出手中的股票，而出现较大的换手率。而如果筹码大都在
主力手中，即使股价发生很大的变化，换手率仍然可能很低。

现在我们来看一看典型的筹码分布形态：

1. 单峰密集。

移动成本分布所形成的一个独立的密集峰形，在这个密集峰的上下几乎没有筹
码分布。它表明该股票的流通筹码在某一特定的价格附近充分集中。根据股价所在
的相对位置，单峰密集可分为低位单峰密集和高位单峰密集。

（1）低位单峰密集。

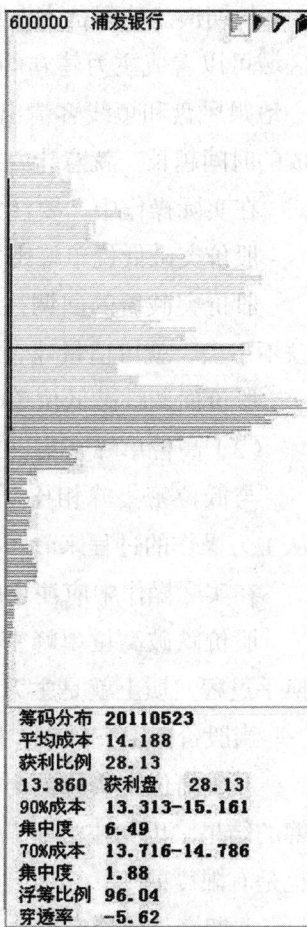

600000	浦发银行

筹码分布　20110523
平均成本　14.188
获利比例　28.13
13.860　获利盘　28.13
90%成本　13.313-15.161
集中度　6.49
70%成本　13.716-14.786
集中度　1.88
浮筹比例　96.04
穿透率　-5.62

图 5-18

长期横盘整理是主力吸筹建仓的重要手法，也是单峰密集形成的主要原因。横盘区域可以看成主力建仓的目标价位区，主力在此区域利用长时间的横盘，将没有耐心地跟风盘和短线客清出局，并利用上下震荡吸筹洗盘。单峰的密集程度越高，形成的时间越长，就意味着筹码换手和主力吸筹越充分，其后的上攻行情的力度越大。

在实际操作中，要注意以下几点：

股价突破低位单峰密集价位必须有成交量的配合；

股价突破后的回调往往在原低位单峰密集价位获得支撑，一旦投资者发现股价跌不下去，就可适量建仓；

股价回调跌破低位单峰密集区价位要提防空头陷阱。

（2）高位单峰密集。

与低位密集峰相比，高位密集峰形成的时间相对较短，密集程度也相对较低。从主力操作的过程来看，它可能是高位震荡洗盘的结果，亦可能是主力出货的征兆。

在实际操作中应注意以下几点：

股价跌破高位单峰密集区价位，应以减仓操作为好，因为形成高位单峰密集的换手过程实质上就是主力向散户投资者派发筹码的过程，尤其当股价涨幅过大时；

当股价向上突破时，防范风险是关键，应以短线的策略操盘提防向上的假突破；

形成高位密集峰的时间越长，峰位密集程度越高，几乎可以肯定是主力洗盘吸筹的结果；因为主力震荡出货一般用不了那么长时间，而散户投资者的耐心和信心也是有限度的；

前期高位单峰密集往往成为下一波行情的阻力位。

2. 双峰密集。

由上密集峰和下密集峰构成，对股价运行有较强的支撑力和阻力。当股价运行至上密集峰处常常遇到解套压力，受阻回落；当股价运行至下密集峰处常被吸收承接而反弹。因此可称上密集峰为阻力峰，称下密集峰为支撑峰。双峰之间的峰谷常在长期横盘整理中被填平，使双峰密集变成单峰密集。

3. 多峰密集。

多峰密集股票筹码分布在两个以上价位区域，分别形成了两个以上的密集峰形；上方的密集峰称为上密集峰，下方的称为下密集峰，中间的称为中密集峰；根据上下峰形成的时间次序可分为下跌多峰和上涨多峰。

4. 成本发散。

成本发散是筹码在不同价格上的分布较均匀松散，主要原因是在上升和下跌中在许多不同价位都发生了相当程度的换手。

成本发散出现的情况相对较少，但一旦出现向下发散，就应特别注意，因为连续带量下跌多数情况下意味着主力在不计成本地出货。主力一旦出货，再想有主力介入，不仅需要空间，也需要时间。因此遇到这种情况时，也不要轻易抢反弹，反而应借反弹逢高减磅。

在遇到成本发散时还应注意的是，成本发散是一种过渡性的状态，随时可以演变成密集峰，此时就应根据密集峰的特点及时作出应对。

总之，投资者在操作中，一方面要注意筹码的分布情况，即筹码在谁的手中，是散户还是主力？另一方面还要注意在不同价位的筹码集中程度。只有两方面结合起来分析，投资者才能处于比较主动的位置。

第五节　特殊情形下的成交量分析

次高位横盘缩量

看盘关键要点：

1. 次高位横盘缩量指的是主力在拉升过程中股价回落，随后，股价在一个相对高位持续横盘整理，成交量缩小甚至可能出现地量水平。

2. 成交量随股价的上升呈逐渐放大态势，股价涨幅不大，表示此次次高位出现横盘缩量具有强烈的整理后继续拉升的意味，在操作上，投资者可积极持股。

3. 成交量随股价的上升呈"平量"状态或缩量状态，股价涨幅不大，一般来说，如果因为主力在上涨途中锁仓，那么投资者可对该股后市抱有期待。

所谓次高位横盘缩量是指一只股票经过拉升之后，股价创出近期的新高，接着进行了正常的回调，但是回调的幅度并不大，一般来说回调幅度大于10%，且随着股价的回调成交量发生快速萎缩，随后股价在一个相对高位持续横盘整理，这段整理期间的最大特点是股价不跌也不涨、成交量缩小甚至可能出现地量水平。

如图5-19所示，中国船舶（600150）在股价拉升图中几乎是股价上一个台阶之后就出现一次高位横盘缩量的情况。

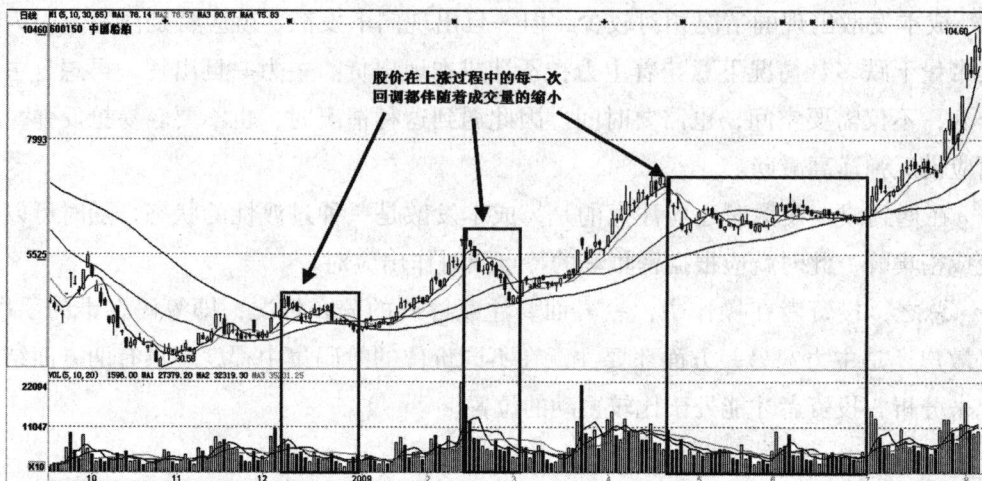

图 5-19

下面我们分析一下次高位横盘缩量出现的原因。当一只股票在大资金进场建仓之后，一边震仓一边拉升，筹码越来越集中，此时股价也已有了不小的涨幅，相对于股价启动前的底部区域来说，其涨幅可能已经翻倍，对于短线主力和控筹程度不强的主力来说，这是一个可以考虑出货的价格区间，然而很多主力却并没有在高位急于套现，因为成交量在股价回落的过程中发生了快速萎缩，是主力因找不到承接盘而无法出货、还是主力在该价位根本没有大量出货的打算，这就需要投资者结合其他因素来综合研判了。

1.成交量逐渐放大，但股价涨幅不大。

成交量随股价的上升呈逐渐放大态势，股价涨幅不大，而且在上涨途中逐渐放大的成交量代表了市场持有成本以及主力持有成本都比较高，同时也表示主力很可能是短线主力，此时在次高位出现横盘缩量具有强烈的整理后继续拉升的意味，在操作上，投资者可积极持股，未进场的投资者也可以少量建仓。

2.成交量逐渐放大，股价涨幅也较大。

成交量随股价的上升呈逐渐放大态势，股价涨幅较大，由于此价位相对于主力的持有成本已经有了一定的获利空间，而且主力很可能是短线主力，所以此时在次高位出现横盘缩量更有可能是市场暂时无承接盘，如果主力在杀跌出货的话，一旦引起市场散单的连锁反应，那这个主力很可能会坐庄失败、无力挽回败势，这时最好的策略就是通过一段时间的次高位横盘整理然后通过第二次拉升达到吸引跟风盘从而顺利出货的目的，次高位横盘缩量代表了主力在这段横盘整理区间为维持股价从而并没有出货，在操作上，已经持股的投资者可以适当减仓，而未买入的投资者则应当持币观望。

3. 成交量随着股价的上升呈现出平量或者缩量状态，但涨幅不大。

成交量随股价的上升呈"平量"状态或缩量状态，股价涨幅不大，一般来说，这种情况让投资者很难捉摸。如果是平量上涨，那代表获利盘并没有急于出场的迹象，这有可能是获利盘较少的缘故，也有可能是因为主力完全控盘并在上涨途中锁仓的缘故。如果因为主力在上涨途中锁仓，那么投资者可对该股后市抱有期待。

4. 成交量随着股价的上升呈现出平量或者缩量状态，股价涨幅巨大。

成交量随股价的上升呈"平量"状态或缩量状态，股价涨幅巨大（很可能是已经翻了至少两三倍），对于这种情况来说，因为股价脱离底后的涨幅巨大，在这种高位区域主力的意志决定了股价的走势。

次低位横盘的量能

看盘关键要点：

1. 所谓的次低位简单点说就是"中线"，也就是股价经过大幅下探，随即反弹，距离最低股价高 20% 至 30% 的位置。

2. 次低位的横盘是主力吸筹的常见行为，其持续的周期长，也没有明显的放量过程，所以不太受投资者的重视。事实上，这种横盘一旦启动，其涨幅往往十分惊人。

什么叫"次低位"呢？所谓的"次低位"是指股价在经过大幅下探后，达到低位，即近期的最低点，随后出现了一波反弹，达到比近一段时间最低股价高 20% 至 30% 的价位位置，在中线上看是比较低的位置，但是如果从短线上看它又是相对的高位，所以，"次低位"指的是中线。

次低位横盘，是较为常见的主力吸筹行为。由于其周期较长，又没有明显的放量过程，所以不太受到投资者的重视。其实，这种次低位长期横盘的股票一旦启动，其涨幅往往十分惊人。对于中长期投资者而言，是一种很好的选择。

如图 5-20 所示，啤酒花（600090）在 2010 年 4 月 26 日经过一段时间的下跌之后，于 7 月 2 日股价见底后回升，但反弹幅度不大且时间并不长，股价就进入次低位横盘整理状态，整理时间长达 4 个多月，整理期间成交量并没有显著变化，可见主力洗盘的决心。12 月 31 日，股价拉出一根 T 字线，成交量放大，股价跳出先前的横盘整理状态，开始上涨。从图中可以看出，主力的拉升过程还是很小心的，在股价上涨几日之后，又展开了一小段洗盘攻势，目的是将一部分散户洗出去。经过十几个交易日的下跌之后，股价再次拉升，此次拉升可以说是非常迅猛，股价几乎没有

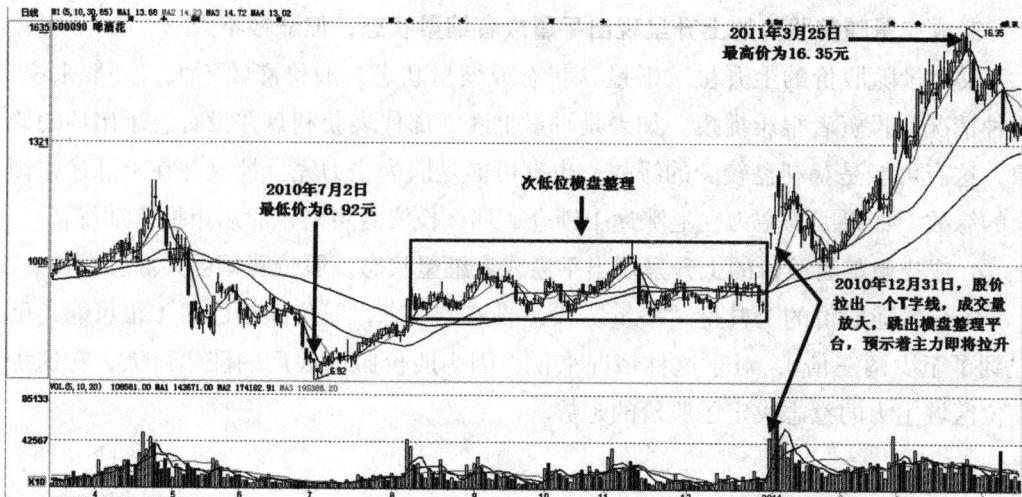

图 5-20

回头就直接冲上 2011 年 3 月 25 日的最高价 16.35 元。相较于拉升之前的最低价 6.92 元，涨幅达 136.27%。

从上面的例子中可以看出，当股价在次低位横盘时成交量没有出现明显的变化，表示着主力洗盘迷惑散户的决心非常强大。那么，此时的成交量为什么没有变化呢？

对于主力来说，能在最低价位上吸筹自然是件好事，但散户投资者未必会配合，你买我就卖。因此主力通常会采用拉长时间的方法，所以，横盘的时间要足够长，一般来说，横盘时间要在两个月以上，有的股票则长达几个月甚至一年。因为横盘的时间越长，割肉盘就越多。很多投资者看到手中持有的股票连续几个月都纹丝不动，而大盘在此期间已经上涨了很多，于是，耐不住寂寞的投资者会纷纷卖出手中的筹码，以便去寻找能让自己在短期内获利的个股。主力则恰恰希望这种情况出现，悄悄地买入廉价筹码。这种长时间的横盘吸筹就造成了横盘期间没有明显的放量情况出现，因为如果在某一段时间主力吸筹过快，就很容易导致股价上升较快。而且，成交量的放大，容易引起大家的关注，而主力在没有完成吸筹任务之前，并不希望大家看好这只股票。所以，总是少量地一点一点地吃进，尽量避开大家的关注。如果大盘环境和个股题材允许主力去等，主力一般都愿意稍微费点时间，以降低吸筹成本。

这就需要投资者提高警惕，遇到这种在次低位横盘时间比较长，且成交量变化并不明显的股票，可将其放入自己的选股池中，再结合其他因素分析，比如说基本面、政策等因素，如果确定该股有主力在其中活动，就一定要耐得住寂寞，静静等待主力拉升获利的时刻。

低位平台与放量

看盘关键要点：

1. 通常，如果个股没有跟随大盘的步伐，当大盘上涨，股价却在一个低位的平台上放量整理，这种情况下，主力出货的可能性非常大。

2. 股价经过长时间的下跌之后，空头的能量得以充分消耗，多空交替，多方占据了主导低位，这种低位的放量是多头力量的异动，表明股价即将上涨。

低位是一个相对的概念，应从个股历史走势中确认其相对低位。一般来讲，当股价经过大幅下跌后，在一个相对的低位出现放量现象，其后期走势只有两种情况：一是放量过后继续下跌的走势；二是放量过后出现了较为明显的上涨行情，而且这一低位在将来相当长的时间里很可能成为投资者经常所说的"底部"。

1. 低位放量后下跌。

在利空消息的影响下，某个股产生大幅下跌，随后股价在一个明显的低位平台上出现了连续放量的情况。此时应注意观察大盘的情况。如果大盘正在酝酿一波反弹行情，但此股并没有上涨，而是进行平台式整理。随着大盘反弹行情的结束，个股走势继续之前的跌势。

这种情况下，主力出货的可能性非常大，只不过这种出货手段具有的一定的欺骗性，具体表现在低位和放量两个方面。对投资者来说，如何识别呢？

（1）出货区的位置。

通常，如果主力在低位放量进行出货，一般意味着主力的获利空间巨大且在前期高位平台上并没有进行大规模的出货。可以确定的是，此股之前的累积涨幅一定很大，通常会高达 5 倍以上，有的甚至可以达到 10 倍以上，这就为主力创造了较大的出货空间。因此，低位放量出货的第一步，就是把股价降至一个视觉上的相对低位，这主要是利用送股后的除权或中期下跌来实现，因为即使股价相对高位来说出现了较大的跌幅，但对于主力的持仓成本来说只不过是少获一点利，但仍然有翻倍以上的利润。

（2）成交量特点。

股价在此相对低位进行横盘震荡过程当中，成交量连续放出，但股价就是滞涨，即使出现了一两日的拉升上冲，但随后马上就会被抛盘打回原地，这种量价极不正常的现象是低位放量出货的一个最显著的特点。

（3）K 线特点。

股价经过一轮中级下跌后，在一个相对低位进行横盘震荡，K 线形成矩形或下降三角形的整理形态，但由于大盘正处于上涨行情中，这种横盘震荡往往会被误认为是在构筑中期底部，但事实上，这正是主力迷惑散户最重要的法宝。

那么，投资者如何来区分这种整理形态是底部形态，还是下跌中继呢？从一般的经验来看，若公司将较大利好消息发布，此股的业绩却得不到很大提升，此时我们可以参照同行业的其他股票的下跌幅度来推算此股是否还有补跌空间，若仍有较大补跌空间则投资者一定不要介入，反之可以少量仓位介入期待小反弹行情的出现而同时也不必冒太大风险。

2.低位放量后上涨。

低位放量后上涨指的是股价在下跌途中的最低位构筑的一个底部平台，随后股价止跌上涨。

股价的长期下跌使得空头能量有足够的时间充分消耗，股价止跌企稳表明多空能量获得了平衡。新的平衡关系不可能恒定不变地维持下去，必将被一方重新占主导地位所打破。由于前期是空头能量占主导地位且空头能量得以充分消耗，多空交替，多头将打破这种平衡。而低位放量正是多头力量的异动和最初显示。

连续大幅放量——短线黑马暴涨的条件

看盘关键要点：

个股忽然出现了相比前一个交易日放大数倍的成交量，如果这种放大的成交量并没有快速萎缩，那么该股股价必然会出现飙升。

连续大幅放量一般出现在个股经历了长时期大幅下跌之后的底部，当某只个股在一个相对的底部区间、在某日内突然出现了相比前一交易放大数倍的成交量，而这种放大的成交量在随后十几个交易日内并没有出现萎缩的现象，伴随着这种连续放量股价必然会出现飙升。

投资者在此股刚开始出现大幅放量时一般很难判断这种放量的原因、放量的效果能维持多久、股价的暴涨是否是主力对倒出货导致等。在投资者稍做犹豫之时，此股很可能就已经连续几日涨停使股价一举突破了近期高点，达到一个相对的高位平台区，在此平台区，保守的投资者多不会选择介入，因为"股价涨得快、跌得也快"，这种观点固然不全错，但也有其片面之处，它忽略了主力的作用及操盘手法，更忽略了成交量对于股价支撑所起的作用，试想一下，哪只急拉暴涨的大"黑马"是一次拉升完成的呢？一般都要经过两次甚至三次的大规模拉升，才能使股价完全脱离建仓成本区，主力才能顺利出货。

连续大幅放量往往是有实力的大资金在通过急拉股价进行快速建仓，即使这种大幅放量来自于主力的对倒，但如果想到主力这样"玩命"的对倒势必会造成其持仓成本的快速增加，如果股价不出现大幅上涨，那主力岂不是费力不讨好吗？这两种情况都说明了一个共同点，在连续大幅放量并伴随股价暴涨的情况下，主力的持仓成本必然不低，投资者可以对股价自大幅放量后的翻倍行情有所期望。

第六节　关注涨停板量能特点

涨停板为何出现

看盘关键要点：

1. 板块联动是涨停板出现的一种常见因素，同板块之中的某个股涨停势必会造成其他资金对于同类个股的挖掘，同类板块个股也就会跟风涨停。

2. 资产重组常常会推动股价的大幅上涨，涨停现象更是时常发生。

涨停板制度源于国外早期证券市场，是证券市场中为了防止交易价格的暴涨暴跌，抑制过度投机现象，对每只证券当天价格的涨幅予以适当限制的一种交易制度，即规定交易价格在一个交易日中的最大波动幅度为前一个交易日收盘价上下百分之几，超过后停止交易。目前，中国的涨停板幅度为10%。但也有例外，比如说，新股上市当日和个股复牌当日的其涨跌幅是没有限制的。

涨停板制度能够防止市场在短期内（当日）的巨幅波动导致投资者的情绪失控从而作出非理智决定。可以看出，对于非理智的投资者而言，这一制度是相当有益的。

在实际情况中，涨跌停板的出现主要起了两个作用：一是让本可以在一日释放的重大利好或利空消息不得不在几天内释放；二是涨跌停板的出现在一定程度上也起到了助涨助跌的作用，虽然涨跌停板制度的本意是防止市场上的追涨杀跌情绪，但由于涨跌停板对买卖股票的双方产生明显的心理影响，股票涨停后，对本来想卖股票的人来说，他会提高心理预期，改在更高的位置卖出，而对想买的人来说，由于买不到，也会加强看好股票的决心，不惜在更高的位置追高买进，所以，涨跌停板的助涨助跌作用也不容忽视。

涨停板是市场中常见的一种多头走势，但不能简单地理解为买入信号。经验丰富的投资者都曾有过追进涨停板的体会，他们大多知道不是所有涨停板的股票都能让追涨者赚到钱。由于涨停板的股票容易吸引投资大众的目光以及追涨买入的冲动，市场中的主力经常利用涨停板来达到各种各样的目的。归结起来，其目的亦不外乎吸筹、洗盘、拉升和出货。投资者必须对涨停板有深刻的认识和了解，才能正确把握主力的意图，判别行情发展的阶段，从而作出理性的投资策略。

凡事有果必有因，要探讨某一事件的结果，就必须将该事件出现的原因挖掘出来。涨停板的出现也不会是"无风起浪"，投资者要根据涨停板作出理性判断，就要了解为什么会出现涨停板。通常来说，以下几个原因会促使涨停板的出现。

1. 业绩原因。

业绩是支撑上市公司股价最首要的因素，从长远观点看，股价的波动是围绕业绩展开的，投资者将钱投在了业绩好的公司上则意味着等待公司的高回报，只有业绩好的公司才会有更多的钱用于分红。

虽然有些个股的股价会在一定时间内遭到炒作，但如果没有业绩的支撑，炒作也只能如昙花一现，股价终究会回落。

2. 政策原因。

"炒股要听党的话"，国家经济和金融政策的变化对国家经济形势的发展变化产生十分重要的影响。股市是一个国家经济的晴雨表，它对经济和金融政策的反应十分敏感，有时提前甚至过度作出反应。

3. 板块联动原因。

板块联动也是涨停板出现的一种常见因素，由于同板块的某只个股的涨停势必会造成其他资金对于同类个股的挖掘，如果大盘向好，率先涨停的个股往往会成为龙头股，而同板块的其他个股也会跟风涨停。

4. 资产重组原因。

资产重组是指企业改组为上市公司时将原企业的资产和负债进行合理划分和结构调整，经过合并、分立等方式，将企业资产和组织重新组合和设置。资产重组是市场中永恒的话题，上市公司通过收购资产、资产置换、出售资产、租赁或托管资产、受赠资产、对企业负债的重组，可以卸掉上市公司一些多年的包袱，提高上市公司市场占有率，让上市公司直接接轨市场的新兴产业，大大提高公司的盈利能力和盈利水平，是上市公司进行资源有效整合的一种方式，是市场中资本运作的重要途径。

资产重组能够提高资本利润率、避免同业竞争、减少关联交易、把不宜进入上市公司的资产分离出来。实质性的资产重组能起到化腐朽为神奇的作用，通过重组，二级市场中的股价常常能产生惊天动地的变化。所以，资产重组常常会推动股价的大幅上涨，涨停现象更是时常发生。

涨停板的量能特征

看盘关键要点：

1. 股价出现涨停，但成交量并没有放大，说明大部分持有者对该股的后期走势非常看好。

2. 放量涨停是指成交量大幅度放大产生的涨停，说明持股者在获利或解套盘涨停过程中脱身，也有可能是市场主力获利了结。

认识涨停板发生的原因之后，投资者还要了解涨停的量能特征，这样才能正确判断股价在涨停后的走势会如何发展：

1. 无量涨停板。

股价出现涨停，但获利盘并没有涌出，这往往是由于此股的持有者认为此股仍有大幅的上升空间才决定继续持有的原因。如果此类涨停板出现在股价底部区域，可理解为突发的重大利好消息，刺激了股价的上升，由于市场惜售的原因造成交易量非常之少，股价一直上升到前期密集成交区域附近，成交量才会放大，股价也会出现滞涨。另外，主力控盘极强的个股，在主升浪阶段，适逢大盘处于上涨行情，由于筹码锁定也会造成无量涨停现象。

2. 放量涨停板。

放量涨停是指成交量大幅度放大产生的涨停，说明持股者在获利或解套盘涨停过程中脱身，也有可能是市场主力获利了结。股价涨停了，表明市场上出现了获利筹码，有相当一部分获利筹码兑现，因此仅以市场本身而言，在排除了大盘超级强势和个股基本面的变化以外，股价是不可能涨停的，因为没有理由来解释追高买单的行为。所以涨停的股票一定有或大或小的主力在背后进行运作，我们的任务就是分析主力的情况以便于采取相应的投资策略。

一般来说，涨停板上的大成交量代表了两种典型的主力行为，一是主力进一步建仓；二是主力出货。

那么，怎样判断出主力是在出货还是建仓呢？

首先要对比股票前期底部与现在涨停后放量时的距离，若前期底部与涨停放量处有50%以上，就必须注意主力有出货的可能。

其次看放量前股价的走势，如果是较强上升至涨停板放量处，一般主力很难出货或者很难全身而退，这类个股还会有第二次放量的机会。

在放量的个股中，根据股价当天的走势和未来几日的走势也能大体推算主力动向，若放量当天仍以涨停报收，那么，未来仍有一定上升空间；

若当天放量拉出带有上影线的阴线，那么短期调整不可避免；

如果当天放量拉出阴线，后几日不破 10 日均线，并且放量再次攻破前期放量高点，未来仍有上升空间。

涨停板上的成交量放大，也说明存在多空分歧。放量越大，分歧越多，后市走势就看多空的后继力量哪个更强大。如果涨停板上抛盘大于买盘，则后市有利于看跌，反之，涨停板上买盘大于卖盘，后继仍旧是买盘占据上风，则有利于后市继续看多，只要后继买盘充足，则涨停板上放大量之后，股价在大资金的推动下仍旧有上涨余地。

研判放量涨停板的后期走势时，还要格外关注当时涨停的放量程度，如果放量过大，可以把这次放量当做是一次间歇性放量，这很可能会导致买盘在一日内过度释放引起后续几日内买盘不足的情况发生，投资者应根据实际放量情况及股价位置，来综合研判放量涨停后的走势。

第六章
看技术指标：指标就是股海的指航灯

第一节　移动平均线概述

移动平均线的含义及特点

看盘关键要点：

1. 移动平均线是用统计处理的方式将若干天的股价加以平均，然后连接成一条线，用以观察股价运动趋势的一种方法。实质上是一种追踪趋势的工具。

2. 移动平均线具有追踪趋势、滞后性、稳定性、助涨助跌性、支撑线和压力线的特性。

3. 移动平均线的优点在于表现大势、提示买卖信号、分析方法简单；缺点在于变动缓慢、买卖信号滞后、需要定期优化最优周期。

1. 移动平均线的含义。

在证券市场中，对价格趋势进行平滑处理的最有效的方法就是计算市场价格的移动平均线（MA）。移动平均线是用统计处理的方式将若干天的股价加以平均，然后连接成一条线，用以观察股价运动趋势的一种方法。

移动平均线是应用非常广泛的一种技术指标。它构造简单，客观公正，不易人为操作骗线，受到很多股票投资者的青睐。移动平均线又是股价的生命线，是对交易成本最直观的反映。它实质上是一种追踪趋势的工具，其目的在于显示旧趋势已终结或反转，新趋势正在萌生的行情走势，因此，它也可以称之为弯曲的趋势线。它的另一个作用是使价格运动变得平滑，使价格的各种扭曲现象减少到最少。

移动平均线的理论基础是道·琼斯的"平均成本"概念，其目的在于取得某一段期间的平均成本，而以此平均成本的移动曲线配合每日收盘价的线路变化，分析某一期间多空的优劣形势，以研判股价的可能变化。一般来说，现行价格在平均价之上，意味着市场买力（需求）较大，行情看好；反之，行情价在平均价之下，则意味着供过于求，卖压显然较重，后市看淡。

移动平均线的计算周期长短关系其敏感度，计算周期越短敏感度越高。通常，预测短期走势要以 5 日或 10 日移动平均线的研判为主；预测中期走势应以 30 日、60 日移动平均线的研判为主；预测中长期走势应以 120 日均线的研判为主；预测长期走势应以 250 日移动平均线研判为主。

投资者在运用均线研判大势的时候，需要注意均线的排列状况，最好能和其他技术分析方法结合使用，另外还要根据市场需要和个股特性，适时修正、设计均线时间参数。

2. 移动平均线的特点。

移动平均线的核心意义在于消除偶然因素的影响，另外还稍微有一点平均成本价格的含义。它具有以下几个特点。

（1）追踪趋势。

移动平均线能够及时跟踪价格趋势，并保持与趋势线方向一致，消除中间股价在这个过程中出现的起伏。

（2）滞后性。

由于移动平均线追踪趋势的特性，其行动往往过于迟缓，反转信号带有极大的滞后性。

（3）稳定性。

由于移动平均线是对多日收盘结果的统计，每天的变动情况在计算中被平摊，因而整体走势上趋于稳定。

（4）助涨助跌性。

当股价突破了移动平均线时，无论是向上突破还是向下突破，股价有继续向突破方面再走一程的愿望，这就是移动平均线的助涨助跌性。

（5）支撑线和压力线的特性。

由于移动平均线的上述四个特性，使得它在股价走势中起支撑线和压力线的作用。

3. 移动平均线的优缺点。

和其他技术指标一样，移动平均线既有优点，也有缺点。如果只知道其优点，而忽略其缺点，将导致对股市后市判断失误，而蒙受经济损失。以下列出了移动平均线的优点和缺点：

（1）优点。

①使用移动平均线可观察股价总的走势，不考虑股价的偶然变动，这样可自动选择出入市的时机。

②移动平均线能显示"出入货"的信号，将风险水平降低。一般，当股价向下穿破移动平均线，便是出货信号；反之，若股价向上冲破移动平均线，便是入货信号。

③移动平均线分析比较简单，并且有很强的图形作为参考，使投资者能清楚了解当前价格动向。

④用移动平均线原理去买卖交易时可以界定风险，可以将亏损降至最低；在趋势转变、行情发动时，买卖交易的利润可观。

⑤移动平均线的组合可以判断行情的真正趋势。

（2）缺点。

①移动平均线变动缓慢，不易把握股价趋势的高峰与低谷。

②在价格波幅不大的调整期间，移动平均线折返往复于价格之中，出现上下交错型的出入货信号，使分析者无法定论。

③移动平均线的最优周期需要投资者自行调试和优化，一般需要隔 6 个月优化一次，看所用均线是否和股价运行趋势保持良好的跟随性。

移动平均线的算法与分类

看盘关键要点：

1. 单根移动平均线可以分为短期、中期和长期三种形式。短期均线最常用的是 5 日和 10 日均线；中期均线最常用的是 30 日均线；长期均线最常用的是 120 日和 250 日均线。

2. 组合均线能更加真实地反映市场持股成本以及指数或股价在短期内的变动情况。

3. 特殊均线组合指的是那些不以日为单位的均线，如周均线、月均线或分时均线。特殊均线的作用主要用于弥补普通移动平均线分析功能的不足，它们对大势的指示作用更加简洁、明了。

1. 移动平均线计算方法。

简单移动平均线的计算公式如下：

$MA=（P1+\cdots+Pn）\div n$

其中，P为每天价格，n为日数。

（1）日平均价＝当日成交金额÷当日成交股数（也可以直接用当日收盘价代替日平均价）。

（2）5日平均价＝（当日平均价＋前4日平均价×4）÷5。

（3）10日平均价＝（当日平均价＋前9日平均价×9）÷10。

（4）30日、72日、13周、26周等平均价计算方法类推。

2. 移动平均线的分类。

移动平均线就其种类来说，可分为单根移动平均线、普通组合移动平均线和特殊组合移动平均线三种基本类型。

（1）单根移动平均线。

通常，对均线的分类都是以日为周期，当然也可以以周、月、年为周期。如果以日为周期，移动平均线可以分为短期均线、中期均线和长期均线。

①短期均线

短期移动平均线又可以分为3日均线、5日均线和10日均线。其中最常用的是5日均线和10日均线。

A.5日均线

股票每周正常的交易日为5日，5日均线对应着一周交易的平均价格。很多投资者将5日均线作为短期移动平均线的研判周期线。只要股价不跌破5日均线，就说明该股处于极强势状态。

B.10日均线

10日均线又称半月线，它是股票连续两周交易的平均价格，是考察股价在半个月内走势变化的重要参考线。只要股价不跌破10日均线，就说明该股还处于强势状态。

②中期均线

中期移动均线有20日均线、30日均线和60日均线等。其中30日均线的使用频率最高，60日均线在使用上因为可以作为较准确的行情判断依据，也很受投资者的看重。

A.30日均线是沪、深股市大盘的中期生命线，每当一轮中期下跌结束指数向上突破30日均线，往往会有一轮中期上升。

B.60日均线

60日均线是3个月的市场平均交易价格线，也被称为季度线。这条线是比较标准的中期线，对于判断股价中期走势有着重要的作用。在多数情况下，它用于中期均线的组合中。

③长期均线。

长期均线有 100 日、120 日、150 日、250 日等，其中使用较多的 120 日和 250 日均线。

A.120 日均线。

120 日均线又称半年线，当其被股价突破时，市场震撼力比较大，它意味着股价将进入长期上升趋势或长期下降趋势的状态。

B.250 日均线。

250 日均线又称为年线，是股市长期走势的生命线，也是"牛熊分界线"。

（2）普通组合移动均线。

一般来说，在均线的使用上，单独使用的均线很少，通常都是几根均线组合一起使用，通常的均线组合是 3 根，短期均线、中期均线和长期均线的组合。组合均线能更加真实地反映市场的持股成本，以及股价或指数在短期内的变动情况。我们常用的均线组合有以下几种：

①5 日、10 日、20 日——短期均线组合

②5 日、10 日、30 日——短期均线组合

③10 日、30 日、60 日——中期均线组合

④20 日、40 日、60 日——中期均线组合

⑤30 日、60 日、120 日——长期均线组合

⑥60 日、120 日、250 日——长期均线组合

不管使用哪种 K 线组合，我们都把时间最短的那根 K 线称为短期均线，时间最长的那根均线叫作长期均线，中间的那根叫作中期均线。

（3）特殊均线组合。

特殊均线组合指的是那些不以日为单位的均线，如周均线、月均线或分时均线。因为普通的日均线在分析周 K 线、月 K 线或分时 K 线走势图时是没有什么用武之地的，要想研判它们就要用到特殊均线组合，才能与周 K 线走势图、月 K 线走势图或分时 K 线走势图相匹配。虽然平时我们很少用到特殊均线，但这并不代表它们没有用，有时候，日均线不能解决的问题，特殊均线就能得到很好的解决。

特殊均线的作用主要用于弥补普通移动平均线分析功能的不足，比如说，周均线组合、月均线组合适用于对大盘或个股长期运行趋势的研判，和日均线组合对大盘或个股的走势研判相比，他们对大势的指示作用更加简洁、明了。而分时

均线则能更加细微地观察到大盘或个股运行的瞬间变化，以便投资者能够及早采取应对措施。

特殊均线的使用也不是单独的，它常需要以组合的方式来出现。例如，5周、10周、20周；5月、10月、20月等。

移动平均线运用法则及买卖点

看盘关键要点：

1. 葛兰碧移动平均线运用八大法则，是投资者看盘操作的重要参考。

2. 从移动平均线和股价趋势线之间的关系可以寻找买卖股票的良机。

1. 移动平均线运用八大法则。

对于单根均线的研判方法，最经典的莫过于美国投资专家葛兰碧提出的移动平均线运用八大法则，投资者应当牢牢把握。

（1）移动平均线从下降趋势转为上升趋势，股价从移动平均线下方向上突破移动平均线为买入信号。

（2）股价向下穿过移动平均线，而移动平均线仍在上扬，不久股价又回到移动平均线之上时，为买进信号。

（3）股价位于移动平均线之上，短期下跌但未向下穿越移动平均线，是买入信号。

（4）股价原在移动平均线之下，现突然暴跌而远离移动平均线之时，物极必反，是买进时机。

（5）移动平均线由上升趋势转为盘局或下跌，最后一日收市价向下跌破移动平均线，为卖出信号。

（6）股价向上突破移动平均线，而移动平均线仍在下行，不久股价又回到移动平均线下时，为卖出信号。

（7）股价在移动平均线之下，短期向上但并未突破移动平均线且立即转为下跌，为卖出信号。

（8）股价原在移动平均线之上，现突然暴涨而远离移动平均线时，物极必反，是卖出时机。

2. 运用移动平均线把握买卖时机。

通过对移动平均线的研究，可以对股票作出买卖时机的判断。通常，我们可以通过简单移动平均线和股价趋势线之间的关系来寻找和把握买卖时机：

（1）移动平均线由下降逐渐走平，而股价自移动平均线的下方向上突破是买进信号。当股价在移动平均线之下时，表示买方需求太低，以至于股价大大低于移动平均线，这种短期的下降给往后的反弹提供了机会。这种情况下，一旦股价回升，便是买进信号。

（2）当股价在移动平均线之上产生下跌情形，但是刚跌到移动平均线之下时便开始反弹，这时，如果股价绝对水平不是很高，那么这表明买压很大，是一种买进信号。不过，这种图表在股价水平已经相当高时，并不一定是买进信号，只能作参考之用。

（3）移动平均线处于上升之中，但实际股价发生下跌，未跌到移动平均线之下，接着又立即反弹，这里也是一种买进信号。在股价的上升期，会出现价格的暂时回落，但每次回落的绝对水平都在提高。所以，按这种方式来作决策时，一定要看股价是否处于上升期，是处于上升初期还是上升晚期。一般来说，在上升初期，这种规则适用性较大。

（4）股价趋势线在移动平均线下方变动加速下跌，远离移动平均线，为买进时机，因为这是超卖现象，股价不久将重回移动平均线附近。

（5）移动平均线走势从上升趋势逐渐转变为盘局，当股价从移动平均线上方向下突破移动平均线时，为卖出信号。股价在移动平均线之上，显示价格已经相当高，且移动平均线和股价之间的距离很大，意味着价格可能太高，有回跌的可能。在这种情况下，股价一旦出现下降，即为抛售信号。不过，如果股价还在继续上涨，那么，可采用成本分摊式的买进，即随着价格上涨程度的提高，逐渐减少购买量，以减小风险。

（6）移动平均线缓慢下降，股价虽然一度上升，但刚突破移动平均线就开始逆转向下，这可能是股价下降趋势中的暂时反弹，价格可能继续下降，因此是一种卖出信号。不过，如果股价的下跌程度已相当深，那么，这种规则就不一定适用，它可能是回升趋势中的暂时回落。因此，投资者应当作仔细的分析。

（7）移动平均线处于下降趋势，股价在下跌过程中曾一度上涨到移动平均线附近，但很快又处于下降状态，这时是一种卖出信号。一般来说，在股市的下降过程中，常会出现几次这种卖出信号，这是下降趋势中的价格反弹，是一种短期现象。

（8）股价在移动平均线上方突然暴涨，向上远离移动平均线为卖出时机，因此这是超卖现象，股价不久将止涨下跌回到移动平均线附近。

（9）长期移动平均线呈缓慢的上升状态，而中期移动平均线呈下跌状态，并与长期移动平均线相交。这时，如果股价处于下跌状态，则可能意味着狂跌阶段的到来，这里是卖出信号。需要注意的是，在这种状态下，股价在下跌的过程中有暂时的回档，否则不会形成长期移动平均线和中期移动平均线的交叉。

（10）长期的移动平均线（一般是26周线）是下降趋势，中期的移动平均线（一般是13周线）在爬升且速度较快，超越长期移动平均线，那么，这可能意味着价格的急剧反弹，是一种买进信号。出现这种情况一般股价仍在下跌的过程中，只不过中期的下跌幅度要低于长期的下跌幅度。

为了更容易、更简单地掌握移动平均线中的买卖良机，我们从大量实践中总结出以下经验，供投资者参考：

（1）股价曲线由下向上突破5日、10日移动平均线，且5日均线上穿10日均线形成黄金交叉，显现多方力量增强，已有效地突破空方的压力线，后市上涨的可能性很大，是买入时机。

（2）股价曲线由下向上突破5日、10日、30日移动平均线，且三条移动平均线呈多头排列，显现说明多方力量强盛，后市上涨已成定局，此时是极佳的买入时机。

（3）在强势股的上升行情中，股价出现盘整，5日移动平均线与10日移动平均线纠缠在一起，当股价突破盘整区时，5日、10日、30日移动平均线再次呈多头排列时为买入时机。

（4）在多头市场中，股价跌破10日移动平均线而未跌破30日移动平均线，且30日移动平均线仍向右上方挺进，说明股价下跌是技术性回档，跌幅不至于太大，此时为买入时机。

（5）在空头市场中，股价经过长期下跌，股价在5日、10日移动平均线以下运行，恐慌性抛盘不断涌出导致股价大幅下跌，乖离率增大，此时为抢反弹的绝佳时机，应买进股票。

（6）在上升行情中，股价由上向下跌破5日、10日移动平均线，且5日均线下穿10日均线形成死亡交叉，30日移动平均线上升趋势有走平迹象，说明空方占有优势，已突破多方两道防线，此时持股者应卖出持有的股票，离场观望。

（7）股价在暴跌之后反弹，无力突破10日移动平均线的压力，说明股价将继续下跌，此时为卖出时机。

（8）股价先后跌破5日、10日、30日移动平均线，且30日移动平均线有向右下方移动的趋势，表示后市的跌幅将会很深，持股者应迅速卖出股票。

（9）当60日移动平均线由上升趋势转为平缓或向下方转折，预示后市将会有一段中级下跌行情，此时应卖出股票。

短期均线：5日均线透露短线玄机

看盘关键要点：

1. 股价运行在5日均线上方为强势，投资者可以买入或持有。

2. 如股价跌破5日均线，建议投资者减持或者及早卖出。

所谓5日均线即是最近5个交易日内个股收盘价的平均价，可以说5日均线是多方的护盘中枢。一旦跌破，会严重影响持筹者的持股信心，从而引发大量恐慌性抛盘，导致股价进一步下挫。当股价由下向上穿越5日均线收盘的时候，显示在5天内买入的投资者已经全部获利，这是投资者入场的最佳时机，一方面有着5日均线的强力支撑，而另一方面主力会利用散户想获利的迫切心理，不断推高股价。当股价被推升达到一定高度时，会导致获利盘的打压，股价便会在一定的时候跌破5日均线收盘，这个时候便是离场的最佳时机。只要找准时机，把握住机会，投资者的获利梦想便很容易实现。

华仪电气（600290）于2008年12月23日向下跌破5日均线之后，开始横盘调整。2009年1月5日，停止调整，向上突破5日均线，此后第二个交易日反抽宣告突破有效，同时放出天量，证明多头上攻力量强大，无疑这是投资者最好的短线介入时机。随后主力发力上攻，该股一路上扬，于1月21日回调，此时价跌量减，同时MACD

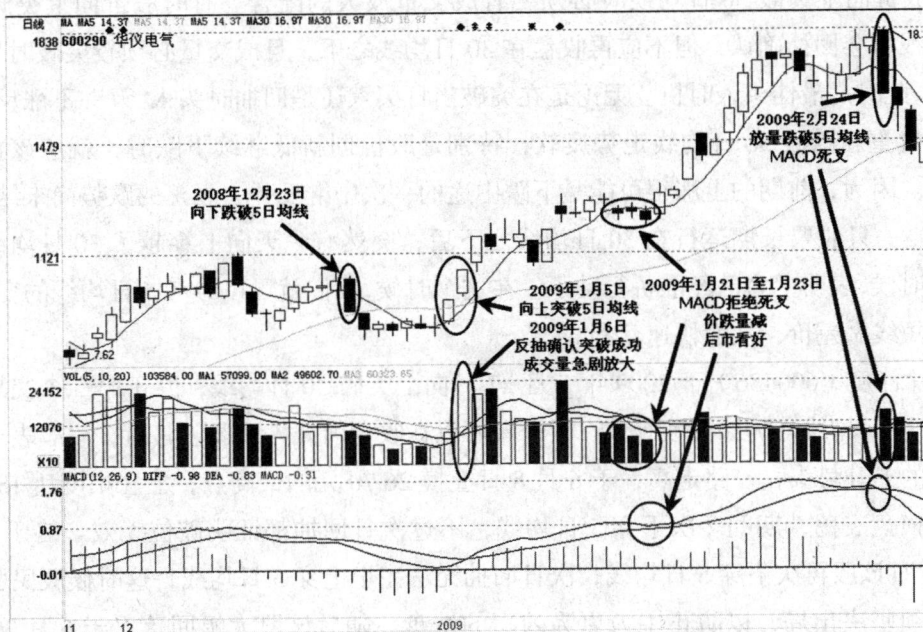

图 6-1

指标呈现出"拒绝死叉"的走势，表明该股此后仍有较大上升空间。1月24日，股价再次拉升，重新进入上升轨道。2009年2月24日，该股摸高至18.38元，短期涨幅达115%，短短一个多月的时间就上涨了一倍。此后该股放量跌破5日均线，第二个交易日没有回抽，同时MACD指标出现了"死叉"的预警信号，主力出货意图明显，此时千万不可犹豫不决，应当立刻将利润套现，离场观望方为上策（如图6-1所示）。

中期均线：30日均线预示股市走势

看盘关键要点：

1. 股价向上突破30日均线后又回抽确认，但不应再收盘于30日线之下，且成交量必须较突破时显著萎缩，此时是投资者的最佳买入时机。

2.30日均线有着非常强的趋势性，无论其上升趋势还是下跌趋势一旦形成都是很难改变的。

与5日均线不同，30日均线算是沪、深股市大盘的中期生命线，每当一轮中期下跌结束指数向上突破30日均线后，往往会带来一轮中期上升行情。在股票市场中，运用的周期越长，股价变化趋势的可靠性也越高，30日均线有着非常强的趋势性，无论其上升趋势还是下跌趋势一旦形成都是很难改变的。

股价向上突破30日均线时必须要有成交量放大的配合。有时股价向上突破30日均线后会回抽确认，但不应再收盘在30日均线之下，且成交量必须较突破时显著萎缩，此时是最佳买入时机。无论是在突破当日买入还是回抽时买入，万一不涨反跌，而股价重新跌破30日均线走势疲软，特别是股价创新低继续下跌时，就应该止损出局。因为，前期的上涨很可能是下跌中途的一次中继反弹，真正的跌势尚未结束。

当一只股票长期运行在30日均线之下后，突然有一天向上穿越了30日均线收盘的时候，表明主力已经准备行动了。在这个时候，我们就可以参考5日均线的变化，通过短线做差价，从而快速套利。

片仔癀（600436）于2009年5月27日向上突破30日均线，并于第二个交易日回抽30日均线，确保突破有效，投资者可以在收盘前介入该股。其后，该股表现出强劲的上升势头，一路走高，于6月8日上摸26.70元的最高点，上涨幅度达18%。其后横盘震荡，期间多次下穿5日均线，不过次日回抽都证明破位无效。终于在6月17日该股再次下穿5日均线，次日回抽无法完全上穿5日均线，这时候股民朋友们必须坚决出局，以防止主力更为凶猛的洗盘。随后该股大幅回落，于6月30日向下突破30日均线，并于次日回抽证明破位有效，延续下跌走势（如图6-2所示）。

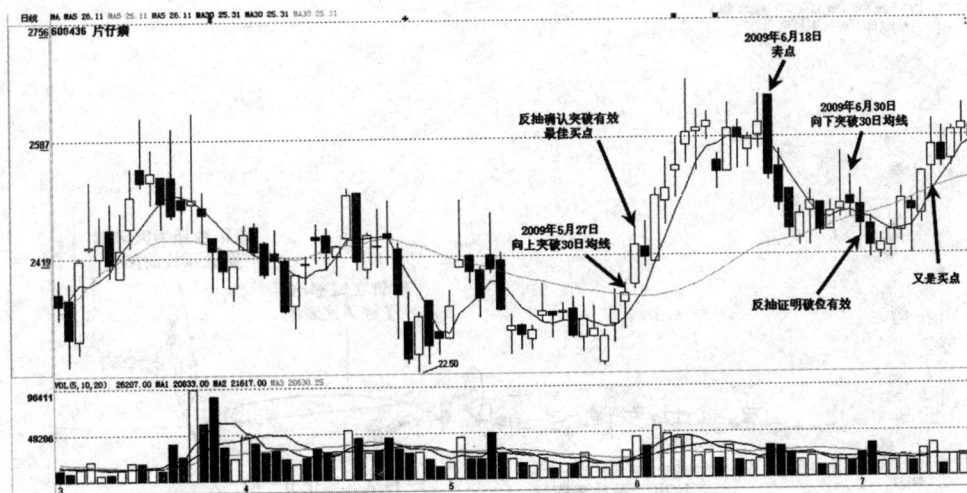

图 6-2

长期均线：通过 120 日均线找出股价涨跌规律

看盘关键要点：

1. 股价向上突破 120 日均线，如果反抽站稳，投资者可以进场操作。

2. 股价向上突破 120 日均线，如果发现是假突破再次向下破位，则必须在它反抽时离场，减少损失。

3. 长期平均线可以配合短期平均线使用，这样才能达到令投资者满意的效果。

4. 通常情况下，周期越长的均线越有可靠性。

120 天的时间周期，相当于 6 个多月的交易日，可能有的投资者认为这样的时间周期相对于短线而言过于漫长，不过事实证明，120 日均线是投资者不可不看的重要参照。当股价在 120 日平均线之下长期运行，积蓄了一定的能量后，主力会放量向上突破 120 日平均线。在这个时候，许多获利盘会耐不住主力的长期折磨，而选择离场，底部筹码也随之落入主力的怀抱，股价就会不断上扬。当股价在 120 日平均线上运行了一段时间后，会有一个回抽 120 日平均线的过程，而这个过程我们就可以理解为主力的洗盘。许多投资者会在主力洗盘的时候选择出局，而许多想入场的投资者又怕股价不在底部而不敢买入，殊不知这时恰恰是回调中的最佳买点。

2010 年 9 月 7 日之前，包钢股份（600010）一直于 120 日均线下运行，积蓄了一定的能量，主力此时已经在低位吸取了大量筹码。9 月 7 日，拉出了一根放量的阳线，

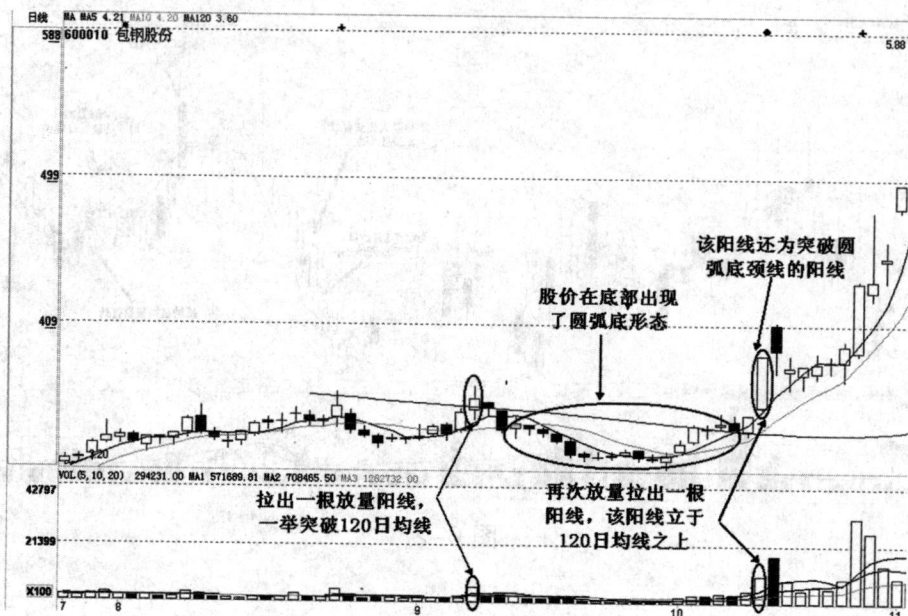

图 6-3

向上突破了 120 日均线。但随后股价并没有上涨,而是在拉出了一根阴线之后开始下跌,股价继续在 120 日均线下方运行。但在 10 月 18 日,该股又拉出了一个放量的大阳线,该阳线站立于 120 日均线之上。此时激进型投资者就可以考虑进场了。如果还犹豫不定,观察走势图,可以发现股价在 9 月 8 日至 10 月 15 日之间的形态属于典型的圆弧底,而 10 月 18 日出现的大阳线也一举向上突破了圆弧底的颈线,这也是典型的买进信号。而在 10 月 19 日,该股又收出长下影线,多头力量彻底战胜空头,站稳 120 日均线,最佳买点出现。此时稳健性的投资者也可以大胆入场买进了。此后该股在强大的多头力量拉升下,走出了大幅上涨的态势(如图 6-3 所示)。

第二节　移动平均线图形一览

看盘关键要点:

1. 均线形态是投资者判断股市动向最简单的工具。均线形态有很多种,本节选取了重要的 26 种做了详细的解释,以便投资者能够更好地运用。

2. 有些均线在形态上很相似,但表示的含义却大相径庭,这就要求投资者在使用之前一定要掌握其基本特征。

多头排列

多头排列是由三根或三根以上的移动平均线组成，其排列顺序是：最上面一根是短期均线，中间一根是中期均线，最下面一根是长期均线，这些均线都顺着几乎同一角度呈圆弧状缓慢向上延伸（如图 6-4 所示）。这种形态说明买方力量正在逐步增强，是看涨的排列方式。

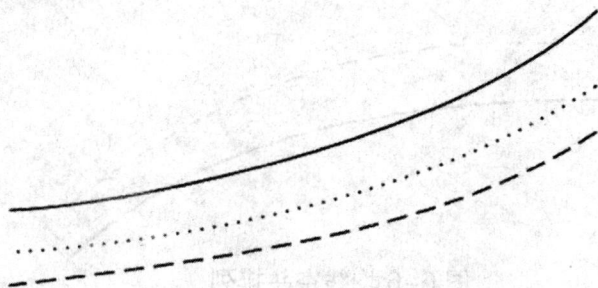

图 6-4 均线的多头排列

一般来说，均线的多头排列多出现在涨势之中，是做多信号。在多头排列的初期和中期，投资者可积极跟进做多；在多头排列的后期就应提高警惕，谨慎做多。

南方航空（600029）股价在经过一段低位横盘整理之后，均线出现了多头排列，随后股价一路上涨，最高涨至 2010 年 4 月 22 日的 9.41 元，相较于 2010 年 1 月 27 日的最低价 5.68 元，涨幅达 66%（如图 6-5 所示）。

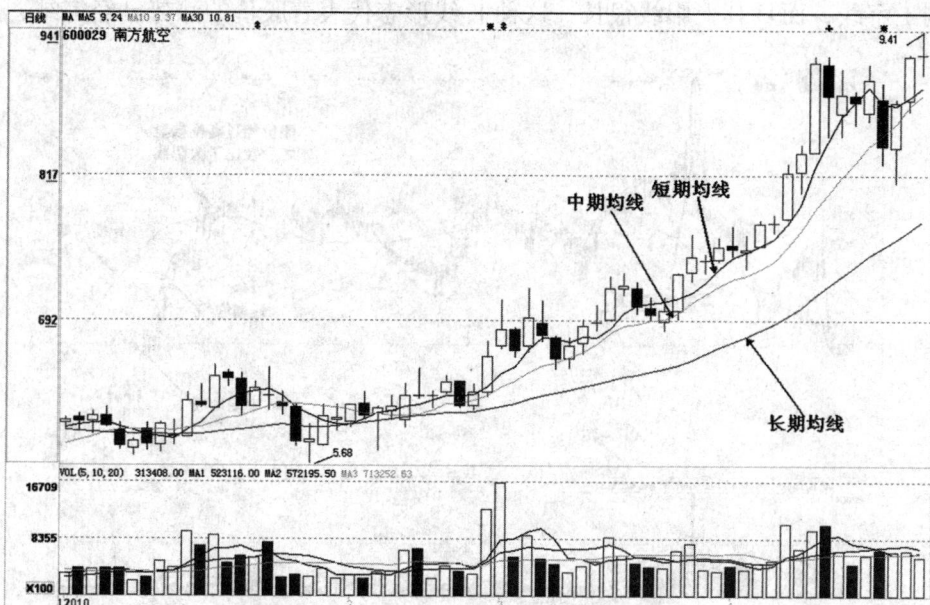

图 6-5

321

空头排列

空头排列是由三根或三根以上的移动平均线组成，其排列顺序是：最上面一根是长期均线，中间一根是中期均线，最下面一根是短期均线，这些均线都顺着几乎同一角度呈圆弧状缓慢向下延伸（如图 6-6 所示）。这种形态说明卖方正在主导后期的走势，这种走势通常意味着后市可能会继续下跌。

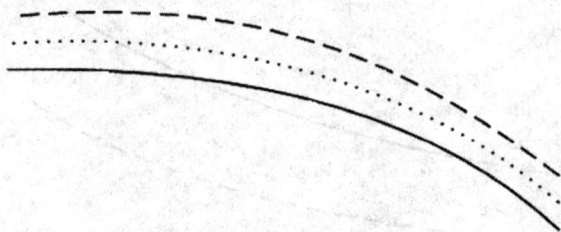

图 6-6 均线空头排列

很多投资者在选股的时候，往往只选择那些经过一段涨幅，股价很高的股票，在他们看来，这样的股票既然经过了一段涨幅，就还有可能继续上涨，殊不知，此时的均线已经出现了空头排列，买进的投资者就只有被套的命运。

一般来说，均线的空头排列多出现在跌势之中，是做空信号。在空头排列的初期和中期，投资者应以退出观望为主；在多头排列的后期就应谨慎做空。

上海电力（600021）在经过一段上涨行情之后，2009 年 11 月 20 日于高位出现了倒 T 字线，而且其上影线很长，这种 K 线形态代表着股价的涨势已经完结，后市

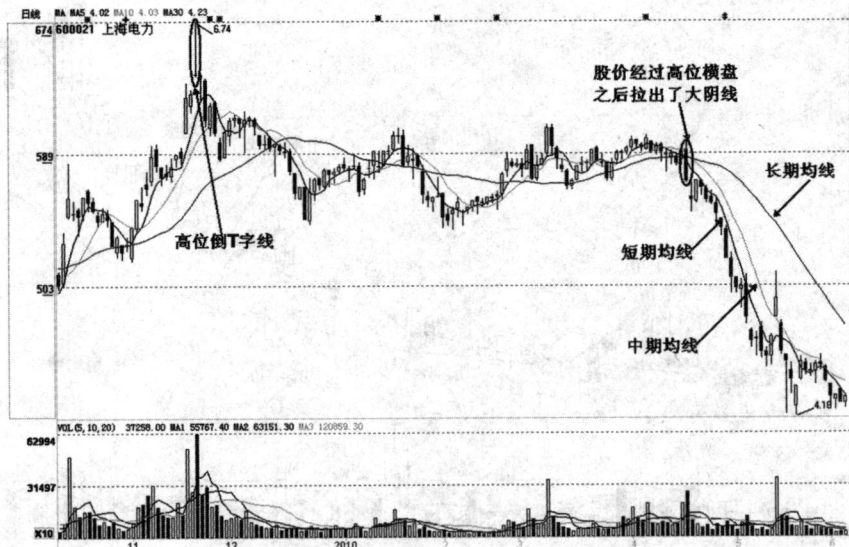

图 6-7

看跌。果然，随后股价开始了一段在高位的横盘走势。此时，投资者千万不要以为这是主力在高位的洗盘动作，要积极观察股价随后的走势。在经过几个月的横盘走势后，该股于 2010 年 4 月 19 均线系统呈现出空头排列，而且此时股价还拉出了一个大阴线，更加证明了后市会转为跌势。其后，股价大幅下跌。如果此时投资者没有及时卖出，亏损可想而知（如图 6-7 所示）。

黄金交叉

"黄金交叉"一般是由两条不同周期的移动平均线组成。其中的一条较短周期的均线由下而上穿过较长周期的均线，且两条均线同时上行，这就是均线理论中的"黄金交叉"（如图 6-8 所示）。

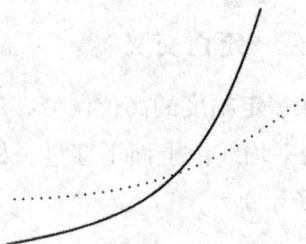

图 6-8 黄金交叉

黄金交叉通常出现在下跌之后的低价区域，或者上涨涂中的震荡整理阶段。从技术分析上来看，它是一种典型的见底信号，中长线投资者可在周 K 线或月 K 线出现该信号时买进。

需要注意的是，虽然这种形态看涨，但实战中仍需要结合其他技术指标综合分析，这是因为均线系统是很复杂的，从理论上讲有任意多个时间周期，不同周期的均线选择在同一时间点上的交叉形态也不尽相同，所有投资者在使用的时候一定要注意：当时间较长的两根均线出现"黄金交叉"的时候要比时间短的两根均线出现交叉时的买进信号要强，它反映出的做多信号是比较可靠的。

在实际情况中，还有一种"黄金交叉"组合的出现，具体的交叉形式为：短期均线先与中期均线形成金叉，短期均线再与长期均线形成金叉，最后中期均线与长期均线形成金叉（如图 6-9 所示）。这里曾经连续出现了三个"黄金交叉"形态，如果这三个金叉在时间上相隔不远，就可以视作一种金叉组合，是一种可买进的信号。

图 6-9 黄金交叉

要注意，在运用这种"黄金交叉"组合来判定买点的时候，组合本身间隔的时间一定不能太长，否则这个组合就失去了意义。这三个金叉的时间间隔最好能在一个月以内，一定不要超过两个月。运用"黄金交叉"组合买进股票之后，还有一个意义，就是可以判断何时卖出，从技术上来说由强转弱的时间就是上述三个"黄金交叉"当中任意一个反向的死亡交叉出现之时。

死亡交叉

"死亡交叉"通常出现在上涨一定幅度的高位区域，或者阶段性高位，是由两根移动平均线组成，一根周期短的平均线由上而下穿过一根周期长的平均线，且两根均线同时向下移动（如图 6-10 所示）。

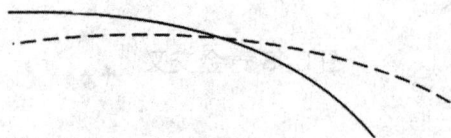

图 6-10 死亡交叉

一般来说，"死叉"是一种看跌信号，中长线投资者可在周 K 线或月 K 线出现该信号时卖出股票。但是投资者也要注意，不同的两根均线形成的死叉所代表的含义是不同的，时间长的两根均线出现"死叉"的卖出信号要比时间短的两根均线出现"死叉"的信号要强，反映出的做空信号也相对可靠一些。

银山谷、金山谷

"银山谷"出现在上涨初期，由三根移动平均线交叉组成，形成一个尖头向上的不规则三角形（如图 6-11 所示）。"银山谷"的出现表明多方已经积聚了相当大的上攻能量，这是一个典型的买进信号。"银山谷"是股价自低位反弹一段时间后形成的，从中长期角度来说还不能确认走势变好，但是对于短线投资者来说是个不错的进场时机，利用"银山谷"信号进场时需要做好止损，一旦股价跌回"银山谷"就需及时止损出局。

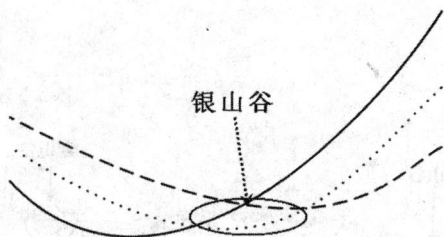

银山谷

图 6-11 银山谷

"金山谷"出现在"银山谷"之后，"金山谷"既可以处于与"银山谷"相近的位置，也可以高于"银山谷"。从图形上来看，"银山谷"和"金山谷"并没有多大的区别，不同的是出现的时间有先有后。当三根均线交叉形成"银山谷"以后，再次交叉形成一个尖头向上的不规则三角形，如果这个三角形所处的位置与"银山谷"的位置相近或高于"银山谷"，那么这个三角形叫"金山谷"。

金山谷和银山谷，从图形上是无法分辨的，一般只是从时间先后上划分——先出现的叫作银山谷，后出现的叫作金山谷。通常金山谷的位置要高于银山谷，但这也不是绝对的

既然金比银要值钱，那自然金山谷比银山谷要更有价值。一般而言，银山谷就是买入信号，但其可靠性比金山谷发出的信号要差点，因为金山谷的出现既是对银山谷买进信号的进一步确认，又说明多方在有了前次的上攻经验之后，这次蓄势更加充分，成功的概率自然要更大些。

在这里提醒投资者，虽然金、银山谷都是底部或阶段性底部的信号，但"银山谷"多带有试探性质，可靠性较差，而"金山谷"出现，已显示出主力向上攻击的意愿，因此，相对而言可靠性就大大提高了。对于稳健型的投资者来说，最好的介入时机是"金山谷"出现之后。

南方航空（600029）在经过一段下跌行情之后，均线系统出现了"银山谷"，而且在出现"银山谷"之际，MACD 指标还出现了拒绝死叉的形态，这两种形态都属于看多信号。此时，对于激进型的投资者来说，就可以买进了。随后股价开始上涨，MACD 也由原来的 0 轴下方移动到 0 轴上方，说明市场此时转为多头，随后股价虽然出现了回落，但在小幅回落后均线出现了"金山谷"形态，MACD 指标也出现了金叉，虽然股价有小幅下跌，但 MACD 并没有跌落到 0 轴之下，出现金叉后，还在 0 轴上方移动，这两种信号均表明股价将有一段不小的涨幅。不管投资者是在银山谷出现之后还是在金山谷之后买进该股，获利都是非常丰厚的（如图 6-12 所示）。

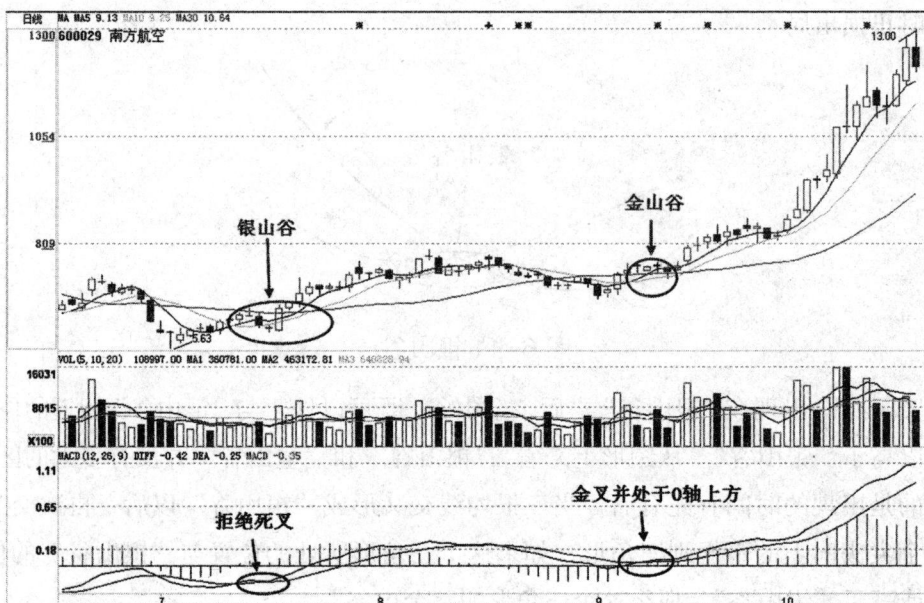

图 6-12

可是，并不是每次出现"银山谷"后就必然出现"金山谷"，股价也可能就直接往上冲了，根本没有给等待"金山谷"的投资者机会。这说明，稳妥是需要牺牲机会的。从市场实战来看，投资者可以在"银山谷"出现时就开始部分建仓，那样即使后面没有机会再继续加仓，也不至于全部错过这次机会。

哈飞股份（600038）在经过一段下跌行情之后，于 2010 年 7 月 8 日出现"银山谷"

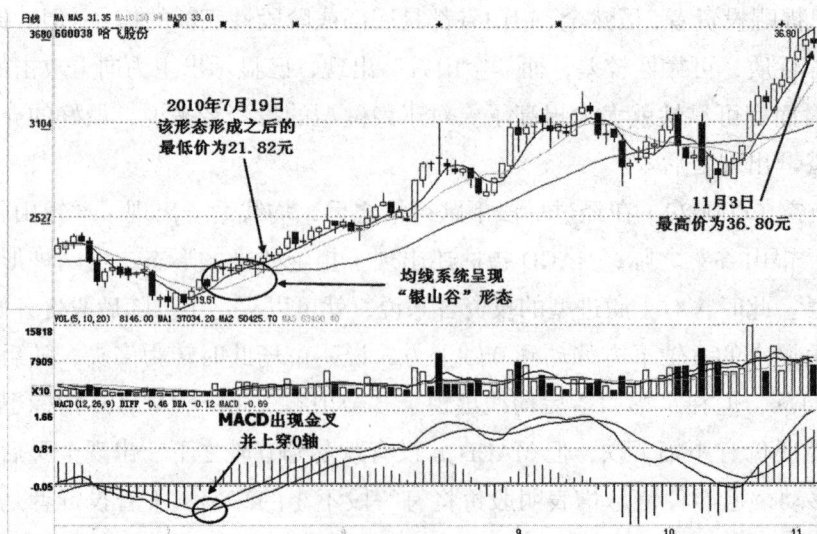

图 6-13

的均线形态，而且此时的 MACD 指标也出现了金叉，此后 DIFF 和 DEA 缓缓向上移动并上穿 0 轴，两线上穿 0 轴证明此时已经转为多头市场，股价将会有一段不小的涨幅。其股价从"银山谷"形成之后的最低价 21.82 元开始一路上涨，最高涨至 11 月 3 日的 36.80 元，涨幅达 69%。此时投资者如果等待着"金山谷"的出现就将错过一次绝好的获利时机了（如图 6-13 所示）。

死亡谷

"死亡谷"出现在下跌初期，由三根移动平均线交叉组成，形成一个尖头向下的不规则三角形（如图 6-14 所示）。顾名思义，"死亡谷"肯定是投资者的禁区，它表明在此处空方积蓄了足够的下跌能量，这是一个典型的卖出信号。

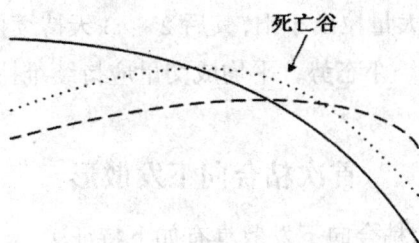

图 6-14 死亡谷

一般来说，当"死亡谷"出现在股价涨幅比较大的情况下，说明日后股价下跌的可能性会很大，而且下跌的幅度也会很大。投资者见此信号应及时卖出股票，特别是在股价大幅上扬后出现此图形时，更应该立刻清仓离场。

首次粘合向上发散形

如图 6-15 所示，"首次粘合向上发散形"具有如下特征：

（1）既可以出现在下跌后的横盘末期，也可以出现在上涨后的横盘末期。

（2）短期均线、中期均线、长期均线同时以喷射状向上发射。

（3）几根平均线发散前曾粘合在一起。

这种形态表明多头开始发力，股价即将上涨，投资者可以择机做多。但是在实战中，我们经常发现这种形态后市的走势并不尽如人意，很多时候都是发散不久便又粘合在一起，让投资者莫名其妙。其实"首次粘合向上发散形"后市向好必须要有成交量的配合，没有成交量的发散向上是没有持续性的；另外均线向上发散的时间越久，后市风险也越大，均线间的距离拉得越大，离回抽的时间也越近，回抽的

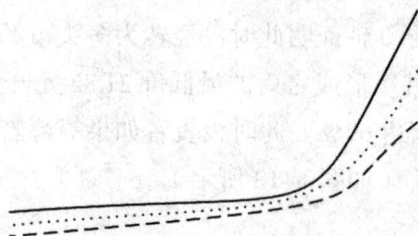

图 6-15 首次粘合向上发散

幅度也更大。

如何判断此次发散是真正的拉升还是无效突破呢?

(1)首次粘合开始发散之前的成交量一般都处于极度萎缩的状态。

(2)发散初始快速放大量拉出小阳,其后 2 ~ 3 天持续拉出小阳,随后拉出小阴,此时的成交量不应呈逐渐缩小态势,平均成交量应持续维持在初始水平。

首次粘合向下发散形

如图 6-16 所示,首次粘合向下发散具有如下特征:

(1)既可出现在上涨后的横盘末期,也可以出现在下跌后的横盘末期。

(2)短期均线、中期均线、长期均线,以瀑布状向下发散。

(3)几根平均线发散前粘合在一起。

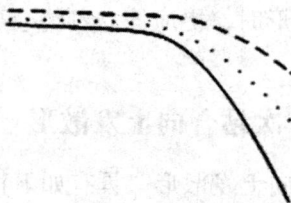

图 6-16 首次粘合向下发散

"首次粘合向下发散"具有较强的助跌作用,为卖出信号,它表明多空交战已经以空头获胜告终,股价将继续下跌。此时,投资者应该果断出局,以避免日后股价大幅下挫给自己带来的损失。

振华重工(600320)在下跌过程中,出现了横盘走势,此时的横盘走势并不是股价重新启动的信号,因为在经过一段横盘之后,均线系统出现了首次粘合并呈向下发散状,随后股价拉出了一根大阴线,这两种信号都要求投资者此时应及时卖出股票。在随后的走势中，均线系统呈现出空头排列，这更进一步暗示了股价将进一步下跌，此时的均线系统具有助跌的作用，投资者应该果断出局，避免给自己带来更大的损失（如图 6-17 所示）。

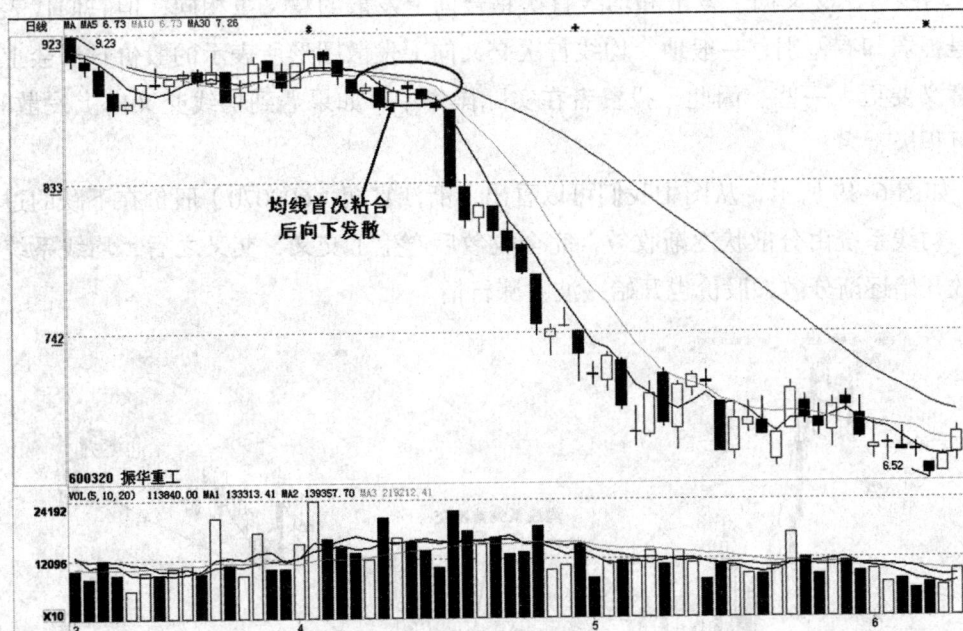

均线首次粘合
后向下发散

图 6-17

首次交叉向上发散形

如图 6-18 所示，"首次交叉向上发散形"具有如下特征：

（1）通常出现在下跌后期。

（2）短期均线、中期均线、长期均线从向下发散状逐渐收敛后再向上发散。

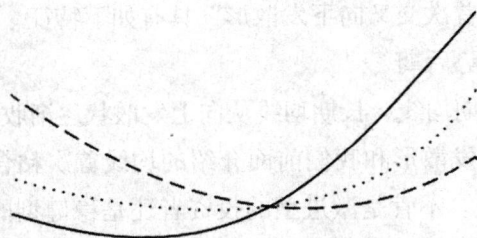

图 6-18 首次交叉向上发散

均线首次交叉向上发散虽然从图形上来看和均线首次粘合向上发散不同，但它代表的含义和首次粘合向上发散是相同的，都表明多头已经占据全面优势，股价将继续上涨。

均线首次交叉向上发散和均线首次粘合向上发散的意义虽相同，但它们代表的信号强弱却有差别，一般地，均线首次交叉向上发散图形所表示的股价日后会上涨的意义要更大一些。因此，投资者在实际操作中，如果遇到均线交叉向上发散时，即可积极看多。

如图 6-19 所示，从图中我们可以看出，浙江富润（600070）股价在下跌的过程中，均线系统由分散状逐渐收敛，完全收敛后产生了交叉，交叉之后，均线系统由收敛开始逐渐分散，股价也开始一波上涨行情。

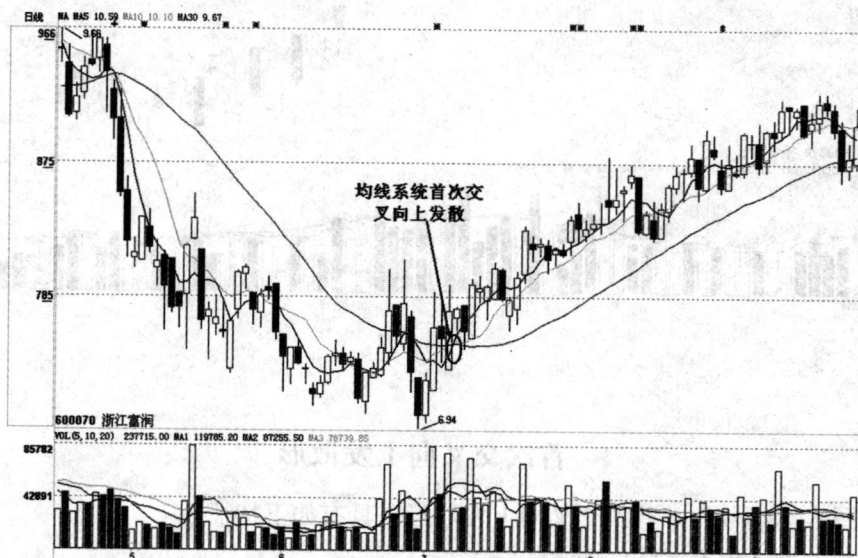

均线系统首次交叉向上发散

图 6-19

首次交叉向下发散形

如图 6-20 所示，"首次交叉向下发散形"具有如下特征：

（1）通常出现在涨势后期。

（2）短期均线、中期均线、长期均线从向上发散状逐渐收敛后再向下发散。

均线首次交叉向下发散形和我们前面介绍的均线首次粘合向下发散形代表的都是卖出信号，后市看跌。不管是激进型的投资者还是稳健型的投资者，在看到均线向下发散，应及时做空出局为宜。因为一旦均线交叉向下发散，股价十之八九要下跌，而且跌幅一般都比较深。

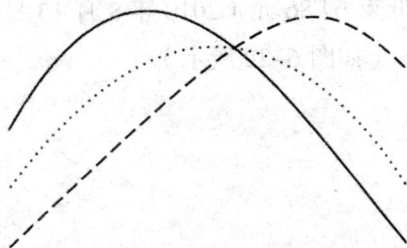

图 6-20 首次交叉向下发散

再次粘合向上发散形

如图 6-21 所示，"再次粘合向上发散形"具有如下特征：

（1）通常出现在涨势之中。

（2）短期均线、中期均线、长期均线在这次向上发散前，曾有过一次向上发散，但不久向上发散的平均线又重新粘合在一起。

（3）短期均线、中期均线、长期均线再次以喷射状向上发射。

之所以出现这种形态有两种可能：

（1）该股过去长期没有什么起色，一旦略有上扬，便有很多持股者抛出股票离场。

（2）主力故意打压股价，吓跑散户，达到吸筹的目的。

均线系统首次粘合向上发散和再次粘合向上发散都属于典型的买进信号，但又有不同。均线再次向上发散的最佳买进点应在第二次向上发散处，投资者应该以不变应万变，在此处坚决买进股票，因为这时候主力做多的意愿已经显现无遗，此时跟着主力做多成功的机会要更大一些。如果均线出现第三次、第四次向上发散但力度不如第二次，买进就需要谨慎。

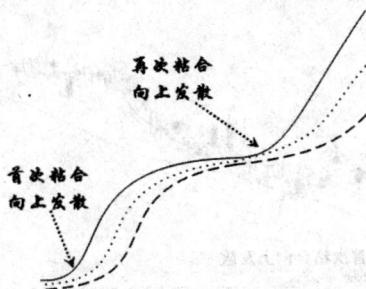

图 6-21 再次粘合向上发散

潍柴动力（000338）在上涨的过程中，均线系统出现了第一次粘合向上发散，受上档抛压，均线系统重更新粘合在一起，当它再次向上发散时，股价形成飙升走势。股价从其首次粘合的低点 64.86 元（2010 年 8 月 13 日）涨至 11 月 9 日的最高价 131.98 元，涨幅达 103%（如图 6-22 所示）。

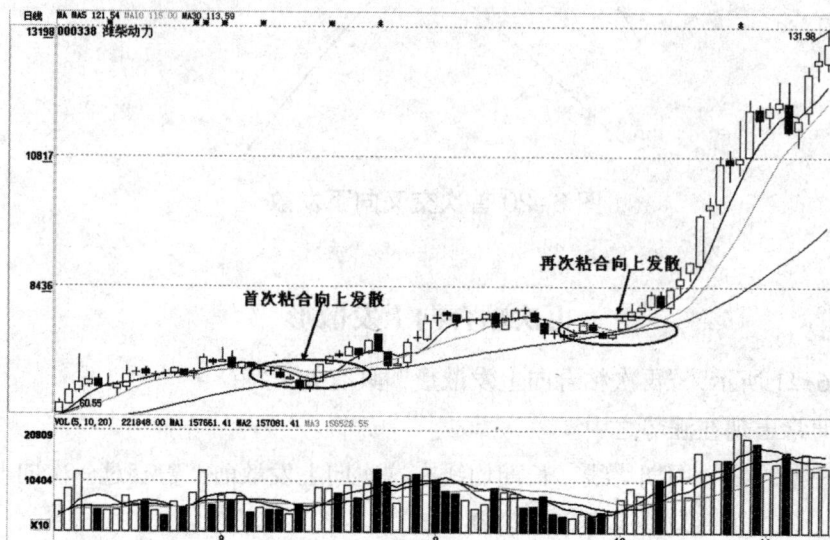

图 6-22

值得注意的是，并不是所有上涨的股票，均线系统都会出现两次向上发散，有的股票在第一次粘合向上发散之后，股价就一路上涨，这时候，对于等待第二次出现粘合后再买进的稳健型的投资者来说，无疑就错失了机会。所以，这就要求投资者有极高的技术分析能力和风险承受能力。

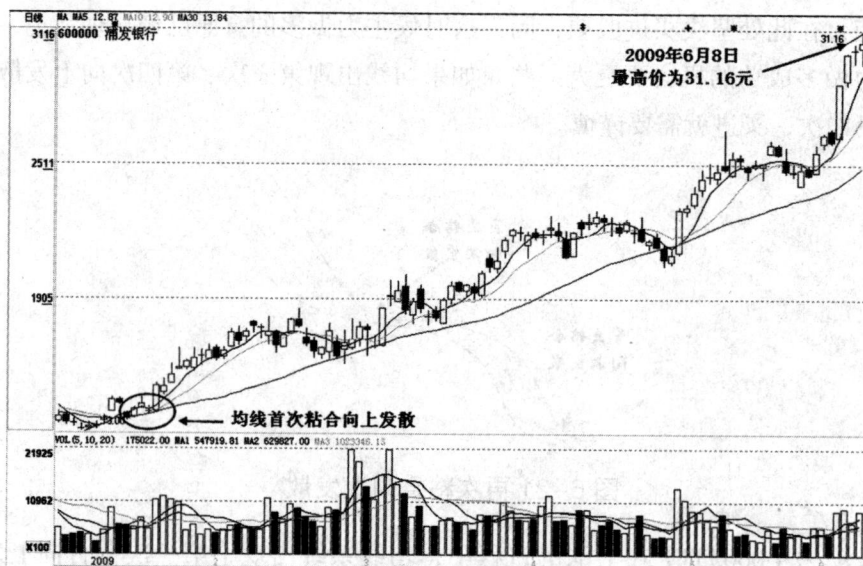

图 6-23

浦发银行（600000），该股在2008年12月末的时候均线出现了首次粘合向上发散，对于激进型的投资者来说，此时就可以买进了，而稳健型的投资者还在等待均线出现再次粘合向上发散。可该股在出现首次向上发散之后就一路上涨，由2009年1月13日的13.80元涨至2009年6月8日的31.16元，涨幅达126%。对于稳健型的投资者来说，就丧失一次绝好的买进时机（如图6-23所示）。

再次粘合向下发散形

如图6-24所示，"再次粘合向下发散形"具有如下特征：

（1）通常出现在跌势之中。

（2）短期均线、中期均线、长期均线在这次向下发散前，曾有过一次向下发散，但不久后又重新粘合在一起。

（3）短期均线、中期均线、长期均线再次以瀑布状向下发散。

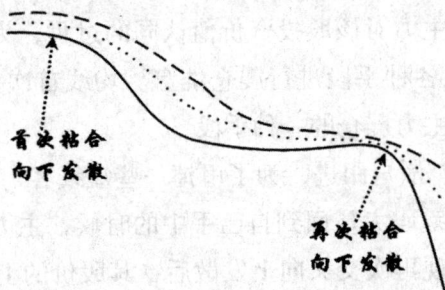

图6-24 再次粘合向下发散

"再次粘合向下发散形"同首次粘合向下发散形具有同样的含义，都是卖出信号。它表明多方反攻乏力，股价将继续下跌。通常平均线第一次发散是获利盘出逃导致的，第二次发散则是反弹失败后再度下跌，市场此时已经绝望，后市应还有下跌空间。投资者见此图形，应赶快出逃。

再次交叉向上发散形

如图6-25所示，"再次交叉向上发散形"具有如下特征：

（1）通常出现在涨势之中。

（2）短期均线、中期均线、长期均线在这次交叉向上发散前，曾有过一次向上发散，但不久向上发散的平均线又逐渐开始收敛。

（3）短期均线、中期均线、长期均线在收敛后再次向上发散。

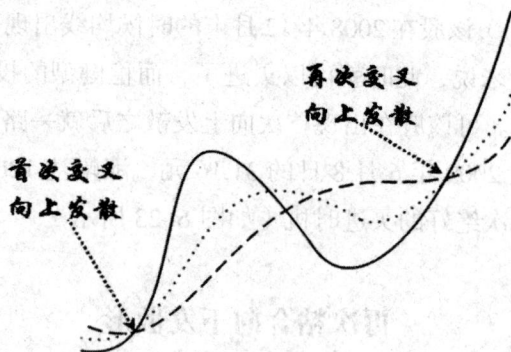

图 6-25 再次交叉向上发散

这种形态表明经过平均线第二次交叉确认后，投资者坚定了做多信心，股价将继续上涨。对于稳健型的投资者来说，此处是买进的最佳选择，激进型的投资者此时可积极看多。从技术上来说，均线再次交叉向上发散是对均线首次交叉向上发散的一个确认，是个比较安全的买进点，投资者在此买进风险相对要小一些。

股价筑底的过程也是主力对该股投资价值认同的过程，为了收集到足以发动行情的大筹码，主力会采取各种手段进行震仓洗盘。均线首次交叉向上发散后回落，以及再次向上发散，就是主力震仓的一种手段。

第一次交叉向上发散，散户跟进，为了甩掉一些短线客，让筹码回到自己手中，主力会迫使股价走低，等筹码大量回到自己手中的时候，主力就会再次让均线向上发散。据统计，在均线出现再次交叉向上发散后，其股价的上涨率要大于80%。所以说，均线的再次交叉向上发散对于投资者而言，绝对是一个搭顺风车的好机会，如果能把握好，美餐一顿是肯定的。

再次交叉向下发散形

如图 6-26 所示，"再次交叉向下发散形"具有如下特征：

（1）通常出现在跌势之中。

（2）短期均线、中期均线、长期均线在这次交叉向下发散前，曾有过一次向下发散，但不久向下发散的平均线又重新粘合在一起。

（3）短期均线、中期均线、长期均线在收敛后再次向下发散。

这种形态表明股价在经过小幅反弹后，上涨乏力，后市继续下跌的可能性极大。投资者一定要及时进行减仓操作，对于高位买进者来说，可将退出来的资金在该股跌到低位时进行回补，以降低持股成本。对于刚买进被套者，最好的办法是立即清仓出场，以免越套越深。对于空仓者，此时可以观望为主，要等到股价下沉后再作打算，万不可贸然进入。

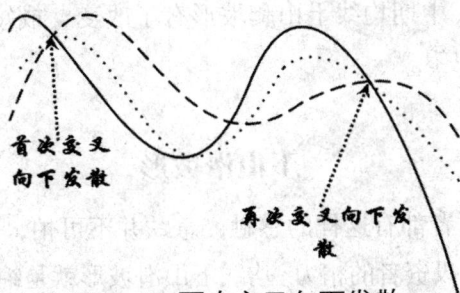

首次交叉
向下发散

再次交叉向下发
散

图 6-26 再次交叉向下发散

上山爬坡形

上山爬坡形的特征是：短期、中期均线（日 K 线图中，主要指 5 日、10 日均线），在长期均线的支持下（日 K 线图中，主要指 30 日线），沿着一定的坡度往上移动，故名上山爬坡形（如图 6-27 所示）。均线形态出现上山爬坡形，表明股价将会有一段持续的升势。

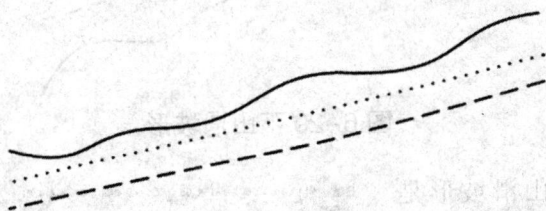

图 6-27 上山爬坡形

2006 年 10 月 9 日，浦发银行（600000）的均线系统出现上山爬坡形之后，股价开始一路上涨（如图 6-28 所示）。

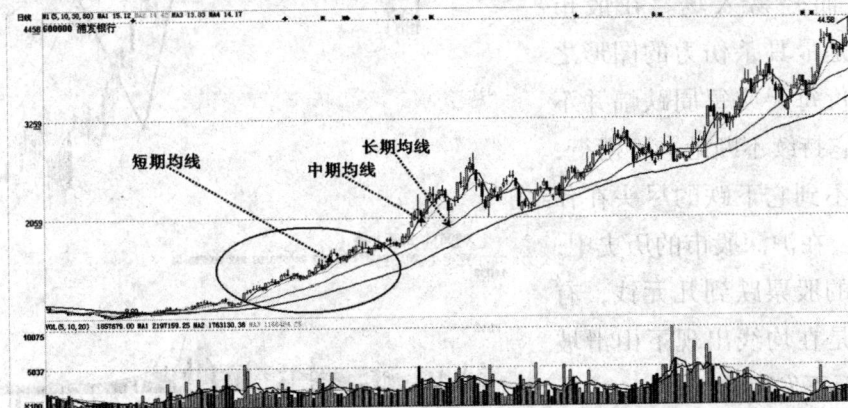

短期均线
中期均线
长期均线

图 6-28

一般来说，具有这种走势的个股上升潜力很大。见此图形，要坚持做多，一路持股到底，直到短期、中期均线上山爬坡形有了改变，或短期、中期均线出现明显的弯头时，才可离场观望。

下山滑坡形

有经验的股票投资者都有这样的感触，急跌并不可怕，最可怕的就是绵绵阴跌，因为阴跌将会慢慢耗尽投资者的精力。均线下山滑坡形就是绵绵阴跌的一种走势形态。

下山滑坡形的特征是：短期、中期均线（日 K 线图形中，主要指 5 日、10 日均线），在长期均线（日 K 线图中，主要指 30 日线）的压制下，呈一路下滑态势，故名下山滑坡形（如图 6-29 所示）。均线出现下山滑坡形，表明股价将有一段持续的跌势。

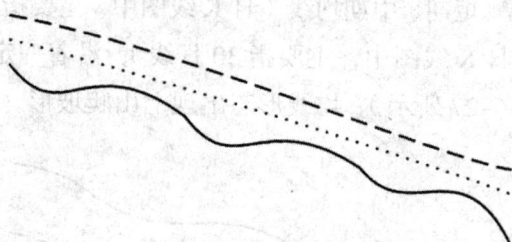

图 6-29 下山滑坡形

在技术上，下山滑坡形是典型的做空信号。投资者见此图形，持筹者只能认赔出局，早一点出来，损失就少一些。持币者千万要冷静，不要贪股价便宜而轻易入场。在股市中，这是最具杀伤力的图形之一。股价每天或每周跌幅并不大，但它持续不断地向下滑行，使人看不到它下跌的尽头在什么地方。在沪深股市的历史中，几十元的股票跌到几元钱，有很多就是在均线出现下山滑坡形的情况下发生的。

银基发展（000511）在出

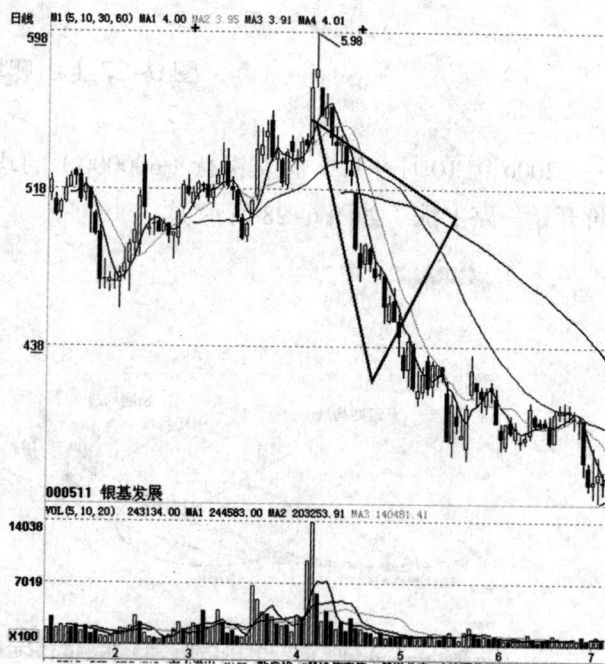

图 6-30

现下山滑坡形态之后，股价就一直阴跌不止（如图 6-30 所示）。

逐浪上升形

逐浪上升形的特征是：短期、中期均线（日线图中，主要指 5 日、10 日均线）沿着长期均线（日 K 线图中，主要指 30 日线）呈波浪形地往上攀升（如图 6-31 所示）。均线出现逐浪上升形，表明股价整体呈上升趋势，多方始终占据着主动地位，而空方却只能小施拳脚。

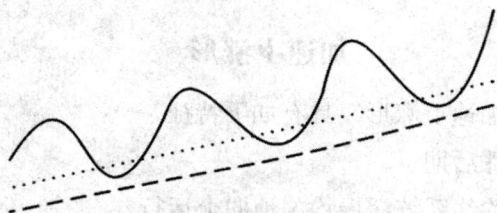

图 6-31 逐浪上升形

从技术上说，逐浪上升形为买进信号。投资者见此均线形态，应保持多头思维，做到不轻易卖出股票，尤其不要频繁地进出。一般来说，均线逐浪上升形一旦形成，股价大多会有一个较大的上涨空间，投资者只要耐心持股，便可静待瓜熟蒂落。

需要注意的是，如果股价在波浪式往前推进时，出现了跌破长期均线的现象，这时就要引起警惕。这里的跌破是指有效破位，即股价连续 3 个交易日收在 30 日均线下方，跌幅超过 3%。偶尔跌破不在此列。

投资者如果遇到股价下穿长期均线的情形，只要成交量没有完全放出，就不必急于出脱手中筹码，可继续观察。一旦发觉后几个交易日股价仍不能回到长期均线之上，此时就应立即抛空离场。

逐浪下降形

逐浪下降形的特征：短期、中期均线（日线图中，主要指 5 日、10 日均线）在长期均线（日 K 线图中，主要指 30 日线）的压制下，呈波浪形下滑（如图 6-32 所示）。

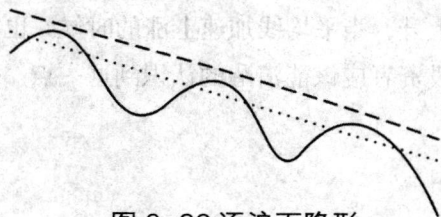

图 6-32 逐浪下降形

均线出现逐浪下降形，表明股价整体呈下降趋势，空方牢牢占据着主动地位，多方却只有招架之功，而无还手之力。

逐浪下降形为卖出信号，投资者见此均线形态，要保持空头思维，做到不轻易买入股票，更不要去抢反弹。持股被套者也要看清形势，趁反弹的时候逢高出局，或干脆采取壮士断臂的方法就地止损，以避免股价继续下跌带来更大损失。

一般说来，逐浪下降形的出现，说明股价下跌的空间很大，只要不在该形态的末端抛出，都有可能在更低的价位上将筹码捡回来。

加速上涨形

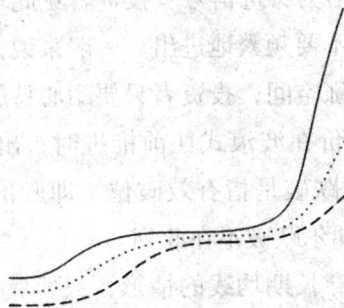

如图 6-33 所示，"加速上涨形"具有如下特征：

（1）通常出现在上涨后期。

（2）加速上涨前，均线系统缓慢均匀地向上运行。

（3）在加速上涨时，短期均线与中期均线、长期均线距离越拉越大。

图 6-33 加速上涨形

从技术上来说，"加速上涨形"是一种转势信号，它表明多方力量已经越来越接近极限，股价随时有可能掉头向下。投资者见到这种形态之后，一定要保持警惕，不要盲目追高。持股者可以分批逢高卖出，以保护胜利果实；如发现短期平均线和中期平均线都弯头，立即清仓出局。

"加速上涨形"虽然看起来颇为壮观，但其中也蕴含着巨大的风险。任何股票都不可能长久地维持高速的上升，当平均线加速上涨的时候，也意味着顶部即将来临，股价随时可能反转下跌。投资者应该能清醒的认识到这一点。

加速下跌形

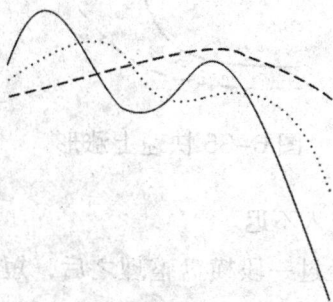

如图 6-34 所示，"加速下跌形"具有如下特征：

（1）通常出现在下跌途中或者下跌后期。

（2）加速下跌前，均线系统缓慢匀速向下运行。

（3）在加速下跌时，短期均线与中期均线、长期均线距离越拉越大。

图 6-34 加速下跌形

看到这种信号，投资者要警觉到黑暗的时刻即将结束，因为从技术上来说，这是一种止跌的信号。它表示大盘或个股的下跌能量一下子得到了较充分的释放，因而会出现止跌现象。

这种形态的止跌意义有两种，一种是股价已经真正止跌了，大盘或者个股就要筑底回升了；另一种是这种止跌作用是暂时性的，股价有可能在新一轮的反弹之后继续下跌。

不论是何种情况，大幅下跌后出现加速下跌都意味着股价正在加速赶底，投资者在见到这种形态之后，不要盲目地抛售自己手中的股票，而应密切关注止跌信号，伺机进场。

快速上涨形

快速上涨形的特征：短期均线由盘整状态突然发力快速向上，且坡度很陡（如图 6-35 所示）。它是一种转势信号，后市往往以下跌居多。

一般来说，均线出现快速上涨形态时，短期见顶或中期见顶的概率较大，投资者对此应提高警惕，适当减仓为宜。此时，一旦发现 5 日均线出现弯头现象，就应及时离场观望。没有入市的投资者一定要经受住股价上涨的诱惑，千万不要盲目追高。

当然，并不是所有出现均线快速上涨的个股都会下跌，有少数个股在均线快速上涨后，进入横盘状态，日后上下均有可能。但投资者此时最好选择离场观望，等

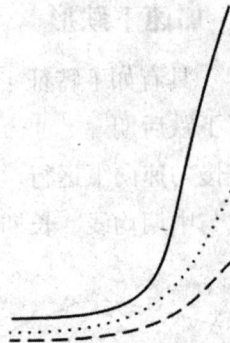

图 6-35 快速上涨形

股价的走势明朗之后再择机介入不迟。

　　盘江股份（600395）在经过一段横盘整理之后，短期均线忽然发力快速向上，股价出现了连续向上跳空，这种形态很容易被投资者误会，他们认为此时的均线已成多头排列，股价也出现了连续向上跳空的大阳线，于是积极跟进。殊不知，此时的均线系统并不是多头排列，而是快速上涨形，这种形态出现，意味着股价后市以下跌居多。果然，在经过一波小幅度的上涨之后，多方已耗尽了所有力气，空方占领优势地位，股价转入跌市（如图 6-36 所示）。

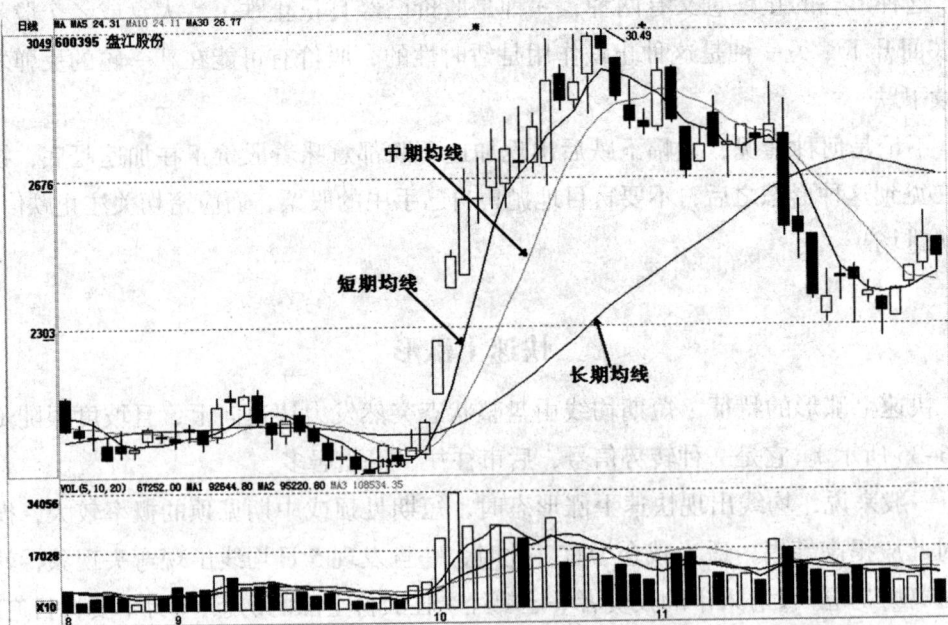

图 6-36

快速下跌形

快速下跌形的特征是：短期均线由上升或盘整状态，突然快速向下，且坡度很陡（如图 6-37 所示）。快速下跌形是明显的看跌信号，日后走势以继续下跌为主。

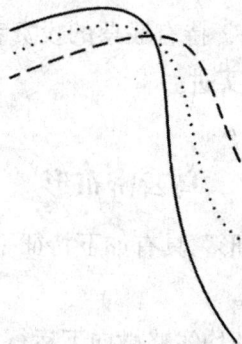

图 6-37 快速下跌形

一般来说，无论大盘还是个股，均线快速下跌的出现，均表明前期已积蓄了相当大的做空能量，短期趋势转弱或中期趋势转弱的可能性很大。

快速下跌形既可出现在跌势初期，也可出现在跌势后期。一般情况下，快速下跌形会出现两种结果：

（1）短线止跌，反弹后继续下跌。

（2）形成"v形反转"。

快速下跌形报告的止跌信号通常是暂时的，遇到此种均线形态时，投资者不要被表象迷惑，应继续以观望或者做短线反弹为主。

烘云托月形

股市中有一句谚语叫作："横过来有多长，竖起来就有多高。"均线"烘云托月形"就是其中的一种。如图 6-38 所示，"烘云托月形"具有如下特征：

（1）通常出现在低位盘整期。

（2）股价沿着短期平均线、中期平均线略微向上运行。

（3）长期平均线在下面与短期平均线、中期平均线保持着一定均衡距离。

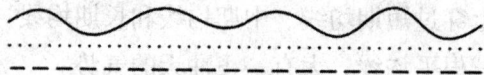

图 6-38 烘云托月形

从图形上来看，长期均线就像是用一个大托盘托着短期和中期均线向前移动，因此得名。从技术上来看，均线出现"烘云托月"的形态，表明多方占据明显优势，中长期股价走势向好，是较为可靠的上涨信号。

通常，"烘云托月"维持的时间越长，后市的上涨空间就越大。因此，投资者见此图形，可积极做好做多的准备，持有股票的投资者可以继续持股，没有持股的投资者可以在均线系统向上发散时买进。

乌云密布形

如图 6-39 所示，"乌云密布形"具有如下特征：

（1）通常出现在高位盘整期。

（2）股价沿着短期均线、中期均线略微向下运行，长期均线紧紧地在上面压制着。

从图形上看，长期均线就像乌云一样笼罩在股价和短期均线之上，使反弹难有作为，故名为"乌云密布形"。从技术上说，"乌云密布"的出现表明股价走势很弱，是一个典型的卖出信号。这说明长期走势呈现下跌趋势，空头占据明显优势，多方难有作为。投资者见此图形，应尽早出局观望，而没有入市的投资者此时千万不要以为股价正在筑底而盲目入市，以免遭受长期套牢之苦。

一般来说，股市中出现"乌云密布"的个股不是很常见，但一旦出现，就说明该股将有可能长期处于弱势中。所以，投资者见到这种均线走势的个股最好不要碰它，以免难以脱身。作为一个股票投资者，你必须牢记：惹不起，最好就要躲得远远的。

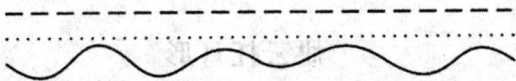

图 6-39 乌云密布形

蛟龙出海

如图 6-40 所示，"蛟龙出海"具有如下特征：

（1）通常出现在下跌末期或盘整期。

（2）一根大阳线向上穿过短期均线、中期均线和长期均线。

（3）收盘价高于这三根平均线，大有一飞冲天的气势。

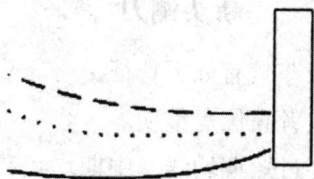

图 6-40 蛟龙出海

从技术上来说，"蛟龙出海"是典型的上涨信号，它表明股价经过前期的长时间横盘整理蓄势，终于爆发了，预示着股价将大幅上扬。

这时，持有股票的投资者可果断地继续买进一些，如果股价日后上涨，可再加码跟进，千万不要逢高减仓，因为，在此情况下轻易抛出筹码，一般很难在更低的价位上把它捡回来；没有入市的投资者此时不宜盲目看空。

东方医疗（600055）在股价运行的底部出现了一根阳线，该阳线一举吞并了短期、中期和长期均线，形成了典型的蛟龙出海均线形态，随后股价开始一路上涨。上涨途中，股价虽然有过一次回落，但此次回落并没有改变股价上涨的总趋势，最高涨至 2010 年 4 月 20 日的 18.17 元，较蛟龙出海形成时的最低价 8.35 元，上涨了 9.82 元，涨幅达 118%（如图 6-41 所示）。

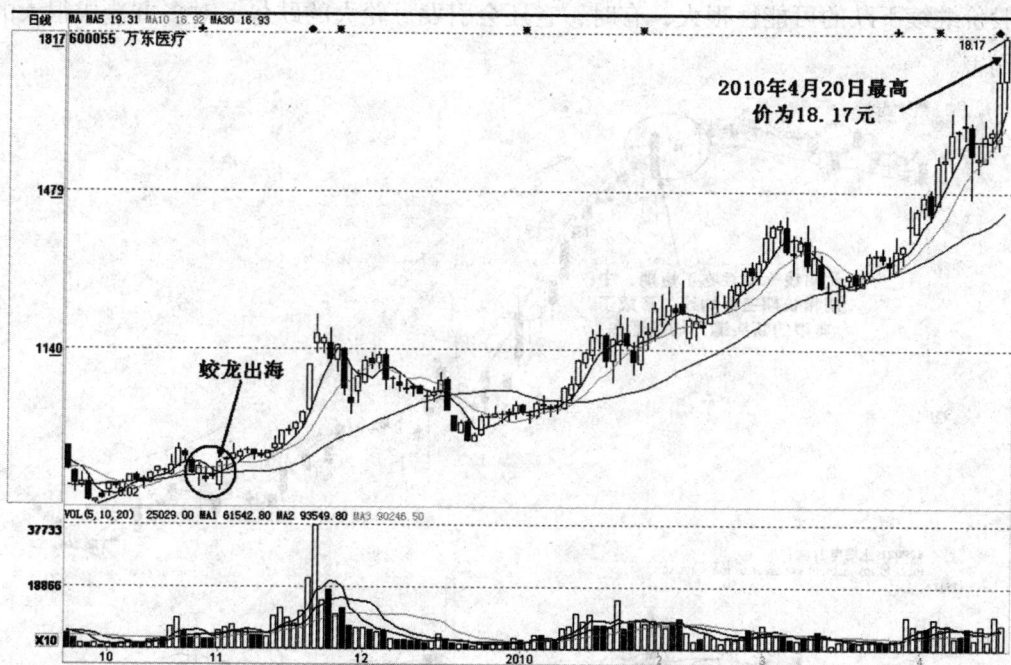

图 6-41

断头铡刀

如图 6-42 所示，"断头铡刀"具有如下特征：

（1）通常出现在上涨末期或者高位盘整期。

（2）一根大阴线由上而下穿过短期均线、中期均线和长期均线。

（3）收盘价低于这三根平均线。

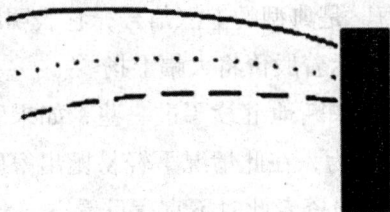

图 6-42 断头铡刀

从技术上来看，"断头铡刀"是典型的做空信号，这种走势表明空方力量巨大，是空头发力的开始，后市股价还将大幅下挫。投资者在见到这种形态的时候一定要提高警惕，持有股票的最好能立即减仓或者清仓出局，没有持股的最好是以观望为主，不要轻易进场。一般来说，大盘或个股在上升及盘整期间，只要出现"断头铡刀"，股价继续下跌的可能性很大，有时，它还会引发一轮大的跌势，对多方造成很大的伤害。

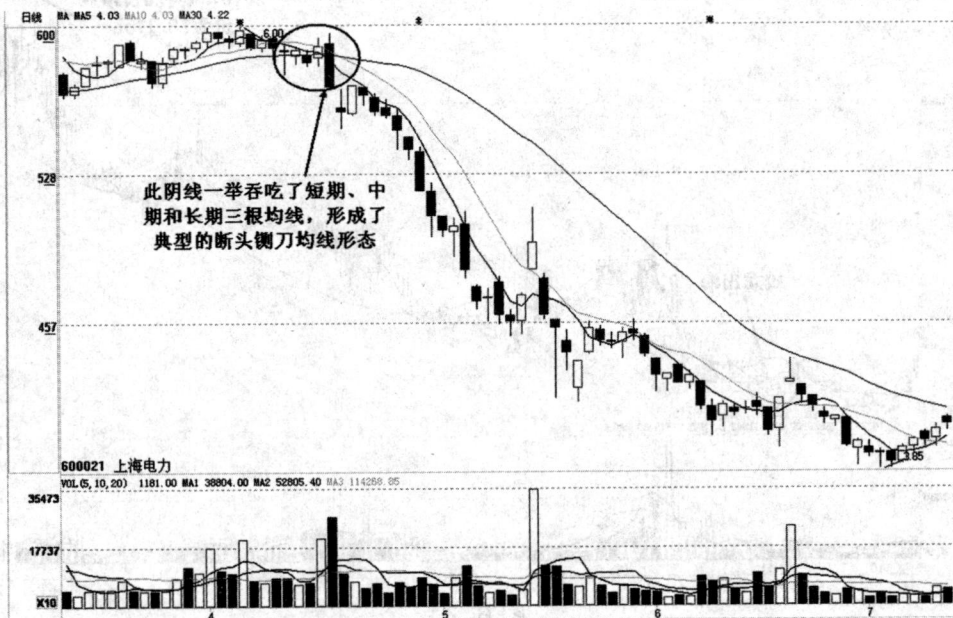

此阴线一举吞吃了短期、中期和长期三根均线，形成了典型的断头铡刀均线形态

图 6-43

上海电力（600021）在经过一段上涨后开始横盘，在横盘的末期出现了一根大阴线，此阴线一举吞吃了短期、中期和长期三根均线，形成了典型的断头铡刀均线形态，随后，股价一路下跌（如图6-43所示）。

第三节　趋势线图形

趋势线概述

看盘关键要点：

1. 趋势线就是上涨行情中两个以上的低点的连线以及下跌行情中两个以上高点的连线，前者被称为上升趋势线，后者被称为下降趋势线。

2. 趋势线起着支撑或压力的作用。如果趋势线被有效突破，说明股价下一步的走势将会发生反转，越重要的趋势线被有效突破，趋势反转的信号就越强烈。

所谓趋势，就是价格波动的方向，也是股票市场运动的方向。趋势线就是上涨行情中两个以上的低点的连线以及下跌行情中两个以上高点的连线，前者被称为上升趋势线，后者被称为下降趋势线。

趋势线对股价今后的变动起着约束的作用，使股价大致运行在上升趋势线的上方或下降趋势线的下方。实际上，就是起着支撑或压力的作用。如果趋势线被股价突破，说明股价下一步的走势将会发生反转，越重要的趋势线被有效突破，趋势反转的信号就越强烈。上升趋势线被股价突破后，原来起支撑作用的趋势线现在起压力作用；下降趋势线被股价突破后，原来起压力作用的趋势线现在起支撑作用。趋势线其实就是动态的支撑线或压力线。

很多投资者总是喜欢依照股价新高或新低画一条线，就认为股价必定在此可以获得支撑或遭遇阻力。这其实是很片面的。要确认趋势线是否有效，关键是看趋势线是否被股价突破及突破的力度。投资者必须对所有趋势线的稳定性始终保持怀疑的态度，尤其是当股价临近趋势线的时候，要密切关注市场对它的反应，这时任何的股价突破都有可能是假突破或测试性突破。

对于趋势线是否被股价有效突破，往往有以下判断方式：

1. 看成交量。

股价向上突破趋势线时必须要有大的成交量，向下突破趋势线时则对成交量没有要求。

2. 看幅度。

股价突破趋势线后离趋势线越远，说明突破越有效，如突破总价格的3%、5%等。

3. 看时间。

股价突破趋势线后，至少2天以内原有趋势不再回头，时间越长的突破越有效。

画趋势线的目的就是依其脉络寻找出恰当的买卖点。投资者在画线分析时，可画出不同的试验性趋势线。当证明某条趋势线毫无意义时，就将之擦掉，只保留具有分析意义的趋势线。此外，还应不断地修正原来的趋势线，例如当价格跌破上升趋势线后又迅即回升到这趋势线上面，分析者就应该连接第一个低点和最新形成的低点重画出一条新线，又或是连接第二个低点和新低点修订出更有效的趋势线。

在研判趋势线时，应谨防主力利用趋势线作出的"陷阱"。一般来说，在股价没有突破趋势线以前，上升趋势线是每一次下跌的支撑，下降趋势线则是股价每一次回升的阻力。股价突破趋势线时，收盘价与趋势线有3%以上的差价，并且有成交量的配合。股价在突破趋势线时，如果出现缺口，反转走势极可能出现，并且出现反转后股价走势有一定的力度。股价突破下降趋势线的阻力而上升时，一般需大成交量的配合，而股价向下突破上升趋势线时，成交量一般不会放大，而是在突破后几天内成交量急剧放大。

图6-44

趋势线简单、易学，但它在分析大盘或个股的走势，特别是中长期走势时却有非常重要的作用。现在我们通过例子来说明趋势线在分析股价运行中所起的作用。

如图 6-44 所示，该图是上证指数 2007 年和 2008 年的 K 线走势图，从图中可看出上证指数在跌破上升趋势线后就开始走弱，而后大半年的时间就在下降趋势线的压制下，一直在往下寻底。可见，用趋势线分析股市中长期走势可谓一目了然，这是其他技术分析方法所不及的。

图 6-44

趋势线类别的不同划分

看盘关键要点：

1. 上升趋势线对股价的上涨起到一定的支撑作用；下降趋势线对股价的上涨起到一定的阻碍作用。

2. 快速趋势线揭示了股价或指数的短期趋势，是激进型投资进行买卖操作的依据；慢速趋势线揭示了股价或指数的长期趋势，是稳健型投资者进行买卖操作的依据。

3. 长期趋势线对股价长期走势会产生很大的影响；中期趋势对股价的中期走势产生一定的影响；短期趋势线只对股价短期运行产生一定的影响。

正确地画出趋势线，人们就可以大致了解股价的未来发展方向。趋势线表明，当价格向其固定方向移动时，它非常有可能沿着这条线继续移动。据此我们可以决定买卖和持股的时机。另外，趋势随时在改变，当股价趋势发生改变的时候，我们要重新调整趋势线，把握新的运行趋势。趋势线按照不同的标准可以分为以下三种：

1. 按照趋势线的方向不同，可以分为"上升趋势线"和"下降趋势线"。

我们发现在各种股价图形中，若处于上升趋势，股价波动必是向上发展，即使是出现回档也不影响其总体的涨势，如果把上升趋势中间回档低点分别用直线相连，这些低点大多在这条线上，我们把连接各波动低点的直线称为上升趋势线。

相反，若处于下降趋势，股价波动必定向下发展，即使出现反弹也不影响其总体的跌势，把各个反弹的高点相连，我们会发现它们也在一条直线上，我们把这条线称为下降趋势线。

2. 按照趋势线的性质不同，可以分为"支撑线"和"阻力线"。

支撑线是图形上每一波浪谷底最低点间的直切线。也就是说价格在此线附近时，投资者具有相当强的买进意愿。阻力线则是图形上每一波浪顶部最高点间的直切线。也就是说价格在此线附近时，投资者具有相当强的卖出意愿。

3. 按照趋势线的时间长短，可以分为"长期趋势线""中期趋势线"和"短期趋势线"三种。

依据波动的时间长短，趋势线可以分为以下三种：短期趋势线（连接各短期波动点）、中期趋势线（连接各中期波动点）、长期趋势线（连接各长期波动点）。

为了让投资者对长期趋势线、中期趋势线和短期趋势线有个形象、直观的了解。我们在此以上海电力（600021）2008年12月31日至2009年11月20日的日K线走势图，看看长期趋势线、中期趋势线和短期趋势线对该股走势各自所起的不同的影响（如图6-45所示）。

从图6-45中可清楚地看出，以2008年12月31日的最低价2.85元至2009年11月20日的6.74元画出的长期趋势线一直在支撑着股价向上运行，这就能解释为什么2009年以来股价一直处于上涨阶段。以2009年2月27日至2009年6月17日为连线的中期趋势，对该股3个多月以来的中期趋势产生了重大影响。最后，我们来看短期趋势，图中的短期趋势线很多，我们只画了一条。从这根短期趋势线来看，它对股价的涨跌只能起到暂时的影响，作用比较有限。

4. 按照趋势线的速度来看，可以分为"快速趋势线"和"慢速趋势线"。

快速趋势线运行速度比慢速趋势线快，维持时间比慢速趋势线短。一般来说，快速趋势线揭示了股价或指数的短期趋势，是激进型投资者进行买卖操作的一个重

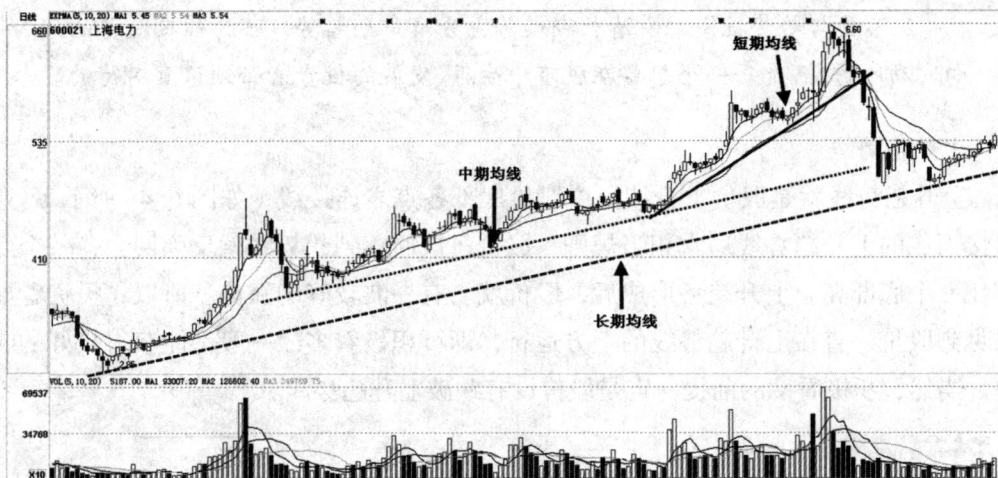

图 6-45

要依据，而慢速趋势线，揭示了股价或指数的长期趋势，是稳健型投资者进行买卖操作的一个重要依据。正因为快速趋势线和慢速趋势线有着各自不同的特点，因而人们常把它们合在一起组成"快慢趋势线组合"进行对照分析，这样就比单纯地用一根趋势线分析股价走势的效果要好得多。

5. 上升轨道和下降轨道。

两条平行的阻力线与支撑线之间所形成的通道，称为"趋势轨道"，也可分为"上升轨道"（上升趋势）与"下降轨道"（下降趋势）。几乎所有的图形分析与注释，均离不开上述这些趋势线的概念与原则。处于上升轨道中的股票投资者可以坚定持有，处于下降轨道中的股票投资者应该离场观望。

6. 平行趋势。

除了上升趋势和下降趋势外，还有一种比较特殊的趋势，那就是平行趋势。即股价处于盘整中，上升到一定的高点回落，回落到一定的低点反转上行，各个波浪的高点相差不大，低点也在水平位置上。这种横向发展的走势就是我们所说的平行趋势，也叫箱体，或者牛皮市。平行走势通常不适合参与，空间大的话可以做波段，否则只能等待股价突破平行趋势再作选择。

趋势线图形一览表

看盘关键要点：

　　1. 趋势线是一种比较简单的判断股价运行趋势的方式，它简单、易学，在分析大盘或个股走势，特别是中长期走势时有非常重要的作用。

2. 不要与趋势抗衡，看清长期趋势，分清中期趋势，不为短期趋势的反向波动所诱惑，是每一个想要在股市中生存、发展的投资者必须认真对待的。

上升趋势线

上升趋势线就是股价上升波段中股价底部各点之连接线（如图 6-46 所示）。这连接而成的上升趋势线通常相当规则，股价每次回落到趋势线就反弹回去，一个底部比一个底部高。上升趋势形成后，股价就会有一波较好的涨势。所以，投资者如果见到股价一直在上升趋势线的上方运行，即可积极看多，一般都能获得较好的收益。当然，积极看多的前提一定是股价没有跌破上升趋势线。

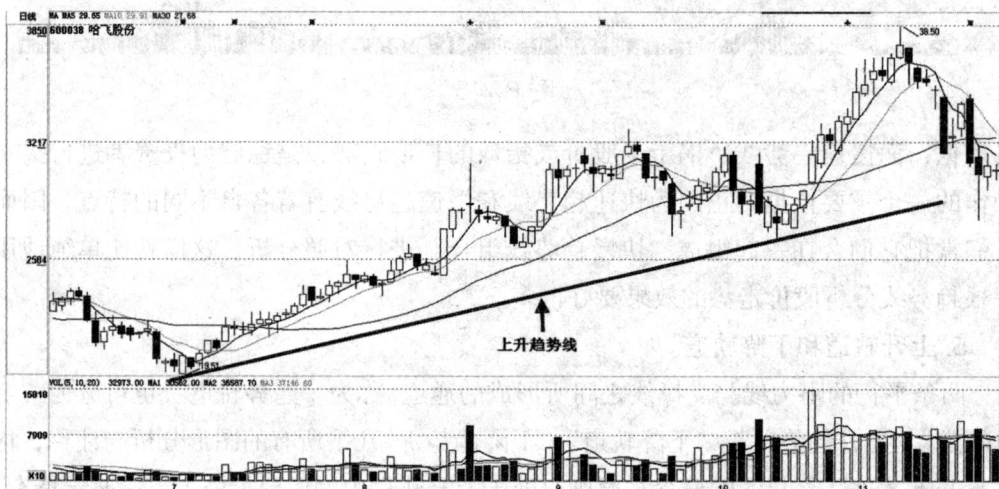

图 6-46 上升趋势线

若股价处于上升趋势，当股价回落触及股价上升趋势线时，便是绝佳的买点（买进信号），投资者可酌量买进股票。而当股价上涨触及上升趋势线之返回线（对应高点连接的平行线）时，便是股票绝佳之卖点，投资者可将手中的持股卖掉。

下降趋势线

下降趋势线由最先出现或最具代表性的两个高点连接而成，总体趋势向下（如图 6-47 所示）。一旦下降趋势线形成，说明场内做空的力量越来越大，而做多的力量越来越虚弱。在这样一个趋势下，当然要抓住时机卖出股票，避免更大的损失。从趋势线上就可以明显看出，每次股价反弹到下降趋势线的时候就是卖出的好时机。

一般而言，下降趋势形成后，股价或指数就会出现持续下跌的行情。所以，投资者见到股价或指数在下降趋势线的下方，一定要坚持看空。当然，前提是股价或指数没有突破下降趋势线。

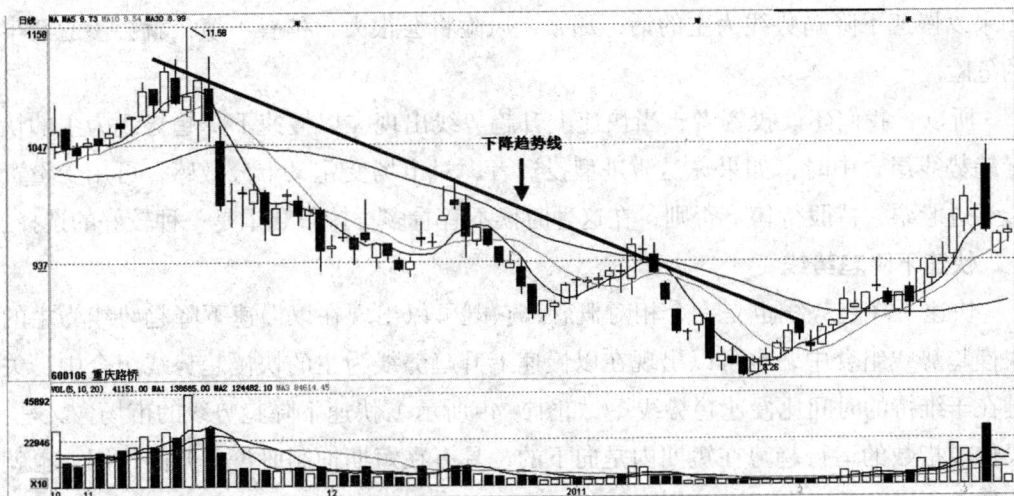

图 6-47 下降趋势线

快速上升趋势线

快速上升趋势线只是一个相对概念，它既可以出现在以慢速上升趋势线为主的快慢趋势线组合中，也可以出现在以慢速下降趋势线为主的快慢趋势线组合中，关键在于维持的时间比慢速趋势线短（如图 6-48 所示）。快速上升趋势线的市场含义是：股价或指数的运行趋势在短期内是向上的，具有在短期支持股价上升的作用。

但投资者一定要注意，如果要把握住快速上升趋势线，最好以慢速上升趋势线为主，因为这时候股价或指数总体呈现出上升趋势，此时的行情是比较容易把握的。

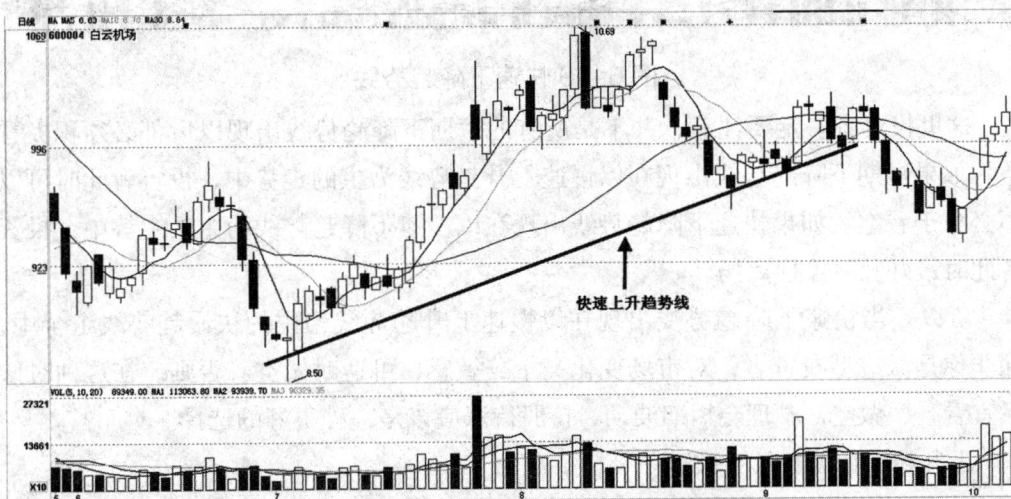

图 6-48 慢速上升趋势线

如果以慢速下降趋势线为主的话，那么，风险将会很大，稍有不慎，就会惨遭套牢的危险。

所以，我们建议投资者，当快速上升趋势线出现在以慢速下降趋势线为主的快慢趋势线组合中时，如果你是激进型投资者，对市场变化又十分敏感，可用少量资金买进股票，持股待售。否则，在这种时候不宜看多，持币观望是一种较好的选择。

快速下降趋势线

快速下降趋势线也是一个相对概念，它既可以出现在以慢速下降趋势线为主的快慢趋势线组合中，也可以出现在以慢速上升趋势线为主的快慢趋势线组合中，关键在于维持的时间比慢速趋势线短（如图6-49所示）。快速下降趋势线的市场含义是：股价或指数的运行趋势在短期内是向下的，具有在短期抑制股价上升的作用，也就是通常所说的反压作用。

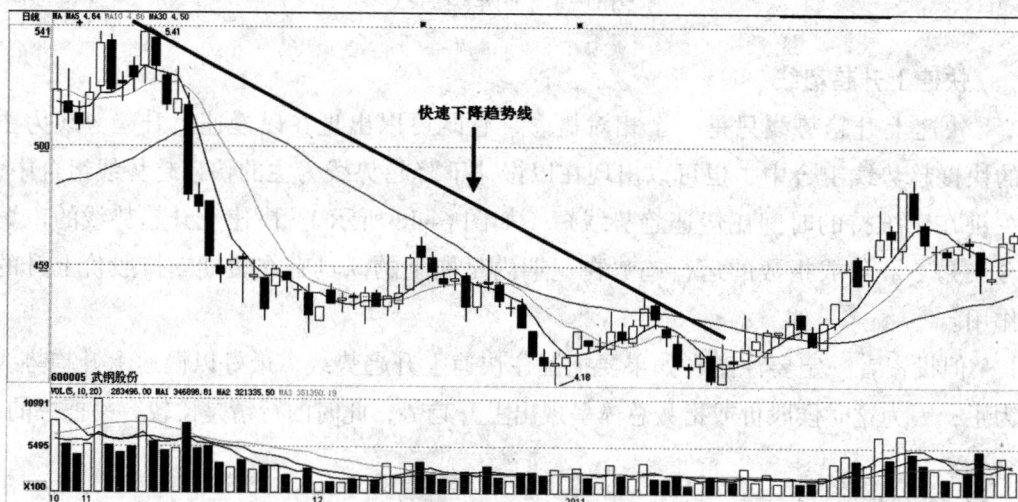

图6-49 快速下降趋势线

这里投资者一定要注意，并不是所有的短期下降趋势线出现以后都必须积极看空。如果短期下降趋势线出现在以慢速上升趋势线为主的走势中，投资者此时可以不必急于看空。如果快速下降趋势线出现在以慢速下降趋势线为主的走势中，投资者此时最好及时停损离场。

所以，当快速下降趋势线出现在以慢速上升趋势线为主的快慢趋势线组合中，除非你是激进型投资者，对市场变化又十分敏感，可适时做空。否则，在这种时候不宜看空、做空，不理会短期波动，持股待涨应该是一种很好的选择。

上升趋势线被有效突破

上升趋势线被有效跌破的研判要点是：股价的跌幅已经超过3%，且连续3天股价收于趋势线下方（如图6-50）。从技术上来说，上升趋势被有效突破之后，它的性质就起了变化，由原来对股价的支撑作用，转变为压力作用，压制股价再度上升，形势对多方非常不利。投资者此时应该退出观望为佳，远离危险之地。当然，上升趋势线没有被有效突破，则另当别论。

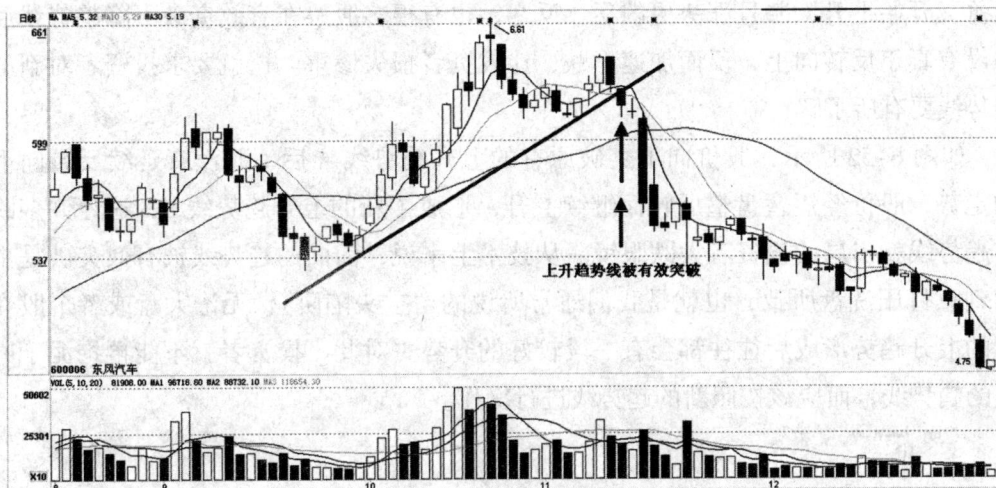

图 6-50 上升趋势线被有效突破

下降趋势线被有效突破

下降趋势线被有效突破的研判要点是：股价的涨幅已经超过3%，且连续3天股价收于趋势线上方（如图6-51所示）。

一般来说，不管是大盘还是个股，在有效突破下降趋势线之后，说明做空的能量已经得到充分释放，股价（股指）就会出现止跌或者暂时止跌的现象，如果此时

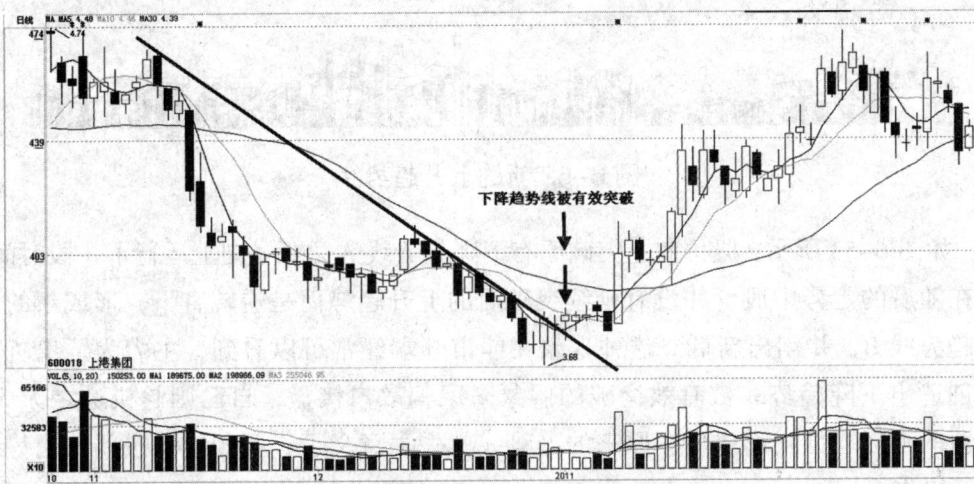

图 6-51 下降趋势线被有效突破

再形成一根上升趋势线，那么股价（股指）很有可能就此出现止跌扬升的行情。

新趋势线

趋势线可以用来指导投资者对股价运行趋势作出判断，同时也可以被主力用来欺骗散户，混淆散户的视线。我们经常看到股价有效跌破上升趋势线后，没过几天股价又开始上升，并且涨势更凶猛。反之，也有很多股票在有效突破下降趋势线后并没有真正反转向上，反而加速下跌，让投资者损失惨重。这就要求投资者对新的趋势线要有所了解。

如图 6-52 所示，股价向下突破原有的上升趋势线 A 后，并没有延续反转向下的走势，股价经短暂盘整后转而继续上升，形成了新的上升趋势线 B，这让许多跌破趋势线就出局的投资者大跌眼镜。从技术上来说，前面的趋势线被有效突破是主力刻意打压洗盘所致，也就是我们通常所说的"空头陷阱"，无论大盘或者个股在新的上升趋势形成后往往都会有一段较好的升势。对此，投资者就不能再拘泥于原来的趋势线，而应该按照新的趋势线进行操作。

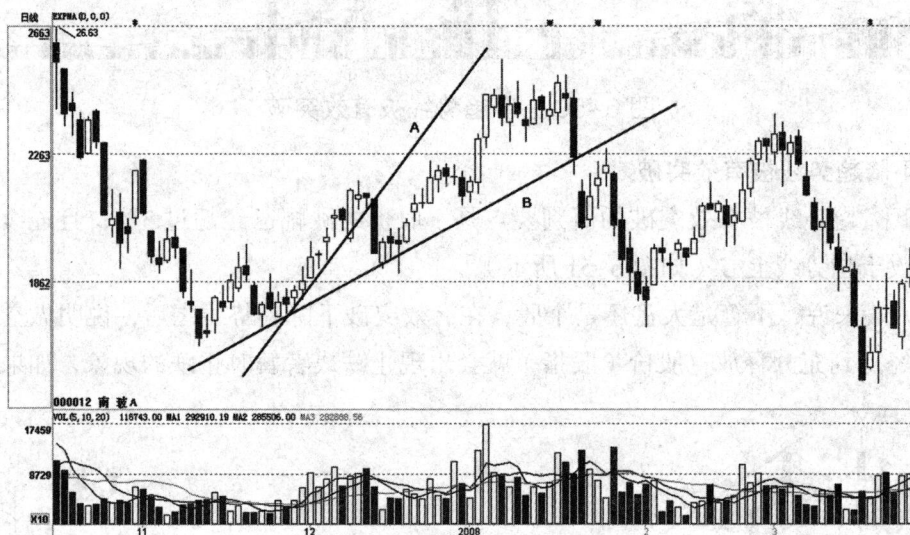

图 6-52 新的上升趋势线

如图 6-53 所示，股价向上突破原有下降趋势线 A 之后，向上运行了一段时间，但在随后的走势中股价并没有延续突破后的上升趋势而是逆转直下，形成新的下降趋势线 B，并创出新低。这种现象在熊市开端经常可以看到，主力为了出货不时创造出下降趋势线被有效突破的假象来蒙骗散户接盘，自己则趁机逃之夭夭。当新的下降趋势线形成后，原来的趋势线就失去意义了，我们应该按新的趋势线进行操作。

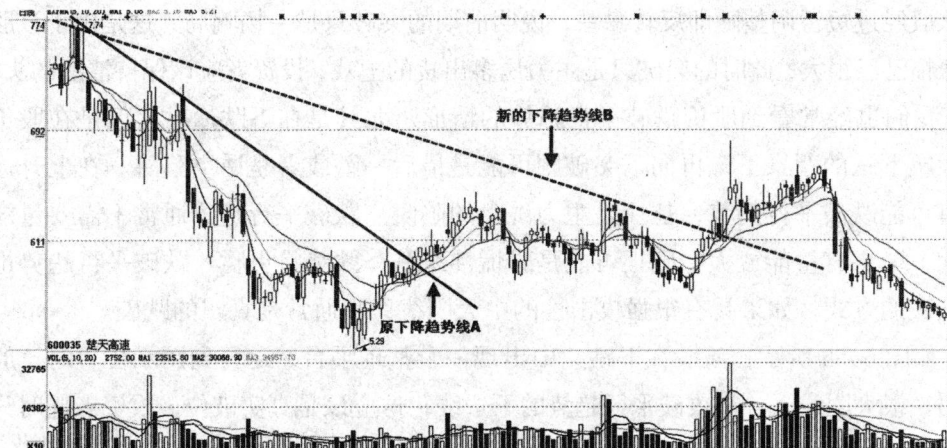

图 6-53 新的下降趋势线

平行趋势

平行趋势即箱体走势。股价呈现平行趋势时，较为适宜短线高手做波段操作，方法很简单，就是在股价运行到箱体下边线时买进，在股价运行到箱体上边线时卖出。这个阶段，普通投资者最好不要参与，否则将会耗费较高的时间成本。

从股市发展的历史来看，一只股票不可能永远处于平行走势中，它最终会选择突破方向。如果股价向上突破，则意味着拉升的开始，投资者可以积极跟进。当然也有很多假突破，这需要我们观察突破的方式和成交量。如果以攻击性的中大阳线且带有较大的量突破，一般是真突破，投资者可以放心跟进，否则有可能是诱多陷阱。另外股价的整体位置也值得考虑，如果股价处于高位，则突破很可能是诱多。

如图 6-54 所示，该股于图示位置放量突破长时间的平行趋势，涨幅不小，但此

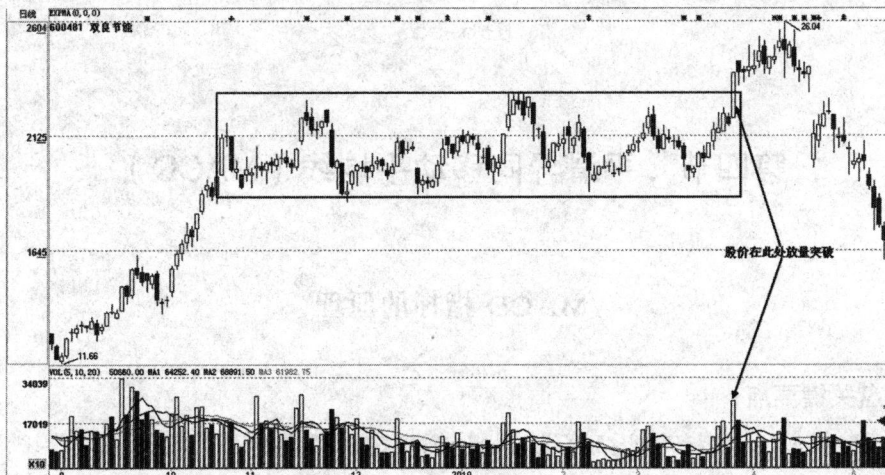

图 6-54

后该股经过短暂调整随即反转暴跌，说明前期的突破只是一场骗局。这是由于该股前期涨幅已经很大，此时的突破只是主力诱多出货的把戏，投资者应该保持清醒的头脑。

我们也经常看到股价跌破平行趋势的情形，尤其是在下跌途中。但是在股价已经大幅下跌的背景下，再向下突破则可能是最后一跌或者是诱空陷阱。在上升途中也有可能跌破平行趋势，往往是主力洗盘的陷阱。跌破平行趋势通常不需要量能的放大，如果有量能放大，则很可能是恐慌性杀跌，跌势将更猛。跌破平行趋势也要看跌破的方式，如果具有很强攻击性的中大阴线，则通常是真实的跌破。

如图 6-55 所示，该股在下跌途中出现一个整理平台，运行到图示位置时，股价收出一根大阴线，一举攻破平行趋势的下边线，这应该是真实破位，投资者此时只能止损出局，因为一旦跌破则意味着不会很快止跌。该股此后果然继续下跌，跌幅不小。

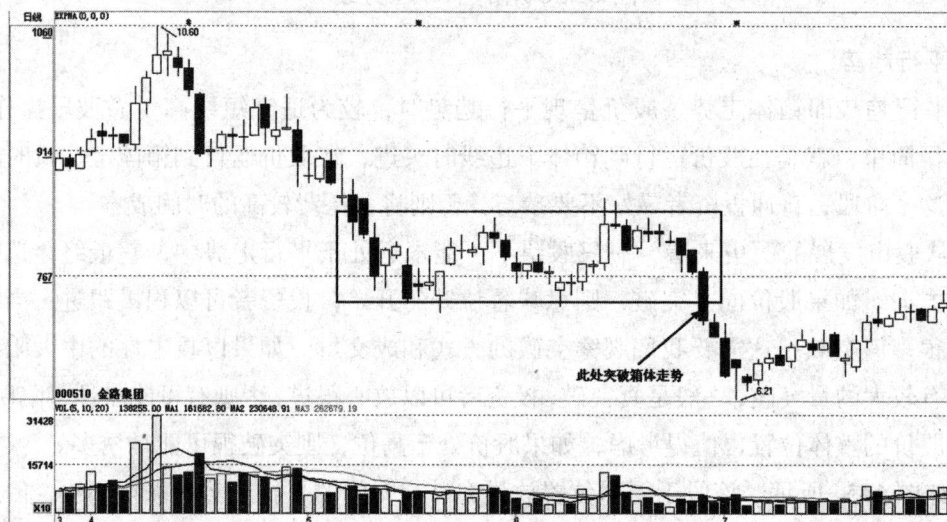

图 6-55

第四节　平滑异同移动平均线（MACD）

MACD 指标的原理

看盘关键要点：

　　1. MACD 指标是根据均线的构造原理，对股票价格的收盘价进行平滑处理，求出算术平均值以后再进行计算，是一种趋向类指标。

2. MACD 指标主要是通过 DIFF 和 DEA 这两者之间关系的研判、DIFF 和 DEA 连接起来的移动平均线的研判以及 DIFF 值减去 DEA 值而绘制成的柱状图的研判等来分析判断行情，预测股价的中短期趋势。

MACD 指标又叫指数平滑异同移动平均线，是一种研判股票买卖时机、跟踪股价运行趋势的技术分析工具。

MACD 指标是从双移动平均线发展而来的，其原理是用快的移动平均线减去慢的移动平均线。MACD 的意义和双移动平均线基本相同，但阅读起来更方便。当 MACD 从负数转向正数，是买的信号。当 MACD 从正数转向负数，是卖的信号。当 MACD 以大角度变化，表示快的移动平均线和慢的移动平均线的差距非常迅速地拉开，代表了一个市场大趋势的转变。

MACD 指标是根据均线的构造原理，对股票价格的收盘价进行平滑处理，求出算术平均值以后再进行计算，是一种趋向类指标。而根据移动平均线原理发展出来的 MACD，一则去除了移动平均线频繁发出假信号的缺陷，二则保留了移动平均线的效果，因此，MACD 指标具有均线趋势性、稳重性、安定性等特点。

MACD 指标主要是通过 DIFF 和 DEA 这两者之间关系的研判、DIFF 和 DEA 连接起来的移动平均线的研判以及 DIFF 减去 DEA 值而绘制成的柱状图的研判等来分析判断行情，预测股价的中短期趋势。其中，DIFF 是核心，DEA 是辅助。MACD 柱状图在股市技术软件上是用红柱和绿柱的收缩来研判行情。

在实践中，将各点的 DIFF 和 DEA 连接起来就会形成在零轴上下移动的两条快速（短期）和慢速（长期）线，此即为 MACD 图。

MACD 指标的一般研判标准

看盘关键要点：

1.MACD 指标的一般研判标准主要是围绕快速和慢速两条均线及红、绿柱线状况和它们的形态展开。

2. 一般分析方法主要包括 DIFF 和 DEA 的值及它们所处的位置、DIFF 和 DEA 的交叉情况和红、绿柱状图的收缩情况。

MACD 指标是市场上绝大多数投资者熟知的分析工具，但在具体运用时，投资者可能会觉得在 MACD 指标运用的准确性、实效性、可操作性上有很多茫然的地方，有时会发现用从书上学来的 MACD 指标的分析方法和技巧去研判股票走势，所得出的结论往往和实际走势存在着特别大的差异，甚至会得出相反的结果。本节将在介绍 MACD 指标的一般研判技巧和分析方法基础上，详细阐述 MACD 的特殊研判原理和功能。

MACD 指标的一般研判标准主要是围绕快速和慢速两条均线及红、绿柱线状况和它们的形态展开。一般分析方法主要包括 DIFF 和 DEA 的值及它们所处的位置、DIFF 和 DEA 的交叉情况和红、绿柱状图的收缩情况。

1.DIFF 和 DEA 的值及线的位置。

（1）当 DIFF 和 DEA 均大于 0（即在图形上表示为它们处于 0 轴以上）并向上移动时，一般表示为股市处于多头行情中，可以买入或持股。

（2）当 DIFF 和 DEA 均小于 0（即在图形上表示为它们处于 0 轴以下）并向下移动时，一般表示为股市处于空头行情中，可以卖出股票或观望。

（3）当 DIFF 和 DEA 均大于 0（即在图形上表示为它们处于 0 轴以上）但都向下移动时，一般表示为股票行情处于退潮阶段，股票将下跌，可以卖出股票或观望。

（4）当 DIFF 和 DEA 均小于 0 时（即在图形上表示为它们处于 0 轴以下）但向上移动时，一般表示为行情即将启动，股票将上涨，可以买进股票或持股待涨。

2.DIFF 和 DEA 的交叉情况。

（1）当 DIFF 与 DEA 都在 0 轴以上，而 DIFF 向上突破 DEA 时，表明股市处于一种强势之中，股价将再次上涨，可以加码买进股票或持股待涨，这就是 MACD 指标"黄金交叉"的一种形式（如图 6-56）。

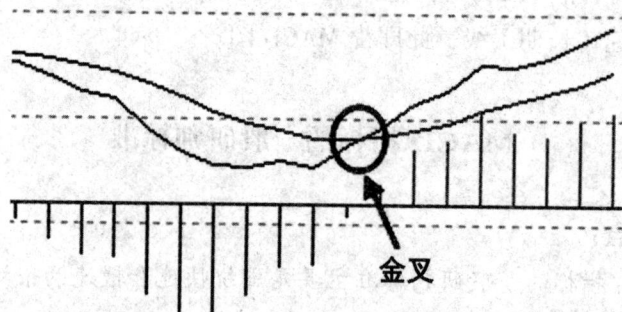

金叉

图 6-56

（2）当 DIFF 和 DEA 都在 0 轴以下，而 DIFF 向上突破 DEA 时，表明股市即将转强，股价跌势已尽，将止跌朝上，可以开始买进股票或持股，这是 DEA 指标"黄金交叉"的另一种形式。

（3）当 DIFF 与 DEA 都在 0 轴以上，而 DIFF 却向下突破 DEA 时，表明股市即将由强势转为弱势，股价将大跌，这时应卖出大部分股票而不能买股票，这就是MACD指标的死亡交叉的一种形式（如图7－57）。

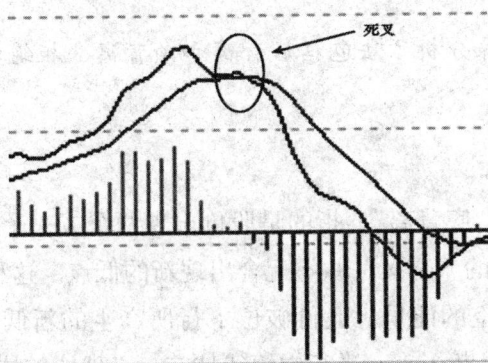

图 6-57

（4）当DIFF和DEA都在0轴以下，而DIFF向下突破DEA时，表明股市将再次进入极度弱市中，股价还将下跌，可以再卖出股票或观望，这是MACD指标"死亡交叉"的另一种形式。

3.MACD指标中的柱状图分析。

在电脑分析软件中通常采用DIFF值减DEA值而绘制成柱状图，用红柱状和绿柱状表示，红柱表示正值，绿柱表示负值。用红绿柱状来分析行情，既直观明了又实用可靠。

（1）当红柱状持续放大时，表明股市处于牛市行情中，股价将继续上涨，这时应持股待涨或短线买入股票，直到红柱无法再放大时才考虑卖出。

（2）当绿柱状持续放大时，表明股市处于熊市行情之中，股价将继续下跌，这时应持币观望或卖出股票，直到绿柱开始缩小时才可以考虑少量买入股票。

（3）当红柱状开始缩小时，表明股市牛市即将结束（或要进入调整期），股价将大幅下跌，这时应卖出大部分股票而不能买入股票。

（4）当绿柱状开始收缩时，表明股市的大跌行情即将结束，股价将止跌向上（或进入盘整），这时可以少量进行长期战略建仓而不要轻易卖出股票。

（5）当红柱开始消失、绿柱开始放出时，这是股市转市信号之一，表明股市的上涨行情（或高位盘整行情）即将结束，股价将开始加速下跌，这时应开始卖出大部分股票而不能买入股票。

（6）当绿柱开始消失、红柱开始放出时，这也是股市转市信号之一，表明股市的下跌行情（或低位盘整）已经结束，股价将开始加速上升，这时应开始加码买入股票或持股待涨。

MACD 的特殊分析方法

看盘关键要点：

MACD 的特殊分析方法包括底背离和顶背离、拒绝金叉、拒绝死叉以及空中加油。

1. 底背离和顶背离。

所谓 MACD 指标"底背离"，指的是股价出现两个或三个近期低点，而 DIFF 指标与 DEA 指标所形成的"金叉"并不配合出现新的低点。这种情况的发生说明，空方已无真正的向下做空的能量，股价破位下行所产生的新低点，往往是空头陷阱，此时投资者如果能够果断买入，进行中短线持有，必然能够快速套利。

陆家嘴（600663）自 2010 年 5 月 7 日起，走出了一个不断下探的大跌势，到 2010 年 7 月 2 日为止，连续数次探底，而且一底低于一底，最低收于 15.81 元。而此时的 MACD 指标却呈现出一次金叉高于一次的态势，这是明显的"底背离"现象，预示着该股将有较大力度的反弹甚至加速上涨势头，投资者此时完全可以放心大胆地进入抄底，必能快速套利。随后，MACD 又出现金叉并在随后的运行中上穿 0 轴，表明该股正在酝酿突破，投资者此时可以耐心等待。2010 年 7 月 12 日，MACD 双线呈现向上开口，该股的向上突破势头显露无疑，这时是典型的黄金买点。事实证明，MACD 指标的底背离预示着个股的下跌势头终止，上升通道即将打开，是典型的抄底信号（如图 6-58 所示）。

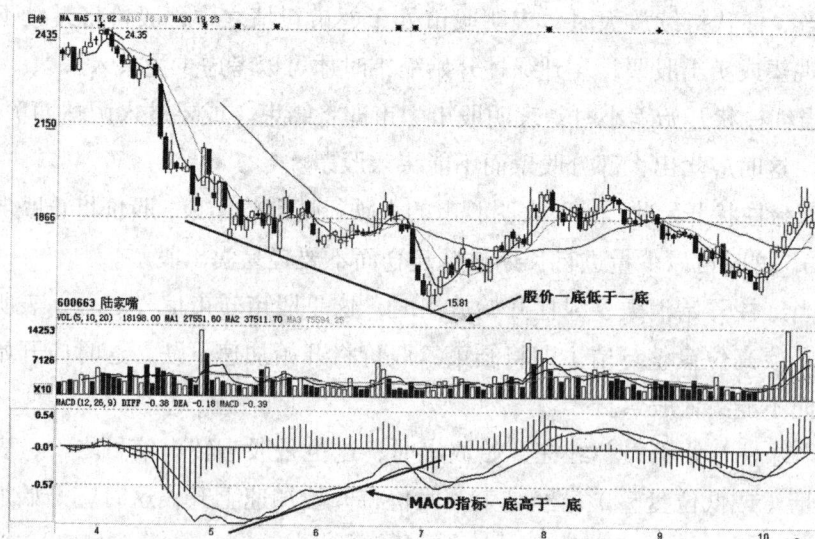

图 6-58

所谓 MACD 指标"顶背离"，则与"底背离"恰好相反，是指当股价一波比一波高时，相对应的 DIFF 指标和 DEA 指标两条曲线所形成的交叉点却一点比一点低，这种背离现象的出现，意味着股价运行趋势即将发生反转，同时要进行深幅的下跌，所以投资者在发现 MACD 指标第一次形成"顶背离"时，就应高度警觉，减仓操作或卖出筹码。

中江地产（600053）于 2010 年 3 月 15 日开始一段上涨行情，股价创出新高，随后回落再次拉升创出新高，股价一顶高于一顶。可是与此格格不入的是 MACD 指标却呈现出明显的"顶背离"态势，一顶低于一顶，预示着即将到来股价的深幅下跌。投资者如果在实战中看见类似 MACD 形态，不要犹豫，迅速在高点将筹码抛出，否则必将被套。该股此后便一路下滑，不断创出新低，直到 2010 年 7 月 2 日的最低价 6.60元，跌幅较 2010 年 5 月 10 日的最高价 11.70 元达 77%（如图 6-59 所示）。

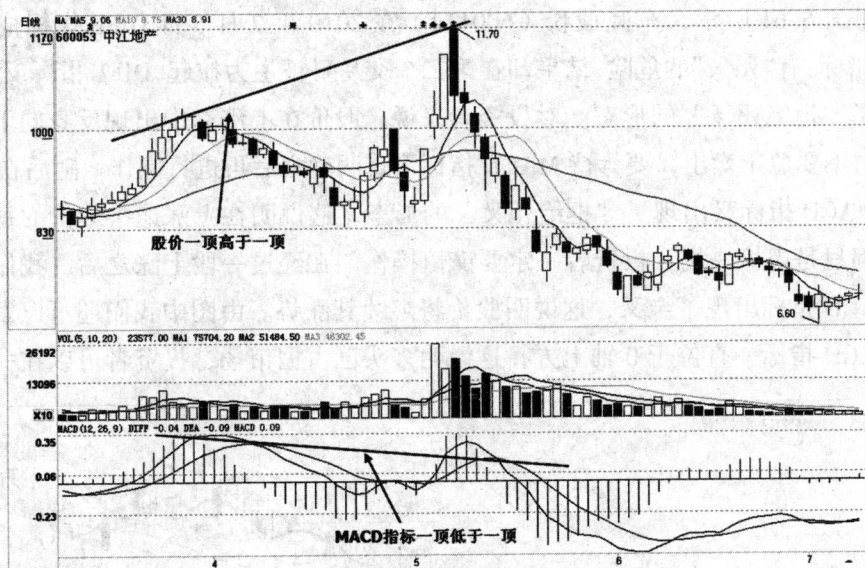

图 6-59

2. 拒绝死叉。

当 DIFF 指标在向上交叉 DEA 指标之后，会保持向上的势头运行一段时间，这个阶段会累积一定的获利盘。在这个时候，主力必将选择把获利的跟风盘"洗"出局，而洗盘的结果就是股价短时间内大幅下跌。股价下跌，导致 DIFF 指标也会缓慢向下，由于股价向上运行的趋势没有改变，DEA 指标仍然会缓慢向上，当它在与 DIFF 指标即将产生"死叉"的时候，往往会出现股价回调结束，主力大力抬升股价，为自己出货做准备，这就导致 DIFF 指标在即将"死叉"DEA 指标的时候反身向上运行，这种现象被形象地称为"拒绝死叉"。随着"拒绝死叉"现象的出现，股价必然会向上运行,而价格一般至少能攀升至前期头部。因此,当MACD指标出现"拒绝死叉",就是投资者入场的最好时机(如图6-60所示)。

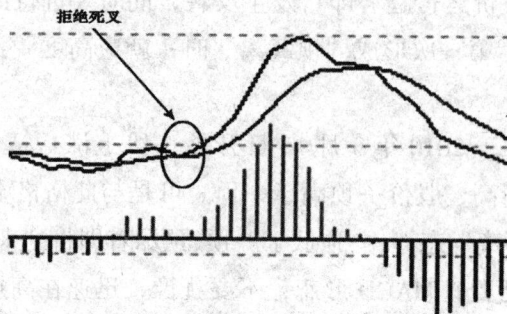

图 6-60

　　如图 6-61 所示,东睦股份(600114)在 2010 年 7 月 5 日 DIFF 指标向下逼近 DEA 指标,有"死叉"的危险,结果却在第二个交易日被主力拉起,DIFF 指标反身向上,形成了"拒绝死叉"的形态。对投资者来说,股价在上涨途中出现反身向下一定要谨慎,不要急于卖出,要等待 MACD 指标形态明确之后再进行操作。随后在 7 月 28 日,MACD 指标又出现了"拒绝死叉"的形态,这说明在上涨途中股价的每次反身向下都只是虚惊一场,投资者一定要谨慎操作。在经过一段上涨之后,我们可以发现 MACD 指标出现了金叉,这说明股价将继续其涨势。由图中我们还可以发现此时的 MACD 指标一直位于 0 轴上方,这说明多头已占据市场,投资者可以在一段时间

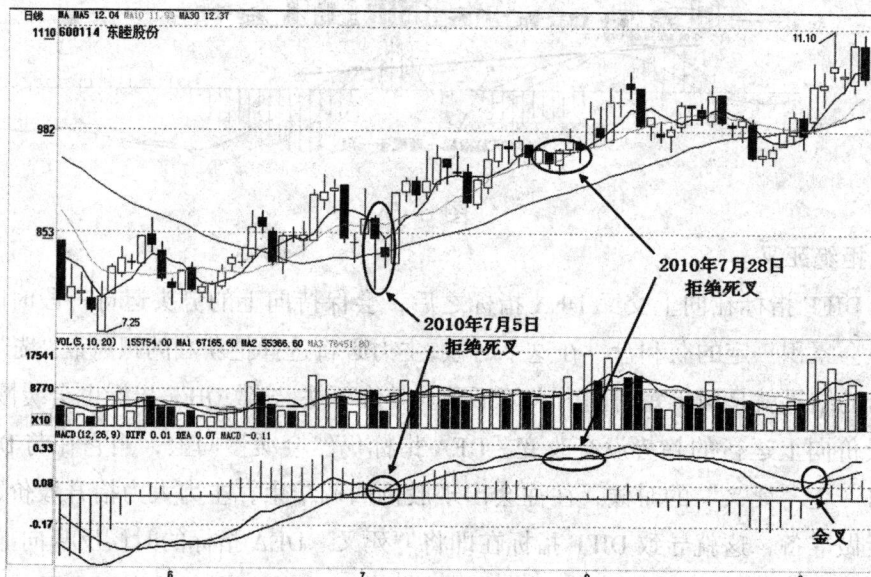

图 6-61

内安心持股，等待获利。

3."拒绝金叉"的实战技巧。

随着股价的下跌，MACD指标出现"死叉"，即DIFF指标从上向下交叉DEA指标。当股价下行至阶段性底部时，必然会出现一波向上反抽的行情，此时，MACD指标也会缓慢向上运行，当DIFF指标即将从下向上金叉DEA指标时，DIFF指标却拒绝交叉DEA指标，反而向下运行。这种情况一旦出现，投资者千万不能买入此股，不管出现多少反弹都是陷阱，这就是所谓的MACD"拒绝金叉"（如图6-62所示）。一般来说，金叉是典型的买进信号，而"拒绝金叉"则是投资者的卖出信号，如果与其他指标综合使用，则准确性更强。

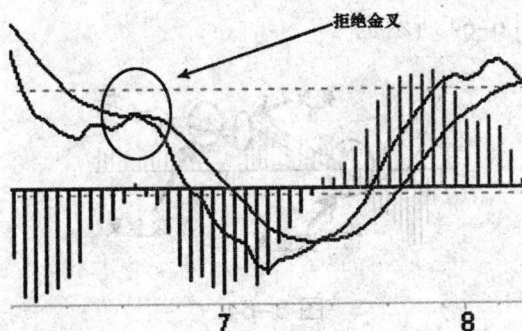

图 6-62

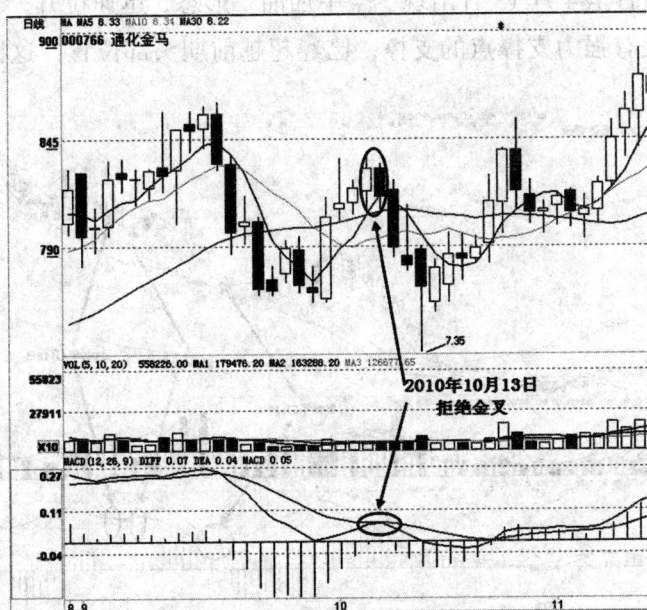

图 6-63

2010 年 10 月 12 日，通化金马（000766）收盘拉出阳线并站上了 5 日均线，此时 MACD 指标有金叉意向，但第二天股价拉出一根阴线，MACD 的金叉并未出现，DIFF 反而转身向下，与 DEA 指标形成"拒绝金叉"形态，股价反身向下（如图 6-63 所示）。

4."空中加油"的实战技巧

MACD 中的 DIFF 指标在金叉 DEA 指标之后会向上运行，在运行了一个时间段后有可能向上穿过 0 轴。这个时候，盘中已经累积了大量的获利盘，主力会选择适当的时机将跟风获利的散户"洗"出局，而洗盘的结果就是股价下跌。由于股价下跌，DIFF 指标也会缓慢向下；而主力在洗盘完成后肯定会吸货拉升股价，因此 DEA 指标仍会向上运行。当它与 DIFF 指标交叉便形成死叉，此时如果股价在重要的支撑点获得有利支撑，DIFF 指标便会在 0 轴以上再次金叉 DEA 指标，这就是我们所说的"空中加油"（如图 6-64 所示）。

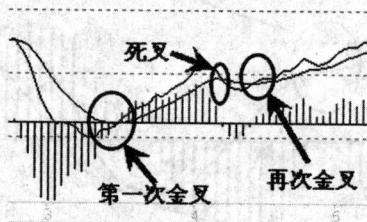

图 6-64

宏达股份（600331）在 2009 年 3 月 19 日第一次金叉，出现第一个短线介入点，于 4 月 8 日回调后至 4 月 13 日出现"空中加油"形态，迅速拉升。不过股价拉升速度过快，而且没有强力支撑点的支撑，已经超越前期头部位置，这样的介入风险性

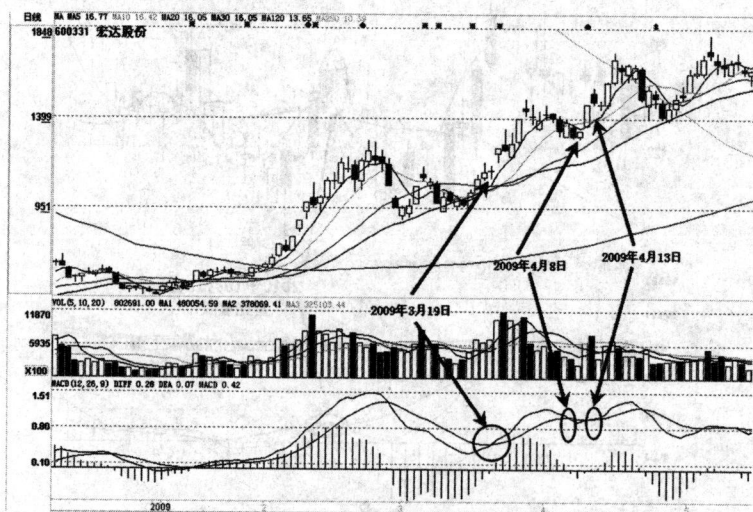

图 6-65

很大，因为股票的上涨是没有规律的，对于谨慎的投资者而言，这样的"空中加油"很难把握，如果已经进入，最好在股价跌破 5 日均线的时候选择离场，套现观望（如图 6-65 所示）。

MACD 指标的实战技巧

看盘关键要点：

　　MACD 指标的实战技巧主要集中在 MACD 指标的"金叉""死叉"以及 MACD 指标中的红、绿柱状线的情况等两大方面。

买入信号

1.DIFF 线和 DEA 线的交叉情况分析。

（1）0 轴以下区域的弱势"黄金交叉"。

　　当 MACD 指标中的 DIFF 线和 DEA 线在远离 0 轴以下区域同时向下运行很长一段时间后，当 DIFF 线开始进行横向运行或慢慢勾头向上靠近 DEA 线时，如果 DIFF 线接着向上突破 DEA 线，这是 MACD 指标的第一种"黄金交叉"。它表示股价经过很长一段时间的下跌，并在低位整理后，一轮比较大的跌势后、股价将开始反弹向上，是短线买入信号。对于这一种"黄金交叉"，只是预示着反弹行情可能出现，并不表示该股的下跌趋势已经结束，股价还有可能出现反弹行情很快结束、股价重新下跌的情况，因此，投资者应谨慎对待，在设置好止损价位的前提下，少量买入做短线反弹行情。

（2）0 轴附近区域的强势"黄金交叉"。

　　当 MACD 指标中的 DIFF 线和 DEA 线都运行在 0 轴附近区域时，如果 DIFF 线在 DEA 线下方，由下向上突破 DEA 线，这是 MACD 指标的第二种"黄金交叉"。它表示股价在经过一段时间的涨势、并在高位或低位整理后，股价将开始一轮比较大的上涨行情，是中长线买入信号。它可能就预示着股价的一轮升幅可观的上涨行情将很快开始，这是投资者买入股票的比较好的时机。对于这一种"黄金交叉"，投资者应区别对待。

　　①当股价在底部小幅上升，并经过了一段短时间的横盘整理，然后股价放量向上突破、同时 MACD 指标出现这种金叉时，是长线买入信号。此时，投资者可以长线逢低建仓。

　　②当股价从底部启动、已经出现一轮涨幅比较大的上升行情，并经过上涨途中的比较长时间的中位回档整理，然后股价再次调头向上扬升，同时 MACD 指标出现

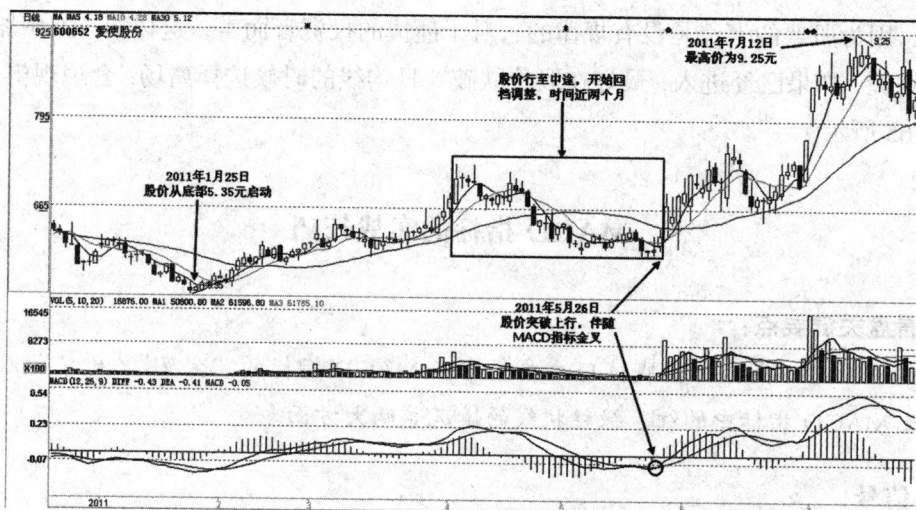

图 6-66

这种金叉时，是中线买入信号。

如图 6-66 所示，2011 年 1 月 25 日，爱使股份（600652）结束下跌行情，开始从低位启动上行，但涨势仅仅保持了两个月左右便进入回档整理，时间接近两个月。之后，该股再度发力上攻，放量突破，同时伴随着 MACD 指标金叉，拉升势头明显，是绝佳的买入时机。此时，空仓的投资者便可以大胆介入，持筹者则加仓跟进。该股自第二次启动时的 6.27 元，直至 7 月 12 日的最高价 9.25 元，中线涨幅达 48%。

（3）0 轴以上区域的一般"黄金交叉"。

当 MACD 指标中的 DIFF 线和 DEA 线都运行在 0 轴以上区域时，如果 DIFF 线在 DEA 线下方调头，由下向上突破 DEA 线，这是 MACD 指标的第二种"黄金交叉"。它表示股价经过一段时间的高位回档整理后，新的一轮涨势开始，是第二个买入信号。此时，激进型投资者可以短线加码买入股票；稳健型投资者则可以继续持股待涨。

2. 柱状线分析。

（1）红色柱状线。

红色柱状线的放出，表明市场上的多头力量开始强于空头力量，股价将开始一轮新的涨升行情，是一种比较明显的买入信号。对于这种买入信号，投资者也应从三个方面进行分析。

①当 DIFF 线和 DEA 线都在 0 轴以上区域运行，说明股市是处于多头行情中，股价将继续上涨。当 MACD 指标在 0 轴上方经过短暂的回调整理后，红柱状线再次放出时，投资者可继续持股做多，空仓者可逢低买入。

②当 DIFF 线和 DEA 线都在 0 轴以下区域运行，说明股市处于空头行情中，股

价将继续下跌探底。当 MACD 指标中的绿柱线经过很长一段时间的低位运行，然后慢慢收缩后，如果红柱状线出现时表明股价可能出现反弹但中长期下跌趋势并没有完全改变。此时，激进型投资者可以在设置好止损点的前提下短线少量买入股票；稳健型投资者则可以继续持币观望。

③当 DIFF 线和 DEA 线都在 0 轴以下区域运行，但这两条线在低位经过一次"黄金交叉"后，其运行方向开始同时向上并越来越向上靠近 0 轴时，如果此时红柱状线开始放出（特别是第二次放出），表明股价经过长时间的整理后，下跌趋势已经结束，股价在大量买盘的推动下将开始一轮新的上升行情。这也是投资者中长线买入股票的一个较好时机。此时，投资者应及时买入股票或持股待涨。

（2）绿色柱状线。

绿色柱状线的收缩，表明市场上的多头力量开始强于空头力量，股价将开始一轮新的涨升行情，是一种比较明显的买入信号。对于这种买入信号，投资者也应从三个方面进行分析。

①当 DIFF 线和 DEA 线都在 0 轴以上区域运行，说明股市是处于多头行情中，股价将继续上涨。当 MACD 指标在 0 轴上方经过短暂的回调整理后，绿柱状线再次收缩时，投资者可继续持股做多，空仓者可逢低买入。

②当 DIFF 线和 DEA 线都在 0 轴以下区域运行，说明股市处于空头行情中，股价将继续下跌探底。当 MACD 指标中的红柱线经过很长一段时间的低位运行，然后慢慢放出后，如果绿柱状线出现时表明股价可能出现反弹但中长期下跌趋势并没有完全改变。此时，激进型投资者可以在设置好止损点的前提下短线少量买入股票；稳健型投资者则可以继续持币观望。

③当 DIFF 线和 DEA 线都在 0 轴以下区域运行，但这两条线在低位经过一次"黄金交叉"后，其运行方向开始同时向上并越来越向上靠近 0 轴时，如果此时绿柱状线开始收缩（特别是第二次收缩），表明股价经过长时间的整理后，下跌趋势已经结束，股价在大量买盘的推动下将开始一轮新的上升行情。这也是投资者中长线买入股票的一个较好时机。此时，投资者应及时买入股票或持股待涨。

3.MACD 指标的双底分析。

当 MACD 指标中的 DIFF 线和 DEA 线在 0 轴附近运行了很长一段时间后，绿色柱状线构成一底比一底高的双底形态时，表明股价的长期下跌趋势可能结束，股价将在成交量的配合下，开始一轮新的中长期上升行情。此时，投资者可以开始逢低分批建仓。

卖出信号

1.DIFF 线和 DEA 线的交叉情况分析。

（1）0 轴以上区域的强势"死亡交叉"。

当 MACD 指标中的 DIFF 线和 DEA 线在远离 0 轴以下区域同时向上运行很长一段时间并向上远离 0 轴后，当 DIFF 线开始进行横向运行或慢慢勾头向下靠近 DEA 线时，如果 DIFF 线接着向下突破 DEA 线，这是 MACD 指标的第一种"死亡交叉"。它表示股价经过很长一段时间的上涨行情，并在高位横盘整理后，一轮比较大的跌势将展开。对于这一种"死亡交叉"，预示着股价的中长期上升行情结束，该股的另一个下跌趋势已可能开始，股价将可能展开一段时间较长的跌势，因此，投资者对于 MACD 指标的这种"死亡交叉"应格外警惕，应及时逢高卖出全部或大部分股票，特别是对于那些前期涨幅过高的股票更要加倍小心。

如图 6-67 所示，2011 年 2 月中下旬，烽火通信（600498）在经过一段较大的涨幅之后，做多动能不足，逐渐反转而下。同时，MACD 指标也出现死叉预警，此次死叉是在 MACD 双线并行上攻突破并远离 0 轴之后出现的，这意味着该股后市将会有较长的跌势。持股的投资者应在死叉确认的当天或第二个交易日卖出股票，清仓出局，以免遭受巨大损失。此后，该股股价一路滑坡，直至 2011 年 4 月 21 日的最低价 22.32 元才止跌反弹，此段跌势长达 4 个月，跌幅为 48%，足见死叉威力之强。

（2）0 轴以下区域的弱势"死亡交叉"。

当 MACD 指标中的 DIFF 线和 DEA 线在远离 0 轴以下区域运行很长一段时间后，由于 DIFF 线的走势领先于 DEA 线，因此，当 DIFF 线再次开始慢慢调头向下靠近

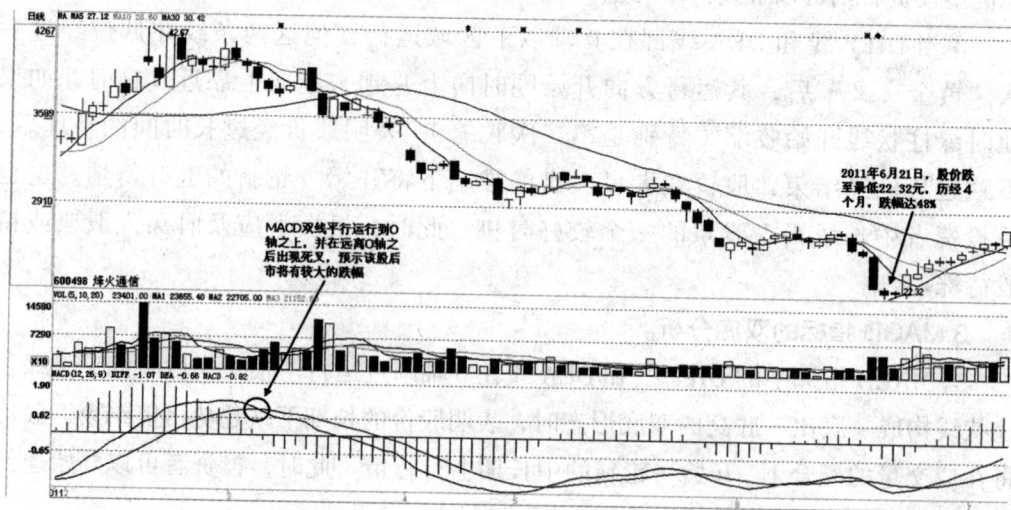

图 6-67

DEA线时，如果DIFF线接着向下突破DEA线，这是MACD指标的另一种"死亡交叉"。它表示股价在长期下跌途中的一段时间的反弹整理后，一轮比较大的跌势又要展开，股价将再次下跌，是短线卖出信号。对于这种"死亡交叉"，它意味着下跌途中的短线反弹结束，股价的中长期趋势依然看淡，投资者应以逢高卖出剩余的股票或持币观望为主。

2. 柱状线分析。

（1）红色柱状线。

红色柱状线的收缩，表明市场上的空头力量开始强于多头力量，股价将开始一轮新的下跌行情，是一种比较明显的卖出信号。对于这种卖出信号，投资者也应从三个方面进行分析。

①当DIFF线和DEA线都在0轴以上区域运行时，一旦红柱状线开始无法放大并慢慢收缩时，说明股价的涨势已接近尾声，股价短期将面临调整但仍处于强势行情中。对于这种情况的出现，稳健型的投资者可先暂时短线获利了解，待股价运行趋势明朗后再做决策；而激进型的投资者可继续持股观望。

②当DIFF线和DEA线都在0轴附近区域运行时，一旦红柱线消失，说明股价的上升行情已经结束，一轮中长线下跌行情即将展开。对于这种情况的出现，投资者应尽早中长线清仓离场，特别是DIFF线和DEA线也同时向下运行时，更应果断离场。

③当DIFF线和DEA线都在0轴以下区域运行时，如果MACD指标中的红柱线再次短暂放出后又开始收缩，则表明股价长期下跌途中的短暂反弹将结束，空方力量依然强大，投资者还应看空、做空，抢反弹的投资者应尽快离场。

（2）绿色柱状线。

绿色柱状线的放出，表明市场上的空头力量开始强于多头力量，股价将开始一轮新的下跌行情，是一种比较明显的卖出信号。对于这种卖出信号，投资者也应从三个方面进行分析。

①当DIFF线和DEA线都在0轴以上区域运行时，一旦绿柱状线停止收缩并慢慢放出时，说明股价的涨势已接近尾声，股价短期将面临调整但仍处于强势行情中。对于这种情况的出现，稳健型的投资者可先暂时短线获利了解，待股价运行趋势明朗后再做决策；而激进型的投资者可继续持股观望。

②当DIFF线和DEA线都在0轴附近区域运行时，一旦绿柱线出现，说明股价的上升行情已经结束，一轮中长线下跌行情即将展开。对于这种情况的出现，投资者应尽早中长线清仓离场，特别是DIFF线和DEA线也同时向下运行时，更应果断

离场。

③当DIFF线和DEA线都在0轴以下区域运行时，如果MACD指标中的绿柱线再次短暂收缩后又开始放出，则表明股价长期下跌途中的短暂反弹将结束，空方力量依然强大，投资者还应看空、做空，抢反弹的投资者应尽快离场。

3.MACD指标的双顶分析。

当MACD指标中的DIFF线和DEA线在0轴以上运行了很长一段时间后，红色柱状线构成一顶比一底顶低的双顶形态时，表明股价的长期上升趋势可能结束，股价将开始一轮新的中长期下跌行情。此时，投资者应及时逢高卖出股票。

持股待涨信号

1.DIFF线和DEA线的运行方向分析。

（1）当DIFF线和DEA线在0轴以上区域同时向上运行时，表明多方力量强于空方，股价处于一段上升行情之中，只要DIFF线没有向下突破MACD线，投资者就可一路持股待涨或逢低买入。

（2）当DIFF线和DEA线在0轴以上区域运行，但由于DIFF线领先于DEA线，如果DIFF线开始向下运行并逐渐靠拢DEA线时，表明多空力量开始趋向平衡，股价面临短线回档整理的压力。对于这种情况的出现，投资者应小心操作、区别对待。只要DIFF线没有有效向下突破DEA线，仍然可以持股待涨，直至DIFF线向下有效突破DEA线并同时向下运行后，便应及时卖出。

（3）当DIFF线和DEA线在0轴以下区域但同时向上运行时，表明多方力量开始慢慢积聚，股价处于一段慢慢的反弹恢复行情之中。对于这种情况的出现，激进型投资者可以开始少量逢低吸纳，短线持股待涨、做反弹行情。

2.柱状线分析。

（1）当DIFF线和DEA线在0轴以上区域运行时，如果MACD指标中的红柱线依然增多拉长时，表明多方力量强于空方力量，股价处于一种强势上升的行情之中，投资者应坚决持股待涨。

（2）当DIFF线和DEA线在0轴以下区域时，如果MACD指标中的红柱线开始放出并逐渐放大、并且DEA线和DIFF线都同时向上运行时，表明多头力量在缓慢增长，激进型的投资者可以中长线逢低建仓并持股待涨。

（3）当DIFF线和DEA线在0轴以上区域运行时，如果MACD指标的绿柱线经过一段短时间的中位运行后再慢慢减少收缩时，表明多方的力量重新积聚，股价经过小幅高位整理后将再次企稳上攻。投资者也应短线持股待涨。

持币观望信号

1.DIFF 线和 DEA 线的运行方向分析。

（1）当 DIFF 线和 DEA 线在 0 轴以上区域，但它们的运行方向都同时向下时，表明空方力量开始增大，股价上升行情可能结束，投资者应持币观望、不可盲目买入股票。特别是对于那些近期涨幅过高的股票。

（2）当 DIFF 线和 DEA 线在 0 轴以下区域，而且它们的运行方向也是同时向下时，表明空方力量过于强大，股价的下跌行情依然继续，此时，投资者更应坚决持币观望、尽量不做反弹行情。

2. 柱状线分析。

（1）当 DIFF 线和 DEA 线在 0 轴以上区域运行时，如果 MACD 指标中的红柱线开始收缩并逐渐消失时，表明多方力量可能衰竭，股价随时反转向下，此时，投资者应以持币观望为主。

（2）当 DIFF 线和 DEA 线在 0 轴以上区域运行时，如果 MACD 指标中的绿柱线开始放出并逐渐增大拉长时，表明多方力量已经衰竭，空方力量逐渐强大，股价的下跌行情已经展开，此时，投资者应坚决持币观望。当 DIFF 线和 DEA 线在 0 轴以上区域运行时，如果 MACD 指标中的绿柱线在依次向下拉大增强时，表明空方力量过于强大，股价将跌势依旧，此时，投资者也应坚决持币观望。

（3）当 DIFF 线和 DEA 线在 0 轴以下区域运行时，如果股价经过一轮短时间小幅反弹行情后，MACD 指标中的红柱线再次收缩并消失时，表明空方力量依然强大，股价再次反转向下，此时，投资者也应以持币观望为主。

第五节　其他几种常用的技术分析指标

KDJ——随机指标

看盘关键要点：

1.KDJ 指标高位钝化现象表面看去十分可怕，其实这也正说明多头力量超强，主力的目的纯粹是为了逼空，不让他人有半点儿机会介入，股价极易形成单边上扬。

2.KDJ 指标低位钝化时，看上去指标很低了，似乎很安全，但从另一角度看，也正说明空方力量极强，股价易形成持续的单边下跌。

3. 如果个股的 KDJ 指标连续 3 天在 50 以下，则说明该股即将调整，投资者可以暂时退出观望。

4. 在使用 KDJ 指标时，一定要结合趋势、成交量、形态等其他分析工具，才能起到更好效果。

KDJ 指标是根据近阶段股价分布中的相对位置来预测可能发生的趋势反转，也就是我们经常说的超买、超卖。有这样一个判断标准：当 D 指标 > 80 时，为超买；D 指标 < 20 时，为超卖；当 J 指标 > 100 时，为超买；J 指标 < 10 时，为超卖。或者直观地说，当 K 指标向上突破 D 指标，就是买入信号；当 K 指标向下穿破 D 指标，则为卖出信号。而 KDJ 指标的使用有很多限制：不适用于小盘股；K 指标和 D 指标的交叉必须发生在 70 以上和 30 以下，等等。然而，用 KDJ 指标来分析大盘，或者热门大盘股时有着极高的准确性，这正是我们在短线操作时使用 KDJ 指标的根源所在。

随机指标线（KDJ）是欧美期货市场常用的一种技术分析工具，它综合了动量观念、强弱指标与移动平均线的优点，具有较强的实用性。随机指标一般通过一个特定周期（常为 9 天）内出现过的最高价、最低价及最后一天的收盘价这三个数据计算最后一天的未成熟随机值。该指标在中短期股票投资中颇为适用。

KDJ 指标是以最高价、最低价及收盘价为基本数据进行计算，得出的 K 值、D 值和 J 值分别在指标的坐标上形成的一个点，连接无数个这样的点位，就形成一个完整的、能反映价格波动趋势的 KDJ 指标。它主要是利用价格波动的真实幅度来反映价格走势的强弱和超买超卖现象，在价格尚未上升或下降之前发出买卖信号的一种技术工具。

一般来说，KDJ 指标有以下三项使用原则：

（1）当 K 值大于 D 值时，显示目前股票处于上涨的趋势，因此在图形上，K 线向上穿越 D 线时，是买入信号。

（2）当 D 值大于 K 值时，显示目前股票的趋势是向下跌落，故在图形上，K 线向下穿越 D 线时，为卖出信号。

（3）D 值低于 10 ~ 15 水平是买入信号，若高于 80 以上时是卖出时机。

值得注意的是，上述三项使用原则，可靠性较低且经常出现骗线（特别是以日 KDJ 指标做分析时），在使用时，一定要结合趋势、成交量、形态等其他分析工具，才能起到更好效果。

从中国股票市场的发展历史来看，真正走势漂亮的大牛股在狂涨之前，一般都拥有这样的通性：股价从底部以小阳线向上推升时，KDJ 指标也伴随着进入了高位，主力在大幅拉升之前，常会以一个大阴线，劈头盖脸打压下来，这时的 KDJ 指标形成了 80 以上高位的死叉，极为吓人，而后主力继续以小阳、中阳线重新向高位推进，这时，KDJ 指标又会在 70、80 附近形成所谓的 "高位金叉"。随着股价的上扬，还会形成 80 以上的钝化，即指标横向发展，KDJ 指标如能保持这种状况，股价将会持续上扬。这一规律需要引起投资者的重视，是骑黑马技术的重要组成部分，值得仔细研究，同时也是其他关于股票的专业书籍中很少涉及的部分。

其实运用 KDJ 指标，最重要的在于准确把握其钝化现象。钝化现象是指 KDJ 指标在 80 附近或在 20 附近反复形成 "金叉" "死叉"，总趋势横向发展，表面看去十分可怕。如指标在 80 附近，看上去很高，其实这也正说明多头力量超强，股价极易形成单边上升。在 20 附近也是同样的道理，看上去指标很低了，似乎很安全，但从另一角度看，也正说明空方力量极强，股价易形成持续的单边下跌。此时应注意运用趋势分析、成交量分析和趋向类指标。若仅凭 KDJ 指标在低位，就去买股票，肯定要吃亏。

很多投资者之所以在股市里赚不到钱，原因是不了解主力的洗盘和震仓手法。这些投资者虽然大多都有捕捉到大黑马的经历，但几乎没有能够一直骑到最后不放的，这可能与他们太注重技术分析有关。主力迷惑散户的手法很多，其中 KDJ 指标的严重超卖，便是他们的杰作之一。

既然股市是一个高风险、高回报的市场，就要求我们既然要想得到收益，就要承担一定的风险。俗话说富贵险中求，这便是追击 KDJ 指标高位钝化个股的宗旨。纵观沪深两市历史，曾经出现的大牛股无一不是只顾向前，决不后退，不以 KDJ 指标为操作依据。

2009 年，中国股民在寒冷的冬季里迎来了股市的春天，大盘从 1 月 5 日开始便一路上行，大涨小回。进入 5 月以后，前总理温家宝发表讲话，强调把保持经济平稳较快发展作为首要任务。随后证监会主席尚福林宣布对 IPO 制度进行改革，IPO 之门于 7 月正式重新开启，2009 年 7 月 10 日，桂林三金（002275）公开募股发行，成为 IPO 重启后的首单。这两个政策层面的重大利好消息，直接刺激沪深两市直线上扬，个股也纷纷演绎出火爆行情。

如图 6-68 所示，长江证券在进入 7 月之后开始发力，此时 KDJ 指标已经开始逐步超买，但是主力似乎毫不理会，只管大力拉升股价。从 K 线图上看，该股在进入 7 月以后明显呈现出单边上涨的趋势，但是 KDJ 指标发生高位钝化，在 80 附近频繁地 "金叉" "死叉"，十分吓人。如果投资者过于相信 KDJ 的预警信号，提前抛出筹码，便无法抓住整个上升段，即使盈利，利润也很有限。

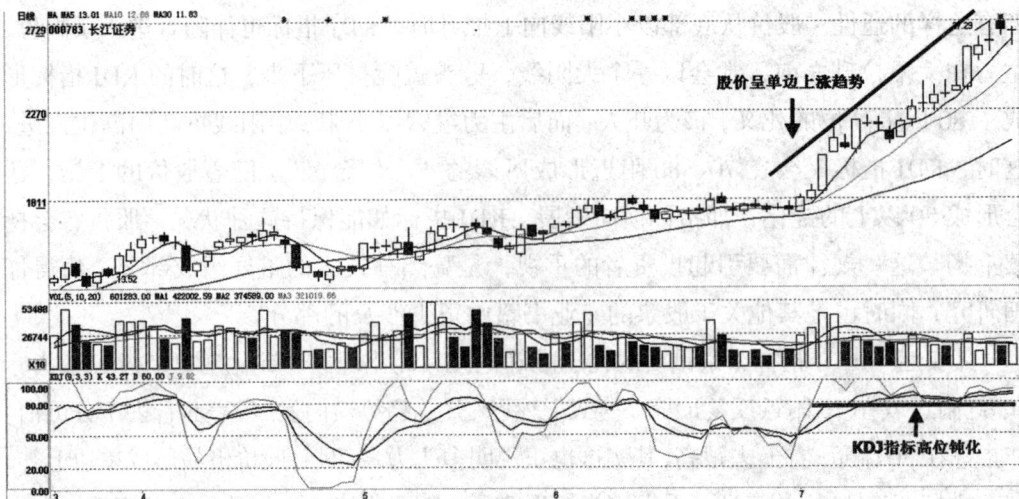

图 6-68

由上例我们可以明显看出，当大盘向好，或者个股有主力坐庄时，投资者千万不要被 KDJ 指标表现出来的高位钝化吓倒。这种情况的出现，很有可能是主力利用反技术的手法，不断推高股价，主力的目的纯粹是为了逼空，不让他人有半点机会介入。这样的一种逼空法一方面说明主力实力强，另一方面则说明这类个股肯定有重大利好等待公布。面对这样的个股，不用害怕，可以分三次建仓介入，将风险降到最低。如果这类个股的 KDJ 指标连续三天在 50 以下，则说明该股即将调整，可以暂时退出观望。

要想把握住个股 KDJ 指标的动向，就必须同时盯住 K、D、J 三条指标线，这对于普通投资者而言并不是一件很容易的事。投资者不妨只对 KDJ 指标中的 J 指标进行研究，会发现单用 J 指标完全可以发现一只大盘股的底部和顶部：如果 J 指标连续下行到 0 或者 0 以下（负数）的时候，再配合重要的平均线就可以观察出大盘或者个股的底部所在，你就可以逢低买入；而如果 J 指标连续上行到 100 或者以上时，随时会有反向运行的可能，这就是大盘或个股的顶部，你就可以套现出局，观望后再入场。这种通过 J 指标快速寻找底部和顶部的技法对于投资者而言很有帮助，简单易学，也比较精确，有利于帮助投资者找准买点和卖点，从而快速套利。

中体产业（600158）在 2009 年 2 月中旬连续下跌，于 2 月 27 日最低下探至 7.02 元，受到 30 日线的有力支撑。看此时的 KDJ 指数，J 值已经为 -14.50，满足了 J 指标在 0 以下运行的条件，也有支撑点的有力支撑，这样便可以判断出此时的股价是该股的底部所在，适合散户投资者进场抄底，快速套利。其后在 15 个交易日内，股价一路上涨，最高摸至 3 月 23 日的 11.40 元，涨幅接近 63%，如果散户投资者逢低纳入，那么此时可以卖出手中筹码，出局观望，确保利润（如图 6-69 所示）。

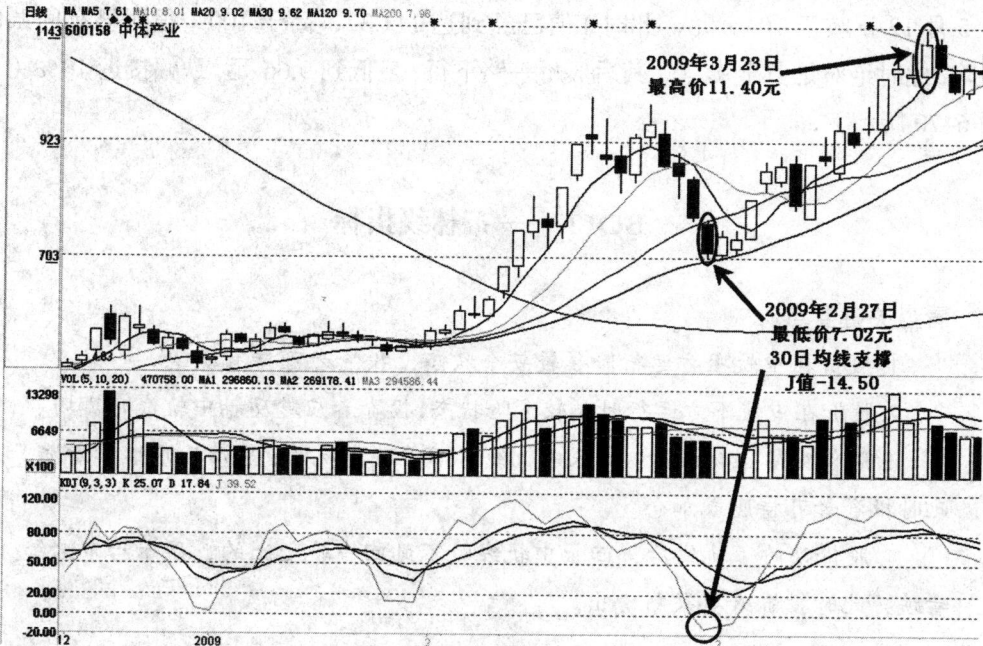

图 6-69

华夏银行（600015）在 2008 年 12 月 2 日触碰阶段性底部 7.12 元后持续上涨，在 12 月 10 日收于 9.10 元的相对高点，而此时 J 指标已经达到 110.41，在 100 以上，随时可能见顶回调，投资者如果此时手中握有该股应当卖出套利。而后该股股价大跌，3 次下跌至 7.26 元，跌幅超过 20%。无独有偶，在 2009 年 5 月的涨势中，该

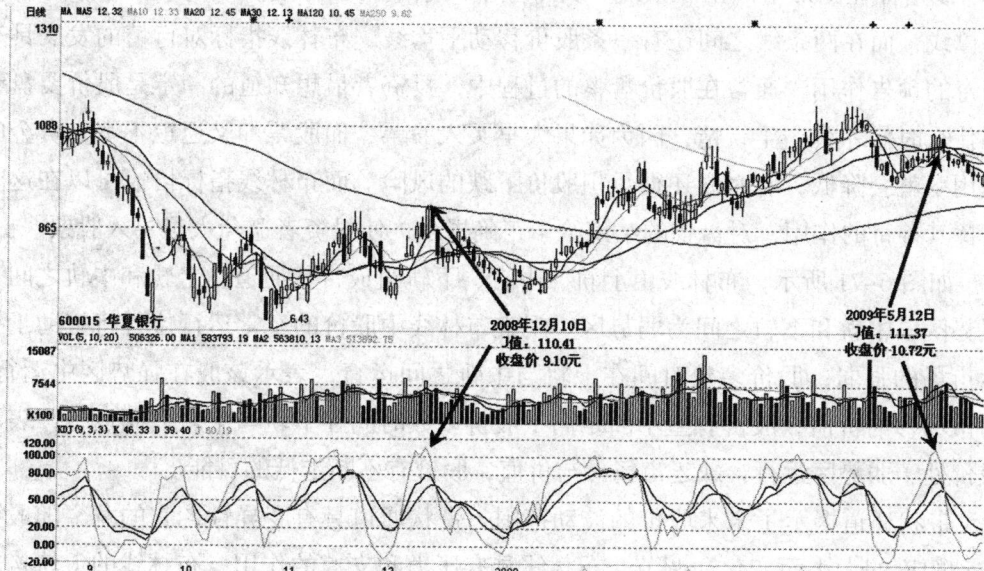

图 6-70

股 5 月 12 日收于 10.72 元，此时 J 值已经到达 111.37，高于 100，很明显有回调的风险，此时绝对是黄金卖点。其后股价一路下行，最低到 9.66 元，跌幅接近 10%（如图 6-70 所示）。

BOLL——布林线指标

看盘关键要点：

1. 股价在中轨上方运行时属较安全状态，投资者可持有观望。

2. 股价在中轨下方运行时属较危险状态，投资者应趁反抽中轨线时离场。

3. 股价突破上轨线后，回探中轨线时不跌破中轨的，显示后市继续看涨，此时投资者可持股或加仓。

4. 股价跌破下轨线后，回抽中轨线时不站回中轨之上的，显示后市继续看跌，此时投资者要果断卖出。

BOLL 指标称为布林线，它属于路径型指标，是根据统计学中的标准差原理设计出来的一种相对比较实用的技术指标。参考布林线进行买卖，不仅能指示支撑位、压力位，显示超买、超卖区域，进而指示运行趋势，还能有效规避主力惯用的技术陷阱——诱多或诱空，短线操作的胜率远高于 MACD 等常用技术手段，尤其适用于波段操作。

该指标在图形上画出三条线，其中上下两条线可以分别看成是股价的压力线和支撑线，而在两条线之间还有一条股价移动平均线。布林线指标对行情的发展具有神奇的预告作用，通常在股价盘整的过程中，投资者最想知道的一定是股价要盘整到什么时候才会产生行情，因为如果太早买入股票，而股票却又迟迟不涨，资金的利用率就会降低，有时候还得承担股价下跌的风险。而布林线指标恰恰可以在这时发挥其神奇的作用，对盘整的结束给予正确提示，使投资者避免太早买入股票。

如图 6-71 所示，布林线由上轨、中轨、下轨组成带状通道，上轨和中轨之间为强势区，中轨和下轨之间为弱势区。观察布林线中股价的经常运行位置将有助于揭示市场的强弱，股价多数时间在上轨与中轨之间运行，表示该股在强势区中运行，有市场参与价值，股价有望不断走高；股价多数时间在下轨与中轨之间运行，表示股价处于弱势区运行，缺乏市场参与价值，股价有不断走低的可能。

带状通道揭示了未来股价的波动范围，带状通道具有变异性，它的宽窄随股价波动幅度的大小而变化和调节。布林线具有压力和支撑的作用，布林线的上轨构成

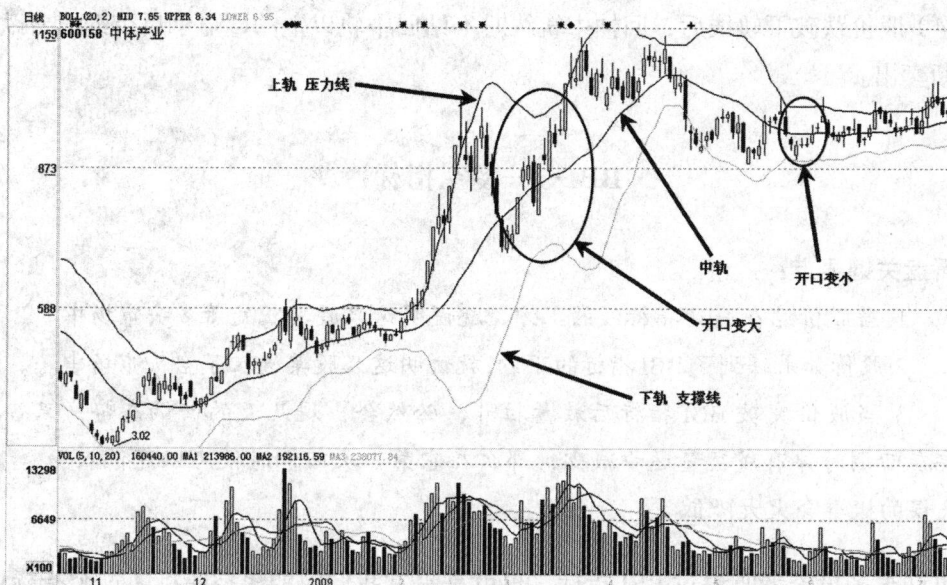

图 6-71

对股价的压力，布林线的下轨构成对股价的支撑，布林线的中轨是压力和支撑转换的敏感位置。看布林线可以帮助投资者形成逢低买入、逢高卖出的投资习惯。

投资者利用布林线指标选股主要是观察布林线指标开口的大小，对那些开口逐渐变小的股票就要多加留意了，因为布林线指标开口逐渐变小代表股价的涨跌幅度逐渐变小，多空双方力量趋于一致，股价将会选择方向突破，而且开口越小，股价突破的力度就越大。

在选定布林线指标开口较小的股票后，先不要急于买进，因为布林线指标只告诉我们这些股票随时会突破，但却没有告诉我们股票突破的方向，如果符合以下三个条件，股票向上突破的可能性较大：

（1）上市公司的基本面要好，这样主力在拉抬股价时才能吸引大量的跟风盘；

（2）在K线图上，股价最好站在均线支撑位上；

（3）要看当前股价所处的位置，最好选择股价在相对底部的股票，对那些在高位横盘或上升和下降中横盘的股票要加倍小心。

具体操作起来，可以总结为以下四个方面：

（1）股价在中轨上方运行时属较安全状态，可以放心地持有观望；

（2）股价在中轨下方运行时属较危险状态，应趁反抽中轨线时离场；

（3）股价突破上轨线后，回探中轨线时不跌破中轨的，显示后市继续看涨，此时可以持股或加仓；

（4）股价跌破下轨线后，回抽中轨线时不站回中轨以上的，显示后市继续看跌，应果断卖出。

BBI——多空指标

看盘关键要点：

1. 当股价站在 BBI 指标线的上方，就说明这只股票正处于多头市场中。

2. 股价如果跌到了 BBI 指标的下方，就说明这只股票进入了空头市场中。

3. 当股价突破 BBI 指标后放量拉升，必然会出现几天的回调态势，只要在回调时伴有成交量逐步减少，那么在它第一次回调时便可以逢低入场，失误的概率会大大降低。

也许很多投资者听说过 BBI 指标，也就是平常我们说的多空指标。这个指标可以用来判断目前市场是处于多头市场还是空头市场，借以决定投资者买进和卖出的行为。

多空的判断有很多方法，股市中不少人喜欢用移动平均线来判断，通过设定不同周期的移动平均线来寻找多空转换的迹象，但是，这种方法并不能有效解决不同周期移动平均线互相协调的问题。而 BBI 指标的设计原理是综合多个移动平均线的数值后，将它们进行平均处理，这样得到的数值更客观、更形象，因为它如同一个议会，是在综合了大家的意见后得出结论，而不是单独作出评判，所以，用"多空指标"来判断多空的效果比较理想，特别是在判断中长期走势的时候。

BBI 指标的使用方法很简单，它只有一条参考线，当股价站在 BBI 指标线的上方，就说明这只股票正处于多头市场中；股价如果跌到了 BBI 指标的下方，就说明这只股票进入了空头市场中。由于 BBI 指标判断多空的特性，对一些成长性较好的股票有特殊的指导意义，熟练掌握 BBI 指标对投资者快速套利十分必要。

ST 石砚（600462）于 2009 年 3 月 11 日放量上攻 BBI 指标，主力大力吸引跟风盘的介入。随后便连续 3 个交易日回调，同时伴以成交量减少，显示主力洗盘目的非常明确，这个时候便是投资者最好的切入点。随着成交量的缩小，该股终于在 3 月 17 日再次放量上攻，开始了大阳线拉升走势，如果投资者一路持有到 4 月 9 日再次击穿 BBI 指标时出局，盈利可以达到 39%，最高盈利更是达到 46%（如图 6-72 所示）。

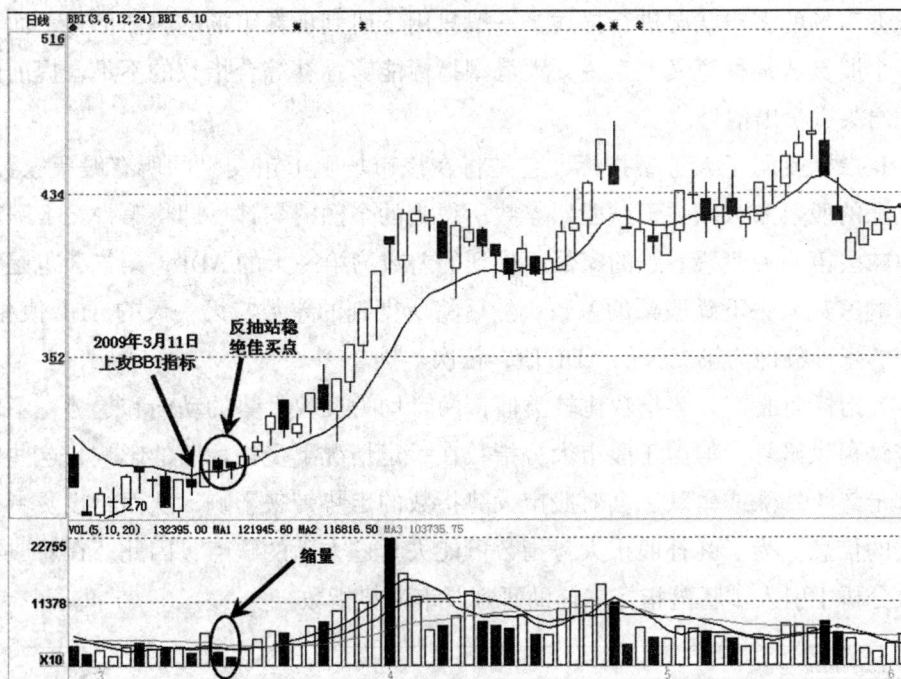

图 6-72

当个股的股价上穿 BBI 指标线时，有时已经远离了该指标线，即使第二天回抽也有可能走出失败的态势，那么怎样才能找到风险最小的购买点呢？原来当股价突破 BBI 指标后放量拉升，必然会出现几天的回调态势，只要在回调时伴以成交量逐步减少，那么在它第一次回调时便可以逢低入场，失误的概率会大大降低。

ADL——腾落指数

看盘关键要点：

1. ADL 属于大势型指标，它能够弥补综合指数的不足，提前向投资者发出买进卖出信号，但对个股涨跌的预测不起作用。

2. 在正常情况下，当股价指数和 ADL 指标同涨同跌时，对升势或跌势予以确认。

3. 当 ADL 曲线出现各种见顶或见底的形态后，如果股价指数也同样出现了见顶或见底形态，这时卖出或买进的信号更加准确。

在介绍 ADL 指标之前，我们先介绍什么是大势型指标，所谓大势型指标主要对整个证券市场的多空状况进行描述，一般只用于研判证券市场的整体形势，而不能应用于个股，从某种意义上来说，大势型指标能够弥补综合指数的不足，提前向投资者发出买进卖出信号。

ADL 指标就属于大势型指标，它是将在该市场上上市交易的所有股票家数中，每日上涨的股票家数减去下跌股票家数所得到的余额的累计。即将第一天上涨股票的家数减去第一天股票下跌的家数所得到的差数为第一天的 ADL，第二天也是将上涨股票的家数减去下跌股票的家数，然后将所得到的差数与第一天的 ADL 值相加，所得到的累计额即为第二天的 ADL 值，依次类推。

ADL 指标与股市大势指数比较类似，两者均为反映大势的动向和趋势，不对个股的涨跌提供讯号。但由于股市大势指数在一定情况下受指标股的影响，这些股票的异常走势（暴涨或暴跌）会对股市大势指数的走势带来影响，从而给投资者提供不真实的信息。为了弥补股市大势指数可能失真这方面的缺点，因此，在对股市大势指数分析中引入了腾落指标来辅助研判股市大势指数。

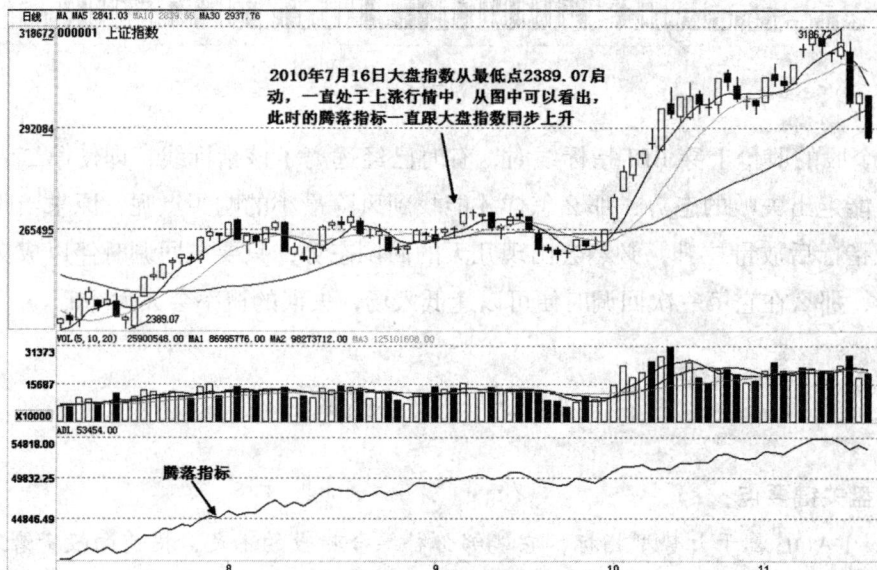

图 6-73

因此，我们可以知道，ADL 指标是利用简单的加减法计算每天股票上涨家数和下跌家数的累计结果，它将股票每天上涨和下跌的家数作为计算和观察的对象，借此了解股市人气的兴衰，探测大势内在的动量是强势还是弱势，从而对股票的大势进行预测。

在正常情况下，股价指数上涨，腾落指标也随之上升，股价指数下跌，腾落指标也随着回落，在二者趋同的情况下，可以对升势或跌势予以确认。比如说，股市大势指数上升，腾落指标也同步上升，并创出了新高，这表示大势的上升趋势将继续，短期内反转的可能性不大。

上证指数（000001）2010 年 7 月 16 日至 11 月 11 日的走势，指数从 7 月 16 日的最低点 1389.07 启动，一直处于上涨行情中，而此时的腾落指标也一直处在与大盘指数同步上升的阶段（如图 6-73 所示）。

但如果股价指数异动而腾落指数横行，或两者反方向波动，二者不能互相印证，则说明大势不稳，不宜贸然入市。比如说，在长期上涨的多头行情里，如果股市大势指数已经进入高位时，而 ADL 曲线并没有同步上升，而是开始走平或下降，这是大势的向上趋势可能将结束的信号。

深证成指（399001）在 2009 年 12 月 8 日指数创出了新高点 14096.87 点，但此时的 ADL 指标开始走平并有转头向下的趋势，这说明大势向上的趋势可能结束。果然，在随后的走势中，指数开始下跌（如图 6-74 所示）。

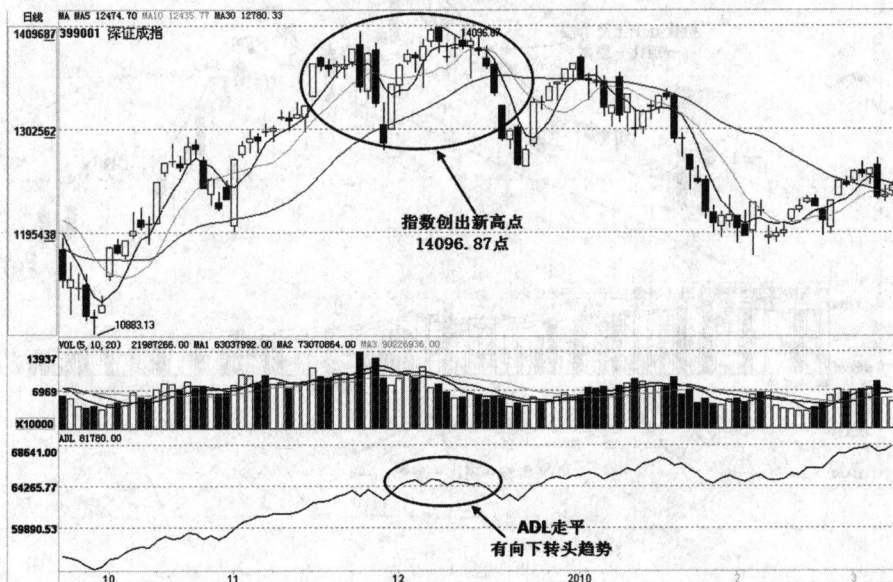

图 6-74

接下来我们再介绍几种 ADL 指标的特殊分析方法：

1. 顶背离。

在多头市场里，主力经常会控制一些指标股的走势来维持市场的上升趋势而达到吸引买盘、拉高出货的目的。当市场主力借控制指标股的大涨小回以维持中长期投资者的信心，而对其余股票则采取轮番上涨的节奏上扬时，股市的上升趋势将十分稳定。当多头市场行情持续数月后，股市大势指数仍在缓慢攀升，而此时 DAL 指标却在高位徘徊不前甚至开始掉头下降时，则表示股市大势指数的上升趋势主要是指标股拉动上升所致，并得不到其他股票得配合，市场主力有拉高出货得迹象。此种走势，就是 ADL 指标的顶背离现象。当 ADL 指标出现顶背离现象时，通常意味着股市的多头行情已接近尾声，股市大势可能很快会反转向下。

上证指数（000001）在 2007 年 9 月份的走势中一直处于上涨行情中，指数一顶比一顶高，而先前的 ADL 指标也处在于大盘指数同步上升的行情中，但在 2007 年 10 月 9 日，ADL 上升至 5696.00 高点之后，便反身向下，而此时的指数却仍然处在上升行情中，随后，ADL 在 2007 年 10 月 16 日收出 4775.00，而此时的指数上涨至 6124.04 点。ADL 先于指数发出了大盘将要反转的信号，随后，在 10 月 17 日，指数在高位收出一个阴线螺旋桨形态，表示后市看跌，随后指数一落千丈（如图 6-75 所示）。

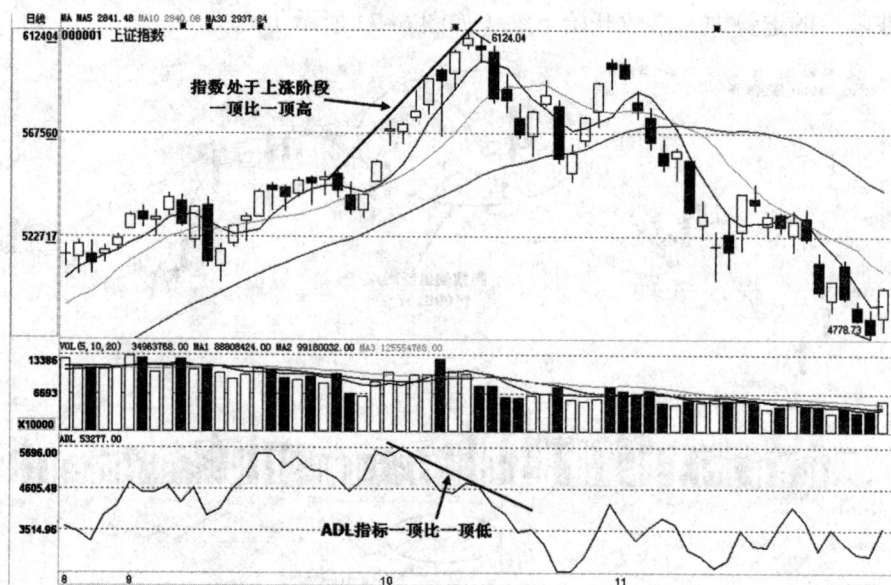

图 6-75

2. 底背离。

在空头市场里，主力经常会控制一些指标股的走势来延长市场的下跌趋势而达到诱逼卖方抛售、低位吸货的目的。在股市下跌初期，市场上人气涣散，投资者争相抛售手头股票，股市的下降走势一波比一波低。当空头市场行情持续数月后，随着卖盘的逐渐减少，成交量极度萎缩，市场上出现惜售股票的迹象，许多股票开始止跌回稳，而此时市场主力并没有收集到足够的廉价筹码。为了达到能有足够的空间和时间逢低吸纳绩优股的目的，市场主力便借控制指标股的再次下跌打击中长期投资者的信心。当股市大势指数再次下跌并创新低，而 DAL 指标却在低位走平甚至开始调头向上时，这表示股市大势指数的下降趋势主要是市场主力打压指标股，以达到逢低吸货的目的所致。此种走势，就是 ADL 指标的底背离现象。当 ADL 指标出现底背离现象时，通常意味着市场上主力已开始进场建仓，大盘将很快止跌反弹。

3.ADL 曲线的形态。

和其他技术分析指标一样，ADL 曲线出现的各种形态也是判断行情走势、决定买卖时机的一种分析方法。

（1）当 ADL 曲线在经过一段上涨行情的高处出现了双顶、圆顶等顶部反转形态时，可能预示着股市大势由强势转为弱势，此时投资者应及时卖出股票。如果大盘指数曲线也出现了同样的见顶形态，这时的信号更强烈。

（2）当 ADL 曲线在经过一段下跌行情的低位出现了双底、圆底、V 底等底部反转形态时，可能预示着股市将由弱势转为强势，投资者此时可以逢低少量吸纳股票。如果大势曲线也出现同样形态更可确认。

BIAS——乖离率指标

看盘关键要点：

1. 乖离率是通过对股价远离均线程度的计算来确定买进或卖出时机的技术分析指标。

2. 乖离率的买入和卖出区间的取值应根据不同的时间参数来决定，不能机械地采用统一的标准。

乖离率指标是根据葛兰碧移动平均线八原则推演而来，其原则提到，当股价突然暴跌或暴涨，距离移动平均线很远，乖离过大时，就是买进或卖出的时机。乖离率也是移动平均线使用功能的具体量化表现，同时也对移动平均线的不足之处起到弥补的作用。

乖离率，简称 Y 值，是由移动平均原理派生的一项技术指标，其功能主要是通过测算股价在波动过程中与移动平均线出现偏离的程度，从而得出股价在剧烈波动时因偏离移动平均趋势而造成可能的回档或反弹，以及股价在正常波动范围内移动而形成继续原有趋线的可信度。

这一点和经济学中的价格是价值的表现形式，价格总是围绕价值上下波动理论相似。乖离率能够精确地显示股价偏离移动平均线的程度，因此，利用乖离率数值大小能很准确地判断出股票价格波动的顶部与底部。从这方面来说，乖离率是深受广大投资者喜欢的技术分析指标之一。

股市，大致来说是在两个区域内循环往复，这两个区域分别是，大多数人赚钱的时期或者大多数人赔钱的时期。所以，股市投资中最简明的策略就是：在大多数人赔钱的时候买入，在大多数人赚钱的时候卖出。而乖离率的设计正是建立在这种战略思想基础上的，它假设某一周期的移动平均线是该段时间内多空双方的盈亏平衡点，再以现价距离平衡点的远近判定目前处于哪个区域。然后根据偏离程度，作出买卖决定。

通常，在设定乖离率的时间参数时可根据移动平均线的日数设立，分别用以研判短、中、长期走向。一般定位 6 日、12 日和 24 日。

（1）6 日平均线乖离率达 + 5% 以上为超买现象，是卖出时机；当其达 – 5% 以下时为超卖现象，为买入时机。

（2）12 日平均线乖离率达 + 7% 以上为超买现象，是卖出时机；当其达 – 7% 以下时为超卖现象，为买入时机。

（3）24 日平均线乖离率达 + 11% 以上为超买现象，是卖出时机；当其达 – 11% 以下为超卖现象，为买入时机。

（4）在趋势上升阶段股价如出现负乖离，正是逢低买入的有利时机。

（5）在趋势下降阶段股价如出现正乖离，正是逢反弹出货的最佳时机。

第七章

看主力：每一次盘口异动都是主力博弈的产物

第一节　如何看清主力动向

谁是股市翻江倒海的大鳄

看盘关键要点：

1.主力是指股市中资金实力雄厚的机构、社会团体或个人大户，他们以市场为敌手，通过拥有的大资金，利用各种手段影响和操纵股市和股价的涨跌，以图获取丰厚的利润。

2.主力可分为长线主力、中线主力和短线主力，不同的主力有不同的操盘特点，所以，在操作过程中也要采取不同的策略。

3.并不是所有的主力都会获利，主力也有被套的可能，这就要求投资者在炒股过程中不要盲目打探有没有主力介入，而是要搞清楚主力的类型及处境，减少亏损的可能。

1.主力坐庄的条件。

毫无疑问，主力才是股市中翻江倒海的大鳄。通俗地讲，主力是指股市中资金实力雄厚的机构、社会团体或个人大户，他们以市场为敌手，通过拥有的大资金，利用各种手段影响和操纵股市和股价的涨跌，以图获取丰厚的利润。

一般来说，主力必须具备以下条件：

（1）主力必须具有雄厚的资金实力或是强有力的融资能力，能够操纵至少一只股票的价格，假使出现意外，也能从容对付。资金是主力的先决条件，是主力的生命线，如果没有资金，则其他一切都无从谈起。

（2）主力必须要有畅通的信息渠道。信息渠道包括获取信息的渠道和传播信息的渠道。

（3）主力要有较高水平的操盘手进行操作。通常来说，这些操盘手要精通基础分析和技术分析技巧，具备操纵股价的技巧和经验。

（4）主力操作股票，面对着如何组织资源投入，参与市场运作竞争，同时尽可能避免风险的重大课题。这就要求主力必须要有严密的组织管理。

（5）主力必须要有相应的技术设备条件。

2. 摸清不同主力的特性。

主力不可能千篇一律，不同的主力有不同的操盘手法和特点。以下分别介绍不同类型主力的特点：

（1）根据操作周期可分为长线主力、中线主力和短线主力。

①长线主力的坐庄以年计。

长线主力较多是在一个经济周期的谷底附近入货，到该周期峰顶附近出货。由于长线主力资金实力大、底气足、操作时间长，在走势形态上才能够明确地看出吃货、洗盘、拉高、出货。长线主力的一个最重要的特点就是持仓量，由于持股时间非常长，预期涨幅非常大，所以要求主力必须能买下所有的股票。

②中线主力看中的往往是某只股票的题材，经常会对板块进行炒作。

中线主力往往是在底部进行一段时间的建仓，持仓量并不是很大，然后借助大盘或利好拉升，通过板块联动效应以节省成本，然后在较短的时间内迅速出局。中线主力最突出的一个特点是升幅较大，通常有五成左右，100%也是常见的，甚至也有三四倍升幅的。

2010年6月30日，美尔雅（600107）的股价从底部开始启动，直至2011年7月22日，股价一直处于上升阶段。在上涨过程中，股价中途虽有回落，但从长期运行的趋势来看，它一直呈现出梯形上涨态势。从主力进出指标更能清晰地看出整个上涨的过程，且主力进出指标三线一直处于向上发散状态，表示主力有效控盘，投资者可逢低买入。在每一次的拉升过程中，股价的涨幅都在20%以上。例如，从2010年6月30日的最低价8.30元拉升至2010年9月14日的最高价13.58元，涨幅达64%。从2010年9月14日的13.58元拉升至2011年7月22日的最高价16.75元，涨幅达24%（如图7-1所示）。

③短线主力的特点是重势不重价，也不强求持仓量。

短线主力大致可分为两种，一种是抄反弹的，在大盘接近低点时买进，然后快速拉升，待散户也开始抢反弹时迅速出局。一类是炒题材的，出重大利好消息前拉

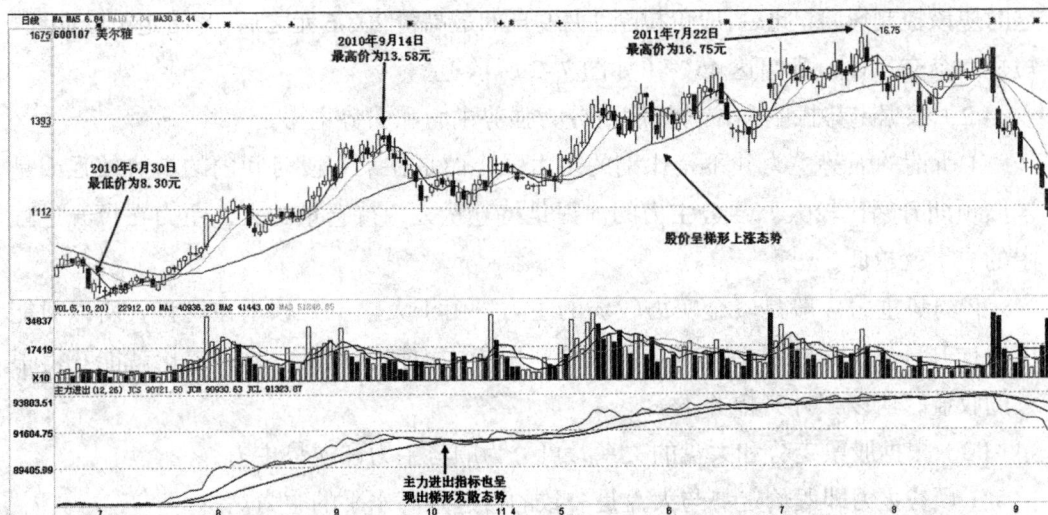

图 7-1

升吃货或出消息后立即拉升吃货，之后继续迅速拉升并快速离场。

　　钱江水利（600283）是一只大资金占流通股7%的股票，主力控盘程度中等。2011年1月26日，股价经过底部很长一段时间的横盘之后拉出一跟涨停的大阳线，此阳线一举突破了短期、中期和长期均线，并立于其上，这种K线形态宣告主力拉升即将开始。此时的主力进出指标三线同时向上发散，是短线介入信号。在随后的走势中，股价逐级上升，主力拉升决心一目了然，在经过几个交易日的上涨后，主力进出指标绿线上涨过快，远离黄线和白线，说明此时短线获利筹码较多，投资者

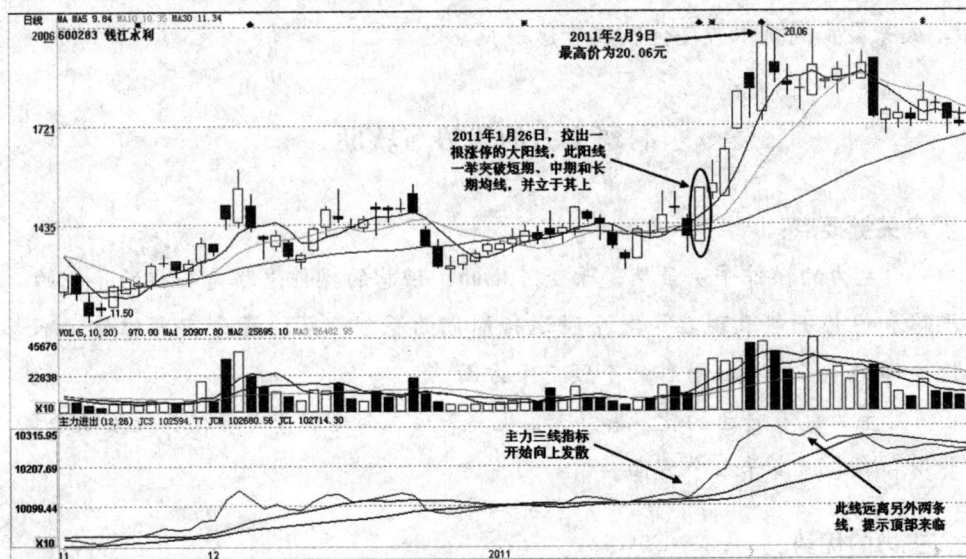

图 7-2

这时应该控制风险。此后，股价拉至2月9日的最高价20.06元之后，开始走下降曲线。短短六个交易日，升幅达45%（如图7-2所示）。

（2）根据走势振幅和拉升幅度可分为强势主力和弱势主力。

①所谓的强势主力并不是比别的主力强，而是在某一段时间内的走势较强或是该股预期升幅比较大。强势主力的前提是持仓量大，持仓量越大，主力在拉升过程中的成本就越低。

②弱势主力一般是资金实力较弱的主力。由于大幅拉升顶不住抛盘，所以只能缓慢推升，靠洗盘、打差价来抬高股价。由于主力持仓量低，靠打差价就能获得很大的收益，所以累计升幅并不大。

（3）根据股票走势和大盘的关系，可分为顺势主力和逆势主力。

①顺势主力即股价走势与大盘是一致的，这是高水平的主力。

②逆市主力是其持有的个股走势与大盘完全没有共性，即人们常说的"主力高度控股的股票"。逆市主力由于做盘难度大，失败的较多。当然，有些主力在建仓时逆市，在出货时顺市，那也是高水平的。

（4）根据主力做盘顺利与否，可分为获利主力和被套主力。

①获利主力是指成功出货，获得丰厚利润的主力。

②被套主力分两种：一种是股价低于主力的建仓成本且主力已没有操纵股价的能力，这比散户被套惨得多，割肉的话，苦于没有接盘。另一类被套主力是由于手法不对或所炒个股明显超出合理价值，导致没有跟风盘，虽然股价高于成本，却无法兑现。这类主力由于具备控盘能力，通过制造题材以及借助大盘，总会有出来的可能。大家看到的跳水股往往就属于这一类。

洞察主力的优势与软肋

看盘关键要点：

　　1. 主力的操作手法虽然是千变万化的，但总的操作思路是一样的，他的思路和优势一般表现在：对个股运行周期的深刻理解、资金实力雄厚、不选择那些曾经被疯狂炒作的个股三个方面。

　　2. 主力也有自己的软肋和劣势，主要表现在时常被套、不容易低吸高卖、费用和成本很高等三个方面。

1. 主力的优势。

要找到主力，抓住庄股，就必须了解主力的优势，还有主力的选股思路。主力的思路和优势一般表现在以下几个方面：

（1）对个股运行周期能够深刻理解。

每一只个股都有自身的运行周期，一般可以分为震荡期、探底期、盘整稳定期、恢复上升期、主升期、下跌期，主力由于公司的研究人员众多，对个股的运行周期理解深刻，选择的介入时机一般都比较理想，这样的优势是一般的散户所无法比拟的。

（2）主力资金实力雄厚。

主力的资金实力雄厚，可以左右个股短期的趋势，使散户迷失方向感，从而诱骗散户成为最后接棒者。

（3）主力不会选择那些曾经被疯狂炒作的个股。

一般来说，主力在选股过程中是不会选择那些曾经被疯狂炒作过的个股的，他们当然不希望给人抬轿，所以主力选股的首要条件是目标个股的大的技术形态，至于基本面他们是不会过分关注的。

2. 主力的软肋。

主力也有自己的软肋和劣势，其软肋和劣势一旦被多数散户看破，主力就未必赢得了散户。主力的软肋和劣势主要表现在以下几个方面：

（1）时常被套。

在没有行情的时候，主力想多卖出点，价格就下降，散户就开始抛售，价格就降更多，这样的结果，主力货没出多少价格却下降了很多，这样会得不偿失。有时候大盘突然下跌，人们大量抛压，主力就会被套在高处。

（2）由于资金量大，低吸高卖并不容易。

主力的资金量虽然很大，但建仓很难，吸筹必然会推高股价，使成本提高，必然会增加成交量，使自己的踪影曝光；主力的筹码虽然很多，但出货很难，减仓必然会打压股价，使成交量增大，引起其他持股者的警惕，导致无法成功出货。

（3）费用和成本很高。

主力的一部分资金用于卧底阶段的吸筹锁仓，虽有获利但无法动用；还有一部分资金则要在拉升阶段配合使用；盘整阶段，大资金派不上用场，闲置就会增加成本；为了提高人气或成交量，主力偶尔还要自拉自唱，进行对敲，这就需要交纳一定的手续费。

强庄股和弱庄股的特征

看盘关键要点：

　　1.对于突发性利空引起的股价下跌，强庄股会有效地稳定股价，能应付和化解各种不利因素，不会轻易随波逐流。

　　2.从时间角度来说，能够更长时间保持独立于大盘走势的个股，其控盘的主力实力相对就比较强，表现在股价形态上，中、短期均线呈多头排列，形态上升趋势明显，这也是强庄的特征之一。

　　3.弱庄股指的是有主力操纵，但长期无法出现较好走势的股票。一般来说，当一只股票的均线呈现出空头排列，就暗示这只股票已经进入弱庄状态。

对于散户来说，主力即是对手、敌人，又是所依赖的对象、朋友。只有跟着主力的节奏，跟着主力所操作的个股走，尤其是跟着较强的主力，这样获利的机会才较多。反之，如果没有跟上主力，或者说跟上了比较弱的主力，获利的机会会大打折扣，有时候甚至可能带来亏损。

但是，面对众多个股，散户投资者如何知道哪一只（手中股票）有无主力和主力实力的强弱呢？我们根据盘口一般的（的一般）规律，总结出如下几个判断主力强弱的标准，以供投资者参考。

1.强庄股的特征。

（1）强庄股往往能长时间保持独立于大盘的走势。表现在股价形态上，中、短期均线成多头排列，形态上升趋势明显，涨跌有序，起伏有章。

2010年11月11日，上证指数（000001）达到最高点3186.72点，在第二个交易日拉出一根大阳线，开始下跌，跌势一直持续至2011年1月25日的最低点

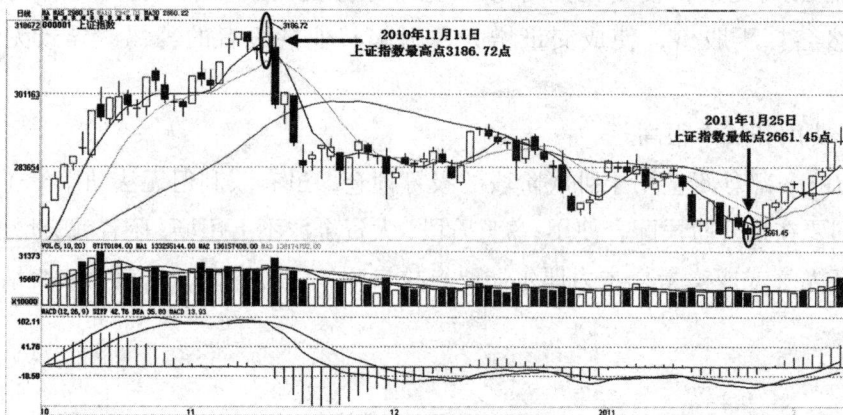

图 7-3

2661.45 点（如图 7-3 所示）。

在大盘持续下跌的这段时间，华新水泥（600801）却在逆势而动，不断持续走强。从图 7-4 中可以看出，其短期、中期和长期均线成多头排列，股价上涨形态非常明显，MACD 指标也双线开口向上运行在 0 轴上方。虽然在 2010 年 12 月 20 日，MACD 指标出现过死叉，但因为其并没有向下突破 0 轴，所以，投资者尽可以积极看多。而且该股属于大盘股，其中大资金的持股量约占流通股的 70%，属于筹码高度集中的庄股，激进型的投资者可少量参与，但一定要注意防范风险，以免被套。

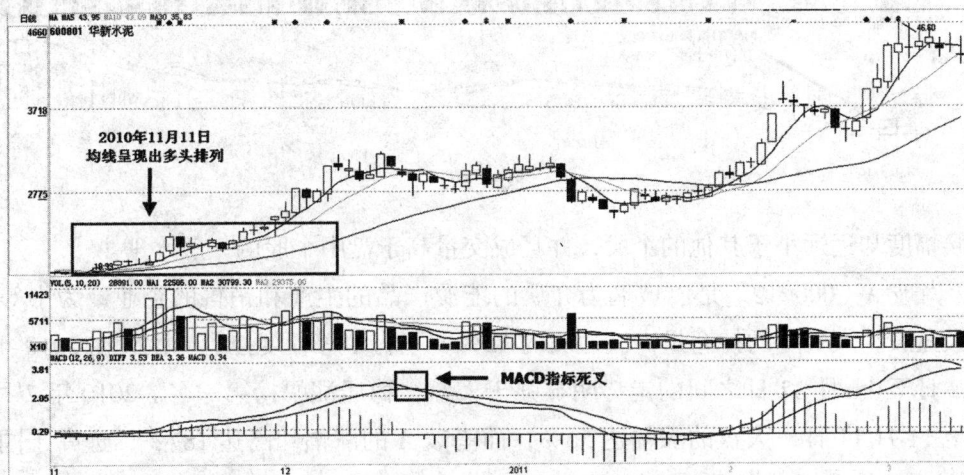

图 7-4

（2）单纯从 K 线来判断，强庄股一般多为红多绿少。这表明股价上涨的时间多于下跌时间，阳 K 线的实体大于阴 K 线的实体，主力做多的欲望较强，市场的跟风人气也比较旺盛。

悦达投资（600805）属于大盘股，其大资金持有量占流通股数的 31%，属于主力高度控盘的股票。2010 年 7 月 6 日，股价运行趋势跟随大盘的上涨而上涨，在 7 月 6 日至 11 月 2 日股价上涨的这段时间内，K 线表现为红多绿少，股价上涨的时间多余下跌的时间，而且阳 K 线实体大于阴 K 线的实体，主力做多欲望比较强（如图 7-5 所示）。

（3）强庄股比同类板块中的其他股票走势更好。在目前的市场中，板块联动是较为明显的一个规律，常常表现为齐涨齐跌。

（4）强庄股有较强的抗跌性。对于突发性利空引起的股价下跌，强庄股会有效地稳定股价。

（5）强庄股的上涨力度比较大，常常能在排行榜前列看到它的影子。而下跌的

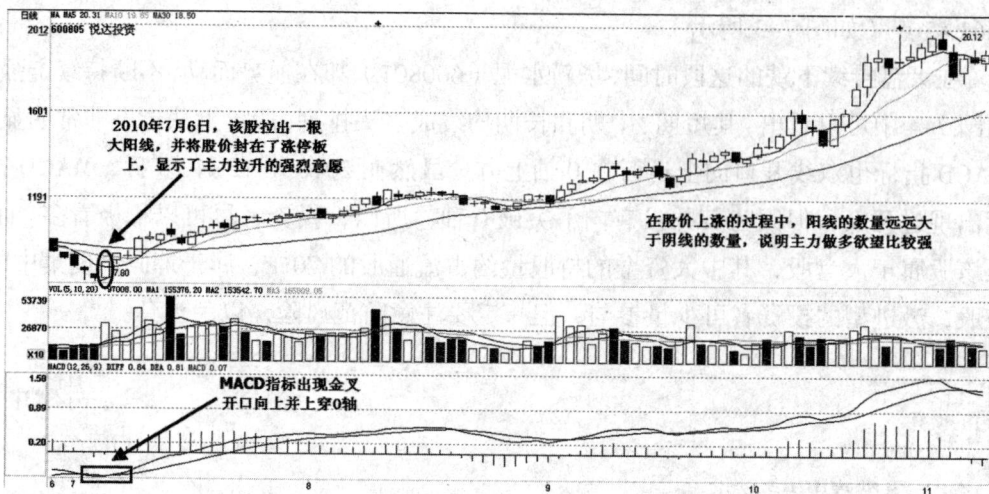

图 7-5

时候幅度却远远小于其他的个股，并且成交量高于盘中个股的一般水平。

南玻 A（000012）是以玻璃为介质的能源产品的生产和销售的企业，为中等业绩大盘股，大资金的持仓量占流通股的 12%，主力中等程度控盘。该股在 2010 年 7 月 2 日至 11 月 22 日之间的走势明显强于大盘，稳居涨幅榜第一名。2010 年 7 月 2 日至 11 月 11 日，大盘的涨幅达 56%，而南玻 A 的涨幅却高达 187%，远高于同类板块 54% 的涨幅（如图 7-6 所示）。

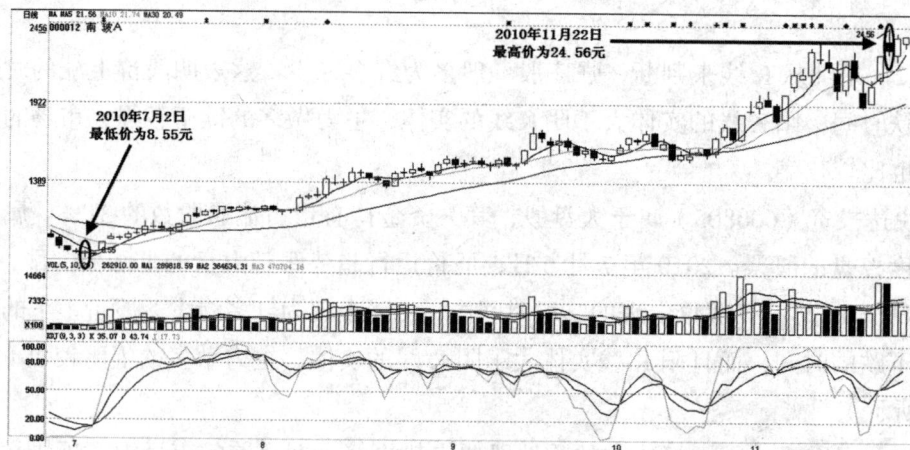

图 7-6

2. 弱庄股的特征。

所谓的弱庄股指的是虽有主力操纵，但长期无法出现较好走势的股票。弱庄股一般具有以下特点：主力资金不甚雄厚；主力缺乏专业知识，操盘手法不甚高明；

题材不配合甚至相互抵触。

以下介绍两种技术指标的判定方法，一种是均线的空头排列，一种是 CYS 的取值范围。

（1）均线的空头排列。

如图 7-7 所示，美尔雅（600107），是一只非常典型的弱庄股。注意一下短期、中期和长期三条均线的排列方式，它们呈现的排列方式是，短期成本均线在下方，长期的在上面，排得整整齐齐的，一个自长向短的，一级一级排列下来的方式，是典型的均线空头排列。

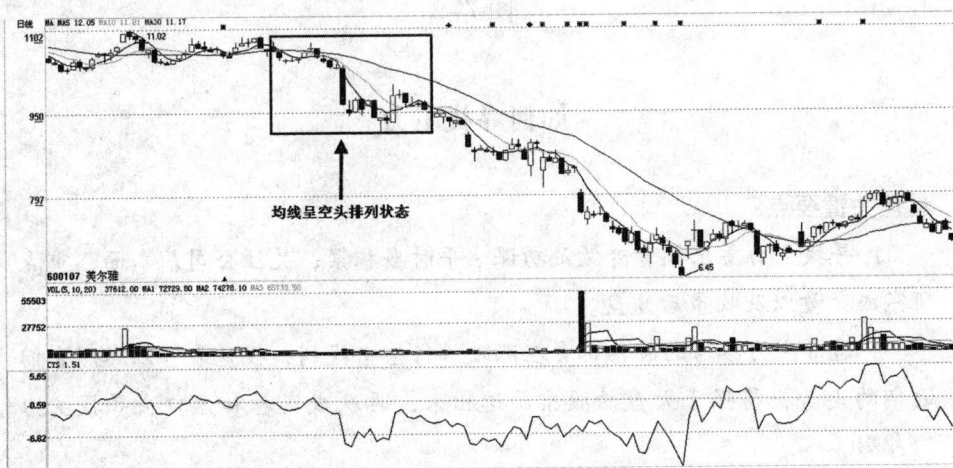

图 7-7

（2）成本均线取值。

一般来说，成本均线是牛熊分水岭，强势股在成本均线上方，弱势股在下方。

CYS 揭示一个简单的市场事实，就是入场的投资者的浮动盈利或者浮动亏损情况，所以叫市场盈亏。它的用途是判断超涨和超跌，CYS 过大就是超涨，过小就是超跌。CYS 指标从 0 ~ 10 之间叫上成本区，10 ~ 21 之间叫微利区，21 以上叫赢利区，而 CYS 指标在 –9.1 ~ 0 之间是下成本区，–17.4 ~ –9.1 之间叫浅套区，如果低于 –17.4，就是套牢区了。

将它落实到 K 线上，如图 7-8 所示，可以看出下成本区、浅套区和套牢区是一个通道，随着成本均线的下移，这个套牢区也在下移。这就是一个成本均线对股票区域划分的一个情况。这样又有了一个区分弱庄股的技术标准，也就是当 CYS 小于 –17.4%，就证明它进入了弱庄状态。

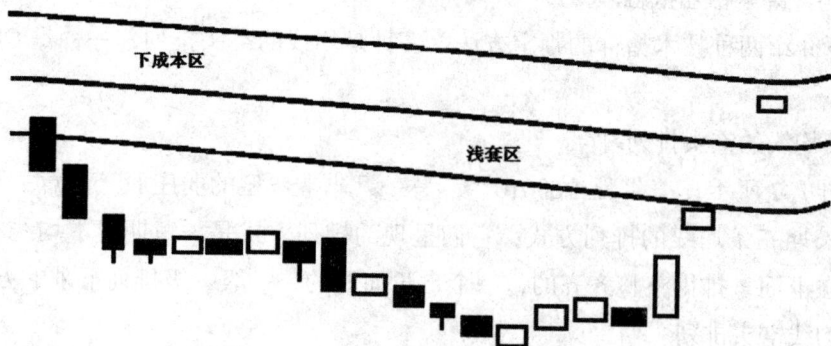

图 7-8

如何寻找主力

看盘关键要点：

1. 寻找主力要求投资者做足功课：平时多积累、关注公司基本面、重点研究成交量以及收市后复盘。

2. 通常主力参与的股票都会在涨跌排行榜中找到，投资者可以参照它们近期的走势，将强于大盘的股票筛选出来，再从成交量和盘口去寻找主力的身影。

3. 一般来说，有主力参与的股票，股价容易暴涨暴跌，成交量会忽大忽小，交易行为异常，股东人数变化大，行情逆势而动，利好利空消息对股价的影响反常。

4. 主力选股的原则有：看基本面、看题材面、看操作面、看技术面。

5. 成交量是寻找主力的重要指标，特别是地量地价的时候，如果出现地量地价，这一时期往往是长线主力进场的时机。

1. 寻找主力需要做足哪些功课?

（1）"功夫在诗外"，平时要注意多积累。

平时做功课时，将一些你认为有可能成为黑马股的股票列入名单。每日跟踪瞄准，不断筛选淘汰。

（2）关注公司基本面。

可以时时关心有主力介入的个股公司财务报表、公告及其他公开信息，从而从消息面上印证你对某只庄股的判断，如此就更增加了跟庄的胜算。

（3）成交量不会骗人，要重点研究成交量。

主力大量进出的个股总会在K线图上留下蛛丝马迹，而某一阶段的量是很难靠对敲作出来的。量的突破性说明主力在活动，按技术分析的观点，底部区域和横盘都属于投资区域。

广晟有色（600259）2010年初开始在底部区域横盘，股价波动愈来愈窄，成交量屡创地量。2010年3月31日，股价拉出一根涨停的阳线，该阳线立于短期、中期和长期均线之上，成交量放大，股价有向上拉升的趋势。散户投资者可在此时进场。从图7-9中还可看到，股价在经过一段时间的拉升之后，出现下跌趋势，但在随后的走势中，却呈现出圆弧底形态。圆弧底的出现是股价即将上涨的前兆。也就是说，此圆弧底完全是主力在洗盘，为后期的拉升做准备。果然，在圆弧底形成的末端，股价不断拉出大阳线，成交也出现放量，股价开始大幅度上涨，最高涨至2010年10月18日的最高价101.37元，较拉升前的最低价14.80元，升幅高达585%（如图7-9所示）。

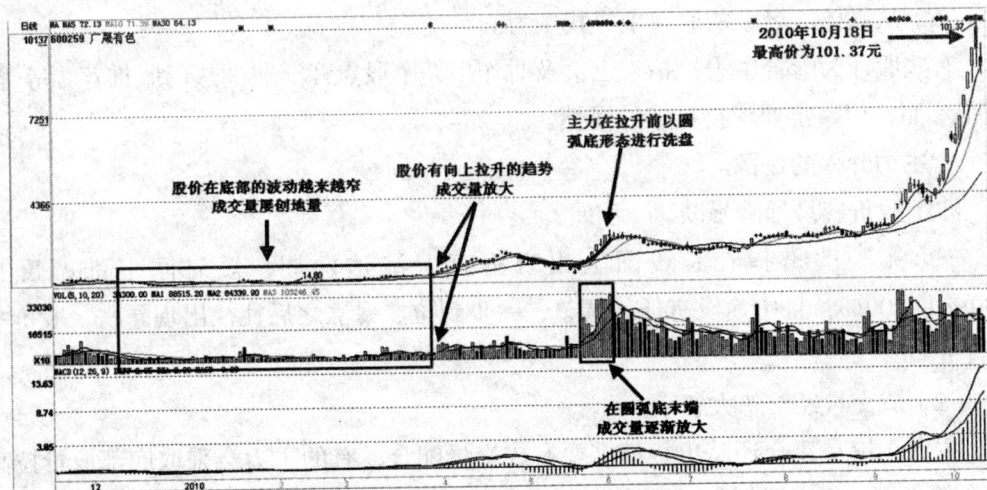

图 7-9

（4）做好自己的收盘作业。

每日收市后浏览一遍K线图，集中关注成交量突然放大的个股。

2. 到哪里寻找主力？

（1）在涨跌排行榜的名列前茅股中选择。

从第一名开始，一只一只翻开它们的近期走势，将强于大盘的股筛选出来，再从成交量和盘口去找主力的身影。

（2）从强于大盘的板块中寻找主力。

在板块指数中找出近期强于大盘的板块，再从该板块中找出领头羊个股，然后从个股中分析主力的情况。

（3）根据个股股东的变化情况判断。

每年年底和年中要公布两市个股的股东分布情况。要详细分析持股结构的数量大小、成本情况，结合以前的资料进行对比，可以发现主力介入时间。

（4）按吸引主力的基本面因素判断。

股本扩张能力强、公司基本面较好、流通盘（1亿元以下）和总盘子偏小、资本公积金高、净资产高（净资产值低于1元的就要被ST）、滚存利润多、上市以来没有分配过。

（5）从基金持仓变化中寻找主力。

基金是当前市场中最大的主力，这是不争的事实。基金每一季度要公布一次持仓结构，可关注其新近增加的品种或增持的品种，K线上看股价并没有涨升很多，可寻机介入。

（6）从媒体、名家的股评中寻找主力。

有些股评为配合主力拉抬，也会及时作出"个股点评"或"热门股推荐"等等，值得参照，但一定要保持足够的谨慎。

3. 主力介入的迹象。

（1）股价容易暴涨暴跌。

"暴涨"就是指在K线图上出现垂直上涨达两周，短时间上涨幅度在100%～200%，且中途没有任何调整，一步到位。暴涨之后往往出现暴跌，股价一泻千里。

（2）成交量经常忽大忽小。

主力无论是建仓还是出货都需要有成交量配合，有的主力会采取底部放量拉高建仓的方式，而庄股派发时则会造成放量突破的假象借以吸引跟风盘介入从而达到出货目的。另外，主力也经常采用对敲的方式转移筹码或吸引投资者注意。

例如，青海华鼎（600243）2010年8月30日的成交量为421.21万股，9月2日的成交量为1824.76万股，在9月8日的时候，成交量又降到451.48万股，成交量极不规则，忽高忽低（如图7-10所示）。

（3）交易行为表现异常。

股价莫名其妙地低开或高开，尾盘拉高收盘价或偶尔出现较大的买单或抛单，盘中走势时而出现强劲的单边上扬，时而又出现大幅下跌，起伏剧烈，等等。

（4）股东人数变化比较大。

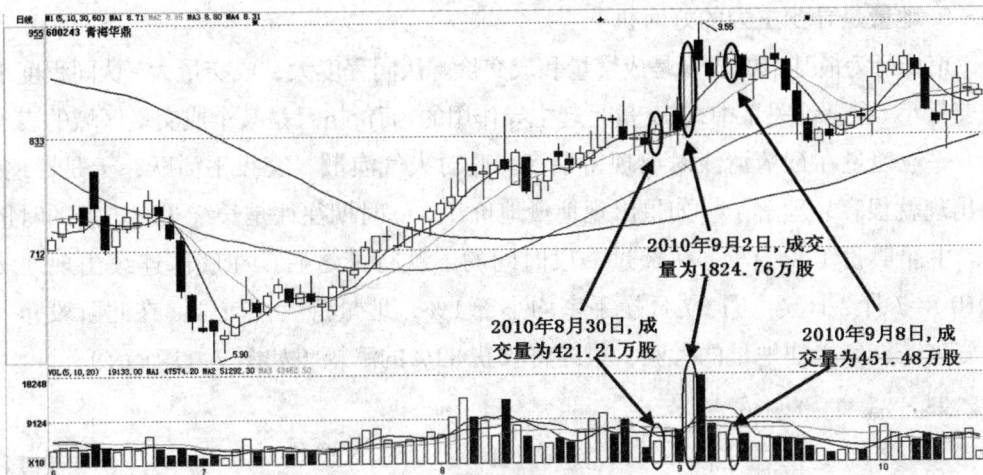

图 7-10

根据上市公司的年报或中报中披露的股东数量可以看出庄股的股价完成一个从低到高，再从高到低的过程，实际也是股东人数从多到少，再从少到多的过程。

（5）个股的行情往往逆市而动。

建仓阶段，逆市拉抬便于快速拿到筹码；拉升阶段，逆市异军突起，反而容易引起市场关注；出货阶段，借势出货，待到货出到一定程度，就上演高台跳水反复打压清仓的伎俩。

（6）利空或利多消息对股价影响反常。

4. 主力选股的原则。

（1）看基本面。

所谓基本面，就是个股的基本情况。主力偏好选择有利润增长潜力、未分配利润多、资本公积金与净资产值高、无送股历史、流通股占总股 1/3 以上的股票。

（2）看题材面。

题材能够给主力造势，便于配合主力的策略。

（3）看操作面。

看操作面，就是主力选股喜欢选操作便利的，以实现在资金使用效率上高要求、失误少的目标。所以，许多主力选股时偏好那些股性活跃、包袱较轻的个股，以求稳定。

（4）看技术面。

主力炒作，也要看菜下饭，有多少实力，就炒多大的盘子。流通盘的大小要与操作者本身资金量相配合。筹码分布也是主力所看重的，这涉及到主力是否能顺利控盘。

5. 地量是寻找主力的好时机。

市场行为最基本的表现是成交量和成交价。认同程度大,成交量大;认同程度小,成交量小。在量价关系中,成交量是起主导作用的,而价格只是某个成交量区域的表现。

一般地量在行情清淡时出现得最多。此时人气涣散,交投不活跃,于是,地量的出现就很容易理解了。如果出现地量地价,这一时期往往是长线买家进场的时机。

中船股份(600072)在经过一段时间的下跌行情之后,在底部连续出现地量,2010年7月2日至9月27日换手率均小于1%,地量持续性较强。在此阶段介入,投资者若能经受住地量的考验,最终将收获82%的涨幅(如图7-11所示)。

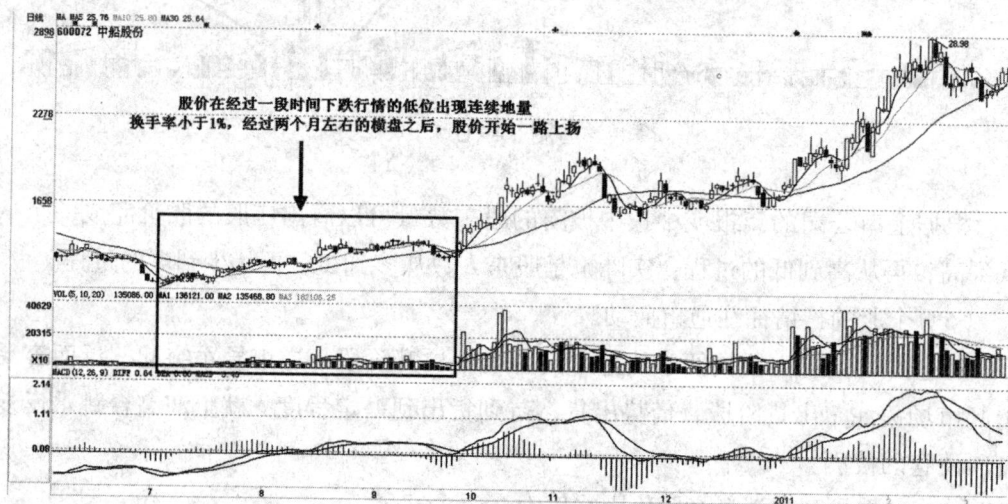

图 7-11

第二节　主力坐庄四部曲

主力建仓的相关要素

看盘关键要点:

1. 通常,最有可能成为主力选择坐庄的股票有题材股、价值低估股和冷门问题股三种。

2. 为了降低持仓成本,主力会耐心等待利空消息或大盘底部的出现。

3. 主力建仓时,个股会表现出行情独立于大盘、小量拉出长阳甚至涨停、遭遇利空快速企稳、分时走势动荡成交萎缩等特征,投资者可以用心观察。

1. 庄股的特点。

主力坐庄的第一步就是找到适合自己炒作的目标股票。主力在股市找炒作对象时，首要考虑的是该股是否有炒作价值，而不是根据该股是否有投资价值来决定取舍。何谓"炒作价值"，一般来说，应具有以下特点：

（1）启动前绝对价位较低，通常不高于 10 元。

（2）基本面有改观的潜力。

（3）股权较为分散，第一大股东持股比例低于 30%，便于主力吸筹建仓。

2. 主力建仓的对象。

根据这些特点，最有可能成为主力选择坐庄的股票有以下几种：

（1）题材股。

股票只有题材丰富，才会产生主力登高一呼，市场万众响应的局面，主力才能在高位顺利出货。

（2）价值低估股。

价值低估必然导致价值回归，所以那些价值被低估的股票经常会成为主力吸纳的首选目标。

（3）冷门问题股。

有些股票由于存在这样或那样的问题备受市场冷落，有些主力便人予我取，在较低价位吸纳大量筹码，成为坐庄对象。

3. 主力建仓的时间。

为了降低持仓成本，主力会耐心等待利空消息或大盘底部的出现。主力的建仓时机有这样几种：

（1）当宏观经济处于低谷有启动迹象时介入。

（2）在重要政策底部介入。

（3）在公司业绩有大幅改观而未被市场发现时介入。

（4）在年报公布之际介入。

（5）在年末介入。

（6）在股价超跌有反弹要求时介入。

4. 主力完成建仓的特征。

（1）K 线走势我行我素，不理会大盘而走出独立行情。

（2）放很小的量就能拉出长阳或封死涨停。

（3）突遇利空，股价能快速企稳。

（4）K 线走势起伏不定，而分时走势图剧烈震荡，成交量极度萎缩。

5. 主力建仓的成本。

主力的成本是一种高度商业机密，投资者只能根据股价的走势、成交量的变化大致地去分析、判断主力的建仓成本。

（1）主力在潜伏期建仓时，属于初级建仓。

这个时候的股价多为低位盘整时，其成本也大致在箱体的中心值附近。如果主力是拉高建仓，这个时候的建仓成本大致为初级拉升时的最高价的 1/2 和最低价的 2/3 的位置。

（2）找出股价一段时期内的最低价，在这个价位附近的成交密集区的平均价格，就是主力吸筹的大致成本，这个幅度大约在最低价的 15% 以上和 30% 以下。

（3）新股上市后，股价的运行一直保持较为强势的特征，如果在连续好几个交易日股价总体向上，换手频繁，并且一周之内达到了 100% 以上，这种情况下，股票的平均价格就大致接近主力的成本。

（4）以股价最低价作为基准，低价股上浮 0.50 ~ 1.50 元；中价股上浮 1.50 ~ 3.00 元；高价股上浮 3.00 ~ 6.00 元。这是一种非常简单的计算主力成本的方法。

6. 主力的持仓量。

计算主力的持仓量，可以很好地帮助散户判断主力目前处于何种阶段，如果是建仓阶段就应该伺机跟进；如果是出货阶段就应该赶快平仓出局。

（1）根据阶段换手率判断。

股价在低位区域换手率越大，表明主力吸筹就越充分。利用换手率计算主力持仓的公式：个股流通盘 ×（个股某段时期换手率 – 同期大盘换手率），计算结果除以 3。

（2）从价量背离来判断。

一般来说，随着股价上涨，成交量会同步放大。若上升过程中成交并未放大，保持均衡状态，甚至价量背离的个股，筹码通常已集中在主力手中。

（3）从分时走势和单笔成交来判断。

若分时走势极不连贯、单笔成交量小，通常主力持仓量较大、筹码集中度较高。

（4）根据大盘整理期该股的表现来分析。

有些个股吸货期不明显，或是老庄卷土重来，或是主力边拉边吸，或在下跌过程中不断吸货，难以明确划分吸货期。这些个股的主力持仓量可通过其在整理期的表现来判断。

（5）根据底部周期的长短判断。

对吸货期很明显的个股，简单算法是将吸货期内每天的成交量乘以吸货期，即可大致估算出主力的持仓量。主力持仓量 = 吸货期 × 每天成交量（忽略散户的买入量）。

主力建仓的主要方式

看盘关键要点：

1. 主力总是想方设法隐藏自己的行踪，但不管主力怎样想方设法掩饰其行动，狐狸尾巴总会露出来，那就是 K 线图和成交量的变化。

2. 打压式吸筹建仓通常适用于大盘或板块人气极度悲观或者个股有利空袭来的时候。

3. 长期震荡整理式吸筹建仓方式多用于绩优股上，是指主力利用手中筹码迫使股价在一个上有盖板、下有托盘的区域内运行，从而甩掉那些耐不住寂寞的跟风盘。

4. 拉高式吸筹建仓充分利用投资者的习惯性思维，采取逆反手段，把股价推升至相对高位而建仓。

1. 悄悄吸筹建仓。

主力在建仓阶段，为了尽量不让人察觉有大资金介入，在操作上也不会大手笔地买入，而是将大资金拆小，小量多次地购买。尽管如此，主力资金作为一股新的力量介入，必然会对股价走势产生影响，敏锐的散户总是能从 K 线图和成交量上找出些蛛丝马迹。

（1）K 线图中十字星的出现往往意味着不寻常的事情。

高价区带巨量的十字星常常是出货信号，而低价区反复出现小十字星则是主力吸货的痕迹。这些小十字星夹杂着小阴小阳线不断出现，逐渐连成一个窄窄的横盘区域，延续的时间达几个星期或更长，这便是十分明确的主力吸货痕迹。投资者应该在这一区域下方勇敢吸纳，不要被市场的悲观气氛吓倒。

（2）主力介入某只股票必然造成该股成交量放大。

在吸货阶段，这种放大是温和的，不引人注目。一般来说，当主力在静静吸货的时候，往往会借助消息面作掩护。这时消息面最好的配合就是沉默，偶尔放出一点利空消息也是常见的手法。人们只有在对这只股票感到失望时才会抛出它，有了散户的抛售，主力才能顺利建仓。

如图 7-12 所示，郑州煤电（600121）在股价上涨之初一直没好行情，不受人们重视。但是股价在经过一段时间横盘之后，就显现出主力介入的迹象，从 K 线图上可以看出主力在悄悄地吸筹。该股果然在随后的走势中大幅飙升。

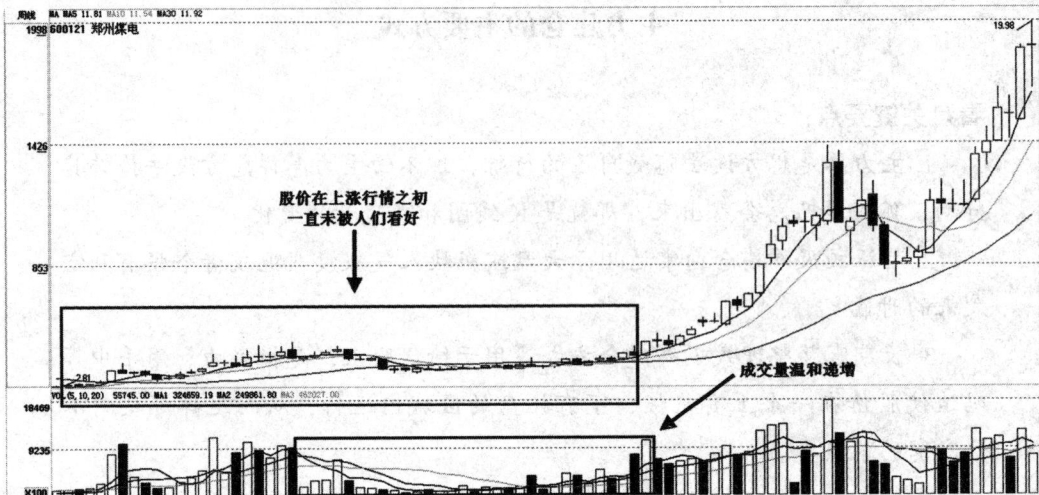

图 7-12

2. 打压式吸筹建仓。

打压式吸筹建仓通常适用于大盘或板块人气极度悲观或者个股有利空袭来的时候。在恐慌气氛正浓，下档又无人承接时，主力在下档首先埋下大单子，然后以小单子向下卖出，促使关注或者持有该股的人在股价不断下跌的心理压力下，眼看着下档买单一点点被卖单吞噬掉，忍不住产生一种想卖出去的冲动，最终忍痛割肉。其实主力还是把大多数筹码自己卖给自己，只是向下打压股价，大多数投资者看到股价下跌而且带着成交量，都纷纷卖出，这正中主力下怀！主力"打"的方式主要有如下几种情况：

（1）利用大盘调整之际，趁机不断打压股价进行吸筹。

（2）利用市场或个股的利空消息打压股价吸筹。

（3）个股业绩有逊预期，很有可能成为主力打压股价的大棒。

（4）大盘及个股跌破重要的技术支撑位，引发投资者的恐慌性抛售，也是主力打低吸货的惯用招式。

（5）主力在个股中刻意操纵股价 K 线，在形态上构筑头肩顶、圆弧顶、M 顶、尖顶、多重顶等形态，达到诱导投资者抛出手中筹码，而自己在低位吸筹。

长安汽车（000625），由于该股流通盘较大，主力收集筹码的时间较长，待主力建仓完毕，该股已经从 5 元上升到 8 元，并且吸引了大量的跟风盘。为了摆脱困境，主力利用自身的控盘优势，让该股在走势图上出现一个时间跨度长达 3 个月的大型 M 顶，并将股价打压到 7.6 元附近。根据形态经典理论，头部越大，后市下跌空间越大。因此，不少投资者在 7.6 元附近不惜割肉出局，以回避风险。而主力正是借助这种

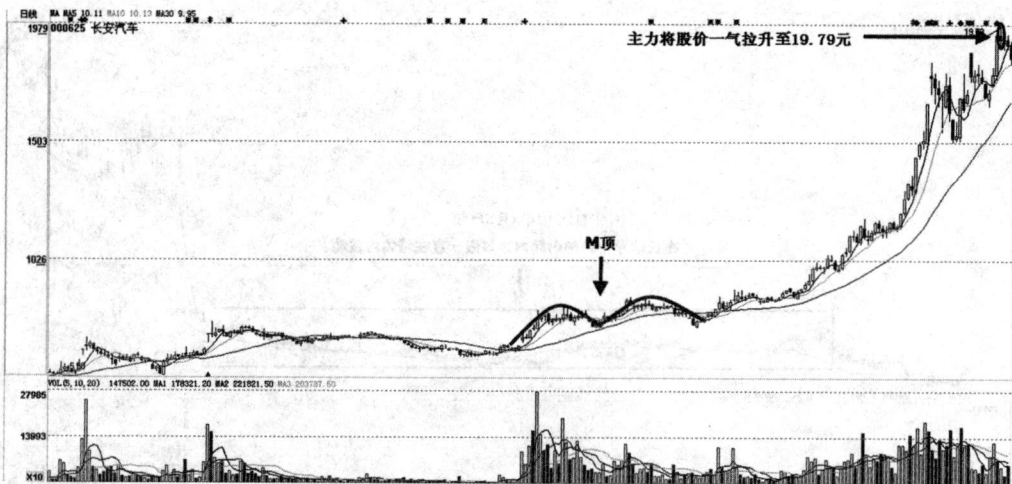

图 7-13

大型 M 顶，恐吓投资者卖出。就在即将击穿 M 形顶颈线位的刹那间，股价突然被主力拉起，并且随即展开一轮强势上攻行情，最高涨至 19.79 元。（如图 7-13 所示）。

3. 长期震荡整理式吸筹建仓。

长期震荡整理式吸筹建仓方式多用于绩优股上。有时候由于个股基本面非常优良，股价一有异动，就会引来大批的跟风盘，造成主力没吸到货股价已经涨了起来的局面。但如果采取向下打压的方法，恐怕手中打压的筹码就像肉包子打狗，有去无回，会被其他的散户和机构接走。这时主力通常会采用长期震荡整理的方法吸货。

其操作手法是：在大盘上涨的时候在上档的阻力位处放上虚张声势的大卖单，适时阻止住股价的上涨，吓走多头；在股价下跌的时候，在下档分批埋上小买单，吸纳筹码。在跌到关键位置时，在支撑位上放上大买单，吓跑空头。这样股价在上有盖板，下有托盘的区域内运行，主力可尽情吸筹；也可以利用主动性的买卖单量控制股价，走出平台走势。

由于平台横盘时间较长，有时连个差价也难以打出来，看着其他的股票潮起潮落，频频有差价可赚，绝大多数投资者都会耐不住寂寞，抛出廉价筹码，去追求短线收益。此种震荡式建仓手法表现在走势图上又可分为箱体型建仓、横盘性建仓和低位加码性建仓三种。

*ST 钒钛（000629）自 2010 年 2 月 5 日起，股价长达九个月的时间在箱体内波动，散户如同被拎起来，再摔下去，最终被折腾得眼冒金星，不得不交筹投降之时，之后主力发力连续拉出 5 个涨停板，将股价高高挂在 14.20 元。（如图 7-14 所示）。

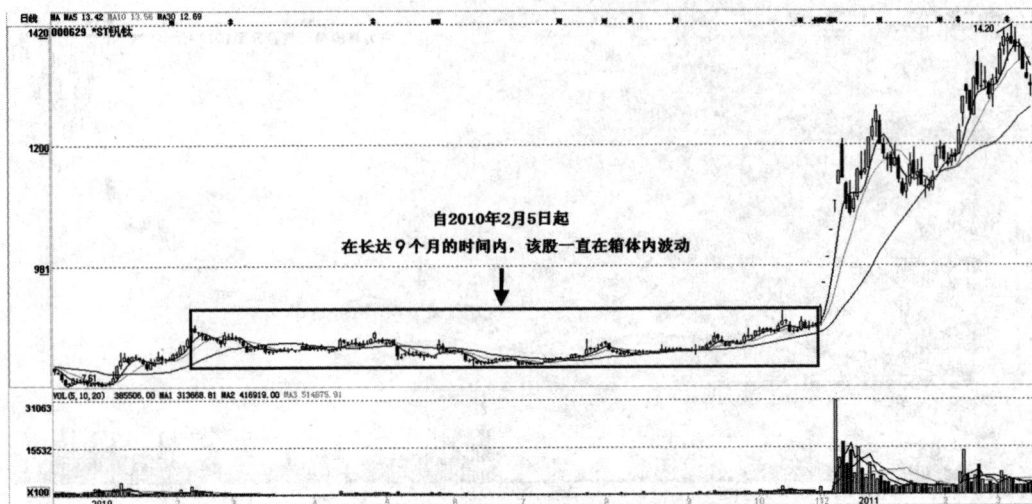

图 7-14

4. 拉高式吸筹建仓。

由于大多数散户具有一种惯性思维，认为主力为了降低成本会采取打压股价进行建仓或在低位建仓，而主力则充分利用人们的这种习惯性思维而采取逆反手段，把股价推升至相对高位而建仓。

与一般主力在底部慢悠悠地悄悄买进不同，拉高建仓则是主力提高买价收购。能让主力如此让利于民，只可能发生在以下几种情形中：

（1）有些股票质地优良，主力软硬兼施，散户还是死捂着不放，不得已提价收购；

（2）为了与大盘或板块炒作同步，制造市场的狂热气氛，把股价炒得炙手可热，吸引投资者争先抢购；

（3）有些赚钱心切的短线主力采用迅速建仓的方式，建仓、洗盘、拉升一气呵成，实现快速致富。

粤高速 A（000429），该股在股价上涨之前一直在 6 元附近长期横盘，时间长达一年之久。主力吃饱喝足之后将股价从 6.8 元附近打压到 5.33 元，创出历史新低以后，一鼓作气将股价拉升至 9 元区域。股价从 5 元附近上涨至 9 元，涨幅达 80%。该股属于典型的大盘股，新的价位在短时间内没有得到投资者的认可，所以，在后市股价产生了一波小幅度的下挫行情。但仅一周后，主力就又将股价推升至 9.99 元，此后，构筑了一个长达 5 个多月的整理平台，使下档的获利盘充分换手，在新多头的投资成本进一步提高后主力将股价推升至一个新的境界 16.38 元附近。而 5 个月的平台整理使得大部分投资者如同在沸腾的开水中游泳的青蛙，适应了新的价位。股价在 15 元附近再次整理，历时两个多月的平台后再次向上突破，创下了 19.5 元的高位，在稍经整理后创下了21.75元的历史性高位，MACD指标也呈现出阶梯式上升态势（如图7-15所示）。

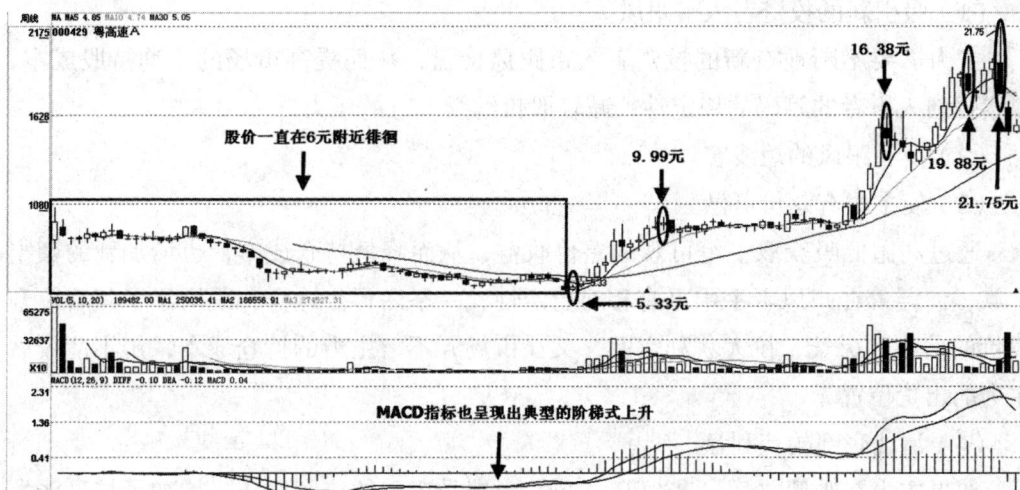

图 7-15

主力洗盘的相关要素

看盘关键要点：

1. 在进入拉升阶段之前或在拉升过程中，主力都要进行震仓洗盘，只有经过洗盘，浮动筹码才基本上得以清洗，主力拉升才能得心应手。

2. 成交量是股价变动的内在动力，是识别主力是否洗盘的重要指标，所以散户投资者应尽量注意股票成交量的变化。

3. 主力洗盘的总体特点就是要让盘面显示弱势，吓出信心不足的散户，同时还要让另外一批看好后市的人进来，以达到垫高平均持股成本的目的。

4. 捕捉洗盘结束点，果断介入。此时成交量越大越好。它表明了主力再次投入巨资，横扫一切抛盘向上做盘的坚定决心和不可阻挡的大无畏气势。这是跟风盘千载难逢的绝好买进时机，该股未来的上扬空间再次打开，轻松获利的机会再次出现。

1. 洗盘的目的。

对于主力来说，资金介入量比较大，一旦被套则损失惨重。因此在进入拉升阶段之前或在拉升过程中，主力都要进行震仓洗盘。只有经过充分调整，浮动筹码才基本上得以清洗，主力拉升才能得心应手。

归纳起来主力洗盘主要出自以下几个目的：

（1）吸引新的投资者入市跟风。

主力需要不断地有新的投资者入市跟风接盘，从而提高市场的平均持股成本，以增强新入市者的筹码的稳定性，减轻股价继续上行的压力。

（2）摆脱跟风的短线客。

（3）使主力有差价可做。

通过高抛低吸获取一笔可观的差价收益，从而降低持仓成本，也增加新的套牢一族，使浮筹在跟风者手中具有相对稳定性，一举两得。这样，既增添了其后拉升股价的信心和勇气，拉大获利空间，又让市场弄不清主力的持仓成本，辨不清今后主力的出货位置。

（4）清洗底部的获利盘。

如果主力在吸筹之后一味拉高，必然会遭受沉重的获利抛压，增加了拉高派发的难度，因此主力必须经过洗盘，将盘中一些不坚定分子的底部筹码震出来，以减轻上行压力。

（5）"教育"跟庄者以后不要轻易抛售该股票。

主力通过洗盘令跟庄者"吃一堑"然后"长一智"——不轻易抛出，而情愿被套。主力最后则可以从容地"胜利大逃亡"，使散户即使上当受骗，也始终蒙在鼓里，"心甘情愿"地帮主力"站岗放哨"。这是洗盘的重要任务。

2. 根据成交量判断主力是否洗盘。

成交量是股价变动的内在动力，那么，投资者如何根据成交量的变化，准确地判断出主力是在出货还是在洗盘呢？

实践证明，根据成交量变化的以下特征，可以对强庄股的主力是不是在洗盘作出较为准确的判断：

由于主力的积极介入，原本沉闷的股价在成交量明显放大的推动下变得活跃起来，出现了价升量增的态势。然后，主力为了给以后的大幅拉升扫平障碍，不得不将短线获利筹码强行洗去，这一洗盘行为在K线图上表现为阴阳相间的横盘震荡。

洗盘时股价快速走低，但下跌时成交量无法持续放大，在重要支撑位会缩量盘稳，表明下方获得支撑；由于盘面浮码越来越少，股价回升不一定需要成交量的配合，但在关键位置不再放量下挫，而是对前期高点跃跃欲试。

航天机电（600151）某天股价放量涨停，第二天股价微冲高后即下滑，随着大势下调，股价没有反弹，毫无抵抗的一路下跌。不过在下跌的过程中可以发现，并没有大的成交量的配合，其后股价也没有破位下行，而是缩量盘整，小步放量回升，又爬升到前期高点的边缘。股价虽出现了下跌，但其上升趋势并没有改变，可以基本确定下调是主力的洗盘行为，果然，随后股价轻松地创出了新高（如图 7-16 所示）。

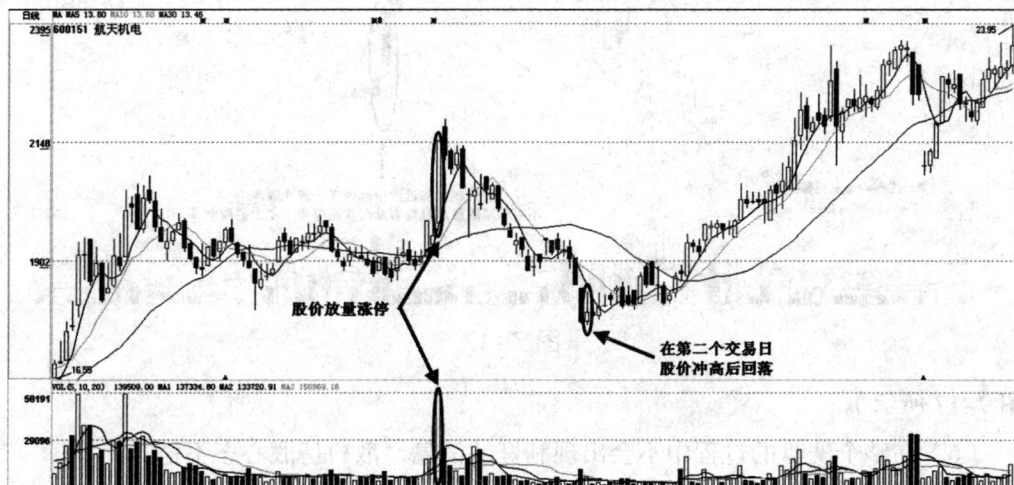

图 7-16

3. 主力洗盘的盘口特征。

既然主力洗盘是为了吓出信心不足的散户，主力必然会制造出疲弱的盘面假象，甚至凶狠的跳水打压，但在关键的技术位，主力往往会护盘，这是为什么呢？答案很简单，主力在洗出一部分人的同时还要让另外一批看好后市的人进来，以达到垫高平均持股成本的目的。具体地说，主力洗盘的时候有以下几种盘口现象：

（1）洗盘之初涨幅不大，洗盘中跌幅也不深，而且会常常出现带上下影线的十字星，股价一般维持在主力持股成本的区域之上。

（2）大幅震荡，阴线阳线夹杂出现，市势飘忽不定；成交量较无规则，但有逐渐缩小的趋势。

（3）当盘面浮筹越来越少，最终向上突破放出大量，表明洗盘完成，新的升势开始。

（4）股价一般维持在 10 日平均线之上，常常在眼看就要破位的时候获得支持。

（5）股价下跌时主力多会与大势或技术配合，比如空头陷阱，跌破重要的支撑位，但破位后跌势并不延续。

国恒铁路（000594），该股在上涨过程中演绎了一段大跳水行情，且有成交量伴随，就在人们以为股价破位之时，股价又奇迹般回升。如果说主力在连续拉出两条大阴线之际已经完成出货，就没有必要重新拉升股价，让低位捡了筹码的人短线获利，显然，筹码还在主力手中，股价拉升中途的跳水不过是主力的一次洗盘活动（如

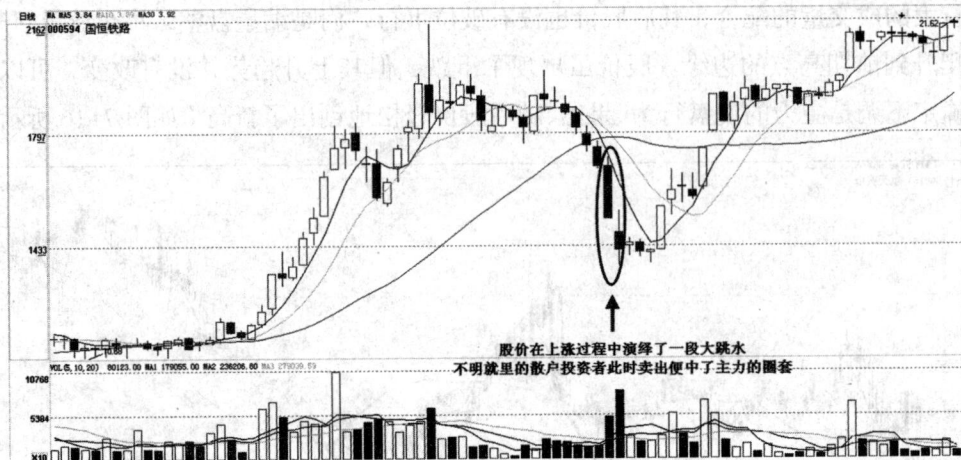

股价在上涨过程中演绎了一段大跳水
不明就里的散户投资者此时卖出便中了主力的圈套

图 7-17

图 7-17 所示）。

（6）在整个洗盘的过程中不会出现利好的消息，散户持股心态不稳。

（7）股价下跌时成交量无法持续放大，在重要的支撑位会缩量企稳，上升途中成交量缓慢放大。

（8）洗盘之初都作出一种顶部的假象。

（9）有控盘要求的主力，多有复合洗盘动作，或者诱空充分吃货动作。洗盘的盘口现象也不同，如果时间充足，可能在日 K 线上产生不同的形态；如果时间紧迫，可能在分时走势图上产生不同的形态。

（10）洗盘末期都有缩量和主力惜售动作。

4. 主力洗盘结束的标志。

洗盘是坐庄过程中的必经环节，能够识别主力意图的散户完全可在主力洗盘时趋利避害：即可在股价出现一定涨幅之后先行退出，等待洗盘结束之后再大举介入。此时短线风险已经释放，买价亦较便宜，且洗盘结束之后往往意味着新一轮拉升的开始，达到买入即涨的效果。但是，怎样才能判断出主力洗盘马上要结束了呢？

（1）回落后构筑小平台，均线由持续下行转向平走、再慢慢转身向上。

洗盘都表现为股价向下调整，导致技术形态转坏，均线系统发出卖出信号，但股价跌至一定位置后明显受到支撑，每天收盘都在相近的位置，洗盘接近结束时均线均有抬头迹象。

（2）缩量之后再放量。

部分主力洗盘时将股价控制在相对狭窄的区域内反复振荡整理，主力放任股价随波逐流，成交量跟前期相比明显萎缩，某天成交量突然重新放大，表明沉睡的主力已开始苏醒，此时即可跟进。

（3）下降通道扭转。

有些主力洗盘时采用小幅盘跌的方式，在大盘创新高的过程中该股却不断收阴，构筑一条平缓的下降通道，股价在通道内慢慢下滑，某天出现一根阳线，股价下滑的势头被扭转，慢慢站稳脚跟，表明洗盘已近尾声。

（4）在股价下跌的后期成交量大幅萎缩。

这是洗盘即将结束的明显信号。出现这种情况表明抛盘枯竭，获利盘、套牢盘、斩仓盘、场外买盘全部出局，浮动筹码基本清除干净，留下的都是意志坚定的持股者。他们不会为各种震荡致亏的可能所吓倒和为获取到手的绳头小利所诱惑。无奈，主力只有奖励他们，让他们在今后的行情中赚到信心动摇的胆小鬼、叛逃分子赚不到的大钱。

主力洗盘的主要手法

看盘关键要点：

1. 主力震仓洗盘主要有以下几种手法：打压式洗盘、横盘整理式洗盘、上下震荡式洗盘、边拉边洗式洗盘。

2. 如果某只股票的获利盘长时间处于较低的水平，甚至短时间内没有什么获利盘，股价仍然遭到空方的肆意打压，可以断定这是主力的打压行为。

1. 主力震仓洗盘的手法。

股价突破后主力常常有震仓洗盘的行为，因为主力不愿意那些短线的不坚定分子在未来的走势中搅局。股价涨到一定程度时会有获利回吐，主力也会为减轻将来拉升中的抛压顺势打压，这也是震仓洗盘。主力震仓洗盘的手法总结起来主要有以下几种：

（1）打压式洗盘。

打压式洗盘手法适用于流通盘较小的绩差类个股。由于购买小盘绩差类个股的散户投资者和小资金持有者，绝大多数是抱着投机的心理入市，而看好该股的新多头由于此类个股基本面较差，大多都不愿意追高买入，常常等待逢低吸纳的良机。面对这种情形，主力往往就会利用散户对个股运作方向的不确定性，控盘打压股价，促进和激化股价快速下跌，充分营造市场环境背景转换所形成的空头氛围，强化散户投资者和小资金持有者的悲观情绪，激发持筹者的卖出冲动，促进市场筹码快速转化，达到洗盘的目的。

如图 7-18 所示，亿城股份（000616）股价在两天内的走势，主力采用的就是打压的方法来进行洗盘。在第二个交易日内，该股虽然以跌停板价格收盘，可全天并没有跌停。股价一直像气垫船一样浮在跌停板的价位成交，无论抛单再大，股价始终不能跌停。经历两天打压洗盘后，股价开始放量上涨，盘面浮筹明显减少，股价上涨得更加轻灵。

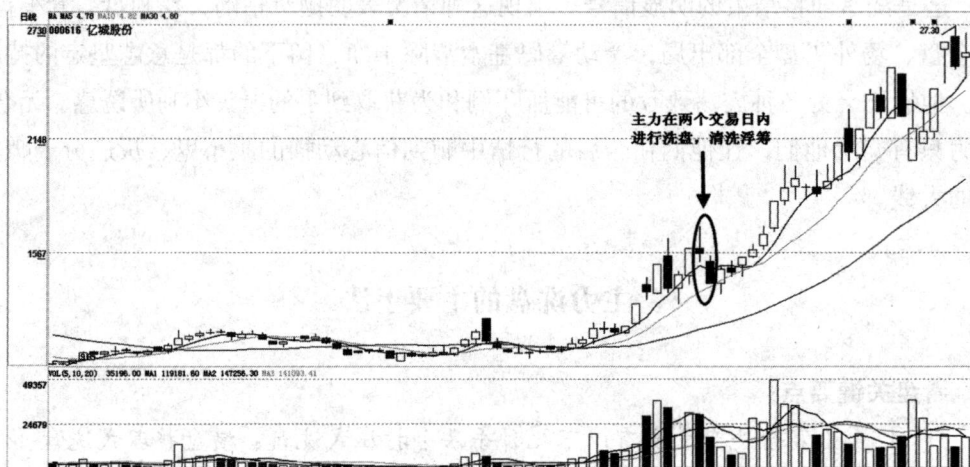

图 7-18

（2）上下震荡式洗盘。

这种手法较为常见，即维系一个波动区间，并让投资者摸不清主力的炒作节奏。这种方法兼有打压式洗盘和横盘整理式洗盘的优点，一方面考验散户的胆量，另一方面考验散户的耐心。在这种双重考验下，散户往往会乖乖地交出手中的筹码。

这种洗盘手法的特征表现为：

①价格波幅比横盘整理大，比打压式洗盘小；

②一日之内价格震幅比较大；

③经常出现阴阳 K 线相间的情形，而且隔日收盘价反差比较大。

（3）横盘整理式洗盘。

主力在拉升过程中突然停止做多，让股价进行盘横整理，使缺乏耐心者出局，一般持续时间相对较长。由于这种股票背后隐藏着很大利好，主力惜售，不愿损失筹码洗盘，用时间来化解低位获利盘，完成洗盘。

主力在横向振荡中保持自己的筹码不流出，在平稳的控盘中又能获得浮出的筹码。小阴小阳的 K 线箱体振荡，盈利与亏损之间徘徊。成交量规则性萎缩，主力有计划地控盘。

（4）边拉边洗式洗盘。

这是市场主力最常采用的一种洗盘方法，其手法是，主力每日放量拉升股价，然后停止拉开，并用大手笔封盘，或主动将部分获利回吐，使市场的获利盘跟风涌出，造成股价回落，在日K线图上留下较长的上影线。这样主力在拉高股价的同时又达到了洗盘的目的，并在高位也锁定了相当的筹码，次日再如法炮制。

桐君阁（000591）股价在拉升过程中接连拉出两个涨停板，根据技术分析该股已呈有效突破走势，部分投资者趁机爬到主力身上剥皮，于是主力赶紧刹车，在随后的交易日中拉出一根十字星，此十字星为投资者制造出了股价已经见顶的陷阱，让许多散户投资者望而却步。达到恐吓效果之后，主力再接再厉，又收出一根长阳，股价头也不回地一路向上（如图7-19所示）。

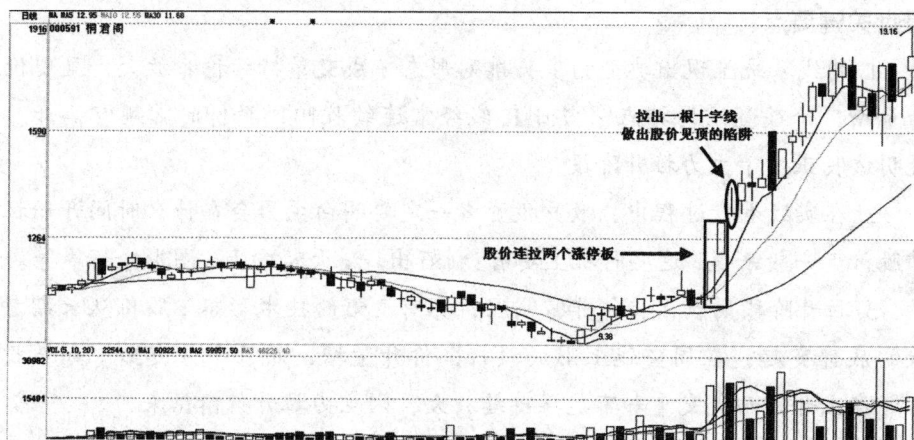

图 7-19

2. 如何识别主力的刻意打压。

主力的刻意打压行为往往能从反面揭示个股的投资价值，从而给散户提供最佳的建仓时机。主力是否刻意打压，主要从以下几方面判断：

（1）根据成交量来判断。

当股价下跌到一定阶段时，投资者由于亏损幅度过大会逐渐停止交易，成交量会逐渐缩小，直至出现地量水平。这时如果有巨量砸盘或者有大手笔的委卖盘压在上方，股价却没有受到较大的影响，表明这是主力在恐吓性打压。

（2）根据走势的独立性来判断。

如果大盘处于较为平稳的阶段或者跌幅有限的正常调整阶段，股价却异乎寻常地破位大幅下跌，又没发现任何引发下跌的实质性原因，则说明主力正在有所图谋地刻意打压。

（3）根据均线系统与乖离率判断。

股价偏离均线系统过远、乖离率的负值过大时，往往会向0值回归，这时如果有资金仍不顾一切地继续打压，则可视为刻意打压行为。

（4）根据移动成本分布的情况判断。

主要是通过对移动筹码的平均成本和三角形分布进行分析，如果发现该股票的获利盘长时间处于较低的水平，甚至短时间内没有什么获利盘，股价仍然遭到空方的肆意打压，可以断定这是主力的刻意打压行为。

主力拉升的相关要素

看盘关键要点：

1. 均线系统呈现出典型的多头排列形态；成交量持续稳步放大，呈现价升量增、价跌量缩的特点；当日K线经常连续收阳，股价时常跳空高开。说明该股正处于主力拉升阶段。

2. 在实战看盘过程中，散户投资者一定要明白主力会在什么时间开始拉升股价。一般来说，这些时机主要有：利好出现、大势向上、图形修好等等。

3. 拉升阶段的盘面特征非常明显，具有良好的技术形态；股价从长期潜伏的底部突起，在周K线上形成旗杆，价升量增，而且十分突出；如果股价还在上升，而成交量却不能再持续放大，则主力拉升行情结束。

4. 根据主力的目标位，设定自己的盈利目标。

1. 主力拉升的目的。

主力拉升的最根本的目的当然是为了获利，但在战术方面也是有所考虑的。

（1）随着主力的运作过程延长，主力的意图和某些商业秘密泄露的可能性也越来越大，这样将造成许多不必要的麻烦和损失，股价的拉升，可以很大程度上避免这些；

（2）股价的拉升，可以提升股票的形象和积聚市场的人气，吸引投资者的参与，为日后的出货打下了较好的基础；

（3）由于在建仓、整理、洗筹等环节投入了大量的资金，如果不拉升股价完成出货任务，将会大大增加成本。

2. 主力拉升的特征。

（1）均线系统。

由于主力的拉升是一种股价上涨的趋势，所以，均线系统呈现典型的多头排列。

如图 7-20 所示，东方金钰（600086）股价在上涨过程中均线呈多头排列状态，随后股价升幅非常可观，从 2010 年 7 月 16 日的 8.55 元一路拉升至 12 月 7 日的 32.77 元，升幅达 283%。

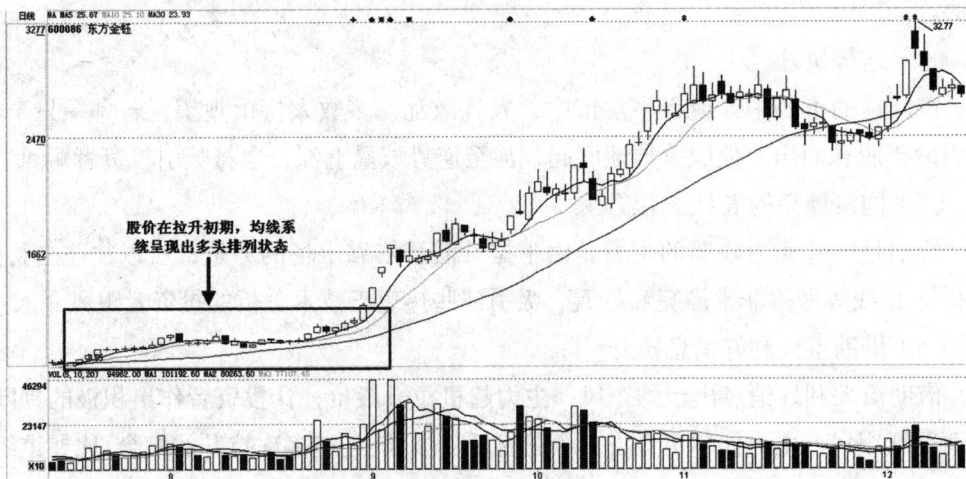

图 7-20

（2）成交量系统。

成交量持续稳步放大，呈现价升量增、价跌量缩的特点，价量配合良好，在这段时期内，成交量整体上保持活跃状态，市场投资者积极参与、人气旺盛。

（3）K 线系统。

在拉升阶段中，主力经常在中高价区连拉中、长阳线，阳线的数量多于阴线的数量；阳线的涨幅实体大于阴线的跌幅实体；日 K 线经常连续收阳，股价时常跳空高开，并且不轻易补缺口，日 K 线形态中常出现红三兵、上升三部曲、大阳 K 线等。

3. 主力拉升的时机。

拉升时机的选择对主力来说非常重要。通常，主力最喜欢选择以下几种时机拉升股价。

（1）借助高比例配送的题材拉升。

主力利用投资者"贪便宜"的心理，借助股票除权的缺口效应、低价效应让投资者将股价的走高与填权补缺联系起来。

（2）借助热点板块拉升。

市场历来就有板块联动的规律，特别是趋势向上时表现得格外明显，如果主力的目标股刚好处于市场的热点板块，主力的拉升就具有很好的隐秘性。

（3）借助股市大势拉升。

在大势加速上升时，市场人气旺盛，场外资金蜂拥入市，主力借机拉升，可以引起投资者注意，纷纷入市帮主力抬轿，这样主力不费吹灰之力就能成功地将股价拉高。

（4）逆势拉升。

在低迷的市场中，或者牛皮市中，人气散乱，多数人持币观望，若哪一只个股主力敢于脱颖而出，使股价拔地而起，甚至逆势放量上涨，也将吸引投资者跟风。

（5）构筑漂亮的K线图拉升。

特别是一些实力较弱的主力，由于拉升需要依靠市场的力量，所以往往会将图形指标K线等做得非常漂亮和好看，吸引那些热衷于技术分析的投资者跟风介入。

（6）借助重大利好消息拉升。

借助重大利好消息出台的东风，主力趁机拉升股价，让投资者作出积极的判断，从而踊跃跟风。主力偶尔也会将一个题材反复炒作，创造多次拉升的机会，比如重组、兼并等题材。

4. 主力拉升的技术特点。

（1）强调快速，具有爆发性。

对主力来说，时间比资金更重要，快速拉升容易产生暴利效应，诱惑作用更大。

（2）利好消息不断出现。

当主力企图大幅度拉升股价的时候，将通过媒介或者庄托放出题材，散布各种利好消息，并联系大户助庄，制造成交量放大的现象，吸引跟风。

（3）经常走出独立于大盘的走势，一般发生在大势乐观之时。此时大盘表现较好，能够吸引场外资金介入。一旦这类个股走强于大盘，将更加吸引散户跟风。

（4）在同一交易日开市后不久或收市前几分钟最易出现拉升现象。主力在这两个时刻只需动用很少的资金就可将散户的抛单统统吃掉，从而轻易达到拉升效果。

5. 主力拉升的盘面特征。

（1）经常在中（高）价区连拉阳线。

桂冠电力（600236）在股价拉升的高位区经常接连拉出阳线（如图7-21所示）。

（2）经常跳空高开形成上攻缺口，且短线不予回补。

飞乐音响（600651）在股价拉升的过程中连续出现向上跳空的缺口且未回补（如图7-22所示）。

（3）经常在通过前期某一阻力位（区）时会进行震荡整理以消化该阻力的压力，而且突破之后又将加速上扬。

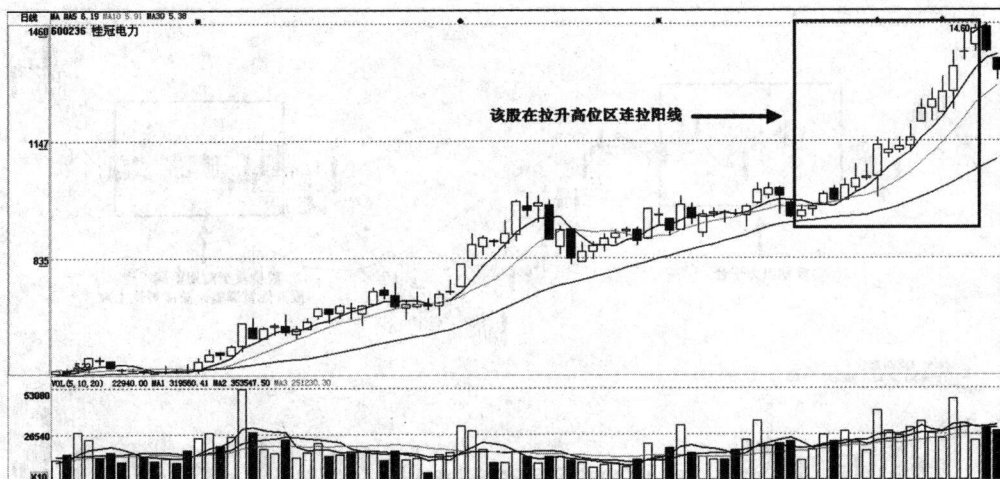

图 7-21

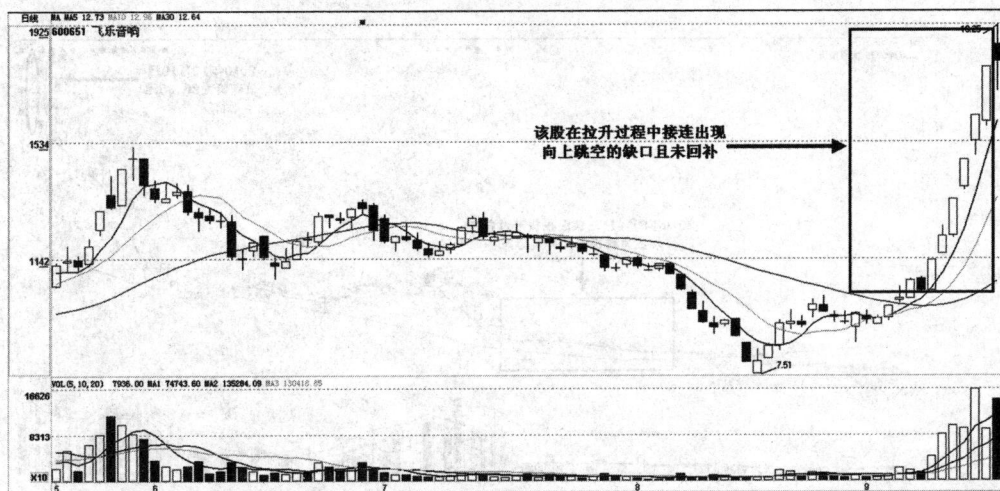

图 7-22

盐湖钾肥（000792），在股价上攻过程中，运行到与前期阻力平台相近的位置时遇阻，遂展开短暂调整，之后再次发力上攻（如图 7-23 所示）。

（4）具有良好的技术形态。如均线系统呈典型的多头排列，主要技术指标处于强势区，日 K 线连续飘红收阳。

太原刚玉（000795），2010 年 8 月 6 日，该股在拉升过程中均线呈现出多头排列态势，股价一路上涨至 2010 年 11 月 19 日的 26.38 元，相较于拉升之前的最低价 5.51 元，升幅达 379%（如图 7-24 所示）。

6. 如何计算主力拉升的目标位。

一般来说，根据坐庄长短、市价高低、盘子大小等因素，投资者即可估算出庄

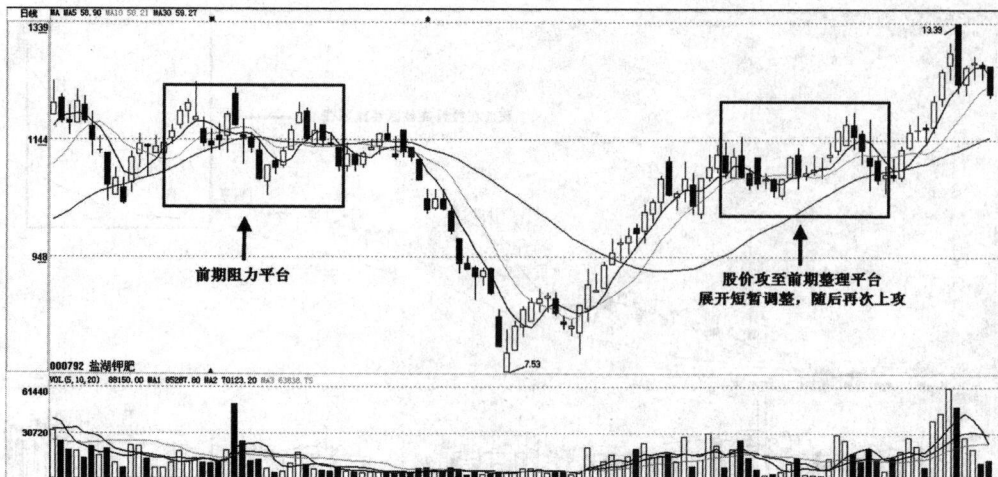

图 7-23

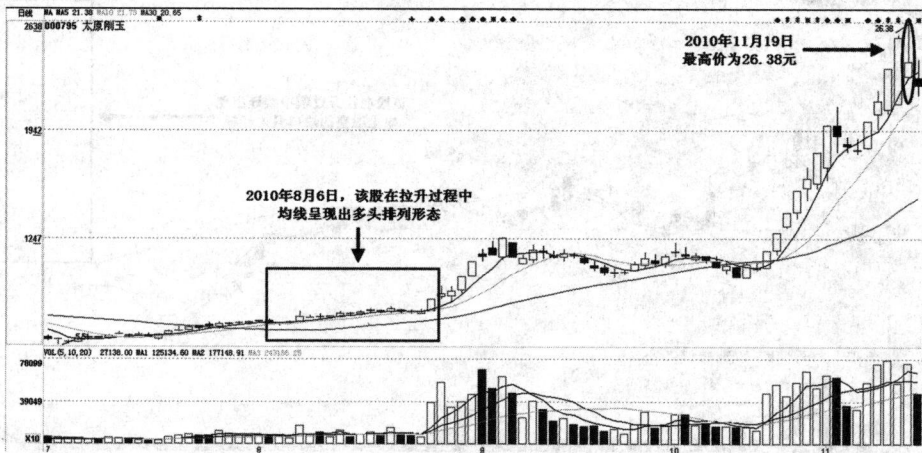

图 7-24

股可能的升幅。

（1）坐庄时间越长升幅越可观。

主力有短线主力、中线主力和长线主力之分，短线主力有 10% 的升幅即可达到坐庄目标，行情极难把握；中线庄股在升幅 100% 左右的位置会遇到较大的阻力；一些长线庄股，如湘火炬、合金股份、南通机床等累计升幅高达 10 倍。

（2）小盘股上升空间广阔。

流通盘越大上升需要的能量越多，升幅自然受到限制，而真正升幅能翻几番的庄股，其流通盘大都在 2000 万股 ~ 3000 万股之间。

（3）主力成本越大越需向上拓展空间。

投资者观察目前价位主力是否有获利空间，若主力获利菲薄，自然可放心持股。具体来说，散户可根据下面的公式大概估算主力的拉升目标位。

目标点位 = 持股成本 × （1 + 主力持仓量占全部流通股的百分比 ×2）。

如主力持仓成本是 10 元，持仓量是 30％，那最低拉升目标就是 10×（1 + 30% ×2 ）= 16 元。

主力拉升的主要方式

看盘关键要点：

1.一般来说，主力在吸货过程中的试盘主要有三个目的：看盘中是否已有主力，以免对做；决定究竟采取哪种吸货方式——是拉高吸货还是打压吸货；看看筹码安定性好坏，是否到了拉抬时机。

2.熟悉了主力试盘的策略和各种操作的手法，投资者在跟庄的时候就不会轻易被主力欺骗，也就不容易犯错。

3.不同的主力会有不同的拉升方式，但总的来说有三种方式：突飞猛进式拉升、45° 斜线式拉升、台阶式拉升。

1.主力试盘的目的。

在股市中常会出现假突破形态，即主力吸足筹码后先大幅冲高再回落，短线跟进者立刻被套，但只要你一割肉该股却很快止跌回升，迅速展开主升段。这个假突破可称为主力总攻前的"实战演习"，也就是试盘。

一般来说，在吸货过程中试盘主要有三个目的：

（1）看盘中是否已有其他主力，以免对做；

（2）决定究竟采取哪种吸货方式——是拉高吸货还是打压吸货；

（3）看看筹码安定性好坏，是否到了拉抬时机。

试盘典型的股票如中鼎股份（000887），该股在拉升之前一直保持横盘走势，在横盘一段时间之后，量能开始增大，拉出了一根大阳线，突破了先前的整理平台，此时众多短线客纷纷涌入，但股价却在第二个交易日快速回落，接着收出几根阴线，股价重返整理平台，让众多投资者扑了个空。被骗的投资者心有余悸纷纷卖出，但该股却在横盘之后再度收出一根阳线，随后股价一路稳步上攻。投资者若被主力原来的虚招吓跑则会丧失大好的赚钱时机（如图 7-25 所示）。

2.试盘常见的几种情况。

（1）测试当日卖压程度。

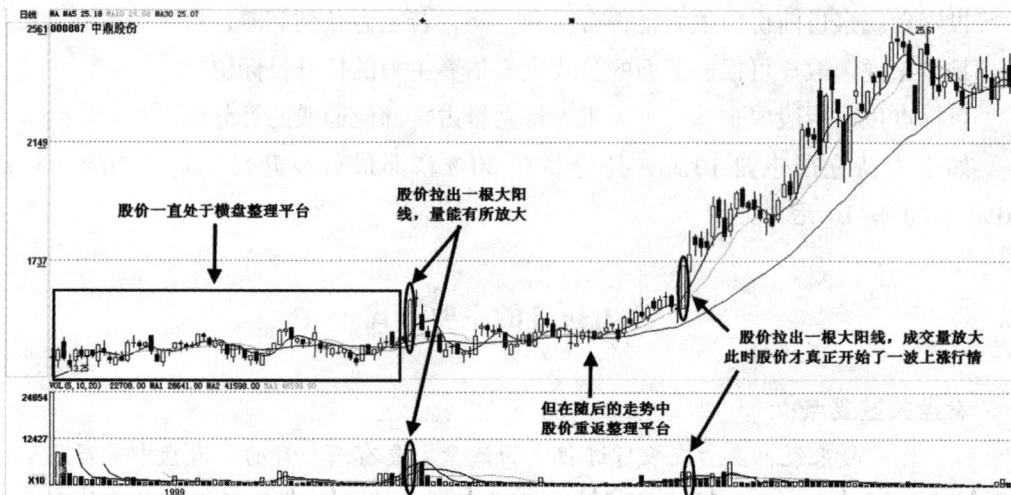

图 7-25

如图 7-26 所示，主力利用开盘时抛出一笔筹码，将股价压下来，如果随后出现下跌超过主力预期幅度且成交量放大，说明今日卖压重，散户不因价跌而惜售。如果主力看好后市，已吸了些筹码，则今日或继续收集或洗盘，或被动护盘，不适合拉抬；如果主力不看好后市，可能先拉高，然后出脱手中持股，到尾盘反手做空。

（2）测试散户持股意愿。

如图 7-27，主力在开盘时先低价抛出一笔筹码，随后股价缓慢下滑，回档幅度也不深，且下跌量缩。这说明，散户惜售，不愿追杀。如果主力看淡后市，今日可拉高后再出货；如果看好后市，可以顺势拉抬，不必再往下洗盘了，因为此时浮码已较少，自己抛出去的筹码都不一定能以原价买得回来。

（3）测试散户追高意愿。

如图 7-28，主力往往会作出强势开盘价。如果散户看好后市，踊跃购买，表现

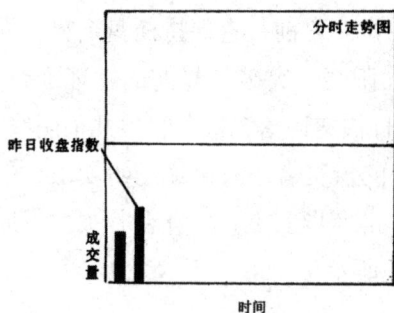

图 7-26

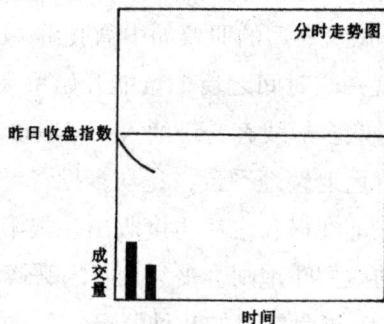

图 7-27

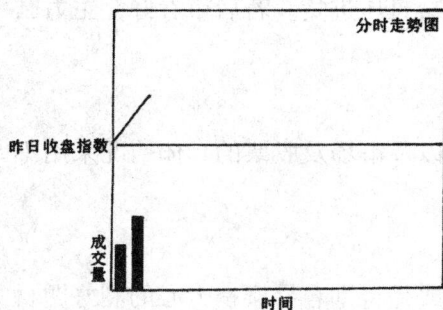

图 7-28

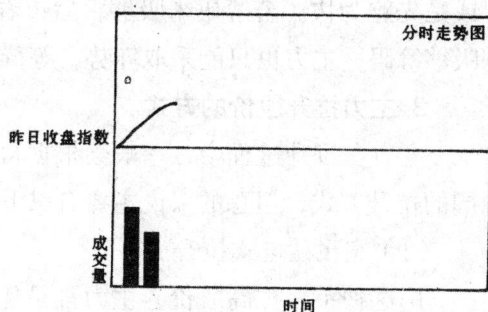

图 7-29

为价涨量增。面对此种旺盛人气和强烈的追涨意愿，主力往往会因此决定拉抬，再往上做一波行情。

如图 7-29，主力开高之后，散户追涨意愿不强，盘中表现价涨量缩。主力此时硬拉很费劲，而且担心资金方面有困难。因此，若不看好后市，可能反手做空；而刚吸完计划筹码的主力，可能只守不攻，或联络上市公司和传媒放出利好消息，或等待大市升温时搭顺风车，总之，要等待合适时机。

（4）测试持股散户追涨杀跌的心理。

如图 7-30，主力通过盘中价量关系分析测知散户不杀跌而追涨的心理，盘中价涨量增，价跌量缩，且全日维持在昨日收盘价之上，明显属强势盘。有鉴于此，主力在后市中往往发起强力攻击，以急拉做收尾盘轧死短空，以刺激明日买气。

（5）被迫守盘。

如图 7-31，主力根据盘中价量关系变化了解到散户急于出脱持股，追高意愿弱，盘面表现为价涨量缩、价跌量增的背离走势，且价位始终在昨日收市价以下波动，盘势极弱无疑。若是已有相当涨幅，而后市不看好，主力或是制造利好掩护出货，

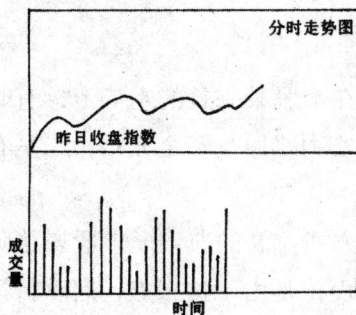

图 7-30

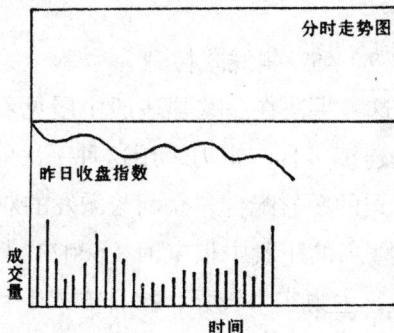

图 7-31

或是先跑为快。若筹码未吸够，后市看好，主力会打压进货。若后市看好，主力已吸够筹码，主力也只能采取守势，等待时机。

3. 主力拉升股价的方式。

主力在拉升过程中，一般会根据自身的实力以及市场及股票的具体情况采用不同的拉升方式，但总的来说主要有以下三种。

（1）突飞猛进式拉升。

用这种手法拉高股价，主力都是凭借朦胧的或是特别容易振奋人心的利好题材对股价实施大幅的拉升，犹如火箭式一样。主力如此凶狠的手法是以完全控盘为基础的。

如图7-32所示，盘整3个月的*ST河化（000953）突然放量涨停，表明蛰伏其中的主力开始行动了，之后的第二个交易日股价创出新高，许多套牢盘、跟风盘蜂拥而出，股价大幅振荡，成交也创出天量，主力则照单全收，补进大量筹码。其后的几天也是天天涨停，一个多月之后股价最高拉升到25.41元，与拉升前一天的收盘价8.85元相比，涨幅达187%。

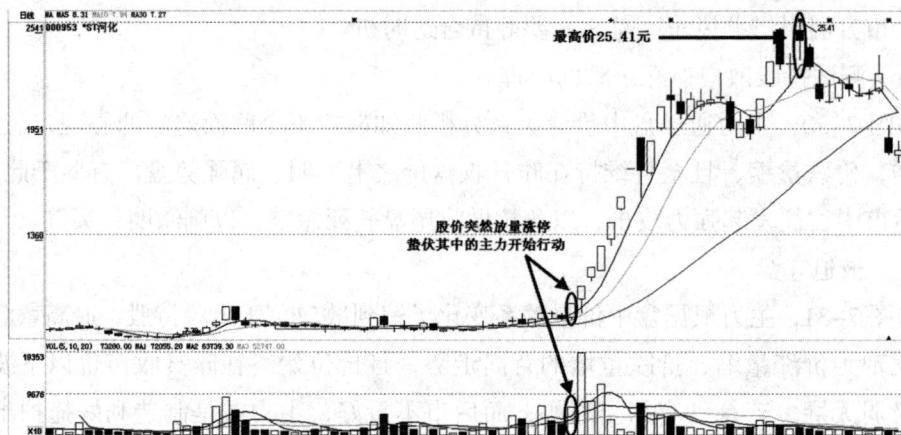

图 7-32

（2）45°斜线式拉升。

这种手法在一些强庄股中屡见不鲜，主要表现在个股某一日的走势上，有时甚至是连续多日。主力采用这种手法的原因一是自身实力雄厚、资金充裕，二是有上市公司的题材配合，获利与派发的双重机会。

著名的庄股中粮屯河（600737）就是采用这种方式拉高的典型。该股属德隆概念股，主力实力较强，拉升方式上甚至有些蛮横，而正是由于这一点，启动行情之前准备的时间，特别是资金上的准备时间长达3年半。拉升的准备阶段股性偏死，

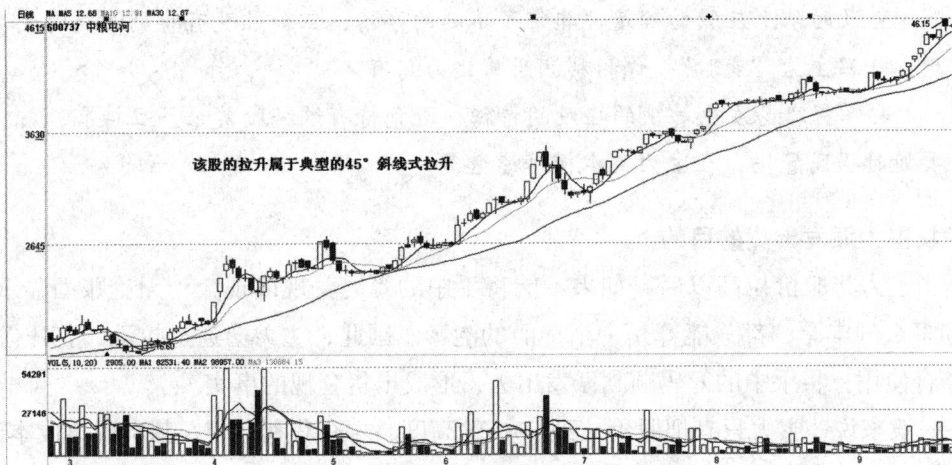

图 7-33

一旦启动就是直奔目标，不达目的不罢休。该股在每天的盘面中，下方有大量巨额买单，在每一个买单上挂上几百手的买单，然后在三笔委卖盘上挂上几十手的卖单，一个价位一个价位向上推，都是大笔的主动性买盘，其实这上面的卖单都是主力的，吸引跟风盘跟进，以显示主力实力。然后一分一分地把股价往上拉升，等拉升一段时间后，会突然把大额买单撤掉，用一两笔抛单把股价迅速打低，好像放下鱼钩，以吸引买盘去逢低吸纳，然后又将股价拉上去，对于上方的抛盘毫不犹豫地统统吃进。拉升时不但当天分时图呈 45 度斜线上升，日 K 线图也近似于沿着 45 度斜线上涨。同时盘中不时放出钓鱼钩，但振荡不放量，半年时间，该股涨幅高达 250% 以上（如图 7-33 所示）。

（3）台阶式拉升。

有些主力由于自身实力有限，而且操作的又是大中盘股，所吸筹码占筹码总量比例不大，于是只能利用好消息拉升一个台阶然后盘整，抬高散户持股成本，再往上拉，如此稳步上升。

主力出货的相关要素

看盘关键要点：

1. 主力坐庄的最终目的就是为了出货套现。通常，主力只有把股价拉到 30% 的高度，才能基本脱离成本区，才有获利空间。

2. 主力一般会在两种情况下出货：一是人气乐观畅旺到极点，主力顺势出货；二是行情有变，主力不得不出货套现。

3. 及时跟上庄股的确是件非常了不起的事情，但如果没有将利润及时变现，一旦主力"变脸"，你的利润恐将化为乌有。

4. 掌握容易发生暴跌的庄股的特征，避免持有这种股票；一旦持有，就要随时提高警惕，在主力跳水前迅速逃离。

1. 主力派发出货的目的。

当主力将股价拉高以后，如果不能将手中的筹码兑现成现金，无论账面显示的赢利多么的丰厚，都只能算是一个美丽的泡影。因此，主力会通过拉涨、打压等手段结合使用，将手中的筹码顺利派发出去，形成出货套现的事实。

一般来说，主力只有把股价拉到30%的高度，才有获利空间，基本脱离成本区。主力对自己坐庄的考虑，不论是大盘的因素，还是个股的因素，一旦出现不利会马上应变，展开不计成本、横扫一切的仓惶弃庄逃命离场。这样对不明真相的跟风者的杀伤力绝大。这也是散户跟庄最应该注意的地方。

中集集团（000039），股价在拉升的高位形成顶部之后，并没有马上下跌，而是在高位进行了一个月左右的横盘。这个横盘就是主力用来出货释放出的迷惑散户的烟雾弹，维持股价不下跌让散户以为股价还会上涨。在散户的这种期待中，股价在随后的两个交易中，接连拉出两根大阴线，这种出现在股价上涨高位的大阴线预示着股价将会步入一段大跌市。果然，在之后的走势中股价大幅下跌（如图7-34所示）。

2. 主力出货的时机。

主力的出货情况大致可以分为两种：主动出货和被动出货。主动出货是指在人气最旺的时候顺势出货；被动出货是指行情发生变化，被迫出货。

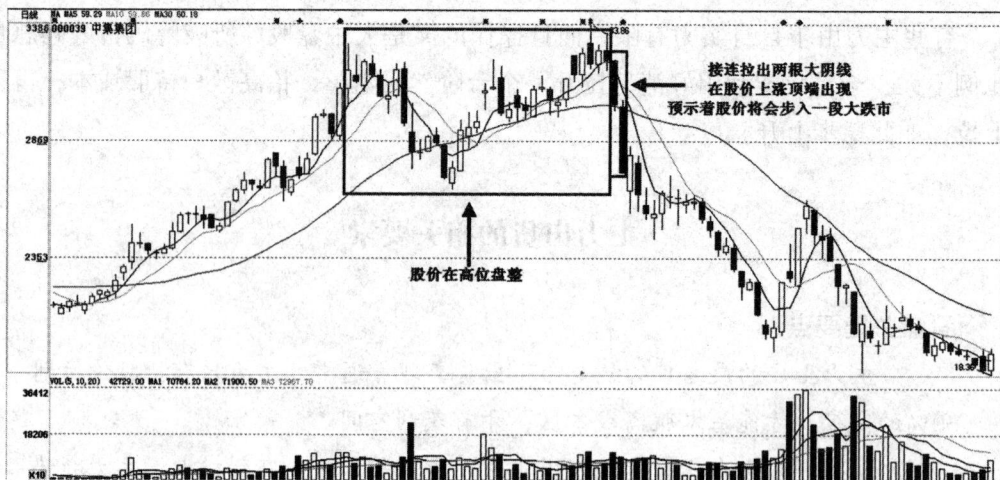

图 7-34

（1）人气最旺的时候派发出货。

①上市公司基本面达到历史最好水平，是主力全身而退的好机会；

②股价已经达到主力的目标价位；

③大盘的人气已上升到极点，买盘汹涌，是大规模套现的最好时机；

④难得利好消息出现，引来大量的买盘。

（2）情况发生变化，主力被迫出货套现。

①丑闻曝光，引来无数抛盘，股价发生崩盘，主力自己也不得不卖出；

②大盘的转势，无法拉抬，必须暂时套现，等待更佳时机；

③政策打压，必须顺应，不得不派发套现；

④资金到期必须套现归还；

⑤自己的资金出现问题，必须不计成本地卖出套现；

⑥行业利空政策突然出台，不得不改变初期设想，紧急出货；

⑦主力团队发生内讧，有人提前出逃，而其他也被迫卖出；

⑧上市公司基本面恶化，出现大问题，必须套现。

3. 主力出货前的征兆。

（1）主力坐庄的目标达到。

尽管我们不知道主力希望的最终盈利是多少，但我们还是可以根据股价和成交量的变化大致分析主力的成本和理论收益。当我们用几种不同的方法都估测股价已接近了主力的目标位时，就有可能是主力出货的时候了。

（2）正面消息增多。

正面的消息增多，就是指报刊上、电视上、广播电台里的利好消息多了，这时候散户就要非常小心。上涨的过程中，媒体上一般见不到多少消息，但是如果正面的宣传开始增加，利好不断，说明主力已萌生退意，要出货了。

（3）股价该涨不涨。

在形态、技术、基本面都向好的情况下不涨，这就是主力要出货的前兆。

三安光电（600703），股价在下跌过程中出现了一根阳线锤头线，此锤头线属于典型的见底信号，预示着后市将上涨。但该股在出现阳线锤头线之后，股价不涨反跌（如图7-35所示）。

（4）放量不涨。

不管在什么情况下，只要是放量不涨，就基本可确认是主力准备出货。

杉杉股份（600884）在股价上涨的高位，忽然放量，但股价却不涨，这是放量不涨的典型例子，应确认是主力在出货。其后，股价一路下跌（如图7-36所示）。

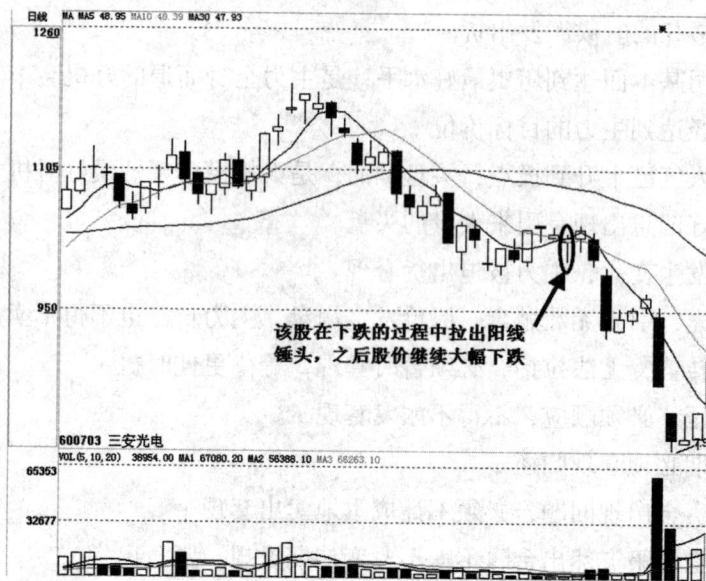

该股在下跌的过程中拉出阳线
锤头,之后股价继续大幅下跌

图 7-35

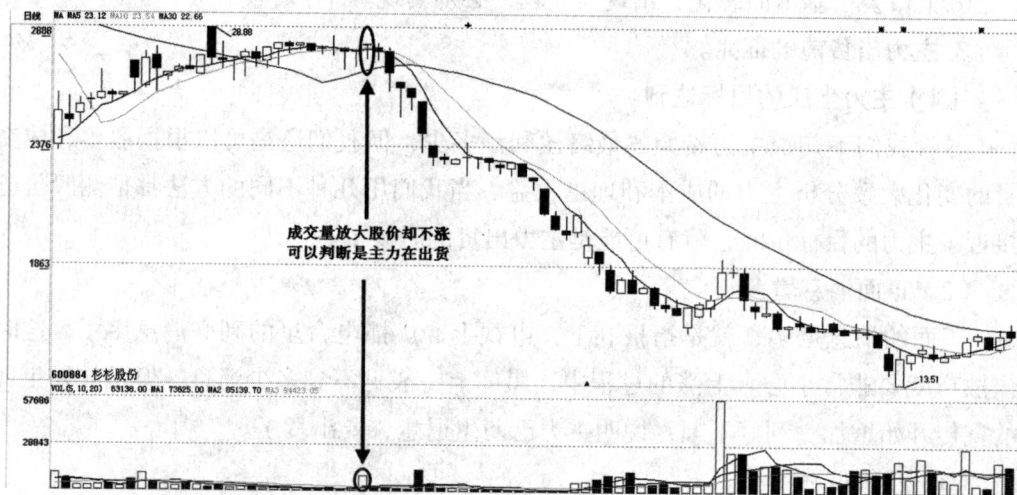

成交量放大股价却不涨
可以判断是主力在出货

图 7-36

4. 庄股暴跌的明显特征。

（1）前期涨幅巨大。

大部分个股经过大幅炒作后,股价已经在高位。主力和跟风者同时想要获利了结,兑现"纸上富贵",空方力量开始占上风。

天茂集团（000627）,从 2008 年 10 月 28 日的最低价 2.66 元启动一直涨至 2010 年 4 月 8 日的最高价 14.13 元,累计涨幅达 431%（如图 7-37 该股月 K 线图所示）;

石油济柴（000617）股价从上涨至跳水之前,涨幅高达 395%（如图 7-38 所示）。

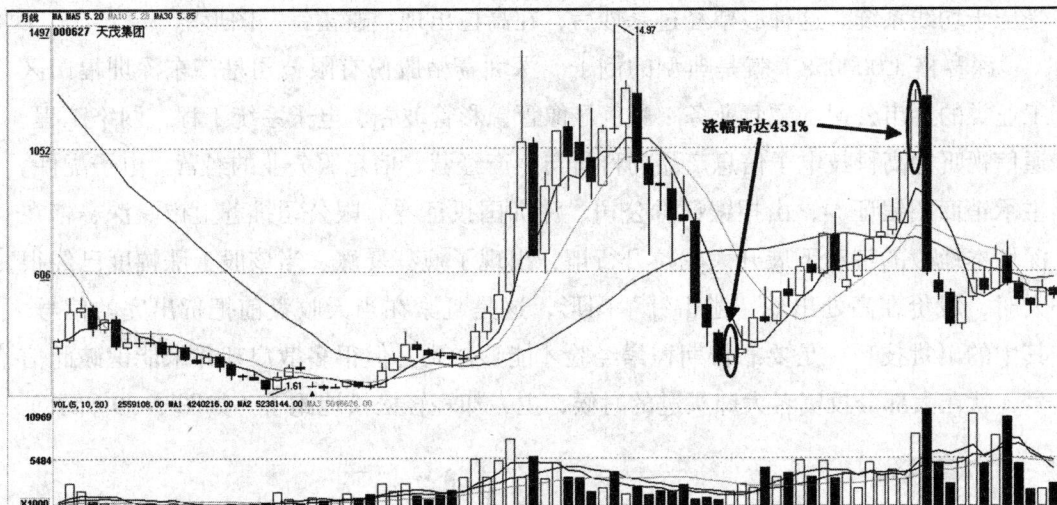

图 7-37

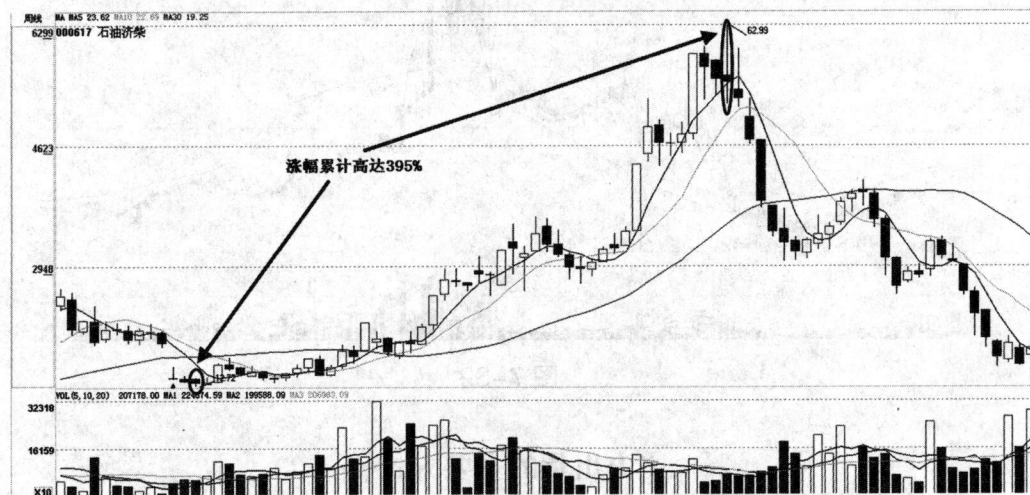

图 7-38

（2）持股高度集中。

暴跌庄股往往持有大量的流通股份，持股集中度远远高于其他个股。根据2003年一季度的季报显示，庄股暴跌前，股东人数较少，人均持股市值较高。

（3）没有业绩支持。

暴跌是对于个股价值的回归，业绩越差价格越高的个股自然越有暴跌的理由，市盈率（市价 ÷ 每股收益）、市净率（市价 ÷ 净资产）是判断的一个重要依据。

（4）技术特征明显。

这种股票破位下跌后连续几天成交量放大却是收阴线，后面的 K 线图都是严重受压于均线系统。这种股票经过暴炒后，在高位出现"避雷针"图形。

深赛格（000058）就是典型的例子。深圳赛格股份有限公司是广东深圳福田区工业类的上市公司。主营业务：彩色显像管、彩管玻壳、电子系统工程、网络工程、通信视听等高科技电子信息产品的科研与生产经营、信息服务业的经营、电子配件。主承销商招银证券，由招银证券公司、深圳国投证券有限公司推荐上市。深赛格在深圳本地股的带动下展开大幅拉升行情，出现了疯狂暴涨。当该股上涨幅度已经很大时，股价在高处出现"避雷针"图形，这是赶紧在当天收盘前把货出完的信号。其中的出货技巧，是要靠长期积累经验才能够做到。但很多散户却并未能识破此信号，就在大部分投资者大肆买进的时候，主力却轻轻松松地跑了（如图7-39所示）。

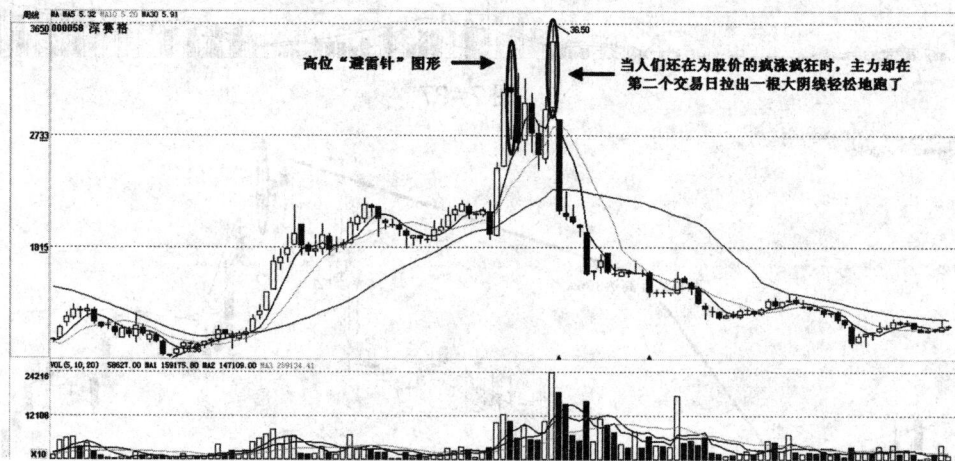

图 7-39

主力出货的主要方式

看盘关键要点：

1. 主力出货的方式多种多样，主要有：设置多头陷阱出货、利用除权出货、快速打压出货、利用反弹出货等。

2. 主力洗盘的目标是通过整理换手，清洗浮筹，使筹码进一步集中；而主力出货的做法却是尽量吸引更多的买盘，稳定现有持股者的信心，使自己得以在高位轻松派发。

3. 洗盘和出货的区别可以从K线形态上识别，出货时主力会尽量将K线图形做得非常完美，让散户认为股价还会上涨；而洗盘时主力会将盘中的K线形态做得非常糟糕，吓唬众多散户。

1. 主力出货的方式。

主力在吸引买盘，完成出货的过程中，主要会采用四种方式。

（1）设置多头陷阱出货。

一般来说，重要阻力关口一破即变为支撑，因而，冲破阻力位就成为相信技术分析的广大股民的操盘准则，于是主力就会制造这种假突破，诱使散户进场，主力乘机派发出货。

浦东金桥（600639）的主力出货时就选择了假突破制造的时机。该股股价在拉升出货之前一直处于一个箱体内，随后股价拉出一根大阳线，此阳线突破箱体的上边线。按技术理论来说，此信号是典型的股价拉升信号。而且在随后的走势中，股价放量涨停，使人更相信这种突破的有效性，于是纷纷跟进。但大部分投资者都忽略了之后出现的"长十字线"，它出现了股价上涨趋势中，表示见顶信号。由于散户的粗心大意，主力利用此时人气高涨，大举出货，就这样，连同上两个交易日的成交量，总换手率达 40％ 以上，出货迹象十分明显（如图 7-40 所示）。

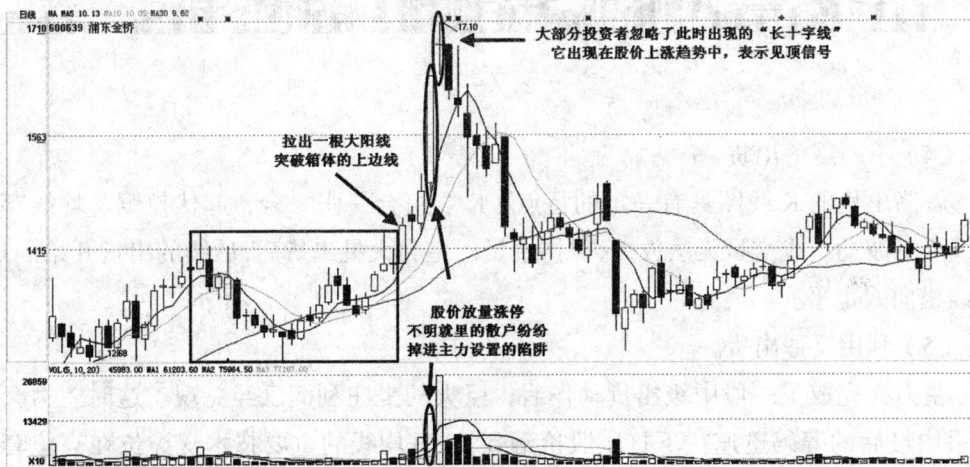

图 7-40

（2）利用除权出货。

股价一旦经过除权之后，就会回到相对低位，令人感到并不是那么高了，许多人不明真相，以为是刚从底部启动，盲目跟风，很容易成为主力拉高出货的牺牲品。

（3）快速打压出货。

主力已经将股价拉升到足够的高位，为了尽快出清手中的筹码，会通过横向的K 线上影线拉高股价随时准备出货，只要盘口有买盘就对准买盘进行果断的打压出脱筹码。

锦江股份（600754）在 2010 年 4 月 27 日的下跌就是典型的打压式出货。股价在上涨的高位横盘，随后拉出一根大阴线，令众多散户猝不及防，最后接连拉出四连阴，并伴随着跳空现象,均线也呈现出空头排列,主力出货势头异常凶狠(如图 7-41 所示)。

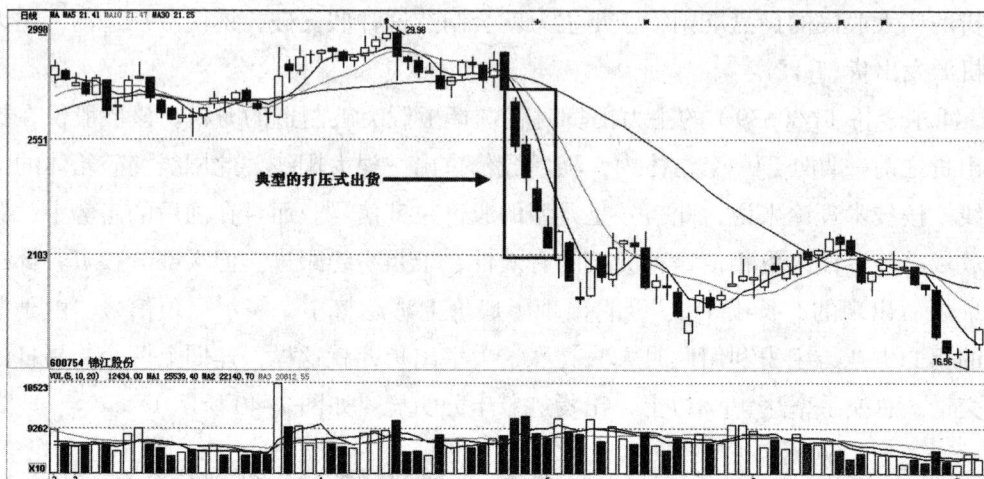

图 7-41

（4）不断震荡出货。

震荡出货的 K 线图具有一定的特点 : K 线组合一张一合, 起伏拉锯。均线穿越 K 线上下波动。成交量无法放大,保持中量。主力大批出货后,后续的出货开始混乱。均线横向式走平。

（5）利用反弹出货。

主力在完成了一段中级出货动作后，巨大的坐庄利润已经兑现。这时主力会利用手中最后的筹码迅速往下打压股价砸穿 30 日均线的重要技术支撑位在高位套牢跟风盘。同时由于股价快速下跌的短期乖离巨大，主力就顺势在低位补进筹码做反弹行情获取该股最后利润，彻底完成出货任务。

2. 如何区别主力的洗盘和出货。

主力洗盘的目标是通过整理换手，清洗浮筹，使筹码进一步集中 ; 而主力出货的做法却是尽量吸引更多的买盘，稳定现有持股者的信心，使自己得以在高位轻松派发。

投资者在看盘时，可以通过以下几个方面来判断主力究竟是洗盘还是出货 :

（1）在盘口方面会有区别。

主力出货时在卖盘上是不挂大卖单的，下方买单反而大，显示委比较大。造成买盘多的假象，或下方也无大买单，但上方某价位却有"吃"不完的货，或成交明细中常有大卖单卖出而买单却很弱，导致价位下沉无法上行。

主力洗盘时在卖盘上挂有大卖单，造成卖盘多的假象。若主力对敲下挫时是分不清是洗盘还是出货的，但在关键价位，卖盘很大而买盘虽不多却买入（成交）速度很快，笔数很多，股价却不再下挫，多为洗盘。

中船股份（600072），股价从底部启动后不久，就在上涨途中拉出了一根带有长长上影线的阴线，成交量放大，由前一个交易日的28559万股增至此交易日的99809万股，换手率也达到2.50%，不明就里的散户投资者认为主力是在大肆出货，于是赶紧卖出手中筹码。但不想股价第二日却高开高走，放巨量收大阳，覆盖了前一日长上影，此后继续振荡上行，成功完成洗盘，让错过的散户痛恨不已（如图7-42所示）。

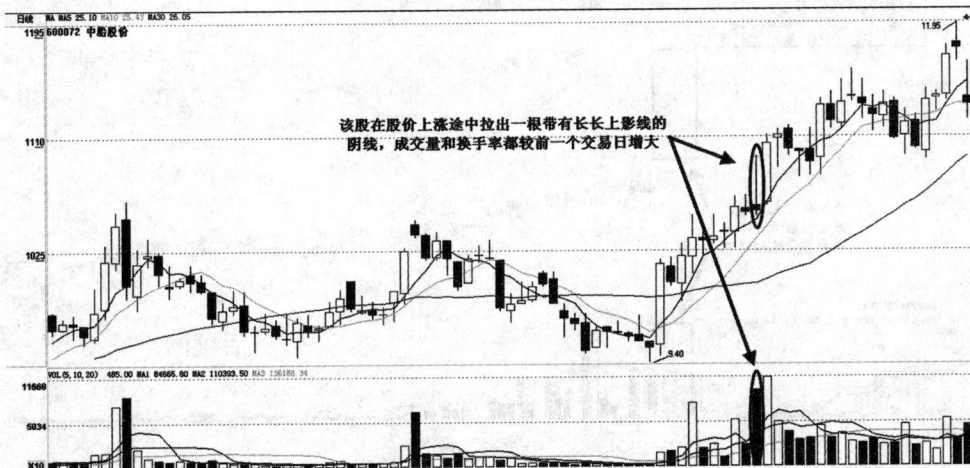

图 7-42

（2）从持续时间上区别。

上涨途中的洗盘持续时间不长，一般5～12个交易日就结束，因为时间过长的话，往往会被散户识破，并且乘机大量建仓。而出货的时候，股价即使超出这个时间段以后，仍然会表现着不温不火的震荡整理走势或缓慢阴跌走势。

（3）从重心移动来区别。

重心是否下移是判别洗盘与出货的显著标志。主力的洗盘时把图形做得难看，不想让其他人买到便宜货，所以日K线无论收乌云线、大阴线、长上影、十字星等，或连续四五根阴线甚至更多，但重心始终不下移，即价位始终保持在一个稳定的位置上。而主力的出货虽有时把图做得好看些，收许多阳线，但重心却一直下移。

罗牛山（000735）的股价在高位横盘，拉出的阳线多于阴线，图形非常好看，在随后的交易日中，股价出现连续跳空的四连阳，成交量有所放大，但股价的重心一直是在向下移动的（如图 7-43 所示）。

（4）从 K 线形态方面区别。

一般洗盘时的走势常常以长线实体的大阴线出现，而出货的时候往往会在股价正式破位之前，出现一连串的小阳线，使得投资者对后市抱有期望。

在洗盘时，某些关键价位是不会跌穿的，这些价位往往是上次洗盘的起始位置，这就使 K 线形态有十分明显的分层现象。而主力出货则以力图卖出手中大量的股票为第一目的，所以关键位是不会守护的，导致 K 线价位失控，毫无层次可言，一味下跌。

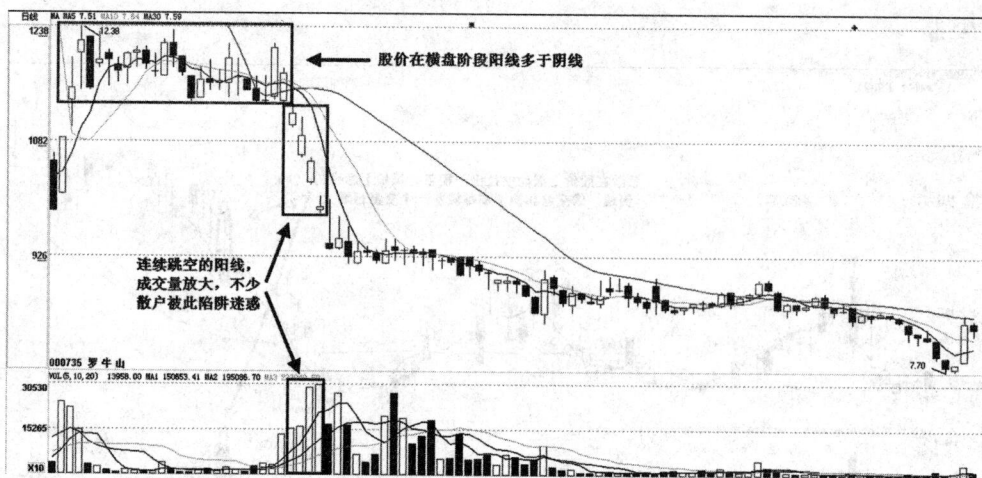

图 7-43